闽北方言与闽北地方戏曲语言研究

谢建娘 著

厦门大学出版社 国家一级出版社
XIAMEN UNIVERSITY PRESS 全国百佳图书出版单位

图书在版编目（CIP）数据

闽北方言与闽北地方戏曲语言研究 / 谢建娘著. --
厦门：厦门大学出版社，2022.12
　　ISBN 978-7-5615-8839-0

　　Ⅰ. ①闽… Ⅱ. ①谢… Ⅲ. ①闽北话－方言研究②戏
曲语言－文化研究－福建 Ⅳ. ①H177.1②I207.3

中国版本图书馆CIP数据核字(2022)第222737号

出 版 人　郑文礼
责任编辑　王鹭鹏
美术编辑　李嘉彬
技术编辑　朱　楷

出版发行　厦门大学出版社
社　　址　厦门市软件园二期望海路 39 号
邮政编码　361008
总　　机　0592-2181111　0592-2181406(传真)
营销中心　0592-2184458　0592-2181365
网　　址　http://www.xmupress.com
邮　　箱　xmup@xmupress.com
印　　刷　厦门市竞成印刷有限公司

开本　720 mm×1 000 mm　1/16
印张　24.25
插页　2
字数　410 千字
版次　2022 年 12 月第 1 版
印次　2022 年 12 月第 1 次印刷
定价　80.00 元

厦门大学出版社
微信二维码

厦门大学出版社
微博二维码

序

　　中国戏曲资源丰富，在历史发展中形成数量众多的剧种，其中八成以上为民间地方小戏，是我国戏曲资源的重要组成部分。福建是地方戏大省，剧种多达三十二个。闽北地方戏曲历史悠久，艺术形态丰富：既有处于原始状态，被称为四平腔"活化石"的政和四平戏，形成自己独特唱腔的南平南词，吸收民间音乐和地方语言而成，流行于南平延平区范围的南剑戏，又有反映家庭生活题材、活跃于邵武光泽一带的三角戏，这些戏曲唱腔不一，各有独特的语言风格。关于闽北地方戏曲的研究成果不多，大多侧重于闽北地方戏曲历史研究、人物研究、音乐研究，很少见从现代语言学的角度研究闽北地方戏曲的论著，对闽北地方戏曲的语言研究可以说还是空白，亟待开拓。谢建娘的《闽北方言与闽北地方戏曲语言研究》是一部专论闽北地方戏曲语言的学术专著，该书以闽北两种地方戏曲——政和杨源四平戏、邵武三角戏为研究对象，在调查、记录、比较、研究的基础上，从经典剧目分析入手，探讨戏曲语言特点，剖析其与地域方言的关系。

　　全书分为上下篇，上篇是对闽北地区方言的研究，下篇重点考察政和杨源四平戏、邵武三角戏，这两种地方戏曲在学界较少为研究者所关注，书中系统分析了两种地方戏曲的音韵、词汇特征，资料翔实丰富，同时运用历史研究法，从理论上分析戏曲语言与方言的关系，比较戏曲语言与方言的异同。

地方戏曲与方言紧密相连，各地方戏曲的发展植根于各自方言，是汉语方言和汉语音韵研究不可或缺的重要资料。谢建娘的这本专著通过对闽北两种地方戏曲语言的研究，不仅使学界对闽北地方戏曲语言的发展有深入的了解，也为闽北方言的研究添砖加瓦。

此书重点探讨闽北两种地方戏曲的语言问题，若能对闽北更多地方戏曲进行调查研究，或能起到锦上添花的效果。

二〇二二年三月十九日于榕城

（序者为福建师范大学教授，博士生导师）

目录

CONTENTS

引 言 ………………………………………………………………… 1

绪 论 ………………………………………………………………… 4

  第一节　闽北地区方言概况及其研究现状 …………………… 4

    一、闽北地区方言概况 ……………………………………… 4

    二、闽北地区方言研究现状 ………………………………… 5

  第二节　闽北地方戏曲概况及其研究现状 ………………… 14

    一、闽北地方戏曲概况 …………………………………… 14

    二、闽北地方戏曲研究现状 ……………………………… 15

  第三节　方言生态危机与地方戏曲 ………………………… 17

    一、方言生态环境的渐趋严峻 …………………………… 17

    二、方言的生态保护与文化的多样性 …………………… 19

    三、地方戏曲：汉语方言的历史与情感的栖居之地 … 20

上篇　闽北地区方言研究

第一章　政和方言研究 ………………………………………… 24

  第一节　政和概况 …………………………………………… 24

    一、政和地理、历史概况 ………………………………… 24

    二、政和方言概况 ………………………………………… 25

  第二节　政和方言音系 ……………………………………… 27

    一、政和城区方言音系 …………………………………… 27

　　二、政和杨源村方言音系 ·························· 29

　第三节　政和方言同音字汇 ·························· 31

　第四节　政和方言词汇、语法特点 ·················· 46

　　一、词汇特点 ····································· 46

　　二、语法特点 ····································· 48

第二章　邵武方言研究 ································· 49

　第一节　邵武概况 ································· 49

　　一、邵武地理、历史概况 ······················· 49

　　二、邵武方言概况 ····························· 50

　第二节　邵武方言音系 ····························· 52

　第三节　邵武方言同音字汇 ·························· 55

　第四节　邵武方言词汇、语法特点 ·················· 75

　　一、词汇特点 ····································· 75

　　二、语法特点 ····································· 76

第三章　闽语闽北片塞音声母的弱化现象 ············· 78

　　一、闽北方言塞音声母今读情况 ················· 78

　　二、闽北方言塞音声母弱化现象的地域分布及演变 ··· 82

　　三、闽北方言塞音声母弱化现象的原因 ··········· 86

第四章　闽北方言特征词举隅 ······················· 90

　第一节　建瓯方言音系 ····························· 90

　　一、声　母 ······································· 90

　　二、韵　母 ······································· 91

　　三、声　调 ······································· 91

　第二节　特征词"豨" ······························· 92

　　一、建瓯方言的"猪"为"豨" ··················· 92

　　二、其他汉语方言的"猪" ······················· 95

　第三节　特征词"馣" ······························· 97

下篇　闽北地方戏曲语言研究

第五章　政和杨源四平戏概述 ················· 106

第一节　政和杨源四平戏简介 ················· 106

第二节　政和杨源四平戏主要艺术特征 ················· 107

一、唱腔及语言 ················· 107

二、表演及音乐 ················· 108

三、道　具 ················· 108

四、剧团成员 ················· 108

五、剧　本 ················· 109

六、杨源英节庙和梨园会 ················· 109

第三节　政和杨源四平戏发展简史 ················· 110

一、初　期 ················· 110

二、兴盛期 ················· 110

三、中断期 ················· 111

四、改革重建期 ················· 111

五、机遇与挑战并存期 ················· 111

第六章　政和杨源四平戏音韵研究 ················· 115

第一节　政和杨源四平戏音系 ················· 115

一、声　母 ················· 116

二、韵　母 ················· 116

三、声　调 ················· 117

第二节　政和杨源四平戏音韵特点 ················· 117

一、声　母 ················· 118

二、韵　母 ················· 120

三、声　调 ················· 125

第三节　政和杨源四平戏韵辙 ················· 125

第七章　四平戏与政和方言音韵比较研究 …………………… 127
　第一节　声母系统比较研究 ………………………………… 129
　　一、古全浊塞音、塞擦音声母 …………………………… 129
　　二、非组声母 ……………………………………………… 131
　　三、知庄精章组声母 ……………………………………… 131
　　四、来　母 ………………………………………………… 133
　　五、日　母 ………………………………………………… 135
　　六、见组声母 ……………………………………………… 136
　　七、晓组声母 ……………………………………………… 140
　　八、影组声母 ……………………………………………… 144
　第二节　韵母系统比较研究 ………………………………… 146
　　一、古阳声韵 ……………………………………………… 146
　　二、古入声韵 ……………………………………………… 150
　　三、果　摄 ………………………………………………… 151
　　四、假　摄 ………………………………………………… 153
　　五、遇　摄 ………………………………………………… 154
　　六、止　摄 ………………………………………………… 157
　　七、蟹　摄 ………………………………………………… 159
　　八、效　摄 ………………………………………………… 161
　　九、流　摄 ………………………………………………… 163
　　十、山摄、臻摄 …………………………………………… 165
　　十一、通摄、江摄、宕摄 ………………………………… 170
　　十二、咸　摄 ……………………………………………… 174
　第三节　声调系统比较研究 ………………………………… 177
　　一、阴　平 ………………………………………………… 177
　　二、阳平（甲） …………………………………………… 177
　　三、阳平（乙） …………………………………………… 178
　　四、上　声 ………………………………………………… 178
　　五、去声（阴去、阳去） ………………………………… 178
　　六、入　声 ………………………………………………… 179

第八章　四平戏与政和方言词汇语法比较研究················180
　第一节　四平戏与政和方言词汇比较研究·············180
　　一、一致性·································180
　　二、差异性·································188
　第二节　四平戏与政和方言语法比较研究·············200

第九章　四平戏发展过程中的语言学思考··············207
　　一、政和四平戏舞台语言性质··············207
　　二、政和四平戏舞台语言的形成··············208
　　三、关于四平戏舞台语言未来发展的思考··········209

第十章　邵武三角戏概述·······················211
　第一节　邵武三角戏主要艺术特征···············211
　　一、角色及舞台表演····················211
　　二、唱　腔························212
　　三、乐　器························212
　　四、剧　目························212
　第二节　邵武三角戏发展简史···············213
　　一、萌发初始期······················213
　　二、初步发展期······················213
　　三、创新繁荣期······················213
　　四、重创恢复期······················214
　　五、挑战机遇并存期····················215
　第三节　邵武三角戏现状·················215
　　一、官办剧团与民间剧团差异明显···········215
　　二、表演人才匮乏····················216
　　三、剧本残缺，缺乏创新剧目··············217

第十一章　邵武三角戏音韵研究················218
　第一节　邵武三角戏音系················218
　　一、声　母························218
　　二、韵　母························219

三、声　调 ·· 220

第二节　邵武三角戏音韵特点 ······························· 220

一、声　母 ·· 221

二、韵　母 ·· 222

三、声　调 ·· 227

第三节　邵武三角戏韵辙 ······································· 228

第四节　邵武三角戏同音字汇 ································· 229

第十二章　三角戏与邵武方言音韵比较研究 ··········· 241

第一节　声母系统比较研究 ···································· 242

一、古全浊声母 ··· 242

二、帮组、非组声母 ·· 243

三、端组声母 ·· 244

四、见组声母 ·· 244

五、知庄精章组声母 ·· 245

六、晓匣母 ··· 247

七、疑、微、日、影、云、以六母 ····················· 248

八、小　结 ··· 250

第二节　韵母系统比较研究 ···································· 251

一、果　摄 ··· 251

二、假　摄 ··· 253

三、遇　摄 ··· 253

四、蟹　摄 ··· 254

五、止　摄 ··· 256

六、效、流两摄 ··· 257

七、咸、深两摄 ··· 258

八、山　摄 ··· 261

九、臻、曾、梗三摄 ·· 263

十、宕、江两摄 ··· 266

十一、通　摄 ·· 269

十二、小　结 ·· 270

　　第三节　声调系统比较研究 ……………………………… 271
　　　　一、调类和调值 …………………………………… 271
　　　　二、声调的中古来源 ……………………………… 271

第十三章　邵武三角戏词汇特征 …………………………… 274
　　　　一、官话性 ………………………………………… 274
　　　　二、地方性 ………………………………………… 276
　　　　三、杂糅性 ………………………………………… 283
　　　　四、自由性 ………………………………………… 285
　　　　五、通俗、幽默性 ………………………………… 286
　　　　六、音乐性 ………………………………………… 290

第十四章　邵武三角戏语言的发展之路 …………………… 292
　　　　一、邵武三角戏舞台语言性质 …………………… 292
　　　　二、邵武三角戏舞台语言的形成 ………………… 293
　　　　三、关于三角戏舞台语言未来发展的思考 ……… 293

附　录 ………………………………………………………… 295
　　　一　闽北政和、邵武方言词汇 …………………… 295
　　　二　闽北地方戏剧团及相关剧本简介、整理 …… 349

参考文献 ……………………………………………………… 368

引 言

一、研究对象

本书所讨论福建闽北，地理位置介于东经 117°12′ ~ 119°12′，北纬 26°14′ ~ 28°02′，东北与浙江省相邻，西北与江西省接壤，东南与宁德地区交界，西南与三明市毗连。现有二区（延平区、建阳区）、三市（邵武市、武夷山市、建瓯市）、五县（顺昌县、光泽县、浦城县、松溪县、政和县），总面积两万六千三百平方公里，人口约三百万。本书选取闽北政和四平戏、邵武三角戏为研究对象，探讨地方戏语言的特点及性质，研究地方戏语言与方言的关系。

二、研究目的及意义

中国戏曲资源丰富，在历史发展中形成数量众多的剧种，据不完全统计，全国剧种达三百六十多个，其中京剧、评剧、豫剧、晋剧、秦腔、越剧、川剧、粤剧等五十多个剧种传播范围较广、影响力较大，八成以上为民间地方小戏，是我国戏曲资源的重要组成部分。福建是地方戏大省，剧种多达三十二个，闽北地区，既有京剧、越剧、闽剧、赣剧这样较有影响力的剧种，亦有诸如四平戏、三角戏这样流播范围相对较小的地方民间小戏。

目前地方戏曲的研究侧重于历史研究、人物研究、文学研究、音乐研究等方面，从语言学角度研究地方戏曲的成果相对较少，四平戏、三角戏等影响相对较小、传播范围有限的地方戏曲，从现代语言学角度对其进行音韵方面的分析、探讨其与地方方言关系的论文还未见。

种类繁多的地方戏曲与方言紧密相连，各地方戏曲的发展植根于各自方言，是汉语方言和汉语音韵研究不可或缺的重要资料。闽北戏曲发展到现代，演员实际演出使用的舞台语言，并不纯粹是该戏曲源生地语言，而往往是以其作基底而已。这种舞台语言通常异于生活实际语言，往往经历着历时动态演变，情况十分复杂，既有随传播、生存而形成的掺杂性、变异性，也有基于戏曲腔调、剧种等要求而形成的保守性。对闽北地方戏曲语言的研究，是深入了解戏曲舞台语言这种社会语言的尝试，希望深入了解地方戏曲语言的特点及其与方言的关系。

三、研究材料

本书所用方言材料，一是来自田野调查、记录。2015—2017 年，在确定所用调查条目之后，比较集中地对材料进行了核对和补充，先后在武夷山、建瓯、邵武、建阳展开调查，2017—2019 年调查地点为政和（城关）、政和（杨源）、松溪、顺昌诸点，其中浦城（石陂）、光泽参与调查，以上材料皆为田野调查原创性材料。调查过程中，每个点至少都请了一至两位发音合作人。他们当中多数是老年人，年龄普遍在六十岁以上，都有一定的文化水平，生长于当地，所说的方言都很地道。

发音合作人：

李昭淦，男，1954 年，邵武城关人，小学文化（方言发音人）

虞东生，男，1944 年，邵武长坪村人，初中文化（三角戏传承人）

黄传奇，男，1951 年，政和城关人，高中文化（方言发音人）

张孝友，男，1951 年，政和杨源人，初中文化（四平戏国家传承人）

李世远，男，1955 年，松溪城关人，高中文化（方言发音人）

吴雪灏，男，1953 年，建瓯城关人，大学文化（方言发音人）

周锦文，男，1952 年，光泽城关人，初中文化（方言发音人）

谢世鹏，男，1947 年，建阳城关人，高中文化（方言发音人）

余春声，男，1952 年，顺昌城关人，初中文化（方言发音人）

杨光辉，男，1961 年，浦城石陂墩尾村人，高中文化（方言发音人）

童德铨，男，1946 年，武夷山城关人，初中文化（方言发音人）

在调查材料之外，还有各类期刊、著作文献及部分戏曲音像资料。

四、本书凡例

其一，如果没有特别所指，闽北各县、市的方言就是城区话。如有新老派的语音差别，则以老派语音为准。

其二，词语字的使用大多使用本字，用"□"代替表示有音无字或本字待考的音节，部分未能确定本字的使用同音字加下波浪线表示，如：二(东西) ni^{55}，用"～"代表例字、例词，用字下加"—"表示白读音，"＝"表示文读音，又读音字下注"又"。

其三，记音、举例时，用 / 表示"或"，用 | 表示"和"。

其四，标音中，采用音位标音法，调值用数码表示，轻声的字在音节的最后，用"0"表示。

其五，语法部分的行文中，N、Np 表示名词、名词性短语，V、Vp 表示动词、动词性短语，A、Ap 表示形容词、形容词性短语，C 表示补语。

绪 论

本书着重探讨闽北两种地方戏曲的语言问题:一是政和杨源四平戏语言问题;一是邵武三角戏语言问题。两种戏曲历史悠久,扎根地方,皆与方言有密切联系,因此很有必要介绍两种戏曲的历史概况、地理概况及戏曲所在地的方言概况,梳理其研究现状。

第一节　闽北地区方言概况及其研究现状

闽北地区方言丰富而复杂,区域内的方言现状与独特的地理位置、历史渊源紧密相连。

一、闽北地区方言概况

闽北地处闽浙赣三省交界,在海路开通之前,这里是入闽的重要通道,也是福建通往浙、赣的主要陆路通道。沿山而处的闽北是福建最早开发的地区,也是移民较早的地区。汉末三国时,从陆路进入福建的汉人:一部分越过仙霞岭,经浦城和武夷山,进入闽北境内的建溪流域,而后移入建阳、建瓯等地,随后扩散至整个建溪流域,如政和、松溪,形成闽语闽北方言片;另一部分江西移民经光泽进入闽北,之后流布至富屯溪和金溪流域,使这一带方言兼有闽方言和客赣方言的特点,如邵武、光泽等地。邻近闽中的顺昌,因原属南剑州,独特的地理位置使其成为闽方言与客赣方言的过渡地带。浦城,为闽浙交通要道,是历史上入闽的三大通道之一,东汉末年,北方汉人从会稽过浙南经由浦城到达闽北地区,之后陆续有北方汉人沿此路线进入闽北。早在东汉末年,就有吴语居民定居浦城,因此

浦城方言兼有吴语的特点。南平延平区的北方方言岛，则由于明正统年间
（1436—1449 年），沙县邓茂七率领农民起义，明政府为镇压起义，派遣宁
阳侯陈懋等人率京营军两万人及江浙的漕运军两万七千余人前往南平，起
义镇压后，陈懋部的京营军并未回撤，驻扎在南平，这些后裔"成了这个
北方方言岛的居民"①。

就目前闽北地区方言现状看，主要有四种方言。一是闽北方言，内部
有差异，根据差异可分为建瓯和建阳两个小片：建瓯、松溪、政和、顺昌
县的东南部、延平区的大部分为建瓯小片；建阳、武夷山以及浦城县的南
部地区为建阳小片。二是闽客赣方言，主要为邵武、光泽、顺昌②。三是吴
方言，浦城县城及其北部十二个乡镇说吴语，南部的石陂、水北、濠村、
山下、临江、枫溪等六乡镇说闽北方言。四是北方方言，主要分布在南平
延平区内以及西南部的西芹镇。

二、闽北地区方言研究现状

闽北地区方言在闽方言的大家庭里是小兄弟，却有其他闽方言替代不
了的独特性。从闽语发展历程看，闽北地区的方言，尤其是闽北方言，在
闽语语音中具有开拓意义，记录了中原南迁汉族与闽族融合的最初成果，
是福建最早形成的方言。保留了许多《切韵》前的古音，对它的研究有利
于认识汉语的原始面貌。可以说，闽北地区的方言吸引了语言学研究者的
目光，他们也取得丰硕的成绩。

（一）以韵书为主要资料的闽北方言研究情况

韵书、词典、字典等传统文献材料是研究语音发展演变历史最重要的
材料，据文献考察，目前发现有四种闽北韵书、词典、字典可提供历史语
音演变线索：一是明朝正德年间政和陈相所撰的《六音字典》手抄本；二
是清朝晚期政和无名氏编撰的《七音字典》手抄本；三是清朝乾隆年间林
瑞材编撰的《建州八音字义便览》手抄本；四是清朝晚期教会罗马字辞典

---

① 陈章太、李如龙：《闽语研究》，语文出版社 1991 年版，第 473 页。
② 主要通行于顺昌县西南的双溪、水南、浦上、大干、元坑、郑坑六乡镇，顺昌的仁寿、
洋墩、岚下、高阳、大历、际会、洋口、建西八乡镇通行闽北方言。

《建宁方言词典》(*A Chinese-English Dictionary of the Kien Ning Dialect*)。目前对这四项材料的研究主要集中在《建州八音字义便览》与《六音字典》。林端才的《建州八音字义便览》是最早发现与被研究的，是闽北语音研究的重要材料，这部著作的学术贡献主要有两个方面：一是明确了清代建州（即建瓯）的音系调类；二是开启了学界依据韵书，对证现代方言研究闽北语音的道路。相关研究成果有：叶林《略谈闽北方言韵书——〈建州八音〉》介绍《建州八音》概况；潘渭水《〈建州八音〉剖析》对《建州八音》进行初步研究；张琨《读建州八音》指出《建州八音》声韵调在各层次上是存在分别的，《〈建州八音〉的声调》一文对《建州八音》声调进行了深入分析，这对建瓯方言的研究有很大价值；之后李如龙《建瓯话的声调》将《建州八音》的声调与当代建瓯方言声调进行对比，指出建瓯话的声调虽和广韵系统的对应不甚整齐，但依然有自己的规律，建瓯话的变化可以归结为三个因素：调类合并、字调转移、异读变动。

《六音字典》是迄今发现的闽北最早的方言韵书。2009 年起，马重奇新发现明清闽北方言韵书《六音字典》，发表了一系列关于闽北语音的论文及专著——《明闽北韵书手抄本〈六音字典〉音系性质及其声韵调配合表》《新发现闽北方言韵书〈六音字典〉音系研究》《明代闽北政和方言韵书〈六音字典〉去声调研究》《明代闽北政和方言韵书〈六音字典〉平声调研究》《明代闽北政和方言韵书〈六音字典〉入声调研究》《明代闽北政和方言韵书〈六音字典〉上声调研究》《明正德本〈六音字典〉"土音"研究（一）——十六世纪初叶闽北政和方言土音考证》《明正德本〈六音字典〉阳声韵的历史层次研究》《明正德本〈六音字典〉"土音"研究（二）——十六世纪初叶闽北政和方言土音考证》《明清闽北方言韵书手抄本音系研究》，将闽北方言的研究推进了一步：通过历史比较研究，深入探索五百年闽北政和方言语音的演变史，进一步分析闽北"十五音"的声母系统及"三十四韵母"的韵母系统，更为全面地展示了明清闽北方言的面貌，是我们划分闽北方言历史层次最直接的依据。

（二）以诗歌韵文等为主要资料的闽北方言研究情况

在韵书之外，依据闽北诗歌韵文及笔记小说等对闽北地区方言所作的研究，亦有进展。刘晓南深入挖掘闽北诗歌韵文材料，从闽北诗人用韵中表现出来的韵系上的一致性论证闽北语音的特点，相关研究成果有：《南宋崇安二刘诗文用韵与闽北方言》穷尽考察宋代崇安人刘子翚、刘学箕祖孙二人的诗文用韵，认为二人用韵中阳平字的分化、鼻韵尾的混并、支鱼通押等特征是闽北方言的语音现象；《从宋代邵武文士用韵看历史上邵武方言的特点及归属》穷尽考察宋代邵武文士的用韵，从中归纳出十一种反映方言现象的特殊韵例子，将其与宋代江西、福建文士用韵比较，结合现代方言，认为宋代邵武方言属于闽语之闽北次方言；《宋代福建诗人用韵所反映的十到十三世纪的闽方言若干特点》一文穷尽考察近一万四千首诗歌的韵脚字，归纳出宋代闽方言九条语音特点，这九大特点在八闽大地的不均衡分布，透露了宋代闽语次方言区的信息。

（三）以方言为主要资料的闽北方言研究情况

闽北属三省交界地区，区域内语言兼容性很强，方言资源十分丰富，吸引全世界语言研究者的目光。

早在十九世纪时就已经有传教士对闽北地区的方言进行研究，这些西洋传教士的方言学著作"是研究 19 世纪后半期至 20 世纪初期的汉语方言自然口语的最有价值的资料……它们提供的自然口语的准确度是同时代其他文献资料不可比拟的"[①]。记录闽北地区方言语音的传教士著作有：《马可福音》（1898）、《马太福音》（1900）反映建阳土白，《雅各书》（1891）记录邵武方言。[②] 秋谷裕幸《Gospel of Matthew，Kien-yang Colloquial の音系》一文以《马太福音》为研究材料，分析其声韵调系统，结合当代建阳方言语音，探讨近百年来建阳音系的历史演变情况。

语音的历史发展演变过程既是沿着时间轴逐步完成的过程，亦是沿着空间轴逐渐扩散的过程。闽北地区地理位置特殊，方言接触频繁，与周边方言的关系密切，其与吴语、赣语及周边闽语的关系成为学界研究的重点。

闽北浦城是早期浙南移民最早进入的地方，从语音的空间扩散来说，闽北浦城的方言语音与吴语应有紧密的联系。李如龙《论闽语与吴语、客

---

① 游汝杰：《汉语方言学导论》，上海教育出版社 2000 年版，第 245～255 页。
② 游汝杰：《西洋传教士汉语方言学著作书目考述》，黑龙江出版社 2002 年版，第 254～255 页。

赣语的关系》从语音方面讨论闽语，尤其是闽北语音与吴语的共同点，文章在潘悟云《温、处方言与闽语》十二条条语音特点的基础上补充了三条。一是关于全浊声母的废存。吴语的边远点全浊声母已经清化，而闽语的边区则还或多或少地保存着全浊声母。这说明早期的吴语和闽语一定都有整套的全浊声母，晚近以来，吴语的边缘地区由于受到周边无浊音方言的影响而走上清化之路。而在闽北，全浊声母八百年前就已经清化了。二是温州等个别点的语音特点反映了吴闽语的共同点。三是关于语音结构特点：六朝时的吴语是闽语形成初期的源流之一，形成闽语的源流还有中古的北语，浙南吴语和闽东闽北的闽语之间兼有源流关系和渗透关系。① 李如龙《论闽语与吴语、客赣语的关系》指出闽北方言语音受到赣语不少影响。

黄金文《方言接触与闽北方言演变》一书运用方言分群及层次研究的方法，联系闽北语音现象——闽方言中古全浊声母清化，部分送气部分不送气；部分中古全清声母闽北方言今有读浊音，论证浊音清化速率与送气类型不同的方言相互接触是闽北方言中全浊声母今读分歧的原因，认为闽北（或闽）方言属清化不送气类型、客赣方言属清化送气类型，而闽南方言又较闽北方言早一步清化，这些方言彼此接触造成闽方言四个不同的层次，"分别是'闽北原有反映''客赣方言层''闽南方言层'与'官话方言层'"。②《方言接触中的规律面向——从音变规律的"条件项"论闽北方言阳平乙调清化送气音》指出闽北方言阳平乙调清化送气是方言接触的显现，《"方言变体"之间的竞争——论闽北方言阳平乙调清化送气音》指出闽北地区阳平乙调不送气清音实际上是受闽南方言的影响。

闽北方言有许多独特的语音现象，这些语音现象对于认识闽北语音的发展演变历史，重建闽语原始面貌大有益处。

其一，来母s声现象。中古来母今读"s"声是闽北方言语音的重要区别特征，梅祖麟、罗杰瑞《试论几个闽北方言中的来母s声字》，李如龙《闽西北方言来母读-s的研究》，曾光平《闽西北"来"母读-s的再研究》，丁启阵《论闽西北方言来母s声现象的起源》等对这一语音现象进行了深入的分析。梅祖麟、罗杰瑞二人是最早对闽北来母s声现象进行研究的，认为

---

① 李如龙：《汉语方言的比较研究》，商务印书馆2001年版，第179～185页。
② 黄金文：《方言接触与闽北方言演变》，台北大学出版中心2001年版，第25页。

这种现象当是上古音的遗留，李如龙、曾光平、平田昌司等人从不同的角度亦肯定了闽北来母 s 声现象是上古音遗留的表现。丁启阵对此有不同的看法，他指出，闽北来母 s 声现象，"不但跟上古汉语无关，就是跟《切韵》也没有联系，它是一种在一种在晚近时代才由共时音变造成的"①。

2. 弱化声母及第九调。闽北方言声调与中古声调的对应非常不整齐，这种特殊的语音现象吸引语言学家纷纷加入讨论的队伍中，弱化声母及第九调成为研究的热点，相关研究成果有：罗杰瑞《闽北方言的第三套清塞音塞擦音》、平田昌司《闽北方言"第九调"的性质》、王福堂《闽北方言弱化声母和"第九调"之我见》、韩哲夫《闽北方言的调值与"弱化声母"的拟测》、王洪君《也谈闽北方言的浊弱化声母——兼论原始语构拟如何鉴别和处理借用成分以及平等混合造成的无条件分化》。这些讨论促进了闽北方言在微观上更为深入的研究。

在闽方言中，闽北是方言分歧最大的地区，区域内主要以闽北方言为主，包括东片的建瓯、政和、松溪及西片的建阳、武夷山等地，因此研究的论文或著作也多集中于此。

一是建瓯方言研究成果。1957 年黄典诚《建瓯方言初探》首次指出闽北方言的代表是建瓯方言，区别于福州话，这于建瓯方言研究的价值是巨大的，促进了之后对闽方言分区的讨论。潘渭水是研究建瓯方言的专家，发表了多篇关于建瓯方言语音的文章：《建瓯话是闽北方言的代表》一文从语音、词汇两个方面分析了闽北建瓯方言的特点，指出："福州话不能作为闽北方言的代表，闽北方言的代表应该是建瓯话。"②《我对确定建瓯方言调类之管见》明确了建瓯声调调类调型。《建瓯方言中的异读现象》一文对建瓯方言语音中的文白异读、词性异读、新老派异读等异读现象进行了整理分析。《福建建瓯"鸟语"探微》一文则对建瓯偏远地区的流行的特殊的"只仔语"进行了分析。《建瓯方言语音在发展变化》将清乾隆至道光时期与抗战以来，特别是解放以来两个历史时期的建瓯方言在声、韵、调方面进行对比，认为建瓯方言语音在发展变化。潘渭水的这些文章皆收入其研究著作《闽北方言研究》中。此外潘渭水还与李如龙编纂《建瓯方言词

---

① 丁启阵：《闽西北方言来母读 -s 的研究》，《语言研究》2002 年第 3 期。

② 潘渭水：《闽北方言研究》，福建教育出版社 2000 年版，第 163 页。

典》，与林连通编纂《建瓯话音档》，这两部著作以翔实的字例记录保存了建瓯方言的语音系统，对于建瓯方言语音研究有重要价值。连金发《建瓯方言中的互竞韵母系统》以上古汉语的韵部为基础，详细探讨古汉语韵部在当代建瓯方言语音中的流变。在语音研究之外，建瓯方言的词汇及语法方面的研究成果很少，主要有：黄超《建瓯方言动作行为动词研究》、江杰《建瓯方言语法专题研究》、谢建娘《闽北建瓯方言的"𤽸"》《建瓯话的"镲"》。

二是建阳方言研究成果。建阳方言的研究成果寥寥无几，罗杰瑞《福建建阳方言》是最早描写建阳方言语音的论文，《建阳方言否定词探源》则关注建阳方言的否定词。除此，关于建阳方言的专题研究就没有了。

三是政和、松溪方言研究成果。秋谷裕幸《闽北语松溪方言同音字汇》详细描写了松溪的语音系统，为松溪方言的研究提供重要的论据。李如龙《松溪政和方言的谐音变读》对松溪政和一代方言的连读音变现象进行了详细的分析，指出这种音变的性质是一种多音词的谐音变读，而不是以一定的语音环境或语法关系为条件的系统变读。罗杰瑞《福建政和话的支脂之三韵》从韵母角度出发，分析了中古支之脂三韵在政和方言中的分合情况。

四是邵武、光泽及顺昌方言研究成果。邵武、光泽及顺昌部分地区的方言归属问题有很大争议，雷伯长《说邵武方言》认为邵武方言夹杂闽、客方言成分。罗杰瑞《邵武方言的归属》就邵武方言的归属问题进行了深入分析，认为："由于邵武话在语音和词汇上的特殊之处，可以把邵武话看作西部闽语的一个次方言。"[①]张双庆、万波则提出不同看法，二人在《从邵武方言几个语言特点的性质看其归属》一文中详细分析了邵武方言古全浊塞音、塞擦音声母的今读性质，知组声母的今读性质及其他语音词汇特点，指出邵武方言应属于赣语。龙安隆《福建邵将区方言语音研究》从方言接触的角度深入探讨邵武方言中包含的闽语成分、客赣方言成分。邵武方言入声十分特殊，熊正辉《光泽、邵武话里的古入声字》首次记录了邵武方言语音中特殊的入声现象，引起了后来学者对邵武方言入声的极大关注，之后，陈章太《邵武方言的入声》、陈忠敏《邵武方言入声化字的实质》、栗华益《试析邵武、光泽方言的入声鼻音韵尾》、龙安隆《福建邵武方言浊平入化的性质》《邵武方言小称变调质疑》等文先后探讨了邵武方言的入声。陈章太详细分析了邵武方言特殊的入声现象，即部分入声字有鼻

---

① 罗杰瑞：《邵武方言的归属》，《方言》1987 年第 2 期。

音韵尾、舒声字促化。陈忠敏则讨论了邵武方言入声现象的性质，认为其实质是一种"ʔ"化"小称"形态。栗华益从历史演变的角度出发，指出邵武方言特殊的入声是受宋元时赣语的影响，进而在当代实现入声韵尾演变趋同于赣语。龙安隆对邵武方言入声的性质有不同的看法，他认为邵武方言入声的性质与闽北方言"阳平甲"调有密切的关系，舒声字读促声不是受赣语影响的结果，而是闽语特征的反映。[①] 此外陈章太《邵武方言的语音系统》对邵武方言语音进行了全面的描写和研究。郑晓峰《福建光泽方言》对光泽方言进行共时和历时两个方面研究，将其与周边的闽语、赣语、客家话进行对比，揭示光泽方言的语音特点。冯爱珍《福建顺昌（城关）方言的连读变调》详细描写了顺昌城关话的连读变调情况。梁玉璋《洋口话语音系统》对顺昌洋口的声韵调进行了描写，认为洋口话应属于闽北方言，但带有闽西北方言的色彩。

五是浦城方言研究成果。浦城位于闽北最北端的浦城，是福建的"北大门"，因其处于三省交界地区，方言呈现出南北的不同，北部主要为吴语区，郑张尚芳《浦城方言的南北分区》在实际调查的基础上证明闽北浦城北部方言的吴语性质和南部方言的闽语性质："浦城县城南浦镇以及北部十二个公社说的是吴语的浦城方言；南部的石陂、水北、濠村、山下、临江等五公社说的是闽北话的石陂水北方言。"[②] 张双庆、郭必之《从石陂话"水类字"看南部吴语对闽北方言的影响》从"水类字"出发，论证了此类字的擦音化现象主要受南部吴语的影响，闽语中的"水类字"通常为塞擦音，而吴语的为擦音，从这个层面上指出石陂话中有吴语层。[③] 罗杰瑞《石陂话的浊声母》则质疑石陂话的浊声母受到吴语的影响的观点。秋谷裕幸《福建石陂方言音系》在田野调查的基础上，对石陂进行全面描写，整理出石陂方言的声韵调系统和音韵特点，列出同音字汇。沈瑞清《闽北方言语音性质研究——以石陂方言为例》《闽北石陂方言声调的音系表达——兼论其"清浊对立"的语音性质》两篇文章运用实验语音学的方法对石陂方言的声调进行了研究。

① 龙安隆：《福建邵武方言浊平入化的性质》，《方言》2010 年第 4 期。
② 郑张尚芳：《浦城方言的南北分区》，《方言》1985 年第 1 期。
③ 张双庆、郭必之：《从石陂话"水类字"看南部吴语对闽北方言的影响》，《方言》2005 年第 3 期。

六是闽北地区方言岛研究成果。在方言地理学上，把被另一种方言包围的方言称为"方言岛"。闽北方言纷繁复杂，其中最重要的表现就是存在大小不一的"方言岛"，这些"方言岛"的特殊语音系统引起研究者的注意。目前闽北地区的方言岛主要有两个：一是南平延平区的官话方言岛；一是顺昌县埔上闽南方言岛。学界对闽北"方言岛"的研究主要集中在南平延平区的官话方言岛。苏华《福建南平方言同音字汇》对南平延平区的官话方言岛进行了详细全面的描写，这于濒临消亡的语言来说有巨大价值。钟昆儿《福建闽语区官话方言岛语音研究》从语音、词汇两个方面讨论了南平延平区的官话方言岛与周边方言接触下的变化和发展，《福建南平官话方言岛的内部差异》从新老差异两个角度，具体分析了南平官话方言岛的内部差异。陈瑶《福建南平官话方言岛的接触性音变》从声韵调角度分析南平官话方言岛与周边方言趋同的类型。李如龙《闽语研究》一书有专节论述南平延平区北方方言岛的语音特点。此外对南平方言的研究还有秋谷裕幸《福建南平王台方言归属》。顺昌埔上闽南方言岛目前学界鲜有关注，李如龙《闽语研究》一书介绍了顺昌县埔上闽南方言岛的语音特点。

除以上研究成果外，南平市各个县市地方志编撰委员会办公室编撰出版的市方言志和县方言志对闽北地区的方言语音有较全面的归纳与描写，如《建瓯县方言志》《建阳县方言志》《松溪县方言志》《政和县方言志》《武夷山市方言志》《浦城县方言志》《顺畅县方言志》《南平市方言志》《邵武市方言志》《光泽县方言志》。

（四）以音注为主要资料的闽北方言研究情况

经籍中的音注是研究语音的重要材料，闽北音注研究是闽北语音研究及闽北方言研究的有机组成部分，可以管窥闽北语音的特点，为闽北语音史及方言史提供有价值的资料。目前学界对闽北音注的研究主要集中在吴棫、朱熹二人。邵荣芬、赖江基等人重新认识吴棫《韵补》的价值，以其古韵分部为基础，结合闽北方言，论证了《韵补》与闽北语音的联系，分析了《韵补》所体现的闽北语音的特点，相关研究成果有：邵荣芬《吴棫〈韵补〉和宋代闽北建瓯方音》、赖江基《吴棫所分古韵考》。刘晓南系统分析朱熹"叶音"及"叶音"与闽语、闽北语音的关系，写了一系列论文——《朱熹与闽方言》《朱熹诗经楚辞叶音中的闽音声母》《论朱熹诗骚叶音的语音根据及其价值》《朱熹叶音本意考》，此外，刘晓南《从历史文献的记述看早期闽语》还广泛收集整理笔记小说等材料，分析了闽语音的一些现象，其中亦讨论闽北语音。据文献考证，目前闽北人对经籍的注释中含有音注的除吴棫、朱熹二人之外，还有建阳熊刚大的《性理群书句解》、建阳蔡沈《书经集传》、邵武严粲《诗缉》。这些音注材料中的切语和直音大多是注家自我之意，能较好地反映出注家的语音思想及当时的实际语音。对此类音注资料进行研究的成果较少，主要有王曦《宋代福建音释研究》《〈性理群书句解〉与南宋闽方言》、刘红花《〈诗缉〉音注泥娘分立》、马睿颖《方言接触与闽北建瓯方言入声调字的变异——清代中西两种闽北建瓯方言文献入声调字研究》。

汉语方言的复杂性及丰富性决定了研究的任重道远，层出不穷的问题需要讨论、研究，正如陈泽平在《福州方言的结构与演变》一书序言中所说的："我们对汉语的奥秘、语言的奥秘知道得还那么少，应该研究并且可以研究的课题肯定很多……"①

闽北方言的研究取得了很多可喜的成果，但与闽南、闽东的语音研究比较而言，闽北地区的方言的研究起步稍晚，研究成果也相对少。纵观闽北方言的研究历史，可以看出闽北方言的研究呈现出冷热不均的情况，相对于建瓯、邵武、石陂而言，闽北其他地区的语音研究十分贫瘠。闽北方言语音研究的成果尚可，但词汇、语法方面很是不足，成果寥寥。

就目前来看，学界对闽北方言的研究主要是就共时材料进行方言描写，如黄典诚、潘渭水、梁玉璋，或就历史文献考证闽北方言语音的特点，如刘晓南，这些研究主要是共时描写，鲜有就戏曲材料，从语言接触的角度探讨闽北方言。闽北地方戏曲语言与闽北方言有着密切的联系，其深深扎根于闽北方言，是考察闽北方言的重要材料，是研究闽北复杂方言的"活化石"。

---

① 陈泽平：《福州方言的结构与演变》，人民出版社 2014 年版，第 5 页。

第二节　闽北地方戏曲概况及其研究现状

　　闽北地方戏曲历史悠久，艺术形态丰富，千姿百态：既有全国少有的处于原始状态，被称为四平腔"活化石"的政和四平戏，形成自己独特唱腔的南平南词戏，吸收民间音乐流行于南平延平区范围的"南剑戏"，又有以反映家庭生活题材，活跃于邵武、光泽一带的"三角戏"，这些戏曲唱腔不一，各有自己的语言风格。

一、闽北地方戏曲概况

　　南剑戏，原名"乱弹"，流行与南平延平区，清末由江西传入闽北。南剑戏内容以反映宫廷的历史为主，此外，也有一些神话戏和民间小戏。因延平为古南剑治所，故早期将其命名为"南剑戏"。

　　四平戏主要流行于闽北的政和、建瓯及闽东的屏南、宁德等地，闽北以政和杨源乡为主，距今已有四百多年的历史。杨源四平戏属典型的宗族祭祀戏，由于地处大山深处，几百年来仍保持质朴的面貌。杨源四平戏活跃在当地乡村及其周边县城，曾经繁荣活跃的四平戏在闽北仅剩杨源、禾洋两个规模很小的民间业余剧团。

　　南平南词是流行于福建北部南平的一种曲艺形式，是福建戏曲的重要组成部分。南词作为民间说唱曲艺，它的前身为苏州滩簧，在清朝从苏州经浙、赣等地传入闽，深受闽北人民喜爱，曾盛极一时。滩簧小调从苏州传入南平，与当地的民歌小调融合发展，形成独特的风格。

　　三角戏，又称采茶戏、茶灯戏，是活跃于闽北邵武、光泽等地的地方戏曲，因演出时只有小生、花脸、花旦三个角色而得名，内容以反映农村生活和家庭故事为主，因而当地百姓评价其为"没有皇帝没有官，穷人越看越心宽"。早期三角戏剧团较为自由，没有固定的戏班。新中国成立后，传统文化受到重视、保护，三角戏得以有了更好的发展，邵武成立了专业的三角戏剧团，之后在二十世纪八十年代，陆续出现业余剧团。

二、闽北地方戏曲研究现状

地方小剧种是中华民族戏曲艺术中必不可少的部分，其健康传承对中华民族文化多样性的发展具有重要意义。关于闽北地方戏曲的研究，是一个有待开发深入的领域。目前，对闽北地方戏曲的研究主要集中在四平戏、三角戏、南词三个剧种，闽北其他戏曲研究则鲜有成果。对四平戏、三角戏、南词的研究一般侧重历史研究、音乐研究，从现代语言语言学角度研究闽北地方戏曲的论述专书还未有。

（一）杨源四平戏研究现状

对四平戏的研究多集中在 2006 年之前，2006 年后的资料寥寥可数，现有的文献主要关注四平戏的来源、发展历史及音乐唱腔。《中国戏曲志·福建卷》记载闽北四平戏："流行于闽北、闽东的屏南、政和、建瓯、宁德、霞浦等县，由于各地方言的关系，曾有'说平戏'、'庶民戏'、'素平戏'、'赐民戏'之称。"[①] 杨榕《文献考证与历史真实的相互统一》较为详细地论述了闽北四平戏的文献来源与调查札记，为后面的研究提供了资料和方向。付华顺《宗族演剧与村民记忆》通过禾洋村的村民记忆，梳理了四平戏的历史脉络。叶明生、黄建兴《政和县禾洋村的四平戏调查报告》通过观看四平戏演出，参加当地的民俗仪式活动，召开当地艺人、村干部的座谈会，在群众中进行大量的访谈，查阅当地的文献资料，获得了一些未经发现的四平戏资料，为今后的研究提供了参照。

从四平戏的传承情况看，政和四平戏的传承面临着严峻挑战，但并未引起重视，直到 2006 年申遗成功，四平戏逐渐受到关注。周芬芳《濒危剧种四平戏的保护与发展》、叶明生《濒危的四平戏》详细概述四平戏面临濒危的原因，邹自振《政和四平戏的历史与现状》讨论政和四平戏存在的价值、面临的问题以及与其他剧种相比较其劣势所在。王晓珊《宗族演剧与农村女性的生存及文化现实》则从女性角度出发，通过宗族演剧的仪式特征对农村女性各方面的不同影响，进一步阐明四平戏保存与发展的根基。李家回、杨慕震《政和县杨源村四平戏唱腔音乐初探》，王让梨《漫谈四平

---

① 中国戏曲志编辑委员会编：《中国戏曲志》，文化艺术出版社 1993 年版，第 71 页。

戏舞台艺术及表演特色》等分析四平戏的唱腔、舞台，概述了四平腔的特点和音乐风格，肯定了四平戏的文化意义。2016 年，罗小成主编的《政和四平戏》对历年来政和四平戏的研究成果进行了总结。

（二）邵武三角戏研究现状

邵武三角戏相关研究成果甚少，主要集中在政协邵武市文史资料委员会编写的《邵武文史资料选辑》中，张四维对邵武三角戏有较为全面介绍，其《邵武的三角戏与三角戏剧团》一文从道白、音乐、剧目等方面介绍邵武三角戏。其他研究资料则相对简单，如：光皓《新安江、富屯溪两岸的三角戏》认为三角戏与黄梅戏源流相同。方玉瑞《地方戏曲一枝花——略谈邵武三角戏》、陈春花《邵武三角戏》、黄静宇《邵武三角戏的音乐特征及其发展》等文章简单介绍了邵武三角戏的戏曲语言、唱词唱腔、曲调音乐、剧目剧本、表演形式及服装道具。

闽北邵武、光泽一带的三角戏有悠久的历史，《福建省志·戏曲志》记载了三角戏在清初出现时的情况，秦旭芳《闽北民间文艺之三角戏》、张四维《邵武的三角戏和三角戏剧团》等概括了剧团在 1953 年以后的发展，此外诸如《福建戏曲剧种》、光皓《新安江、富屯溪两岸的三角戏》、张四维《斗、批、散——红歌民卫剧团始末》等文章对闽北三角戏发展也略有提及。

（三）南平南词研究现状

南平南词的相关研究成果不多，大多是概述介绍，周丽霞编著的《闽台西苑福建戏曲种类与艺术》以"静逸轩"的发展历史为切入点，说明南词的发展过程。《福建省戏剧年鉴》介绍了南平南词的历史渊源和发展过程，对南词的兴衰做了详细的介绍，论述南词的发展情况。《中国语言大辞典》提到南平南词是用被称为中州韵的土官话来演唱和道白。此外，国家级非物质文化遗产项目南平南词第二批省级代表性传承人卢丽萍著有《南平南词表演艺术初探》介绍南词的艺术特色。吴冕之《刍议说唱"普通话"的福建南平南词》论及南平南词的语言特点。游友川《滩簧苏音绕九峰》简单介绍南词的基本特点以及南平南词"土官话"。黄秀琴《福建南平南词源流考》梳理了南平南词的源流。南平市南词艺术传承发展中心出版的内书《南词五十年》也梳理了南词的发展历史。

地方戏的生命力就在于使用方言，丰富的地方戏曲声腔的与复杂的方言紧密相连，地方戏是方言艺术，因此，研究地方戏的来龙去脉、艺术特点，必须从方言说起。

第三节　方言生态危机与地方戏曲

1972 年，美国哈佛大学教授艾纳·豪根首次系统提出"语言生态"这个概念，主要研究特定语言与环境之间的相互作用关系。我们所谓的方言生态即由这一概念延伸而来，即汉语方言与所在环境（社会、文化、语群）之间的相互作用关系。

一、方言生态环境的渐趋严峻

汉语是多方言的语言，在历史的发展过程中构建了丰富多样、生机勃勃的语言生态系统，与此同时，与世界上任何方言一样，汉语方言的消亡现象一直以来存在着。方言的变迁与消长，与政治经济的发展，人民的交流、迁徙，山川河流的阻隔等因素紧密联系在一起。伴随着政治经济的快速发展，城镇化进程的推进，人口流动的频繁，汉语方言的消亡愈来愈严重。二十世纪五十年代开启的推普活动，在加强人们的语言规范意识，促进更为广泛、顺畅交流等方面起到毋庸置疑的作用，会说普通话、说好普通话已逐渐成为共识，尤其是年轻一代，说好普通话成为职场或进入职场的必备技能。但是，在推普的过程中，语言的求同往往被简单理解为替换或放弃区域性方言，这一语言认识和语言态度加剧了区域性方言的消亡，汉语各方言的生存空间及格局发生急剧的变化，方言生态环境渐趋严峻。

汉语各方言发展的不平衡是客观存在的，伴随着语言接触过程中"强势"与"弱势"的较量，这也就意味着有些区域性方言生态环境相对好些，而另外所谓相对"弱势"的方言其生态环境就不容乐观。下面以福建历史上最早形成的方言——闽北方言为例，看看汉语方言真实的生态环境。

1. 趋同普通话，方言原生性正逐渐丧失

任何一种语言都有其自身生存发展的环境，有其自身的特征。闽北方言是福建历史上最早形成的方言，保留了很多古语词，如说"猪"为"豨"，说"叶"为"箬"，闽北方言的一些词汇既区别于闽语其他地区，也不同于汉语各方言，如体现汉语义位"吃"一词，既不用"吃""喫"，也不用"食"，而用"餲"，说"吃饭"为"餲饭"。闽北的"推普"活动在福建地区开展得较为好，在"推普"的作用下，闽北各地说普通话的人越来越多，闽北人对方言的情感态度正逐渐减弱，年轻一代对闽北方言表现出不喜欢、不愿意说的态度，且方言能力也日趋下降。当前方言区只会说方言的这类人群比例越来越小，只会说普通话，几乎不会听、说方言的这类人群比例越来越大。建瓯方言是闽北方言的代表，也是方言区域内方言环境相对较好的地区，但情况也不容乐观。在"2015年中国语言资源保护工程·汉语方言（建瓯）"的课题调查中，寻找发音"标准"的年轻人成为工作的最大困难，许多来面试的年轻人的方言里夹杂着大量普通话，出现不少普通话式方言，读不出的字音比例与老年发音人相比高出许多。我们对建瓯城区老年一代（六十五岁左右）及青年一代（三十岁左右）的方音进行调查，发现青年一代其语音受普通话影响非常明显，如"字典"本应该为 tsi^{55}tiŋ^{21}，年轻一代今读 tsi^{55}taŋ^{21}；"项目"本应读 xɔŋ^{55}mu^{42}，年轻一代今读 siɔŋ^{55}mu^{42}。

2. 方言生存空间逐渐缩小

方言生存空间的缩小，一方面体现在方言外部使用的语域的缩小。方言语域指方言在日常不同生活场所中的使用情况，是方言在地域内部认同的主要标志，方言的日益萎缩、消亡，消解的不仅仅是对母语的认同，更导致族群心理情感的崩塌。闽北方言作为闽方言的边缘地区，其区域认同感、影响力远远低于闽南方言、闽东方言。调查中发现，在闽北地区，闽北方言使用的区域主要在家庭内部及部分商贸活动中，例如菜市场，而广播、电视媒体及行政领域中几乎不使用方言。另一方面体现为方言自身格局的缩小。闽北建瓯方言存在很多的文白异读，如"缺"，白读音为 kʰiɛ^{24}，文读音为 kʰue^{24}，"回"，白读音为 xo^{33}，文读音为 o^{21}，但田野调查发现，年轻人已不会文读音。可见，作为闽北方言代表的建瓯方言的使用范围日益缩小。

3. 方言影响力的消退

方言不仅仅是地域日常交际语言，更是地域文化的载体。闽北地区有丰富的地方戏曲艺术，戏曲语言的传承一方面是舞台语言的传承，更是一种方言的传承。然而，在近五十年，闽北政和的四平戏、邵武三角戏、南平南词等戏曲渐趋衰微，当地人对闽北戏曲艺术的熟知程度堪忧，尤其是年轻一代，几乎是一无所知，而年老一代，亦有部分不甚了解。邵武话是福建境域内客赣方言区，其在汉语方言史上有重要的地位，正在发生的事实也令人深思。邵武三角戏是植根于邵武地域的地方戏曲，其语言上的最大特点是使用邵武土话。近年来，随着剧团的官方化，逐渐向越剧发展，三角戏的"地方性"正被消解。与此同时，对目前三角戏现状的调查发现，语言障碍成为群众与三角戏之间的最大障碍，大部分群众，尤其是年轻一代表示"讨厌地方戏"的原因是由于"方言太多，听不懂"。邵武话面临的这种困境，赣方言、客家方言、湘方言等也存在，即使如上海话那样较为"强势"的方言也同样遭遇这种困境。这一结果传递一个有力而清晰的信号——汉语方言的生态环境正渐趋严峻。

二、方言的生态保护与文化的多样性

汉语各方言的差异很大，这是汉语的魅力所在，是丰富多彩的民族文化最直接的体现。汉语各方言的历史发展，一方面，通过自身的调节，呈现动态的、不断变化的过程，另一方面，汉语各方言在不断的接触中，发生着较量，或扩大，或缩小，或最终走向消亡。面对那些正逐渐缩小，甚至濒临消亡的方言，我们应做些什么呢？李国正指出："语言生态系统是由内在生态系统（语言系统）和外在生态系统（自然系统、社会系统、文化系统和人群系统）组成的。"[①]面对汉语各方言消亡的现象，我们既应注意了解方言内在语言系统，也应关注方言的外在生态系统，从现阶段汉语各方言的发展情况看，尤其应从方言外在生态系统上去解决方言的缩小与消亡问题。语言的统一是社会统一的必然，其无疑在推动社会政治经济的稳定，人们更好更广泛地交流方面起着巨大的作用，但统一不应以消除差异为前提。方言一直以来都是共同语发展的源泉，在全媒体时代，方言更是网络热词的第一生产力，如"扑街""老铁""怼"。从这个意义上来说，方言的生态保护与推普活动并不矛盾。方言立足于区域范围内的文化个性的发展，推普则促进了人们无障碍的和谐交流，实现文化资源的共享，二者共同促进文化的发展。

---

① 李国正：《生态语言学系统说略》，《语文导报》1987 第 1 期。

千差万别、形形色色的汉语方言是地域文化的载体，是文化多样性的基础，是中华文化源远流长的助力。保护方言的生态系统，就如维护生物生态平衡一样必不可少。

三、地方戏曲：汉语方言的历史与情感的栖居之地

地方戏曲，是地方文化多样性的重要组成部分，中国戏曲剧种，大多以地域命名，这正是因为戏曲剧种植根地方土壤，地域特色鲜明所致。发展保护地方戏曲，借助地方戏曲的交流、传播，使汉语方言以鲜活的方式生存、流传，更好地促进方言生态的保护。

汉语方言是地域内人们生活的语言，是这一地域独特世界最直接的展示，是语言谱系内含的历史与情感的溯源与追踪。戏曲是语言的艺术，是生活的缩影，是历史的见证，要保持方言的历史与情感谱系，戏曲无疑是最佳的栖居之地。以闽语为例，闽语区的闽剧、歌仔戏、南音、莆仙戏、高甲戏、四平戏、三角戏，都留下闽语深深的痕迹。舌尖上的乡愁——南音，联系着海峡两岸及南洋群岛，漂洋过海难阻血脉乡音。情感与历史的溯源——政和四平戏，其戏曲语言采用"土官话"，俗称"讲正字"，只有当地老人才听得懂。邵武的三角戏，又被称为"家庭戏"，以地方方音为基础，演绎"没有皇帝没有官，越看越心宽"的平民日常中的男女爱情、家庭纠葛。

承载厚重地域文化的方言是戏曲语言的重要组成部分。帕默尔指出："语言忠实地反映了一个民族的全部历史、文化，忠实地反映了它的各种游戏和娱乐、各种信仰和偏见。"[①]如果说语言展现的是一个民族的文化，方言则集中地呈现地域文化。"千里不同调，百里不同腔"的语言差别特征，反映了地域文化的差别。不同地域中的历史传说、风土人情、传统习俗、宗教制度等直接作用于方言，承载着姿态万千的地方文化。与此同时，方言对于地方戏曲自身的文化归属意义重大。方言的话语，体现的不仅是表层的语言系统，更投射出方言话语主体——人的家长里短、性格、情感等，折射在地方戏曲中，则集中表现为负载浓厚地方特色的风土人情、文化历

---

① 李如龙：《关于方言与地域文化的研究》，《泉州师范学院学报》2005年第1期。

史、百姓审美态度，借助舞台语言（方言）的演绎，得以鲜活的展示，在本地人和异乡人听来，这独特的语言不仅仅是演员与民众之间传达戏境的有效通道，而且成为展现与诠释谱系族群之间血脉相连的文化传统的重要方式。比如，"清末民国时期，广东四大族群广府人、潮汕人、客家人、琼州人就分别确认粤剧、潮剧、江外戏（广东汉剧）、琼剧为各自族群的文化标志，即使他们侨居海外，地方剧种也成为凝聚族群的一个重要手段"①，"华语戏曲，在东南亚的华侨群体中，扮演着很重要的社会文化功能角色。在东南亚多元种族的文化环境中，以族群方言为基础的家乡戏曲，某种程度上，成为保持自身族群内凝聚力和文化身份识别的重要武器"②。方言地理学认为每一个词都有自己的历史，地方戏曲中的方言词语积淀和凝聚着厚重的历史与情感认同。

地方戏曲的创作表演者采撷和运用方言资源，源于强烈的方言情结。语言指涉感受，对于特定地理环境中的人而言，方言是历史与情感的溯源与追踪，承载的是特定地域人们独有的世界认知方式："我们懂得最深微，用起来最灵便的，往往是那些从小学来的乡土的语言，和自己的生活经验有无限关联的语言，即学者们所谓的'母舌'。这种语言，一般地说，是丰富的，有活气的，有情韵的。它是带着生活体温的语言。"③方言于人们，是印记，中国人对方言母语的执着正如诗歌所描述的那样，"少小离家老大回，乡音无改鬓毛衰"。反映到地方戏曲的创作中，正如客家祖言所说的"宁卖祖公田，莫忘祖宗言"，方言是地方戏曲语言的命脉，是戏曲语言的保鲜库，是戏曲语言的土壤。

重视方言在地方戏曲中的运用，既利于改善汉语方言的生态，也有助于缓解中国戏曲的衰弱。"中国戏曲是民族文化的瑰宝"，响亮而令人自豪振奋的话语与现今中国戏曲的现状相比，让人失望顿生。曾经引以为豪的"瑰宝"如今黯然失色，据统计，中国三百多个地方戏曲，除少部分能维持外，其他大部分都走向或将走向衰亡。就拿闽北地区来说，曾经给闽北山区人们极大精神快乐的三角戏、四平戏，其传承与发扬面临着严峻的

① 陈志勇：《论方言与地方剧种"种类"的多样性》，《文化遗产》2012年第1期。
② 陈志勇：《广东汉剧研究》，中山大学出版社2009年版，第329页。
③ 钟敬文：《方言文学试论》，钟敬文主编：《钟敬文文集.诗学及文艺理论卷》，安徽教育出版社2002年版，第312页。

挑战，这其中当然有全媒体带来的人们娱乐方式多元化的冲击，亦有城镇化进程所带来的农村生态环境的改变等因素，但更重要原因在于地方戏曲一味求大，求广带来求同的负面影响。我们说地方戏曲不能固守方寸之地，需要走出去，这无可非议，但在强调"走出去"的同时，不能以牺牲"个性"为代价，过分强调让观众表层地、短时地接受。戏曲本是一门较为深厚的艺术，需要的不是经济时代的"快速"接受，而是深入体会领会欣赏，对戏曲艺术而言，其生存之本在于在"走出去"的同时，追求质上的突破与创新，而不应仅以传播范围的大小及受众群体的多少来衡量。地方戏曲发展过程中，存在一个普遍现象——趋同，或京剧化，或越剧化，原本土生土长、地域色彩极浓的地方戏曲，却以方言为累赘，以为抛弃方言便可广泛传播，长久留存，简单地将方言改说普通话或地方普通话，舍本逐末。普通话的舞台语言不仅在真实鲜活地再现方言社群的地方性生活场景方面会稍显疲弱，也不利于细腻传神地塑造日常生活中方言社群个体的典型形象。就如被称为"家庭戏"的闽北三角戏，若将戏曲舞台的语言中的俗浪泼语用普通话展现出来，其鲜活程度则差之千里。再如散见于闽剧《贻顺哥烛蒂》中的"媒人嘴，犬放屁""癫哥吹拳孤孤单单""后奶煮饭凭伊心"等舞台语言满载着福州人的生活体会和方言趣味，是除了福州方言以外，任何语言都无法细腻传达的。创新不等于摒弃方言，运用普罗大众都能接受的普通话，对于地方戏曲而言，无疑是饮鸩止渴。只有市场，没有个性，只有形式，没有生命的地方戏曲，在短时间内虽能获得一定的繁荣，但这样的发展以牺牲戏曲个性为代价，毫无疑问最终将走向消亡。可喜的是，面对地方戏曲的严峻现实，越来越多的人关注并重视方言在地方戏曲中的价值，戏曲领域也逐渐改变对方言的态度，这种对方言的重视及肯定以及随之而来的剧本创作，将会一定程度上缓解当下地方戏曲的现状，促进地方戏曲的发展及留存。

上篇 闽北地区方言研究

政和方言研究

一般而言,"地方戏流行地区与方言区基本重合"①。四平戏是闽北政和的剧种,其舞台语言与政和方言紧密相连。因此,探讨四平戏语言就必须首先了解政和方言。本章在梳理政和地理、历史概况的基础上,对政和城区(熊山街道)语音作系统性的描写与分析,也对杨源村的语音进行描写与说明,兼及讨论政和方言词汇、语法特点。

第一节　政和概况

政和地处福建省北部,历史悠久,建置较早,区域内通行闽北方言。本节讨论政和地理、历史及方言概况。

一、政和地理、历史概况

政和县位于福建省北部闽浙交界处,东经 118°33′ ~ 119°47′,北纬 27°05′ ~ 27°23′,东接寿宁、周宁,西连建阳,南邻建瓯、屏南,北与松溪及浙江庆元等七个县市相邻,总面积达一千七百多平方公里,人口约二十三万,以汉族为主,下辖一个街道(熊山街道)、四个镇(东平镇、石屯镇、铁山镇、镇前镇)、五个乡(溪乡、外屯乡、杨源乡、澄源乡、岭腰乡)。

早在五代十国时,政和县隶属宁德县的关隶镇。宋咸平三年(1000 年)升为关隶县。政和五年(1115 年)改称政和县。绍兴三十二年(1162 年)隶属建宁府,直至明景泰六年(1455 年),政和县东部划分出来归属寿宁县。此后,政和县隶属建宁府,直至新中国成立。

---

① 游汝杰主编:《地方戏曲音韵研究》,商务印书馆 2006 年版,第 2 页。

1959 年，政和曾隶属福安地区。1960 年，政和县与松溪县合并，隶属福安专区，1962 年，松政两县分立，但政和仍隶属福安专区。直至 1970 年松溪、政和两县再次合并，政和恢复隶属建阳地区，1975 年 3 月，松政两县再次分开，政和县实施原来的行政管理机制，隶属南平地区。

政和属低山丘陵区，自然环境怡人，气候温和，历史上出现很多历史名人，是理学的重要传播地，号称"先贤过化之乡"。

政和不仅自然环境优美，人杰地灵，更以古老声腔——四平戏闻名。四平戏自明末清初传入闽东北大山深处的政和，在政和县杨源乡较好地保存、留存延续至今，四百多年间，四平戏以其古老的唱腔在政和杨源不断发展，出现了一批优秀的四平戏传承人。

二、政和方言概况

从历史上看，建宁府长期管辖政和县，所以逐步形成以闽北建瓯方言为基础的政和方言，通行全县。政和县及其所辖各乡镇，从地理位置、行政区域和方言分区上看，它们既处于闽北、闽东及浙江交界，又处于几个方言片区的边缘，因此存在一定的内部差异，代表政和方言的熊山话（城关话）和建瓯方言相似；石屯、东平两乡跟建瓯接近，方言和建瓯话相通；浙江庆元附近的铁山乡，岭腰以上的村民基本上会讲政和、庆元两县的方言，高山、后山村民，通常讲庆元话，讲政和话时大多带有浓浓的庆元腔；高山区镇前、杨源、澄源受邻县周宁、寿宁、屏南的影响，也形成自己独特的闽东话腔调。"全县可分成六个腔调：一是城关腔：熊山、铁山、外屯、石屯；二是东平腔：东平、护田、西津、西表；三是岭腰腔：岭腰、长垅、高山、锦屏；四是镇前腔：镇前、宝岩、里洋、郢地；五是澄源腔：澄源、深阔、富垅；六是杨源腔：杨源、西门、西岩、坂头。"①下文所指的"政和方言"，从地理概念出发，即政和县境内所有方言的总和。

政和方言共同语音特征如下：②

---

① 林天福：《政和县志》，中华书局 1994 年版，第 744 页。
② 所举政和方言语音特征之字例，以政和城关（熊山街道）方言为代表。

1. 声 母

（1）古见母字政和方言读舌根音 k，如：建 kyiŋ^{42}，部分今读 x 及零声母，如：高 xo^{53}_白_｜狗 xu^{213}_白_｜笕 xaiŋ^{42}｜教 xo^{53}｜肝 xueiŋ^{53}｜橘 xi^{24}｜揭 iɛ^{24}。

（2）古晓、匣母字政和方言今读 x，如：黑_晓_ xɛ^{24}｜户_匣_ xu^{55}，部分今读 k、k^h，如：虎_晓_ k^{h}u^{213}｜熏_晓_ k^{h}œyŋ^{21}｜厚_匣_ kɛ^{42}｜猴_匣_ kɛ^{21}｜县_匣_ kyiŋ^{21}。

（3）古精庄章三组读同一套塞擦音 ts、ts^h、s，如：剪_精_ tsaiŋ^{213}｜州_章_ tsiu^{53}｜争_庄_ tsaiŋ^{53}。

（4）古来母字政和方言今读 l，如：楼 le^{33}，部分来母今读 s，如：雷 suɛ^{33}｜老 sɛ^{55}｜李 sɛ^{55}。

（5）政和方言今读零声母主要来自古影、云、以母字，如：鸭_影_ o^{24}｜有_云_ iu^{213}｜姨_以_ i^{21}，除此还有一些特殊的来源，部分古船禅母字今政和方言读为零声母是政和方言重要的语音现象，如：蛇_船_ ye^{33}｜上_禅_ ioŋ^{42}；古非组字部分今读零声母，如：围_微_ ui^{33}｜物_微_ uɛ^{24}；此外少数古日母字今读零声母，如：热_日_ iɛ^{42}。

2. 韵 母

（1）部分普通话读开口的字，政和方言今读合口，如：大 tuɛ^{55}｜爱 uɛ^{42}｜安 ueiŋ^{53}。

（2）部分普通话为非撮口的字，政和方言今读为撮口，如：鼠 ts^{h}y^{213}｜舌 lyɛ^{42}｜纸 tsyɛ^{213}｜线 syiŋ^{42}。

（3）普通话鼻韵母的字，政和方言一律都收 ŋ 尾，还有不少复韵尾，即元音韵尾与 ŋ 尾相连，如：心 seiŋ^{53}｜翻 xuaiŋ^{53}｜浅 ts^{h}iŋ^{213}。

（4）古入声字，政和方言今读均无塞音韵尾，如：立 li^{42}｜七 ts^{h}i^{24}｜学 xa^{24}｜达 ta^{24}。

3. 声 调

政和方言声调较为简单，一般为七个调类：阴平、阳平甲、阳平乙、上声、阴去、阳去、入声。阳平分两个调类，为阳平甲、阳平乙。

第二节　政和方言音系

本节对政和城关（熊山街道）语音、杨源村语音进行描写与说明。

一、政和城区方言音系

政和方言属闽北方言，与建瓯方言相似，此音系为 2017 年调查的政和城区方言。

1. 声　母

政和城区方言声母一共有十五个，包含零声母。

表 1-1　政和城区方言声母

声母	例字	声母	例字	声母	例字	声母	例字	声母	例字
p	八爬肥	pʰ	派片蜂	m	麦明问				
t	东甜张	tʰ	讨抽柱	n	脑南年			l	老连路
ts	资字祠	tsʰ	刺抄床			s	丝三酸		
k	高九共	kʰ	开轻虎	ŋ	熬月义	x	风副好		
∅	船安温								

声母音值、音位处理说明：

（1）舌尖前音声母 ts、tsʰ、s 与齐齿呼、撮口呼韵母相拼时腭化明显，仅 s 与 i、iŋ 两韵相拼时不发生腭化，如：四 si⁴²| 鲜 siŋ⁵³。由于不构成音位上的区别，本音系都记成 ts、tsʰ、s。

（2）x 的具体发音部位与所拼合的韵母洪细有关，拼开口、合口时则部位略后移。

（3）政和话没有 f 声母，但是在语流中，拼读 uauŋ 韵时，如"方""纺""粉"等字有时会读 f。

（4）政和话有些字的口语读音与古声母的对应特殊，部分古来母字，政和话文读 l 声母，白读 s 声母，如：聋 sauŋ³³| 雷 sue³³| 卵 sauŋ⁵⁵。

2. 韵　母

政和城区方言韵母共有三十二个。

表1-2　政和城区方言韵母

韵母	例字	韵母	例字	韵母	例字	韵母	例字
		i	米丝试戏	u	苦走壳谷	y	猪雨绿局
a	茶牙盒塔	ia	写爷野夜	ua	花瓦法刮		
ε	豆北直色	iε	接热协页	uε	坐赔对活	yε	开月饥寄
o	歌靴宝托	io	笑桥药尺				
ai	排鞋贴八			uai	乖发怀拐		
au	饱抱道脑	iau	拆				
		iu	油酒修球	ui	鬼垂柜胃		
aŋ	南病贪蓝	iaŋ	轻盈领听	uaŋ	横犯		
aiŋ	灯硬争星			uaiŋ	反晚顽翻		
eiŋ	心深新升			ueiŋ	山半官滚		
auŋ	寸糖床讲			uauŋ	分粉文坟		
oŋ	王双东饭	ioŋ	响娘亮张				
œyŋ	春云兄用						
		iŋ	盐年签厌			yiŋ	权线建言

韵母音值、音位处理说明：

（1）o开口度较标准元音o略大些。

（2）uε韵中的u可记为o，时值较长。

（3）eiŋ、ueiŋ两韵中的i较为微弱，有时并不发音。

3.声调

政和城区方言单字调有七个。

表1-3　政和城区方言声调

调类	调值	例字
阴平	53	东通春灯
阳平甲	33	门龙牛油
阳平乙	21	铜红含棋
阴上	213	懂统铜九
阴去	42	冻痛门半

续表

调类	调值	例字
阳去	55	卖近白后
阴入	25	搭哭急谷

声调音值、音位处理说明:

（1）上声调是个低降升调，有时接近212，调尾上升的部分是调值的主体。

（2）阴去42起调略低，有时接近于31。

（3）政和话今读阴平的字来自古清平，阳平分两类：阳平甲、阳平乙。今读阳平甲及阳平乙的字来自古浊平，阳平甲33来自古次浊平及部分古全浊平，阳平乙21主要来自古全浊平、部分古浊去声字，如：洞 tɔŋ²¹| 汗 kuein²¹，个别古清平声字，如：糙 tsʰau²¹| 危 ui²¹。

（4）阴入调是个低升调，有时时长较长，接近223，与阴上字有时很相近，如"古与谷、举与菊"等，发音人能区别，但外乡人听不出二者的区别。阴入自成调类，入声音节不短促，没有塞音韵尾。

二、政和杨源村方言音系

闽北政和四平戏集中活跃于杨源一带。杨源村位于政和县东南部，为乡政府所在地，平均海拔八百六十米，距县城三十三公里，属闽北方言，与政和城关话略有区别①。以下是 2017 年 10 月田野调查整理的杨源村声韵调系统。调查依据商务印书馆所编的《中国语言资源调查手册》及中国社会科学院语言研究所编写的《方言调查字表》，发音人为世居杨源村的张孝友（男，六十六岁）。

1. 声 母

杨源村方言声母一共有十五个，包含零声母。

表 1-4 政和杨源村声母

声母	例字	声母	例字	声母	例字	声母	例字	声母	例字
p	八爬肥饭	pʰ	派片蜂铺	m	麦明味问				
t	东甜张茶	tʰ	讨天抽柱	n	脑南年软			l	老连蓝路
ts	资字祠争	tsʰ	刺抄床春					s	丝三顺十
k	高九共县	kʰ	开轻苦裤	ŋ	熬月义颜			x	风副好活
∅	船安温王								

---

① 政和杨源村与政和城关话声韵调系统基本一致，声母、声调基本相同，韵母略有区别。

29

杨源村声母音值、音位处理说明：

（1）舌尖前音声母 ts、ts^h、s 与齐齿呼、撮口呼韵母相拼时腭化明显，仅 s 与 i、iŋ 两韵相拼时不发生腭化，如：四 si^{31}｜鲜 siŋ^{44}。由于不构成音位上的区别，本音系都记成 ts、ts^h、s。

（2）政和杨源话没有 θ 声母，但是在语流中受邻近闽东方言的影响，s 声母有时可以变读为 θ，如"书""城""响"等字有时会读成 θ。

（2）韵 母

杨源村方言韵母一共有三十一个[①]。

表 1-5　政和杨源村韵母

韵母	例字	韵母	例字	韵母	例字	韵母	例字
		i	米丝十七	u	苦五师壳	y	猪雨绿局
a	茶塔学白	ia	写爷夜车	ua	花瓦法刮		
ɛ	北直色锡	iɛ	接热灭杰	uɛ	坐赔骨佛	yɛ	开月快
o	歌盒宝托	io	笑桥药尺				
ai	排鞋贴八			uai	乖发怀拐		
au	饱炮闹孝	iau	挢				
		iu	油酒九	ui	鬼醉水柜		
aŋ	南病三胆	iaŋ	轻盈镜饼	uaŋ	横犯		
aiŋ	硬争星耕			uaiŋ	反晚纺顽		
eiŋ	心深新升			ueiŋ	山半官滚		
auŋ	糖床霜讲						
oŋ	王双东光	ioŋ	响唱姜向				
œyŋ	春云兄用						
		iŋ	盐年签险			yiŋ	权建言暖

杨源村韵母音值、音位处理说明：

（1）o 开口度较标准元音 o 略扁小些。

（2）ɛ 舌位偏后，有时接近 ɤ。

---

① 杨源村韵母系统较政和城区话少了 uauŋ 韵。

3. 声　调

杨源村方言单字调有七个。

表 1-6　政和杨源村声调

调类	调值	例字
阴平	44	东通春灯
阳平甲	41	门龙牛油
阳平乙	21	铜红含棋
阴上	223	懂统铜九
阴去	31	冻痛门半
阳去	335	卖近白后
阴入	22	搭哭急谷

杨源村声调音值、音位处理说明:

（1）上声调是个低升调，有时接近 224，调尾上升的部分是调值的主体。

（2）政和杨源话今读阴平的字来自古清平，阳平分两类：阳平甲、阳平乙。今读阳平甲及阳平乙的字来自古浊平，阳平甲 41 来自古次浊平及部分古全浊平，阳平乙 21 主要来自古全浊平、部分古浊去声字，如：洞 toŋ²¹| 汗 kueiŋ²¹，个别古清平声字，如：糙 tshau²¹| 危 ui²¹。

（3）入声调是个低平调，入声自成调类，入声音节不短促，没有塞音韵尾。

第三节　政和方言同音字汇

本节收录政和城区方言的单字音，在《方言调查字表》的基础上增删而成，具体说明如下：

其一，"□"表示有音无字或本字待考；

其二，政和方言有少数的文白异读字，字下加"—"表示白读音，"＝"表示文读音，又读音字下注"又"；

其三，释义和举例用小号字表示，举例时用"～"代表本字；

其四，本字表排列以韵为纲，同韵字按声母排列，声韵相同则按照声调排列，声韵调的顺序与政和方言音系一致。

i

p [53] 碑 [21] 鼻 (动词, 表示闻) 琵枇脾庇妣 [33] 屃 [213] 比 [42] 拔备闭弊 [55] 币婢 [24] 笔逼毕臂

p^h [53] 披 [55] 鼻名词 [24] 匹

m [33] 勿 [21] 谜迷弥 [42] 米 [55] 味咪 [24] 蜜密

t [53] 知 [21] 低迟 [42] 递治第帝弟 [55] 事 [24] 笛迪滴

n [42] 你 [55] 二 [24] 匿溺

l [21] 璃厘狸 [33] 梨 [213] 李理礼鲤周礼娌 [42] 立力 [55] 利丽 [24] 粒

ts [21] 字挤 [213] 指 (~挥) 止趾旨姊 [42] 制寺集痣志 [55] 十疾 [24] 汁伫织积职

ts^h [53] 妻 [213] 齿耻侈 [42] 试 [55] 市莳 [24] 七

s [53] 丝诗施撕西 [33] 时 [213] 死屎始 [42] 四式势试轼 [55] 食饲誓饰示席 [24] 习失息惜夕悉室实

k [53] 基机箕 [33] 旗 [21] 棋骑奇 [213] 几 [42] 记纪季 [55] 妓忌柿 [24] 及吉极击急级击

k^h [53] 欺 [21] 骑 [213] 企启 [42] 契器气契弃 [55] 柿 [24] 迄

ŋ [21] 宜疑仪 [55] 艺义益

x [53] 希稀嬉 [213] 喜 [42] 戏 [55] 系 [24] 吸橘

Ø [53] 衣医依 [21] 移指 (金戚~) 姨胰 [33] 屎 [42] 意实异 [24] 一

u

p [213] 补 [42] 布簿妇 [55] 缚 [24] 剥腹

p^h [53] 铺 [213] 谱普 [55] 曝 [24] 伏

m [213] 母姆拇 [42] 木目 [55] 雾墓

t [53] 跓都 [21] 徒斫 [42] 胆赌杜毒昼 [55] 刣事 (做~) [24] 读独贮

tʰ [33] 图土 [42] 兔吐 [24] 突秃

n [33] 奴 [55] 怒

l [33] 卢芦 [213] 鲁 [42] 鹿禄 [55] 路

ts [53] 租资兹滋峇 [21] 慈词辞 [213] 紫子走 [42] 祠

tsʰ [53] 初粗 [213] 楚 [42] 刺畜醋 [55] 觑 [24] 促触

s [53] 师苏思私荽 [33] 事 (讲故~) [213] 所使 (大~) 属 (~于) [42] 树 (~立) 数竖诉嗽 [55] 六露事 (本~) [24] 速束

k [53] 姑孤辜 [21] 牯 [213] 古股鼓蛊估 [42] 故顾雇固 [24] 角谷

kʰ [53] 枯 [213] 苦虎琥 [42] 裤 [24] 壳哭

ŋ [33] 吴蜈 [42] 五伍 [55] 误

x [53] 夫肤 [21] 浮 [213] 府狗 [42] 付富菇野生的副妇 [55] 户父后傅护腐 [24] 福服幅

Ø [53] 乌污坞 [21] 壶蝴湖符胡糊狐 [213] 武鹉 [42] 屋 [55] 务 [24] 握

y

t [53] 蛛 [33] 锄厨橱 [21] 除 [213] 储 [55] 箸 [24] 竹竺

n [213] 女 [42] 肉

l [33] 炉 [213] 吕旅缕 [42] 绿 [24] 律

ts [53] 猪珠朱 [21] 徐 [33] 薯 [213] 主煮 [42] □ (箩筐) [24] 族粥足烛

tsʰ [213] 娶鼠取 [24] 出

s [53] 书输舒 [55] 熟 [24] 宿叔赎粟输

k [53] 句居 [213] 举矩 [42] 锯惧 [55] 剧局据巨距 [24] 菊

kʰ [53] 区驱躯 [24] 渠曲屈

ŋ [33] 鱼渔虞 [42] 玉

x [53] 飞虚圩 [213] 许 [42] 浴 (洗~) 肺费 [55] 雨

Ø [21] 如余儿 [42] 属 (家~) 雨 [55] 遇芋裕浴 (~巾) [24] 育

a

p [53] 巴疤芭鹁 [33] 爬 [213] 把 [42] 霸坝 [55] 白爸 [24] 百柏擘 (表示张开)

pʰ [53] 葩 [42] 帕

m [33] 嫲 [213] 马码 [42] 麦 [55] 骂

t [53] 地爹 [33] 茶 [24] 搭达打量词

tʰ [24] 踏塔

n [33] □ (~尿) [42] 拿

l [53] 拉 [42] 蜡腊□ (将食物放油里炸熟) [24] 辣

ts [42] 做杂闸扎 [24] 抯

tsʰ [53] 差 [24] 插

s [53] 沙 (瓜熟透了，绵绵的感觉)

k [53] 家貑加佳嘉 [21] 假 [42] 嫁假 (暑~) 驾 [55] 架 [24] 夹甲隔

kʰ [24] 客

ŋ [33] 牙芽衙蚜

x [33] 虾 [21] 夏 [42] 下蛤 [24] 盒学 (~习)

Ø [213] 哑

ia

p [24] 壁

t [24] 摘

tʰ [24] 拆

n [42] 额饷 [24] 镊

l [42] 历

ts [53] 遮 [21] 斜 [213] 姐 [42] 蔗 [55] 叶

tsʰ [53] 车 [24] 赤

s [213] 写 [55] 谢社削 (~皮)

Ø [42] 射野也 [55] 夜

ua

k [53] 瓜呱 [42] 挂褂卦 [24] 刮

x [53] 花 [42] 化 [55] 话 [24] 法

Ø [53] 挖蛙 [21] 华 [42] 画瓦划 [55] 话 [24] □ (~人，指那人)

ɜ

p [53] 包 [42] 憋白 [24] 北伯

pʰ [24] 魄珀拍

m [33] 眉猫 [21] 谋 [213] 牡 [42] 密墨脉

t [55] 豆直 [24] 得德

tʰ [53] 偷 [33] 头 [24] 特踢

n [42] 踏 (踩)

l [33] 来楼 [42] 栗

ts [53] 栽糟 (酒~) [42] 塞皱择

tsʰ [33] 巢 [42] 菜凑臭擦 [55] 贼 [24] 撒侧测策

s [33] 时 [213] 使 [42] 瘦 [55] 李老 [24] 虱色锡

k [53] 钩沟勾 [21] 猴 [213] 狗 [42] 够厚 [24] 割格革

kʰ [213] 口起 [24] 渴刻克 (扑~)

ŋ [33] 歪 [24] 额

x [24] 黑

Ø [213] 吼

iɜ

p [55] 别

pʰ [42] 劈

m [42] 灭篾

t [21] 池 [42] 滴蝶 [55] 弟地 [24] 跌

tʰ [42] 剃 [55] 块 [24] 铁贴

n [42] 孽

l [24] 列烈

ts [53] 支 [213] 仔 [24] 接折节 (~约)

s [42] 世 [24] 协设

k [24] 急杰截结

kʰ [24] 缺

ŋ [42] 业

Ø [21] 爷 [42] 热馑 [55] □(~开，掰开) □(天~亮了) [24] □(~开，掰开)

uɛ

p [53] 杯碑悲 [33] 赔 [42] 贝背辈倍 [24] 拨

pʰ [33] 皮 [42] 破配佩 [55] 被(~子) [24] 泼

m [33] 磨煤梅媒 [213] 尾每 [42] 末袜 [55] 妹 [24] 末

t [213] 短 [42] 多带对碓 [55] 大袋

tʰ [53] 拖梯 [213] 腿 [24] 脱

n [21] 脮

l [21] 雷 [213] 蕾

ts [53] 灾 [21] 财才材裁 [42] 罪 [55] 坐 [24] 卒

tsʰ[53] 催崔 [42] 碎蔡 [24] 切(~菜)

s [53] 沙(~子) [33] 螺雷 [42] □(形容人很瘦) [24] 杀刷

k [42] 怪滑 [24] 骨国

kʰ [42] 快 [55] 敲 [24] 阔窟

x [53] 灰恢诙 [21] 回 [213] 火海 [42] 悔 [55] 害会坏画(指小小的一幅画)佛学(放~) [24] 歇活

Ø [21] 怀 [42] 爱禾我 [24] 物

yɛ

l [42] 舌

ts [213] 纸 [24] 绝

tsʰ [53] 吹

s [24] 雪

k [53] 饥 [21] 捲 [42] 寄徛 [24] 决

kʰ [53] 开 [42] 快 [24] <u>缺</u>

ŋ [33] 鹅 [42] 蚁月 [55] 外

x [42] 岁

Ø [53] 飞 [33] 蛇 [42] 越 [24] 约阅

o

p [53] 菠波玻 [21] 婆步 [213] 宝保 [42] <u>布薄</u> [55] 哺

pʰ [42] <u>破</u> [24] <u>拍</u> [55] 扑

m [53] 馍摸 [33] 毛嫫 [21] 魔 [42] 倒 [55] 磨帽

t [53] 多刀 [21] 驼掇桃(核~) [213] 躲 [42] □(远) [55] <u>择</u>道 [24] 夺桌

tʰ [33] 桃(~子) [213] 讨 [42] 套 [24] 托

n [33] 揉

l [33] 锣流罗萝箩<u>螺</u> [42] 落老 [55] □(找)

ts [213] 左枣 [42] 早 [24] 作

tsʰ [53] 臊 [213] 草 [42] 错

s [213] 锁嫂琐<u>所</u> [55] 镉 [24] 索缩嗍(吮吸)

k [53] 歌哥糕羔膏 [213] 果可 [42] 过 [24] 个鸽各郭磕

kʰ [213] 可 [42] 课去 [24] 确

ŋ [55] 饿

x [53] 靴高 [21] 河何 [213] 好晓 [42] 货 [55] 祸号鹤霍合 [24] 或

Ø [213] 藕 [24] 鸭恶会膜(表示很乖)

io

p [53] 标彪 [213] 表婊

pʰ [53] 漂飘 [55] 票

m [213] 秒渺藐 [55] 庙

t [53] 雕燋 [33] 条 [21] 朝潮嘲墫 [42] 钓 [55] 着赵

tʰ [53] 挑 [55] 跳

n [213] 鸟 [42] 箸 [55] 尿

l [53] 捞 [55] 料廖

ts [53] 焦蕉椒礁 [42] 照醮 [55] 石 [24] 借

ts^h [53] 烧勺 [42] 厝 [24] 雀尺

s [53] 箫 [213] 小 [42] 笑削 [55] 席 [24] 拾

k [53] 骄娇 [33] 茄桥 [213] 饺 [55] 轿 [24] 叫脚角 (~色)

k^h [42] 翘

Ø [53] 腰妖 [33] 摇摇姚 [213] 舀 [42] 要药 [55] 鹞 [24] 弱若

ai

p [33] 牌 [21] 排摆牌 [42] 拜败 [24] 八

p^h [42] 派

m [21] 埋 [213] 买 [55] 卖迈

t [33] 蹄 [21] 台 [213] 抵 [42] 贷代怠 [55] 碟

t^h [53] 胎 [42] 替 [24] 贴

n [33] 泥 [213] 奶

l [33] 犁 [21] 来 [24] 猁

ts [53] 斋 [21] 穧 (多) [55] 截 [24] 节摘

s [53] 西 [213] 洗 [55] 晒

k [53] 该街鸡 [213] 改解 [42] 界盖戒诫介丐

k^h [53] 溪 [213] 凯楷恺 [24] 给

x [21] 鞋骸 [55] 蟹械 [24] 瞎

Ø [213] 矮

uai

k [21] 拐

x [213] 血 [55] 罚 [24] 发

Ø [21] 怀

au

p [53] 包胞苞煲 [213] 饱 [42] 鲍暴爆

pʰ [42] 炮泡 [55] 抱

t [42] 道盗

n [213] 脑恼 [42] 绕 [55] 闹

ts [53] 抓 [213] 找爪 [42] 灶造 [55] 罩

tsʰ [33] 樵 [53] 抄操 [21] 糙

s [213] 扫

k [53] 交郊胶骹 [42] 较

kʰ [213] 考拷 [42] 靠

ŋ [21] 熬鳌

x [42] 孝 [55] 校效

Ø [213] 拗

iau

m [42] 喵(猫叫声)

l [21] 撩辽

k [55] 撬挢

iu

t [53] 丢 [33] 绸 [55] 住

tʰ [53] 抽 [55] 柱

n [33] 牛 [213] 纽

l [21] 榴流 [213] 柳

ts [53] 州周洲舟 [21] 愁 [213] 酒 [55] 就

tsʰ [53] 秋鳅 [55] 树

s [53] 收修休羞 [213] 手首守韭 [55] 袖寿受

k [21] 球求毬 [213] 九久灸 [42] 救疚 [55] 舅旧

kʰ [53] 丘邱

Ø [53] 优幽忧悠 [33] 油 [213] 有 [42] 幼孵 [55] 右佑柚

ui

p [33] 肥

pʰ [42] 屁

m [213] 美

t [55] 垂

tʰ [33] 锤

l [55] 类累擂

ts [53] 追 [213] 嘴 [42] 醉

tsʰ [42] 喙 [24] 出

s [21] 随 [213] 水 [42] 岁

k [53] 规龟归 [21] 跪 [213] 鬼轨诡 [42] 桂季贵 [55] 柜

kʰ [53] 亏 [213] 豨(猪)

Ø [33] 围 [21] 危 [55] 卫位胃味

aŋ

p [53] 邦 [42] 棒柄 [55] 病

m [33] 明(~年) 冥

t [213] 胆 [42] 淡宕

tʰ [53] 贪 [213] 毯坦

n [33] 南男

l [33] 蓝篮林 [213] 览揽

ts [33] 晴 [213] 井 [42] 静站

tsʰ [53] 生(~的)青掺

s [53] 三杉衫生(~火) 删姗甥

k [53] 监羹 [213] 感减赶埂

kʰ [53] 坑 [42] 看

ŋ [33] 岩癌

x [213] 喊

iaŋ

p [33] 平坪 [213] 饼

pʰ [42] 打拼

m [33] 名 [55] 命

t [21] 程呈 [55] 定 (ᵢᵢ~) 郑

tʰ [53] 听

l [33] 咙 [42] 领

ts [21] 饕 [42] 正

s [53] 声 [42] 姓

k [53] 惊 [21] 行 (~走) [42] 镜

kʰ [53] 轻

∅ [21] 成城 (浦~) [33] 赢营 (~房) [42] 映 [55] 焰

uaŋ

x [33] 横桁 [55] 犯

aiŋ

m [33] 氓 [55] 慢 [53] 班冰颁斑 [21] 朋瓶 [213] 板版扳 [55] 扮办

pʰ [53] 攀

t [53] 灯钉登叮 [33] 藤 [21] 甜亭 [213] 点典等顶 [42] 店凳 [55] 垫邓点

tʰ [53] 厅 [33] 潭谭 [213] 挺

n [33] □ (乳房) [21] 能 [55] 念

l [33] 莲零薐 [213] 冷

ts [53] 僧争榛 [21] 层 [213] 剪

tsʰ [33] 蚕塍

s [53] 生 (学~) 参先星声 [213] 省 [42] 擤

k [53] 根间奸肩更耕庚艰 [21] 含 [213] 简茧柬

kʰ [53] 牵 [213] 肯 [42] 顷 (刚刚)

ŋ [21] 颜 [213] 眼 [55] 硬岸

x [33] 舷 [21] 嫌降行 (~为) 闲 [55] 限恨杏笕

Ø [53] 恩

uaiŋ

x [53] 翻番蕃 [213] 反纺

Ø [21] 顽万烦 [213] 晚

eiŋ

p [53] 兵宾彬滨槟缤 [21] 贫苹萍凭评平 [213] 丙炳秉 [42] 扁

pʰ [213] 品 [42] 聘

m [21] 明 (~白) 民 [33] 明 (清~) [213] 猛敏 [42] 抿 [55] 命

t [53] 贞珍桢侦 [33] 尘沉陈 [21] 停庭 [213] 顶鼎 [42] 镇 [55] 阵

tʰ [42] 挣赚定 (~货)

n [33] 人 [42] 耳 (木~) 入 [55] 认

l [33] 林 [21] 邻临琳鳞龄霖麟玲淋

ts [53] 针真蒸晶精津 [21] 情净 [213] 震整枕拯 [42] 浸进证政

tsʰ [53] 深亲清清 [42] 秤

s [53] 心新身升辛申伸娠 [21] 寻 [213] 婶 [42] 城 (县~) 信甚 (~人) [55] 圣盛肾胜慎剩

k [53] 金经鲸京 [21] 咸琴禽擒 [213] 紧景警仅锦瑾 [55] 劲竟境茎

kʰ [53] 钦卿 [33] 擎 [42] 庆

x [21] 形 [55] 兴

ŋ [21] 迎 (欢~)

Ø [53] 音英阴因荫婴 [213] 引 [42] 印 [55] 怀

ueiŋ

p [53] 搬般 [33] 盘 (~子) [21] 盘 (~点) [213] 畚 [42] 半

pʰ [42] 判叛

m [213] 满

t [53] 端单丹 [21] 弹坛 [42] 单

tʰ [53] 摊滩 [42] 炭

n [33] 难

l [33] 兰栏拦澜 [213] 懒 [55] 烂乱

tsʰ [213] 铲

s [53] 山 [213] 伞产 [42] 算散

k [53] 官关棺观干 [21] 汗寒 [213] 滚杆 [55] 惯

kʰ [53] 宽筐

x [53] 肝欢 [42] 汉 [55] 换幻患

Ø [53] 安弯 [213] 碗往 [42] 岸旱按

auŋ

p [53] 帮分 [33] 膀 [21] 盆棚旁防 [213] 本绑榜 [55] 镑磅

pʰ [42] 胖冇

m [21] 忙

t [53] 当墩装 [21] 长唐塘 [213] 党 [42] 顿 [55] 断锻

tʰ [53] 吞汤 [33] 糖

n [55] 嫩

l [55] 浪

ts [53] 桩装妆 [42] 壮撞葬

tsʰ [53] 村仓疮窗 [33] 床 [213] 厂 [42] 寸

s [53] 酸闩孙霜 [42] 蒜 [55] 卵

k [53] 甘钢江缸扛 [213] 敢讲 [42] 擀棍

kʰ [53] 糠康 [42] 困囵

x [53] 婚昏 [21] 浑 [42] 项 (~目)

Ø [53] 温秧 [33] 魂 [42] 暗

uauŋ

x [53] 分方 [213] 粉 [42] <u>放</u>
Ø [21] 坟蚊

oŋ

p [21] 房防 [42] 粪<u>放</u> [55] 饭
pʰ [53] 蜂 [55] 蓬缝
m [33] 蠓门 [42] 网 [55] 问梦
t [53] 东冬 [21] 遏铜洞同 [213] 懂董 [42] 冻动栋 [55] 重筒
tʰ [53] 通 [33] 虫桐 [213] 桶统 [42] 痛
n [33] 农侬
l [55] 弄 [33] <u>聋</u>
ts [53] 宗棕踪鬃 [213] 总 [42] 粽
tsʰ [53] 葱聪匆
s [53] 双松 [33] <u>聋</u> [213] 㧐 [42] 送宋
k [53] 光宫 [21] 狂 [213] 梗 [55] 共
kʰ [53] 空 [213] 孔恐
x [53] 慌烘风丰封 [21] 红 [213] 哄 [55] 凤
Ø [53] 翁瓮 [33] 黄王 [213] 影 [55] 旺

ioŋ

t [53] 张 [21] <u>剩</u> [42] 帐账仗 [55] 丈
tʰ [42] 匠
n [33] 娘酿 [55] 让
l [33] 粮梁粱 [42] 两 [55] 亮
ts [53] 浆章将璋樟漳彰 [213] 奖蒋掌 [42] 痒酱 [55] <u>上裳</u>
tsʰ [53] 昌枪娼 [213] 抢唱

s [53] 伤商箱相 [213] 想响 [42] 向项 _(一~) [55] 像

k [53] 姜疆姜

ŋ [33] 迎 _(~佛)

x [53] 香乡

Ø [33] 洋阳 [21] 尝 [55] 样

œyŋ

t [53] 中忠 [213] 冢

n [33] 浓 [55] 脓

l [33] 轮龙 [55] 闰

ts [53] 终钟 [21] 松 [213] 准肿 [42] 俊种众

tsʰ [53] 春充冲村

s [21] 纯旬 [213] 笋 [55] 顺颂诵

k [53] 均军恭君 [33] 裙穷 [21] 勤

kʰ [21] 熏

ŋ [33] 银

x [53] 兄凶胸 [21] 匀云营 _(经~) 熊雄容虹

Ø [53] 公拥 [21] 荣 [213] 永 [42] 搵 [55] 运用

iŋ

p [53] 边鞭 [213] 匾贬 [42] 变扁辫辨 [55] 便

pʰ [53] 篇偏 [213] 品 [42] 骗片

m [33] 棉绵 [213] 免勉 [55] 面念

t [53] 癫 [33] 缠 [213] 典碘 [42] 电

tʰ [53] 添天 [213] 笐

n [33] 年 [213] 染 [42] 日 [55] 黏

l [33] 连帘鲢 [213] 脸敛 [55] 练炼链殓

ts [53] 尖 _(动词, ~进去) [33] 钱煎 [21] 尖 _(形容词, 很~) [42] 占战

tsʰ [33] 前 [213] 浅 [42] 签

s [53] 先鲜 _(新~) 仙 [33] 蝇 [42] 扇圣 [55] 善

k [53] 坚兼 [42] 剑见 [55] 件

kʰ [33] 钳 [42] 欠

ŋ [21] 严延 [55] 验

x [33] 还 [213] 险显 [55] 现

Ø [53] 炎烟胭阉 [33] 盐芫 [21] 然神辰贤 [213] 隐 [42] 厌 [55] 任艳

yiŋ

t [21] 传 [213] 转 [55] 传

n [213] 暖软

ts [53] 砖 [33] 泉 [21] 全

tsʰ [53] 川

s [53] 宣喧萱 [213] 选鲜 ₍朝~₎ [42] 线

k [53] 根筋斤 [33] 拳 [21] 权县 [213] 卷团 [42] 建健 [55] 近

kʰ [53] 圈 [42] 劝

ŋ [33] 原元 [21] 言

x [33] 园

Ø [53] 冤鸳渊 [33] 铅员袁 [21] 完船圆 [213] 远椀 [55] 院

第四节　政和方言词汇、语法特点

据《中国语言地图集》划分，政和方言属闽北方言。从历史发展来看，闽北地区偏山一隅，其方言与福建沿海各地方言有明显差异，在词汇、语法系统上有自己的特色。本节说说政和方言的词汇①、语法特点。

一、词汇特点

1.人称代词

政和方言人称代词不同于大部分闽语说的"我、汝、伊"，而说"我、

---

① 政和方言词汇请参看附录一。

你、渠",并且三个人称代词同调:我 uɛ^{42}| 你 ni^{42}| 渠 ky^{42},其相应的复数形式用后加"人"来表示:我人_{我们}uɛ^{42}neiŋ^{33}| 你人_{你们}ni^{42}neiŋ^{33}| 渠人_{他们}ky^{42}neiŋ^{33}。同属闽北方言的松溪、浦城石陂人称代词的复数形式与政和相同,建瓯、建阳、武夷山等地有所不同,人称代词的复数形式用后加"伙人"来表示。

2. 指示代词

政和方言指示代词的近指和远指用不同的韵母对立来表示,而非像大多数闽语那样以声母的对立表示:ia^{24}tsia^{24} □ ^① _{只这个}|ua^{24}tsia^{24} 兀只_{那个}|ia^{24}ti^{213} 底_{这里}|ua^{24}ti^{213} 兀底_{那里}。

3. 疑问代词

政和方言的疑问代词不同于现代汉语,如:甚人_谁seiŋ^{42}neiŋ^{33}| 呢只_{哪个}ni^{53}tsia^{24}| 甚么样_{怎样}seiŋ^{42}muɛ^{42}ioŋ^{55}| 什么 sɛ^{42}mɛ^{42}| 为甚呢_{为什么}ui^{55}seiŋ^{42}ni^{55}。

4. 否定词

政和方言的否定词系统较为丰富,主要有:𫧃_{不会}mai^{42}| 无_{没有}mo^{33}| 怀是_{不是}eiŋ^{55}si^{55}| 怀𫧃_{没有}eiŋ^{55}naiŋ^{21}| 勿_{别、甭}mi^{33}。

5. 常用介词

常用介词与其他闽语不同,如:到底_在to^{42}ti^{213}| 帮_把pauŋ^{53}| 乞_被k^{h}ai^{21}| 逮_往tai^{55}| 怀𫧃到底_{不在}eiŋ^{55}naiŋ^{21}tau^{33}ti^{213}。

6. 常用动词、名词

相当一部分常用动词、名词与其他闽语不同,如:猍_猪k^{h}ui^{213}| 馅_吃iɛ^{42}| 眺_远to^{42}| 捞_找lo^{55}| 疾_疼tsi^{55}| 嬉_玩xi^{53}| 拍_打ma^{42}| 觑_看ts^{h}u^{55}| 让_要nioŋ^{55}。

7. 衍音现象

政和话部分单音动词、形容词有衍音现象,后面衍生一个带 l 声母的叠韵音节,衍生出的声调与前字声调一致,衍音后的双音节较单音词有加强语义的作用。如:爬啦_爬pa^{33}la^{33}| 圈圙_圆kauŋ^{21}lauŋ^{21}。

8. 指称动物性别的语素

指称动物性别的语素不同于闽语其他方言,指称雄性畜类动物的语素,政和方言用"牯""豠"等,如:牛牯_{公牛}niu^{33}ku^{21}| 猍豠_{公猪}k^{h}ui^{213}ka^{53}| 狗豠_{公狗}xu^{213}ka^{53},指称雄性禽类动物的语素,政和方言用"角",如:鸡角_{公鸡}

---

① "□"表示有音无字或本字待考,下同。

kai^{53}ku^{24}。指称雌性动物的语素，政和方言用"嫲"，如：猫嫲_{母猫}mε^{33}ma^{33}|

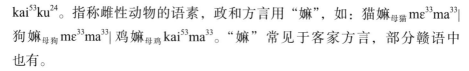

狗嫲_{母狗}mε^{33}ma^{33}| 鸡嫲_{母鸡}kai^{53}ma^{33}。"嫲"常见于客家方言，部分赣语中
也有。

9. 后 缀

相当于现代汉语的"儿""子"的后缀，政和方言用"仔"，通常读为
轻声，且随着音节调值的不同而有不同的轻声调值，本书在记录时统一记
"0"如：桌仔 to^{24}tsiε^{0}| 椅仔 iε^{213}tsiε^{0}| 橘仔 xi^{24}tsiε^{0}。

二、语法特点

政和方言有自己的语法特点，和福建沿海各地的闽方言有较为明显的
差异。

一，政和方言的疑问句不用疑问词"吗""呢"，而是采用肯定加否定
的形式来表疑问，如：你去怀去觑电影_{你去看电影吗}？

二，反复问句可以有多种句式，如："你吃不吃糖？"可以有三种说法：
你馇糖怀馇？ |你馇怀馇糖？ |你糖馇怀馇？

三，以单音节动词的重叠式加"下"来表现短时体，如：行行下_{走走}、
觑觑下_{看看}、尝尝下_{尝一尝}。

四，表示动作的可行性用"会"和"得"加于动词前后，如：兀只梨
会馇得_{那个梨可以吃}。

五，政和方言常用"动词 + 住"的格式来表示动作的持续，与现代汉
语的"动词 + 着"相近，如：

墙上贴住蜀张地图_{墙上贴着一张地图}。

床上倒住蜀只老人家_{床上躺着一个老人}。

邵武方言研究

闽北三角戏主要流行于邵武，其发展与邵武方言紧密相连。因此，探讨三角戏语言就必须首先了解邵武方言。本章在梳理邵武地理、历史概况的基础上，对邵武城区语音进行系统的描写与分析，兼及讨论邵武方言词汇、语法特点。

第一节　邵武概况

邵武地处闽赣交界，地理位置重要，历史悠久。因历史、地理等因素，域内方言较为复杂。本节讨论邵武地理、历史及方言概况。

一、邵武地理、历史概况

邵武地处闽西北山区，位于武夷山南麓，史称"南武夷"，东经117°02′—117°50′，北纬26°55′—27°36′，东邻建阳，南接顺昌、将乐、泰宁三县，西与江西省黎川县交界，北与光泽相连。全市土地总面积二千八百多平方公里，现辖十二镇三乡四个街道，户籍总人口三十万，其中城区人口十六万。

邵武历史悠久，据出土文物考证，早在四千多年前，就已有人类定居于邵武。汉代，越王无诸于此筑乌阪城。三国吴永安三年（260年），置昭武镇，后升昭武县，属建安郡。晋元康元年（291年），惠帝因避其祖司马昭讳，改昭武为邵武，另有邵阳、樵川、樵阳等诸名。隋开皇九年（589年）邵武县一度被废县，归属泉州，而后（592年）恢复邵武县，并属抚州。唐武德四年（621年）归建州。五代晋天元年（936年）改昭武县，十二年之后（948年）复名为邵武。宋太平兴国四年（979年）置昭武军，辖领邵武、光泽、将乐、泰宁四县。元至清，分设邵武路、邵武府，仍辖领四县。民国二年（1913年），废府存县。新中国成立后，属建瓯专区、建阳专区、南平专区、建阳地区、南平地区。1983年，撤县设市，归属南平市。

邵武山多水美，富屯溪纵贯其中，风景宜人，地灵人杰，历史上曾出了两位宰相、七位尚书、二百七十一位进士，和平古镇是世界黄氏宗亲寻根谒祖之地。宋代名相李纲、文学评论家严羽等均是邵武人。在海陆未开通之前，邵武是入闽重要通道，中原、闽越等文化汇聚交融。厚重、多元的文化，滋养了历史悠久，有"家庭戏"之称的戏曲艺术——三角戏。三角戏自明清传入闽北邵武，深受大众喜爱，在老一辈艺人的努力及政府的支持下，邵武三角戏流存至今并有所发展。

二、邵武方言概况

方言的形成与人民迁移、地理等诸多因素紧密相连。历史上，邵武曾是赣东北的客家人迁移定居的重要地域，加之地理上邻近江西黎川等地，自古就与赣东北诸地来往、交流频繁，邵武方言逐渐形成许多特点。基于此，对邵武方言的归属曾有较大的分歧。《福建省汉语方言概况》将邵武方言归入客话；《福建汉语方言分区说略》将邵武方言归入客方言区；《闽语的分区（稿）》认为邵武方言属邵宁区，其方言既有闽语的共同特征，又有客家话的特点，显然是闽语和客家话的过渡地带，和赣语也有密切联系。《中国语言地图集》把邵武归入福建省内的汉语方言九个区中的第七区邵将区，包括邵武、光泽、将乐、顺昌。《闽语研究》则认为邵武，同光泽、建宁、泰宁皆属客赣方言，将乐、明溪、顺昌属闽方言和客赣方言的中介方言。《福建方言》将邵武、光泽、建宁、泰宁归为闽赣方言，将乐、顺昌、明溪为闽、客、赣方言过渡地带。结合目前文献以及近年田野调查，本书较赞同《中国语言地图集》的观点，邵武属"邵将区"，其方言兼有闽、客、赣诸方言特点。

邵武方言内部也略有差异，其辖区内大致有四种话：一是邵武话，以邵武城关话为代表，通行于水北、莲塘、沿山、吴家塘、拿口等地；二是洪墩话，包括洪墩乡、张厝乡一部分、拿口镇部分地区；三是和平话，通行于和平镇、大埠岗、肖家坊、桂林及张厝乡部分地区；四是金坑话：只在邵武西部小范围内通行。以上四种话彼此之间能够交流，"金坑话"较其他三种话差异性更大些。目前，邵武地区以"邵武话""和平话"为主要方言，使用人口较多，其他两种话使用人口相对较少。本节所指的"邵武方言"，从地理概念出发，即邵武市境内所有方言的总和。

邵武方言共同语音特征如下[①]：

1. 声　母

（1）邵武方言既保留有轻唇读如重唇的现象，如：放非poŋ²¹³白｜蜂敷pʰiuŋ²¹，也有轻重唇之分，古帮组今读p、pʰ，古非敷奉母今多读f，如：片滂pʰien²¹³｜杯帮pei²¹｜福非fu⁵³｜罚奉fai³⁵｜丰敷fuŋ²¹。

（2）塞音透定母今读tʰ，同于汉语其他方言，同时受邻近赣方言的影响，透定母擦音化，今读h，如：糖定hoŋ⁵³又/tʰoŋ⁵³又｜藤定hen³³又/tʰen³³又｜汤透hoŋ²¹又/tʰoŋ²¹又｜托透ho⁵³又/tʰo⁵³又。

（3）精庄章组声母部分今读塞音tʰ，这是邵武方言重要的语音现象，如：村清tʰən²¹｜七清tʰi⁵³｜初初tʰu²¹｜全从tʰien³³｜出昌tʰei⁵³。其中和平话精邪母今读t，如：蕉精tieu²²⁴｜席邪tiaʔ⁴[②]。

（4）见组无腭化现象，部分古见母的读法特殊。古见母字普通话读舌根音k，邵武方言亦读根音k，如：建kien²¹³，但部分读x及零声母，如：肝hon²¹白｜嫁ha²¹³｜过huo³⁵｜菇u⁵⁵。

（5）晓匣母今读有三类：一部分古晓、匣母字今读h，如：黑晓hə⁵³｜害匣hoi³⁵；一部分晓、匣母今读f，如：魂匣fən³³｜欢晓fon²¹；一部分今读塞擦音k、kʰ，如：邵武城区话：虎晓kʰu²¹｜熏晓kʰyn²¹‖和平话：火晓kʰuəi³³｜虎晓kʰu³³。

（6）泥来母有区别，泥母读n，来母读l。

2. 韵　母

（1）开齐合撮俱全。

（2）遇摄鱼虞两韵部分今读y，如：书ɕy²¹｜住hy³⁵又/tʰy³⁵又。

（3）古曾摄、梗摄字今多读n尾，如：能曾nen³³｜冰曾pen²¹｜耕梗ken²¹｜经梗kin²¹。

---

① 所举邵武方言共同语音特征之字例，以邵武城关话为代表。

② 此处语言例子引自龙安隆：《福建邵将区方言语音研究》，福建师范大学博士学位论文2007年，第207～227页。

（4）古咸摄、深摄字今多读 n 尾^①，如：监_咸kan²¹｜感_咸kan⁵⁵｜金_深kən²¹。

（5）古咸深两摄入声字，邵武方言收 n 尾，如：立_深lən³⁵｜杂_咸tʰon³⁵。

3. 声 调

声调一般为六至八个，邵武城关话六个声调，和平话八个声调。

第二节　邵武方言音系

邵武方言兼有闽、客、赣方言特点，本节对邵武城区语音进行描写与说明。

1. 声 母

邵武城区方言声母一共有二十个，包含零声母。

表 2-1　邵武城区方言声母

声母	例字	声母	例字	声母	例字	声母	例字	声母	例字
p	八兵布贝	pʰ	派片爬病	m	明买米麦	f	飞风灰活	v	软月县云
t	多东张竹	tʰ	讨草清字	n	脑年泥热			l	老蓝连路
ts	资租酒争	tsʰ	刺缠侧测			s	丝祠事山		
tɕ	纸主证织	tɕʰ	车春尺充			ɕ	船顺手书		
k	高九更军	kʰ	开轻共权	ŋ	熬鹅饿岸	h	好响恨现		
∅	味安王用								

邵武话声母音值、音位处理说明：

（1）v 是唇齿浊擦音。唇齿接触较轻，摩擦和浊音有时很不明显，本次调查的发音人有时读音和零声母中 u 起头的近似，有时甚至相同，如：味 uei³⁵｜问 uən³⁵，本次调查以发音人实际读音为准。

（2）tɕ、tɕʰ、ɕ 舌位偏前，有时近似 tʃ、tʃʰ、ʃ。tɕ、tɕʰ、ɕ 来自古章、知母，与来自古精、庄组的 ts、tsʰ、s 有明显对立，如：想 sioŋ⁵⁵≠上 ɕioŋ⁵⁵，息 si⁵³≠式 ɕi⁵³，四 si²¹³≠试 ɕi²¹³。

（3）喉清擦音 h，本次调查的发音人有时发音部位偏前，在与 e、y 或 e 起头的韵母相拼时舌位偏前，如：恨 hen³⁵｜住 hy³⁵。

（4）h 与 tʰ 可自由变读，如"头"，可读 həu⁵³，也可读 tʰəu⁵³，"豆"可读 həu³⁵，也可读 tʰəu³⁵，"贴"可读 hien⁵³，也可读 tʰien⁵³，本次调查的发音人为老年男性发音人，其在日常生活中更常用 h 母。

---

① 在邵武一些乡村中，还存在咸深二摄仍保留 m 尾。

2. 韵 母

邵武城区方言韵母一共有四十八个，包括声化韵 ŋ。

表 2-2　邵武城区方言韵母

韵母	例字	韵母	例字	韵母	例字	韵母	例字
ɿ	丝撕渍刺	i	米试戏二	u	苦谷六木	y	猪雨橘绿
a	茶牙巴架	ia	靴写谢拆	ua	瓦瓜挂话		
e	矮	ie	鞋八热月			ye	决缺近刮
ə	师北直色			uə	国		
o	歌托壳学	io	药尺茄弱	uo	过郭果课		
ɯ	姆						
ai	辣胎埋派			uai	快外怪拐		
				uɛi	阔		
ei	贝对飞出			uei	鬼骨桂亏		
əi	开赔活溪						
oi	坐改该袋						
au	宝饱抱毛	iau	笑桥表焦				
əu	豆楼谋邹						
ou	流救流修	iou	油州手臭				
an	南塔法贪			uan	关惯弯顽		
en	根灯争星	ien	尖接贴验			yen	权卷劝圈
on	山半短盒			uon	官宽碗断		
ən	心新寸急			uən	滚棍困温		
		in	深春云升			yn	均军裙熏
aŋ	江生坑柄	iaŋ	镜井听正	uaŋ	梗		
oŋ	糖床双讲	ioŋ	响娘浆想	uoŋ	王用光黄		
ŋ	五吴鱼怀	iuŋ	风松中浓	uŋ	东冬公捧		

邵武话韵母音值、音位处理说明：

（1）ə 舌位靠前，开口度较大，如：师 sə²¹丨色 sə⁵³。

（2）ie 韵有时 i 发得很轻，有时听不清楚，如：节 tsie⁵³。

（3）əi 与 ei 分得十分清楚，音值稳定，不相混，如：匹 pʰei⁵³ ≠ 发 pʰəi⁵³，会 fei³⁵ ≠ 活 fəi³⁵。

53

（4）əi、əu二韵中ə舌位靠前，近似ε，如：灰əi²¹| 鸡kəi²¹| 豆tʰəu³⁵。

（5）iau的韵腹a舌位偏高偏后，近似ɔ，如：笑siau³⁵| 桥kʰiau³³。

（6）uei的韵腹e发得很轻，常常一滑即过，如：鬼kuei⁵⁵| 贵kuei²¹³| 围kuei³³。

（7）ioŋ与iuŋ音值稳定，分得十分清楚，如：娘nioŋ³³≠浓niuŋ³³，荣ioŋ³³≠羊iuŋ³³。

（8）uoŋ与uŋ音值稳定，分得十分清楚，如：光kuoŋ²¹≠公kuŋ²¹。

（9）在本次的调查条目中，e韵只有一个"矮"字，uei韵只有一个"阆"字，ɯ韵只有一个"姆"字，uaŋ韵只有一个"梗"字。

3. 声 调

邵武城区方言单字调有六个。

表2-3　邵武城区方言声调

调类	调值	例字
阴平	21	东该通开
阳平	33	门龙铜皮
阴上	55	懂统古苦
阴去	213	冻怪痛快
阳去	35	卖洞六毒
入声	53	谷百哭拍

声调音值处理说明：

（1）阴平21有时降得不十分明显，近似低平调。

（2）阴去213在连读时，有时只降不升，调值近似阴平调21，如：畏丑言羞vi²¹tɕʰiou⁵⁵| 气色气味 kʰi²¹sə⁵³。

（3）古平声清声母字今邵武一般读阴平，个别读入声，如：猫mau⁵³| 巾kin⁵³；古平声次浊、全浊声母字今邵武大多读阳平，少数读入声，如：皮pʰei⁵³| 床tʰoŋ⁵³| 年nin⁵³| 蚕tʰon⁵³。古上声清声母和次浊声母字今邵武一般读上声，少数读入声，如：饼piaŋ⁵³| 李sə⁵³；古上声全浊声母字今邵武读阳去。古去声清声母字今邵武一般读阴去，个别读入声，如：刺sə⁵³，古去声次浊、全浊声母字今邵武一般读阳去，少数读入声，如：曝pʰu⁵³。古入声清声母字今邵武读入声；古入声次浊、全浊声母字今邵武一般读阳去，少数读入声，如：肉ny⁵³| 闸tsa⁵³| 贼tʰə⁵³。

（4）入声读音比较短促，同舒声调有明显的区别。入声没有塞音韵尾，一般读开尾韵或元音尾韵，有的入声字收鼻音韵尾，如：盒hon³⁵| 接tsien⁵³| 立lən³⁵| 跌taŋ⁵³。

4. 连读变调情况（两字组）

邵武方言的变调受语音环境制约，是由前后音节的声调互相影响而发生的。邵武方言两字组的变调有前字变和后字变，主要表现在上声、阴去和阴平三个调。

（1）上声 55 在阴平、阳平、上声之后，属偏正、并列、动补结构的，后字变为中平调 33。如：开水开水 kʰai²¹sei⁵⁵⁻³³｜锣鼓锣鼓 lo³³ku⁵⁵⁻³³。这种变调不很稳定，有的词有时不变，没有规律，主要看讲话人的习惯及语言环境而定，上声在阴平、阳平之后，属主谓、动宾结构的，后字不变调，如：针灸 tɕin²¹kou⁵⁵｜拉屎 lai³³ɕi⁵⁵。

（2）阴平 21 在阳去 35 之后，后字变为入声调 53，如：月光月亮 vie³⁵kuaŋ²¹⁻⁵³｜豆心豆腐 hou³⁵sən²¹⁻⁵³，这种变调不很稳定，有的词有时不变，没有规律，主要看讲话人的习惯及语言环境而定，如：柿花柿子 sə³⁵fa²¹｜蜜蜂蜜蜂 mi³⁵pʰiuŋ²¹。

（3）阴去 213 在阴平、阳平、上声、阳去、入声和轻声之前，不论什么结构，前字一般变为低降调 21，如：供猪养猪 kiuŋ²¹³⁻²¹ty²¹｜菜刀菜刀 tʰə²¹³⁻²¹tau²¹。

第三节　邵武方言同音字汇

本节收录邵武城区方言的单字音，在《方言调查字表》的基础上增删而成，说细情况说明如下：

其一，"□"表示有音无字或本字待考；

其二，政和方言有少数的文白异读字，字下加"—"表示白读音，"＝"表示文读音，又读音字下注"又"；

其三，释义和举例用小号字表示，举例时用"～"代表本字；

其四，本字表排列以韵为纲，同韵字按声母排列，声韵相同则按照声调排列，声韵调的顺序与政和方言音系一致。

ɿ

ts[213] 渍 [53] 鲫
tsʰ[213] 刺
s[21] 丝撕

i

p[55] 比 [213] 币 [35] 比闭 [53] 笔逼壁

pʰ[33] 肥皮 [213] 屁鼻

m[33] 眉 [55] 米 [35] 谜蜜密

f[213] 肺

t[21] 知 [213] 递

tʰ[21] 梯 [33] 池迟ᵧ [55] 弟 [35] 自第治地 [53] 七

n[33] 尼泥 [35] 艺义二日

l[33] 来梨 [55] 李礼娌 [35] 利栗历力

ts[53] 积

s[21] 西惜 [55] 死 [213] 四 [35] 席 [53] 息锡

tɕ[55] 纸指挤 [213] 制痣 [35] 偫 [53] 织

tɕʰ[53] 吃

ɕ[33] 蛇时 [55] 屎是 [213] 世试 [35] 市石实食 [53] 失式识

k[21] 饥鸡 [55] 几 [213] 寄记季 [53] 吉击

kʰ[21] 欺溪 [33] 骑棋 [55] 徛崎 [213] 器气 [35] 契极

h[21] 希 [33] 迟 [55] 喜 [213] 系戏 [53] 唏

Ø [21] 衣 [33] 移姨 [55] 蚁以 [213] 意 [53] 一益

u

p[55] 补 [213] 布 [53] 剥

pʰ[21] 铺 [55] 谱 [35] 簿步缚 [53] 曝朴

m[55] 母 [35] 木 [53] 目

f[21] 夫 [33] 壶湖蝴胡 [55] 府虎 [213] 付富副 [35] 妇户父服 [53] 福

t[55] 赌 [213] 昼 [35] 毂

tʰ[21] 粗初烧 [33] 图徒 [55] 吐土 [213] 兔 [35] 杜读族毒独

n[33] 奴 [55] 努 [35] 怒

l[33] 卢 [55] 褛鲁 [35] 路鹿

ts[21] 租 [55] 祖走 [213] 灶

tsʰ[21] 粗 [55] 楚 [213] 醋

s[21] 苏梳 [55] 所 [213] 数素 [35] 嗍 [53] 六

k[21] 菇姑 [55] 古 [213] 故 [53] 谷

kʰ[21] 虎 [55] 苦 [213] 裤库 [35] □(蹲) [53] 哭

h[55] 许 [35] 伃

Ø[21] 乌 [33] 胡无 [55] 武舞 [35] 雾 [53] 屋

y

p[53] 腹

pʰ[33] 扶妇 [55] 妇

t[21] 猪 [53] 竹

tʰ[33] 徐除锄厨 [55] 取□(～湿，淋湿) [35] 住又疾

n[33] 牛 [55] 女 [35] 遇玉 [53] 肉

l[55] 吕旅 [35] 律绿六

ts[53] 足

tɕ[21] 朱珠 [55] 主 [213] 柱 [53] 粥烛

tɕʰ[55] 鼠煮 [35] 树

ɕ[21] 书叔输 [35] 竖熟赎 [53] 粟宿属叔

k[55] 举 [213] 锯句剧 [35] 具 [53] 橘

kʰ[21] 区 [33] 渠 [55] 舅臼 [213] 去 [35] 旧局 [53] 菊曲

h[21] 墟输 [33] 厨 [55] 许雨 [35] 箸住 [53] 畜

Ø[35] 芋裕育浴 [33] 如余鱼

a

p[21] 巴芭 [213] 坝霸 [55] 把 [53] 百擘

pʰ[33] 爬趴 [35] 白 [53] 拍

m[33] 嫲蟆 [55] 马母 [213] 骂 [35] 麦

f[21] 花 [33] 华 [35] 化画划话

t[21] 爹搭 [55] 打

tʰ[21] 差 [33] 茶

n[21] 拿 [35] 纳

l[21] 拉 [35] 腊

ts[21] 抓 [53] 闸

s[21] 痧沙 [213] 晒傻

k[55] 假 [35] 架偕 [53] 格隔

kʰ[53] 客

ŋ[33] 牙

h[33] 蛤 [55] 下 [213] 嫁 [35] 夏 [53] 虾

Ø[55] 哑

ia

p[35] □ (溅) [53] 壁

pʰ[53] 劈

f[21] 靴

t[35] □ (小脚) [53] 摘

tʰ[33] 斜 [35] 谢 [53] 拆

n[53] 额

l[35] □ (竹编器皿)

ts[55] 姐 [35] 借

s[55] 写 [213] 泄 [53] 削

tɕ[21] 遮 [213] 蔗 [53] 只脊

tɕʰ[33] 车 [53] 赤

ɕ[33] 蛇 [35] 射 [53] 啥

kʰ[35] 跨

Ø[33] 爷 [55] 野也 [213] 舍 [35] 夜

ua

k[21] 瓜 [213] 挂

Ø[21] 挖 [55] 瓦 [35] 话

e

Ø[55] 矮

ie

p[53] 八憋

pʰ[33] 排牌 [35] 别

m[55] 买 [35] 卖灭篾

f[53] 血

v[33] 元 [35] 月越

t[21] 低 [53] 得跌

tʰ[33] 蝶 [213] 替剃又[35] 截绝 [53] 铁

n[33] 泥 [35] 热 [53] 孽捏

l[33] 犁 [35] 列裂

ts[33] 姐 [53] 节

s[55] 洗 [53] 雪

tɕ[53] 折哲

tɕʰ[53] 撤彻

ɕ[53] 设 [35] 舌食

k[21] 街 [55] 解 [35] □(扶) [53] 结

kʰ[35] 杰 [53] □(翅膀)

h[33] 鞋 [213] 剃 [35] 协 [53] 瞎歇

ye

k[53] 刮决

kʰ[55] 近 [53] 缺

ə

p[53] 北柏

pʰ[21] 卜 [35] 白

m[35] 密墨脉

f[35] 或

t[53] 得

tʰ[33] 直又 [213] 莱 [35] 笛又字寺择 [53] 特贼策踢自

l[33] □（傻）[35] 力

ts[21] 栽资 [55] 紫子 [53] 节窄则

tsʰ[53] 侧测

s[21] 师 [33] 祠 [55] 使 [35] 柿事 [53] 李虱塞色膝

k[53] 格胳

kʰ[35] 恰 [53] 刻客

ŋ[53] 额

h[33] 直 [35] 笛 [53] 黑

Ø[33] 儿 [55] 耳

uə

k[53] 国

o

p[21] 菠 [33] 脯 [53] 剥

pʰ[33] 婆 [213] 破 [35] 薄 [53] 雹

m[21] 摸 [33] 馍膜 [35] 磨

f[213] 货 [35] 祸恢 [53] 霍

t[21] 多 [55] 躲 [35] 剁（~肉）[53] 夺

tʰ[21] 拖 [33] 驼 [213] 错 [35] 昨镯坐 [53] 佗托又

n[33] 挪揉哪 [53] 踏（跺）

l[33] 骡锣螺 [35] 落

ts[55] 左 [213] 做 [53] 作桌

tsʰ[21] 搓

s[21] 娑 [55] 锁 [213] 露 [53] 索缩鸽

k[21] 哥歌 [213] 个 [35] □ (~子, 指驼背的) [53] 鸽各角

kʰ[21] 苛 [55] 可渴 [213] 去 [53] 壳

ŋ[33] 鹅 [35] 饿

h[33] 河荷 [35] 鹤学 [53] 托

∅[53] 恶

io

p[213] 布

m[35] 墓

n[35] 弱 [53] 箬

s[53] 削杀

tɕ[53] 雀酌鹊□ (~个, 这个)

tɕʰ[213] 厝 [53] 尺□ (~人, 骗人)

ɕ[35] 石 [53] 席拾

k[53] 镢脚角 (~色)

kʰ[33] 茄

h[35] 着墿

∅[35] 夜药 [53] 约

uo

k[55] 果 [53] 郭

kʰ[35] 课

h[35] 过

∅[21] 萵 [213] 握

ɯ

Ø[33] 姆

ai

p[55] 摆 [213] 拜

pʰ[33] 排 [213] 破派 [35] 败

m[33] 埋 [55] 买 [35] 卖 [53] 麻

f[33] 怀 [35] 坏罚 [53] 发

t[21] 多 [55] 歹 [213] 带

tʰ[21] 猜胎 [33] 裁材台财 [55] 踏 [35] 太达大又 [53] 擦

n[35] 耐

l[33] 拉 [35] 赖辣癞 [53] □ (割)

ts[35] 再 [53] 扎

tsʰ[213] 菜

s[21] 筛沙 [33] 柴 [213] 塞 (~外) [53] 笭

k[213] 戒

kʰ[55] 凯

h[33] 蟹 [35] 大 [55] 抬

Ø[213] 还

uai

k[21] 乖 [55] 拐 [213] 怪 [53] 刮

kʰ[55] 块 [213] 块快

Ø[21] 歪 [55] 夥 (多) [35] 外

uɛi

kʰ[53] 阔

ei

p[21] 背杯碑 [213] 贝 [53] 不

pʰ[21] 丕 [33] 培 [55] 被飞 [213] 配 [35] 背吠 [53] 皮匹

m[55] 尾 [213] 妹 [35] 末

f[21] 辉飞 [33] 回肥 [55] 悔 [213] 费肺 [35] 会

v[21] 威 [33] 和维 [213] 伟

t[213] 碓对

tʰ[21] 吹 [33] 垂 [55] 腿在 [35] 罪 [53] 锤出

l[35] 类 [33] 雷蕾

ts[21] 追 [55] 嘴 [213] □ (一~香皂) 岁 [35] 最醉 [53] 卒汁

tsʰ[213] 翠 [53] 叱

s[21] 衰 (形容动物、人很瘦) [33] 随垂 [55] 水 [213] 税碎岁 [53] 刷

uei

k[21] 归规龟 [55] 鬼 [213] 桂贵 [53] 骨

kʰ[21] 亏 [33] 葵 [55] 跪 [35] 柜溃 [53] 窟

Ø[33] 危围 [35] 卫位味胃滑物

əi

p[53] 拨

pʰ[33] 赔 [53] 泼

m[33] 磨煤梅媒□ (别, 否定词) [35] 末 [53] 袜

f[21] 灰 [55] 火 [35] 活佛

v[33] 禾

k[21] 鸡 [213] 个

kʰ[21] 开溪 [53] 乞

oi

t[213] 对

tʰ[55] 坐 [35] 袋又 [53] 切

l[33] 来 [35] 累

ts[21] 胲(男阴)

s[53] 螺杀

k[21] 该 [55] 改 [213] 盖 [53] 割

h[55] 海 [35] 袋害地 [53] 脱核

Ø[213] 爱

au

p[21] 包胞 [55] 宝饱保

pʰ[21] 抛 [33] 袍 [55] 跑 [213] 炮 [35] 泡

m[33] 茅毛 [55] 卯 [35] 帽貌 [53] 毛猫

t[21] 刀 [55] 岛 [213] 倒

tʰ[21] 抄 [33] 陶桃 [55] 讨早草炒 [213] 糙 [35] 道造 [53] 桃樵

n[55] 脑挠 [35] 闹

l[21] 捞 [33] 劳牢 [55] 老

ts[21] 糟 [55] 爪找早 [213] 罩 [35] 灶 [53] 枣

s[21] 骚 [33] 勺 [55] 嫂 [213] 扫找

k[21] 高交糕 [55] 搞 [213] 教窖

kʰ[21] 胶 [55] 考敲 [213] 靠

ŋ[33] 熬敖

h[55] 好 [213] 孝校 [35] 号

Ø[55] 拗

iau

p[21] 标彪 [55] 表婊

pʰ[21] 飘 [213] 票

m[33] 描 [55] 秒 [35] 庙妙

t[21] 雕 [213] 钓 [35] 吊

tʰ[21] 超 [33] 朝条调 [55] 挑 [213] 跳

n[33] 绕 [55] 鸟 [35] 尿

l[33] 寮聊 [35] 料廖

ts[21] 焦椒 [55] 剿 [35] 嚼

s[21] 宵箫 [55] 小 [35] 笑

tɕ[21] 朝招 [35] 照醮

ɕ[21] 烧

k[35] 叫 [53] 饺

kʰ[21] 骄敲 [33] 桥 [55] 撬 [35] 轿翘

Ø[21] 腰 [33] 摇 [35] 要鹞

əu

pʰ[55] 剖

m[33] 谋

f[33] 浮

t[21] 兜 [55] 抖

tʰ[21] 偷ᵪ [213] 凑 [35] 豆ᵪ [53] 头ᵪ

l[33] 楼

ts[21] 邹

s[33] 愁 [55] 宿 [35] 瘦

k[21] 沟钩 [55] 狗 [213] 够

kʰ[55] 口

ŋ[55] 藕

h[21] 偷 [55] 厚 [35] 豆后 [53] 头

ou

t[21] 丢

tʰ[21] 须抽 [33] 绸 [213] 袖

l[21] 溜 [33] 流榴 [55] 柳

ts[55] 酒

s[21] 修 [213 绣][35] 嗽

k[55] 九韭灸

kʰ[21] 邱 [33] 球 [35] 舅旧

h[21] 休 [55] 柱

ŋ[33] 牛

Ø[21] 优 [213] 幼

iou

n[33] 裘 [53] □(线乱了解不开)

tɕ[21] 州周 [55] 肘 [213] 咒 [35] 就

tɕʰ[33] 仇 [55] 丑 [35] 臭

ɕ[21] 收 [55] 手 [213] 兽 [35] 寿受

Ø[33] 油 [55] 有友 [35] 右佑又

an

p[21] 番班斑 [55] 板 [213] 扮绊拌

pʰ[21] 攀 [35] 办

m[35] 慢

f[21] 翻 [33] 还 [55] 反 [35] 犯饭 [53] 法

t[21] 单丹担 [55] 胆 [213] 旦淡 [35] □(云一下) [53] 搭

tʰ[21] 贪掺餐 [33] 潭弹 [55] 坦毯 [213] 探炭 [35] 赚趁 [53] 塔插

n[33] 南难

l[33] 蓝兰栏 [55] 懒 [35] 蜡烂 [53] 猛(辖)

ts[55] 斩

tsʰ[33] 缠 [55] 惨

s[21] 三杉衫 [55] 伞产 [35] 疝

k[21] 间监奸 [55] 感减碱擀 [35] 夹 [53] 甲

kʰ[53] 揩

ŋ[33] 岩颜 [55] 眼 [53] (没牙的嘴，～嘴)

h[55] 罕 [213] 喊 [35] 限

Ø[53] 鸭

in

p[21] 宾兵 [55] 饼 [213] 殡奋

pʰ[21] 拼 [33] 苹评贫平 [55] 品 [213] 聘 [35] 病

m[33] 民明名 [55] 敏 [213] 面 [35] 命 [53] 抿

v[33] 匀云 [55] 永 [35] 闰运

t[21] 贞 [55] 顶 [213] 镇

tʰ[21] 清青 [33] 钱陈停 [55] 挺 [35] 阵ᵧ静定 [53] 前

n[33] 人仁银迎聆 [35] 入认任 [53] 年

l[33] 菝邻铃临 [55] 领凛 [35] 吝

ts[21] 精筋 [213] 进俊

s[21] 星 [33] 寻纯绳 [55] 笋 [35] 信姓

tɕ[21] 珍针蒸 [55] 震准整枕 [213] 证 [53] 汁

tɕʰ[21] 深春声 [55] 蠢 [213] 秤

ɕ[21] 身升 [33] 行神辰唇城 [55] 沈 [213] 顺 [35] 十剩

k[21] 经巾京 [55] 紧 [213] 见劲境 [53] 囷

kʰ[21] 卿 [33] 勤 [213] 庆 [35] 近

h[21] 欣 [33] 形 [213] 兴 [35] 阵

Ø[21] 因音 [33] 蝇赢 [55] 引隐影 [213] 任印 [35] 应剩

uan

k[21] 关 [213] 惯

Ø[21] 弯 [33] 顽玩 [55] 晚 [35] 万

yn

k[21] 均军君

kʰ[21] 熏 [33] 裙

en

p[21] 冰

pʰ[33] 朋瓶 [35] □_(靠在墙上)

m[33] 眠□_(虚汗) [55] 猛 [213] 梦

t[21] 灯钉 [33] □_(小孩学站) [55] 等顶 [213] 凳

tʰ[21] 厅 [33] 曾藤又层 [53] 塍

n[33] 能

l[33] 零伶 [55] 冷 [53] □_(泄气, ～气)

ts[21] 争

s[21] 参僧星生 [55] 省 [213] 腥 [53] 鳞

k[21] 羹根更耕梗

kʰ[21] 牵 [55] 肯啃

ŋ[35] 硬

h[33] 咸藤行_(～为)横 [35] 杏恨定

Ø[21] 恩 [213] 摁

ien

p[21] 边 [55] 扁 [213] 变辫

pʰ[21] 偏 [213] 骗片 [35] 便辨

m[33] 棉 [55] 免 [35] 面

f[55] 远 [53] 园

v[21] 冤 [33] 完原圆园 [55] 软 [35] 院县

t[21] 颠癫 [55] 点典 [213] 店

tʰ[21] 千天ㄡ签添铅 [33] 情甜ㄡ田全前传钱 [55] 癣浅 [35] 旋电垫ㄡ传碟ㄡ [53] 贴ㄡ

n[33] 黏严言年 [55] 捻染捏 [35] 验业念砚

l[33] 连莲鲢镰 [55] 脸

ts[21] 煎尖 [55] 剪 [213] 剑 [53] 接

tsʰ[53] 笕（竹刷）

s[21] 鲜先 [55] 洗选鲜（朝~）[213] 线

tɕ[21] 坚砖 [55] 转检 [213] 建占战 [53] 折□（湿的）

ɕ[21] 伸 [33] 船舷 [213] 扇 [35] 善

k[21] 间肩挑 [55] 拣 [213] 建见

kʰ[21] 谦 [33] 钳 [55] 遣 [213] 欠砍 [35] 件 [53] 怯

h[21] 天 [33] 甜嫌闲 [55] 险显 [35] 僭碟垫现 [53] 贴

Ø[21] 阉烟 [33] 炎盐延 [213] 厌燕 [35] 叶艳

yen

k[21] 筋 [55] 卷

kʰ[21] 圈 [33] 拳权 [55] 近 [213] 劝

on

p[21] 般搬 [213] 半

pʰ[21] 潘 [33] 盘槃 [213] 判

m[33] 瞒 [55] 满 [35] 慢

f[21] 欢 [213] 换

v[35] □（刷，~鼎）

t[21] 端 [55] 短 [213] 段

tʰ[55] 铲 [35] 杂 [53] 蚕

n[55] 暖

l[35] 乱垃

ts[21] 钻 [55] 盏 [35] 撰

s[21] 霜山酸闩 [213] 算蒜 [35] □ (用力敲) [53] 圾

k[21] 柑干甘肝 [55] 敢秆

kʰ[213] 看

ŋ[35] 岸

h[21] 肝吞 [33] 寒坛 [213] 汉 [35] 盒汗旱 [53] 鼾

Ø[21] 安 [213] 暗案

uon

s[55] 卵

k[21] 观官棺 [213] 罐 [55] 管

kʰ[21] 宽

h[55] 断

Ø[33] 完 [55] 碗

ən

p[21] 奔分 [55] 本 [53] 本

pʰ[33] 盆 [35] 饭

m[33] 门 [55] □ (腐烂) [213] 问 [53] 蚊

f[21] 芬婚 [33] 魂坟 [55] 粉 [213] 粪奋 [35] 份

t[21] 墩蹲 [53] □ (估量)

tʰ[21] 侵亲村吞 [33] 沉 [213] 衬寸 [35] 清集 [53] 沉

n[35] 嫩

l[35] 立 [33] 林轮

ts[213] 浸

s[21] 心新孙 [35] 习撙 [55] 损

k[21] 今金 [53] 急

kʰ[21] 轻 [33] 芹琴 [55] 妗（舅母）[35] 及

h[21] 兴 [33] 含 [53] 吸

Ø[21] 音阴

uən

k[55] 滚 [213] 棍

kʰ[213] 困睏

Ø[21] 温 [33] 圆蚊 [35] 问

aŋ

p[213] 柄 [35] 蹦

pʰ[35] 病

m[21] 蒙 [33] 明冥

f[53] 横

t[55] 跌

tʰ[21] 生青 [33] 晴

ts[21] 脏 [213] □（拔）

s[21] 生甥

k[21] 江 [55] 埂

kʰ[21] 坑 [55] 哽

h[33] 桁行 [35] 伉

iaŋ

p[53] 饼

pʰ[33] 平

m[35] 命 [53] 名

f[21] 兄

v[33] 赢 [55] 萤

t[55] 鼎

tʰ[21] 听 [33] 程

n[35] 映

l[33] 灵 [55] 领

ts[55] 井

s[35] 姓

tɕ[213] 正

ɕ[21] □ (扔)

k[213] 镜 [55] 颈

kʰ[33] 擎

h[21] 听

uaŋ

k[55] 梗

oŋ

p[21] 帮 [55] 绑 [213] 放棒

pʰ[213] 胖 [35] 蚌 [53] 棚

m[33] 忙氓 [55] 网

f[21] 慌方 [33] 房防 [55] 纺 [213] 放

t[21] 当装 [55] 党挡

tʰ[21] 仓疮窗汤ㄨ [33] 长ㄨ [55] 躺 [213] 烫 [35] 趟 [53] 床糖ㄨ

l[33] 郎 [55] 朗 [35] 浪

ts[21] 庄妆桩装 [213] 壮撞葬

s[21] 桑丧霜双 [55] 爽

k[21] 刚扛岗 [55] 讲 [213] 钢

kʰ[21] 康糠 [213] 囥 [35] □ (碰)

h[21] 汤 [33] 堂塘长降 [55] 荡 [35] 项 [53] 糖

ioŋ

t[21] 张 [55] 涨 [213] 帐账

tʰ[21] 枪 [33] 墙 [55] 抢痒

n[33] 娘酿 [213] 让

l[33] 梁凉良梁 [55] 两 [35] 亮量

ts[21] 浆 [55] 蒋 [35] 酱

s[21] 相 [33] 详祥 [55] 想 [213] 像 [35] 匠

tɕ[21] 章 [55] 掌 [213] 障

tɕʰ[21] 昌 [55] 像厂 [213] 唱

ɕ[21] 商伤裳 [33] 尝常 [55] 赏上想 [35] 颂尚

k[21] 姜

kʰ[21] 筐羌 [55] □ (硬)

h[21] 乡香 [55] 响 [213] 向

Ø[21] 秧 [33] 营洋阳羊 [55] 养 [35] 漾样 [53] 影

uoŋ

k[21] 光

kʰ[21] 筐宽 [33] 狂

Ø[33] 黄王 [55] 往 [35] 旺

ŋ

Ø[33] 吴鱼 [55] 五怀

iuŋ

p[21] 风

pʰ[21] 蜂 [213] 缝

t[21] 中忠衷

tʰ[33] 松

n[33] 浓

l[33] 龙 [55] □ (彩虹)

ts[21] 踪 [213] 纵

tsʰ[33] 从

s[21] 松

tɕ[21] 终 [55] 肿 [213] 种众

tɕʰ[21] 充冲

ɕ[213] 瓮

k[21] 宫恭供弓 [55] 拱

kʰ[33] 穷 [55] 恐 [35] 共

h[21] 凶兄 [33] 熊雄

Ø[21] 拥 [33] 荣容 [35] 用

uŋ

p[55] 捧

pʰ[33] 蓬

m[35] □ (雾)

f[21] 烘丰封风 [33] 红 [35] 凤

t[21] 东冬 [55] 栋懂 [213] 冻

tʰ[21] 通葱 [33] 铜丛 [55] 桶动统重捅 [213] 痛 [35] 洞动 [53] 虫

n[33] 农 [53] 脓

l[35] 弄 [33] 聋

ts[21] 终 [213] 粽 [55] 总

s[55] 操 [35] 送宋 [53] 耸

k[21] 公工

kʰ[55] 孔

Ø[21] 翁

第四节　邵武方言词汇、语法特点

邵武地处福建北部，从方言归属来看，属邵将区方言，兼有闽客赣方言特点，与闽语各地方言有明显差异，在词汇、语法系统上有自己的特色。以下简略梳理邵武方言的词汇、语法特点。

一、词汇特点

1. 人称代词

邵武方言人称代词不同于汉语各方言，甚是罕见，其来源尚不清楚，三个人称代词是同调的：优$_{我}$haŋ^{35}| 儌$_{你}$hien^{35}| 伄$_{他}$hu^{35}，其相应的复数形式用后加"多"来表示：优多$_{我们}$haŋ^{35}tai^0| 儌多$_{你们}$hien^{35}tai^0| 伄多$_{他们}$hu^{35}tai^0。

2. 指示代词

邵武方言指示代词的近指和远指有两个不同的基式，有很强的系统性。近指：酌蜀个$_{这个}$tɕio^{53}ɕi^{33}kəi^0| 酌儿$_{这里}$tɕio^{53}ə^0| 酌样$_{这样}$tɕio^{53}ɕioŋ^0；远指：那蜀个$_{那个}$o^{53}ɕi^{33}kəi^0| 那儿$_{那里}$o^{53}ə^0| 那样$_{那样}$o^{53}ɕioŋ^0。

3. 疑问代词

邵武方言的疑问代词不同于现代汉语，如：哪蜀$_{谁}$no^{33}ɕi^{33}| 哪蜀个$_{哪个}$no^{33}ɕi^{33}kəi^0| 呢地$_{怎样}$ni^{53}tʰi^0| 什么$_{啥}$ɕia^{53}| 做啥$_{为什么}$tso^{21}ɕia^{53}。

4. 否定词

邵武方言的否定词系统较为丰富，主要有：怀解$_{不会}$ŋ^{55}hie^{55}| 冇有$_{没有}$mau^{35}iou^{55}| 冇是$_{不是}$mau^{35}ɕi^{55}| 儑$_{别、甭}$məi^{33}。

5. 介词

常用的介词有些与现代汉语相同，如：在$tʰei^{55}| 冇在$_{不在}$mau^{35}tʰei^{55}| 对tei^{213}。有些与现代汉语不同，如：拿$_{把}$na^{21}| 得$_{被、给}$tie^{53}| 向$_{往、向}$hioŋ^{35}| 帮$_{和、替}$poŋ^{21}。

6. 常用词

相当一部分常用词与其他闽语不同，如：瞙$_{看}$niaŋ^{35}| 疾$_{疼}$tʰy^{35}| 畏$_{怕}$vi^{213}| 赤$_{红}$tɕʰia^{53}[1]。

---

① 邵武方言词汇请参看附录二。

7. 指称动物性别的语素

指称动物性别的语素不同于闽语其他方言。指称雄性畜类动物的语素，邵武方言用"公"等，如：牛公_{公牛}ny³³kuŋ²¹| 猫公_{公猫}mau⁵³kuŋ²¹| 狗公_{公狗}kəu⁵⁵kuŋ²¹，指称雄性禽类动物，邵武方言说法较为特殊，"公鸡"称为"骚鸡角 sau²¹kəi²¹ku⁵³"。指称雌性动物的语素邵武方言用"嫲"，如：猫嫲_{母猫}mau⁵³ma³³| 狗嫲_{母狗}kəu⁵⁵ma³³| 鸡嫲_{母鸡}kəi²¹ma³³。"嫲"常见于客家方言，部分赣语中也有

8. 后 缀

相当于现代汉语的"儿""子"的后缀，邵武方言用"儿"，邵武方言的"儿"ə 都读轻声，都能自成音节。在连读时，如果前一音节韵尾是鼻音 n、ŋ，"儿"ə 即变成 nə、ŋə。邵武方言的"儿"用得相当普遍，既可作名词性的后置成分，也能作动词的后置成分，还可以作其他成分。邵武方言的"儿"尾大致可分为以下六类：

（1）表示细小的意思，如：桃儿 hau⁵³ə⁰| 栗儿 li³⁵ə⁰| 梨儿 li³³ə⁰| 竹儿 ty⁵³ə⁰。

（2）表示喜爱、亲昵的意思，如：妹儿 mei²¹ə⁰| 猫儿 mau⁵³ə⁰| 孙儿 sən²¹nə⁰| 团儿 kin⁵³nə⁰。

（3）表示尊敬、亲切的意思，如：舅儿 kʰy⁵⁵ə⁰| 妗儿 kʰən⁵⁵ə⁰| 姨儿 i³³ə⁰。

（4）加在某些单音节动词后面，使这些动词成为名词，如：梳儿 su²¹ə⁰| 剪儿 tsien⁵³nə⁰。

（5）作为名词词尾，不表示其他意义，如：钳儿 kʰien³³nə⁰| 裤儿 kʰu²¹ə⁰ 鞋儿 hie³³ə⁰| 袜儿 məi⁵³ə⁰。

（6）加在动词后，表示动作的完成，相当于普通话的"了"，如买儿 mie⁵⁵ə⁰| 坐儿 tʰoi⁵⁵ə⁰。

二、语法特点

以下简单梳理邵武方言的语法特点：

一，邵武方言被动句的结构形式与现代汉语相同，不同之处在于所用介词的差异，邵武方言表示"被、给、让"等都用"得 tie⁵³"，如：

帽儿得风吹去了_{帽子被风吹走了}。

张明得坏人抢去了蜀个包_{张明被坏人抢走了一个包。}

先生得伉个书_{老师给我一本书。}

二，邵武方言比较句式与现代汉语相近，不同之处在于邵武方言表示"和、跟、同"用"帮"，如：

偦比伉高，伫比偦还更高_{你比我高，他比你还要高。}

老王帮老张个样高_{老王跟老张一样高。}

三，邵武方言的处置句结构与现代汉语相近，只不过所用介词不同而已，邵武方言用"拿"来表示"把"，如：伉拿碗洗个下_{我把碗洗一下。}

四，疑问句结构较为丰富，通常可以在句末加"吗""呢"来表示，如：偦去吗你去吗？有时也可以用肯定加否定的形式来表示，如：

偦食伓食饭_{你吃饭吗？}

偦眛伓眛电影_{你看电影吗？}

闽语闽北片塞音声母的弱化现象

福建闽语闽北片的通行范围包括建瓯、建阳、政和、松溪、武夷山五县区市的全部以及延平区（城区及其周边西芹、大横、水南、茫荡等乡镇街道为北方官话方言），浦城南部的六个乡镇（石陂、水北、濠村、山下、临江、枫溪），顺昌北部的七个乡镇（高阳、洋墩、大力、仁寿、浦上、岚下、际会）。[①]闽北方言指的这八县市区通行的方言[②]。本章讨论这八县市区声母的弱化音变现象，主要是塞音声母的弱化音变。

一、闽北方言塞音声母今读情况

闽北方言三组塞音声母 p、t、k 齐全，其辖内建瓯小片的建瓯市、延平区、政和县、松溪县、顺昌县五个方言点古全浊声母已完全清化，建阳、武夷山两区市古全浊声母见组声母已清化，端组、帮组声母部分未清化，今读为 l、β，浦城（石陂）塞音三分，古全浊声母部分未清化，今读为 b、d、g。

表3-1　闽北八县市区方言塞音声母对照表

古声母		建瓯	松溪	政和	峡阳	洋墩	建阳	武夷山	石陂
帮组	帮	p	p	p	p	p	p、β	p、β	p
	並	p、pʰ	p、pʰ	p、pʰ	p、pʰ	p、pʰ	pʰ、p、h、β	pʰ、p、h、β	p、b
	滂	pʰ	pʰ	pʰ	pʰ	pʰ	pʰ、h	h、pʰ	pʰ

① 顺昌话受邻近方言的影响，兼有闽、客、赣方言的特点，主要通行于顺昌县西南的双溪、水南、浦上、大干、元坑、郑坑等六乡镇，此外的仁寿、洋墩、岚下、高阳、大历、际会、洋口、建西八乡镇通行闽北方言。

② 本书闽北方言延平区以峡阳为代表，顺昌以洋墩为代表，浦城以石陂为代表，为了讨论问题的方便，下文这三区县就分别以峡阳、洋墩、石陂为代表点来行文。

续表

古声母		建瓯	松溪	政和	峡阳	洋墩	建阳	武夷山	石陂
端组	端	t	t	t	t	t	t、l	t、l	t
	定	t、tʰ	t、tʰ	t、tʰ	t、tʰ	t、tʰ	t、l、h	t、l、h	t、d
	透	tʰ	tʰ	tʰ	tʰ	tʰ	tʰ、h	tʰ、h	tʰ
见组	见	k、x、Ø	k、x、Ø	k、x、Ø	k、x、Ø	k、x、Ø	k、x、Ø	k、x、Ø	k、g、x、ɦ、Ø
	群	k、kʰ	k、kʰ	k、kʰ	k、kʰ	k、kʰ	k、kʰ	kʰ、k、j	kʰ、k、g
	溪	kʰ	kʰ	kʰ	kʰ	kʰ	kʰ	kʰ	kʰ

说明：

（1）建阳、武夷山两地并母今读送气清塞音的例字很少，主要为不送气清塞音、浊擦音及清擦音。

（2）建阳、武夷山两地透母擦音化为 h，今读送气清塞音 tʰ 的很少，尤其是年轻一代很少说了。

（3）建阳、武夷山双唇浊擦音 β 音色近于 w，主要出现在以 u、ɔ 之前。

（4）浦城石陂邻近吴语区，具有吴语的语音特点，平田昌司指出"吴语浊塞音塞擦音变为同部位的边音、浊擦音。"[1]浦城石陂保留浊音，见母部分今读 g，如：饥 gie⁴²| 夹 ga⁴²，因此，见母在弱化过程中浊塞音弱化为浊擦音 ɦ，h 当为 ɦ 发生清化后的音值。

闽北方言声母演变方式十分独特，弱化现象突出。一般来说，汉语方言弱化主要包括两个方面：擦音化和响音化。擦音化主要指塞音、塞擦音变成擦音，响音化则包括近音、鼻音、边音、颤音、闪音及零声母等。本章讨论闽北方言声母的擦音化、零声母化、边音化等弱化现象。

（一）擦音化

汉语各方言中都存在程度不一的擦音化现象，其中浊塞擦音声母的擦音化较为普遍，分布范围很广，塞音声母的擦音化现象较为少见。闽北方言中，塞音声母的擦音化现象很是普遍，涉及滂并母、透定母以及见母，现分别讨论。

1.滂并母

建阳、武夷山属闽语闽北片建阳小片，古滂并母弱化是该小片十分重

---

① 　（日）平田昌司：《闽北方言"第九调"的性质》，《方言》1988 年第 1 期。

要、突出的语音演变现象。两地滂並母擦音化现象明显，具体表现为清塞音滂母塞音成分消失，弱化为清擦音 h，浊塞音並母弱化为同部位的清擦音 h 及浊擦音 β。

表 3-2　建阳、武夷山滂並母擦音化，今读 h 例字

方言点	铺滂	配滂	炮滂	品滂	匹滂	天滂	被並	鼻並	皮並
建阳	pʰo⁵¹	hui³³	pʰau³³	pʰɔiŋ²¹	pʰɔi³⁵	hieiŋ⁵¹	pʰui³³	pʰɔi³³	hui⁴⁵
武夷山	hu⁵¹	huei²²	hau⁵⁵	heiŋ³¹	hei³⁵	hiŋ⁵¹	hy²²	hei⁵⁵	hy³³

武夷山滂並母擦音化现象较建阳更为明显。

表 3-3　建阳、武夷山並母擦音化，今读 β 例字

方言点	步	牌	败	币	薄	贫	朋	瓶
建阳	βuo⁵⁵	βuai⁴¹	βuai⁵⁵	βue⁵⁵	βuo⁴	βuaiŋ⁴⁵	βɔiŋ⁴⁵	βuaiŋ⁴¹
武夷山	βu⁵⁵	βuai²²	βuai⁵⁵	βue⁵⁵	βo⁵	βeiŋ³³	βuaiŋ³³	βuaiŋ²²

2. 透定母

建阳、武夷山两地端组声母清化未完成，在日常口语中，两地透定母擦音化进程较其他塞音声母更快，其中透母字近乎完全弱化为清擦音 h。

表 3-4　建阳、武夷山透定母擦音化，今读 h 例字

方言点	胎透	剃透	讨透	塔透	听透	桃定	头定	糖定	挺定
建阳	hai⁵¹	hie³³	hau²¹	ha³⁵	hiaŋ⁵¹	hau⁴⁵	həu⁴⁵	hɔŋ⁴⁵	haiŋ²¹
武夷山	hai⁵¹	hi²²	hau³¹	ha³⁵	hiaŋ⁵¹	hau³³	hiɤu³³	hoŋ³³	heiŋ³¹

除此，建阳：拖透xue⁵¹ ｜偷透həu⁵¹ ｜贪透haŋ⁵¹ ｜添透hieiŋ⁵¹ ｜贴透ha³⁵ ｜炭透hueiŋ³³ ｜铁透hie³⁵ ｜吞透huŋ⁵¹ ｜汤透hɔŋ⁵¹ ｜通透hoŋ⁵¹ ｜桶透hoŋ²¹ ｜统透hoŋ²¹。武夷山：托透huai⁵¹ ｜土透hu³¹ ｜偷透hiɤu⁵¹ ｜贪透haŋ⁵¹ ｜毯透haŋ³¹ ｜塔透ha³⁵ ｜添透hiŋ⁵¹ ｜贴透ha³⁵ ｜炭透huaiŋ²² ｜铁透hi³⁵ ｜吞透huiŋ⁵¹ ｜汤透hoŋ⁵¹ ｜托透ho³⁵ ｜厅透hiaŋ⁵¹ ｜踢透hie³⁵ ｜通透hɤŋ⁵¹ ｜桶透hɤŋ³¹ ｜痛透hɤŋ²² ｜统透hɤŋ³¹等其他古透母字也已擦音化。

3. 见 母

闽北方言见母今读塞音 k，这是常见的现象，同时部分古见母弱化为同部位的清擦音 x，这罕见于汉语其他方言，却普遍存在于闽北的延平（峡

阳）、建瓯、建阳、武夷山、松溪、政和、浦城（石陂）、顺昌等八县区市。现略举例：

建瓯：救 xiau^{33}｜教 xau^{54}｜嫁 xa^{33}｜肝 xuein^{54}｜韭 xiu^{21}｜橘 xi^{24}

政和：高 xo^{53}白｜狗 xu^{213}白｜笕 xain^{42}｜教 xo^{53}｜菇 xu^{42}｜肝 xuein^{53}｜
　　　韭 xiu^{213}｜橘 xi^{24}

松溪：高 xo^{53}白｜狗 xu^{213}白｜笕 xain^{33}｜菇 xu^{33}｜肝 xuein^{53}｜韭 xiu^{213}｜
　　　橘 xi^{24}｜韭 xiu^{213}｜橘 xi^{24}

峡阳：教 xɔ^{21}｜肝 xuein^{21}｜韭 xiu^{44}

建阳：救 xiɔ^{33}｜教 xau^{51}｜肝 xuein^{51}｜韭 xiu^{21}｜橘 xi^{35}

武夷山：狗 xu^{31}白｜笕 xain^{22}｜救 xiu^{22}｜教 xau^{51}｜肝 xuain^{51}｜
　　　　韭 xiu^{44}｜橘 xi^{35}

顺昌：狗 xœy^{21}｜笕 xain^{33}｜教 xau^{53}｜肝 xain^{53}｜韭 xiu^{21}｜橘 xi^{24}

石陂：高 fiɔ^{42}白｜狗 fiu^{21}白｜菇 fiu^{42}｜肝 xuein^{53}｜韭 xiɯ^{21}｜橘 xi^{55}

武夷山还存在部分古群母擦音化，今读浊擦音 j，诸如：茄 jyo^{22}｜骑 ji^{22}｜棋 ji^{22}｜球 jiu^{22}｜权 jyin^{33}。

（二）零声母化

所谓零声母化，指语言或方言中原为非零声母的音节，其声母在一定条件下演变为零声母的过程，是语音成分的丢失，是最为彻底的弱化音变。闽北方言的零声母化主要发生在见母，如：

建瓯：高 au^{21}白｜狗 e^{21}白｜笕 ain^{33}｜菇 u^{21}

建阳：高 au^{51}白｜狗 əu^{21}白｜笕 ain^{33}｜菇 uo^{33}

武夷山：高 au^{51}白

峡阳：高 au^{21}白｜狗 au^{44}白｜笕 ain^{242}｜菇 u^{31}

顺昌：高 au^{53}白｜菇 u^{53}

浦城（石陂）：笕 ain^{33}

（三）边音化

闽北建阳、武夷山两地端母、定母今读边音声母，其弱化没有明显的规律，不受四呼的影响限制，其中两方言点浊塞音定母边音化很是普遍。

建阳：特 le^4｜袋 lui^{55}｜弹 luein^{45}｜淡 lian^{21}｜甜 lan^{41}｜停 lɔin^{45}｜

铜 lɔn^{41}｜洞 lɔn^{55}｜动 lɔn^{33}｜毒 lo^4

武夷山：特 lie^5｜袋 luei^{55}｜弹 luain^{55}｜淡 lian^{31}｜甜 lan^{22}｜达 luai^5｜

停 lein^{33}｜铜 lɤn^{22}｜洞 lɤn^{55}｜动 lɤn^{22}｜毒 lu^5｜读 lu^5

除此，两地部分清塞音端母也弱化为边音了，如：建阳：赌 lo^{21}｜躲 ly^{21}‖武夷山：赌 lu^{31}｜单 luain^{51}。

建阳、武夷山两地方言声母今读 l 的字特别多，除端、定母外，澄精等塞擦音，从船崇禅邪等擦音也发生弱化音变，弱化为鼻边音声母，如：

武夷山：池$_{澄}$ lei^{33}｜迟$_{澄}$ lei^{33}｜治$_{澄}$ lei^{22}｜长$_{澄}$ lɔn^{22}｜撞$_{澄}$ lɔn^{31}｜

闸$_{崇}$ la^5｜射$_{船}$ lia^5｜剩$_{船}$ lyɔn^{55}｜财$_{从}$ luai^{33}｜罪$_{从}$ luei^{22}｜

杂$_{从}$ la^5｜集$_{从}$ lei^5｜醉$_{精}$ lɤu^{22}｜早$_{精}$ lau^{31}｜谢$_{邪}$ lia^{55}｜徐$_{邪}$

lɤu^{22}｜垂$_{禅}$ luai^{33}。

建阳：除$_{澄}$ ly^{45}｜长$_{澄}$ lɔn^{41}｜撞$_{澄}$ lɔn^{21}｜愁$_{崇}$ lɔu^{41}｜闸$_{崇}$ la^4｜射$_{船}$ lia^4｜

舌$_{船}$ lye^4｜财$_{从}$ lue^{45}｜罪$_{从}$ lui^{33}｜杂$_{从}$ la^4｜集$_{从}$ lɔi^4｜醉$_{精}$ ly^{41}｜

早$_{精}$ lau^{21}｜谢$_{邪}$ lia^{55}｜徐$_{邪}$ ly^{41}。

二、闽北方言塞音声母弱化现象的地域分布及演变

在厘清闽北方言塞音声母今读情况的基础上，接下来讨论塞音声母弱化现象的地域分布及其演变方式。

1. 地域分布

由前文可看到，塞音声母的弱化在闽北方言中十分普遍，弱化的范围覆盖闽北八县市区，在这一区域内，依据弱化所涉及的古塞音声母的多少及弱化的程度，在地域上呈现出由南向北渐次递增的状态，其中以闽语闽北片建阳小片的建阳、武夷山两地弱化程度最强，其塞音声母中的见组、帮组、端组皆有弱化，具体可划分：

类型一：塞音声母部分清化，但仍保留古全浊声母，仅见母弱化：浦城。

类型二：塞音声母部分清化，仍保留浊音声母，同时端组、帮组、见组都发生弱化音变：建阳、武夷山①。

类型三：塞音声母完全清化，仅见母弱化：建瓯、松溪、政和、顺昌、南平。

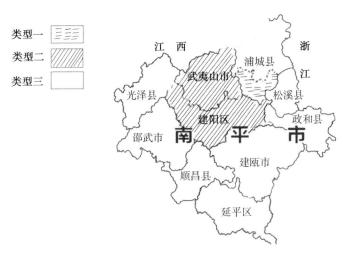

图 3-1　闽语闽北片塞音声母弱化的地域分布

2. 演 变

闽北方言塞音声母的弱化主要有擦音化、边音化、零声母化等三种类型。有时同一个塞音声母兼有两种弱化类型，如古定母既弱化为边音，也弱化为擦音。这些弱化读音以何种方式演变而来，这是下文讨论的主要问题。

（1）见母。闽北方言见母的弱化读音有两个：x(ɦ)②、∅，这类弱化现象罕见于汉语其他方言，就目前来看，汉语方言见组声母的弱化较为常见是溪群母，主要存在于湖南土话、客家方言、赣语、粤语等方言中③，但程度

①　武夷山较建阳，弱化程度更深。

②　闽北方言见母今读浊喉擦音 ɦ- 见于浦城石陂点，石陂塞音三分，古全浊声母部分未清化，今读为 b、d、g，古见母部分今读 g，其擦音化为 ɦ。

③　详细论述参看：罗昕如：《湖南土话词汇研究》，湖南师范大学出版社 2003 年版，第 66 ~ 67 页；李如龙、张双庆《客赣方言调查报告》，厦门大学出版社 1992 年版，第 95 页；栗华益：《江西都昌方言溪群母零声母化现象》，《中国语文》2017 年第 4 期；曾建生：《广东四邑方言古溪、透滂母擦音化》，《语言科学》2014 年第 1 期。

83

上略有差异。我们认为闽北方言见母弱化为 x/fi 及零声母，应该经历了"ka/ga>ᵏa/ᵍa>ᵏxa/ᵍfia> xa/fia>a"的过程。弱化的主要动因是清不送气塞音声母的失落，演变为同部位或相近部位的擦音，正如罗常培、王均指出的："本来任何语音都是由气流造成，所谓不送气的辅音并不是没有气流出来，不过送气的辅音总比不送气的气流强些。"①

（2）滂并母。滂母字的弱化是送气塞音声母常见的弱化形式，其演变过程为 pʰ>h，塞音成分消失，演变为同部位的清擦音，此类语音演变是闽北方言建阳小片区别于建瓯小片十分突出的语音特征，其中小片内的建阳、武夷山两地的古透母字大多已弱化为清擦音 h。从语言适应社会发展的角度看，滂、透母的擦音化符合语音的经济省力原则。

闽北片建阳小片古全浊声母并母未完全清化，其音变过程处于浊音清化还未完成，弱化音变正在进行的重叠时期，并母字的弱化读音有两个：β、h。其演变过程为：

A: ba>βa

B: ba>pa>ᵖa>pʰa>ha

闽北片建阳小片并母的 A 类弱化音变是该小片还未清化的古浊塞音并母的擦音化。在汉语各方言中，古并母一般弱化为同部位的浊擦音 v 或 β，如吴语宣州片的芜湖、铜陵等地，古并母今读为浊擦音并带有同部位的浊气流，如宣城：爬 βfiɛ²² ｜排 βfiɛ²⁴ ｜办 βfiiɛ²⁴②，湖北崇阳天城镇的古并母弱化为浊擦音 β，其弱化音与非弱化音形成自由变体，如：盘 buɤ²¹/βuɤ²¹③。

闽北片建阳小片并母的 B 类弱化音变是该小片已经清化的古浊塞音并母的擦音化，此弱化过程的前提是浊音清化，之后塞音成分消失，演变为同部位的清擦音。

（3）端透定母。闽北方言端组声母的弱化现象最为突出，弱化程度及弱化进程较其他塞音声母更深、更快。古端定母弱化为鼻边音声母 l，均分布在建阳小片内，其弱化无条件限制。

闽北片建阳小片古全浊声母定母未完全清化，其音变过程亦处于浊音

① 罗常培，王均：《普通语音学纲要》，商务印书馆 2002 年版，第 95 页。
② 夏俐萍：《论全浊声母的弱化音变》，《中国语文》2015 年第 2 期。
③ 王福堂：《闽北方言弱化声母和"第九调"之我见》，《中国语文》1994 年第 6 期。

清化还未完成，弱化音变正在进行的重叠时期，相比于并母，定母的弱化进程较快，在两个音变进行的过程中，定母内部弱化快于清化。定母字的弱化读音有两个：l、h。其演变过程为：

A: da > la

B: da > ta > 'a > ᵗʰa > ha

　　闽北方言建阳小片古浊塞音定母的 A 类弱化，从转化的音理及演变途径来看，应处于浊音并母还未完全清化之时。在汉语各方言中，古浊塞音定母弱化为鼻边音的现象较为常见，较多分布在湘赣语中，据曾献飞调查，湖南永州邮亭墟定母弱化："古定母的字今大多读同来母为 l。"[1] 此外"古定母在江永桃川和江华白芒营土话中也有一些字读边音 l。古定母在沅陵乡话中也弱化为边音 l"[2]。新宁新派方言古定母弱化条件为逢洪音读为 d，逢细音弱化为鼻边音 l，如：停 lin²¹¹ | 甜 lian²¹¹ | 碟 lie¹³[3]。湖北崇阳天城镇的古定母弱化为鼻边音，弱化音与非弱化音形成自由变体，如：道 dɑo³³/lɑo³³[4]。上述古并母弱化为鼻边音的语言事实表明古塞音声母在语言发展过程中，易于弱化为同发音部位的鼻音，与此同时，鼻音在发展过程中也易于转化为同部位的塞音，如闽南方言中古明母今读为相应部位的浊塞音，如泉州：满门 buan³bun² | 慢 ban⁶ | 馒 ban⁵。塞音声母与相对应的鼻音声母之间的转化，是相同发音部位之间的自然转化，符合发音时的生理特点，正如罗常培谈到闽南话中的厦门话"b"的发音时指出的："两唇接触很轻，破裂的力量很弱，比英文的 b 音软得多。听得忽略往往有跟 m 混淆的危险。"[5]

　　闽北方言建阳小片古浊塞音定母的 B 类弱化，其演变途径同于并母的 B 类弱化，亦发生在部分古浊音定母清化之后的擦音化，是塞音成分失落的结果。

① 曾献飞：《湖南官话语音研究》，湖南师范大学博士论文 2004 年，第 33 页。

② 曾献飞：《湖南官话语音研究》，湖南师范大学博士论文 2004 年，第 33 页。

③ 陈晖：《湘方言语音研究》，湖南师范大学出版社 2006 年版，第 63 页。

④ 王福堂：《闽北方言弱化声母和"第九调"之我见》，《中国语文》1994 年第 6 期。

⑤ 罗常培：《厦门音系》，北京科学出版社 1956 年版，第 5～6 页。

三、闽北方言塞音声母弱化现象的原因

古塞音声母在闽北方言，尤其是建阳小片的弱化现象极其普遍，其弱化的原因十分复杂，对此，罗杰瑞、平田昌司、黄金文、王福堂、王洪君等均有讨论①。在时贤研究的基础上，文章试着就闽北方言塞音声母的弱化从共性及个性的角度来探讨其原因。

语音的发展是渐变的，在这个渐变的过程中，其演变可以有不同的途径，弱化是其中重要的途径。罗常培、王均指出：凡是由较强的辅音变为较弱的辅音，也就是由对于语音的阻力较大的音改变为对于语音的继续的阻力较小的音的变化就叫辅音的弱化。②从发声学的角度看，塞音弱化为擦音，塞音弱化为流音，符合特拉斯克《历史语言学》提出的辅音弱化规则。闽北方言塞音声母的擦音化、零声母化、边音化等多条演变轨迹是语音的自然变异，属于自然的演化，此类弱化是辅音声母演变的共性，不受地域的限制，可发生在任何一地域方言中，即使相隔很远，正如闽语建阳小片塞音声母的边音化现象与湘语益沅小片全浊声母的边音化，其二者弱化现象甚是相似。

弱化虽是自然的演化，但哪些地域发生弱化，弱化的程度如何，这取决于该地域方言的个性，这其中涉及地域方言的地理、内部语言构成及自身音系特点，下面逐一讨论。

1. 地 理

闽北地理位置特殊，内部方言复杂，正如平田昌司所说："我们对闽北方言地理上独特的地位应该予以更多的重视，不能简单地把此地方言理解为前《切韵》音系的遗存。这一块地区处于闽语最北部，北与吴语接壤，

---

① 详细论述参看：（美）罗杰瑞：《闽北方言的第三套清塞音和清塞擦音》，《中国语文》1986 年第 1 期；（日）平田昌司：《闽北方言"第九调"的性质》，《方言》1988 年第 1 期；黄金文：《方言接触与闽北方言演变》，台大出版中心 2001 年版，第 29～170 页；王福堂：《闽北方言弱化声母和"第九调"之我见》，《中国语文》1994 年第 6 期；王洪君：《历史语言学方法论语汉语方言音韵史个案研究》，商务印书馆 2012 年版，第 564～610 页。

② 罗常培，王均：《普通语音学纲要》，商务印书馆 2002 年版，第 163 页。

西受赣语、客家话的影响，呈现出一种过渡状态。"①独特的地理使闽北方言塞音声母的弱化强度在地理上呈现自北部武夷山向南渐次减弱的格局，体现了弱化特征在地理上的不平衡性。

闽北片建阳小片北接江西、毗邻浦城，小片内方言接触复杂，赣语闽语吴语相互作用，再加之历史上闽北就是多方言融合的地域，尤以自古作为入闽重要通道的武夷山为最，多且相对均衡的方言来源的语言地理环境决定了该地域方言的兼容性（易吸收外方言）与易变形（易弱化）。从闽北方言内部来看，在地理位置上接近或毗邻江西的建阳小片的建阳、武夷山，有赣语特点，如透母字今读 h，就是受赣东方言的影响；接壤浙江的浦城石陂等地"古全浊声母今读三分（清擦音除外）的现象很可能曾经分布在闽北更多地点。所谓古浊塞音塞擦音声母弱化现象也就是吴语浊声母的遗留。"②"石破、水北、临江这些点都不同程度地具有一些全浊塞音声母字读浊音的现象。"③而地处闽北内陆的建瓯、松溪、政和、南平、顺昌等则有更为一致的闽语特征。

2. 内部语言结构

从闽北方言浊音演变的进程来看，浊塞音声母的清化进程是较快的，而建阳小片今读浊音音值的字应是后起的浊塞音，正如王福堂所论，是闽语的古全浊声母清化以后从邻近的保持古全浊声母浊音音值的吴语借入的。④夏俐萍指出浊音弱化是一种自然音变，其发生在全浊声母保留浊音未清化时期。⑤闽北建阳、武夷山浊塞音声母的弱化处在较为特殊的时期，即浊音清化正在进行还未完成（两地群母已完全清化，并母及定母还未完成清化），浊音弱化已经开始。在这过程中，一部分已经清化为清塞音，与此同时，弱化已经开始，一部分浊塞音弱化为同部位的鼻边音 l，如定母，或弱化为同部位的浊擦音 β，如并母，一部分已经清化为清塞音的也随之弱化为同部位或部位接近的清擦音 h。两种音在这个过程中互相竞争，以致古浊塞音并母字在建阳、武夷山方言中出现四种读音：

---

① （日）平田昌司：《闽北方言"第九调"的性质》，《方言》1988 年第 1 期。
② （日）平田昌司：《闽北方言"第九调"的性质》，《方言》1988 年第 1 期。
③ 郑张尚芳：《浦城方言的南北分区》，《方言》1985 年第 1 期。
④ 王福堂：《闽北方言弱化声母和"第九调"之我见》，《中国语文》1994 年第 6 期。
⑤ 夏俐萍：《论全浊声母的弱化音变》，《中国语文》2015 年第 2 期。

清送气塞音：p^h
清不送气塞音：p
清擦音：h
浊擦音：β

定母有三种读音：

清塞音：t
清擦音：h
鼻边音：l

浊音未清化是浊音弱化为相对应的鼻边音或擦音的前提，浊音的清化在一定程度上冲击了弱化的进行，阻止了弱化音变的进行，如浦城，再加之地缘上毗邻浊音色彩浓厚的吴语区，清化进程较慢，使得同为建阳小片的浦城石陂话古塞音并定母无弱化音变。

除浊塞音发生弱化音变外，清塞音声母也发生弱化音变，送气清塞音滂透母弱化为同部位或相邻部位的清擦音 h，这是语音自然变异及受邻近赣语影响的结果。

3. 自身音系

建阳、武夷山属闽北北部地区，其东北部是塞音声母三分的浦城，东南部是全浊声母完全清化的建瓯、松溪、政和；北面是清塞音声母擦音化的赣语。浦城因靠近吴语方言区，全浊声母较好的保留浊音，越往南靠近闽北建瓯小片，全浊音系统受到的影响越大。武夷山出现部分浊塞音群并定弱化为浊擦音及鼻边音：g>j、b>β、d>l，建阳则群母完全清化，部分并定母弱化为相对应的擦音及鼻边音：b>β、d>l。一方面闽北建瓯小片的浊音清化要求区域内的建阳、武夷山、浦城音系适应并选择浊音清化的音系，另一方面浦城等地的吴语也要求其保留浊音，与此同时，邻近赣语又要求其擦音化，如此，在建阳、武夷山等浊塞音清化的过程中，为了均衡浊塞音的音系地位，以弱化的形式实现音系的结构调整，这样既避免出现浊塞音，达到闽北方言浊音清化的要求，同时又保留浊音的读法，满足邻近吴语的语音特征，在这音系自我调整的过程中，弱化进程最快的定母在弱化过程中，并不向相对应的浊擦音演变，而是向较为稳定的鼻边音发展，再次调整自身音系，调和弱化与清化的竞争，虽仍为浊音，却在一定程度上削弱了浊塞音的势力，达到相对的均衡。在浊音清化与弱化互相妥协、调整的过程中，为了照顾赣语弱化的演变，同时实现清浊上的平衡，一部分已经清化为清塞音的字不受四呼的限制，主要表现为较易弱化的并定母，自由地弱化为清擦音，这样就形成建阳小片及其周围浊塞音声母的情况：

表 3-5　建阳小片及其周围浊塞音声母

浦城：p、b	t、d	kʰ、k、g
武夷山：pʰ、p、h、β	t、h、l	kʰ、k、j
建阳：pʰ、h、β	t、h、l	kʰ、k
建瓯：p、pʰ	t、tʰ	kʰ、k

综上所论，闽语闽北片塞音声母的弱化是该区域重要的语音演变现象，其弱化有多种类型，弱化程度自北向南逐次递减，弱化现象的产生既是语音自然演变的结果，也是区域语言地理环境、内部语言结构及自身音系共同作用的结果。

闽北方言特征词举隅

　　研究方言特征词的目的在于了解方言区的词汇特征，通过与不同历史时期的汉语的词汇比较为方言作历史定位，考察该方言与外区方言的亲疏远近关系。本章选取以建瓯方言为代表的闽北方言的两个特征词——稀、馇，管窥闽北方言的历史发展。

第一节　建瓯方言音系

　　建瓯位于福建北部武夷山脉东南面，鹫峰山脉西北侧，东经117°58′45″—118°57′11″，北纬26°38′54″—27°20′26″。北邻建阳市，南接南平市、古田县，东靠政和、屏南县，西与顺昌县交界。据《中国语言地图集》（第二版），建瓯方言属闽语闽北片，是闽北方言的代表。

一、声　母

　　建瓯方言声母一共十五个，包含零声母。

表 4-1　建瓯方言声母

声母	例字	声母	例字	声母	例字	声母	例字	声母	例字
p	八爬肥	pʰ	派片蜂	m	麦明味				
t	多甜张	tʰ	讨抽柱	n	脑南年			l	老蓝连
ts	资字祠	tsʰ	刺抄床			s	丝山十		
k	高共县	kʰ	开轻虎	ŋ	熬月义	x	风好活		
∅	船热安								

　　说明：声母 ts、tsʰ 拼齐齿、撮口时，发音部位后移，腭化为舌面音 tɕ、tɕʰ。声母 s 拼齐

齿呼（i、iŋ 韵除外），发音部位后移，腭化为舌面音 ɕ。但 ts、tsʰ、s 与 tɕ、tɕʰ、ɕ 两组声母不对立，同音位，今记成 ts、tsʰ、s。

二、韵　母

建瓯方言韵母共三十一个。

表 4-2　建瓯方言韵母

韵母	例字	韵母	例字	韵母	例字	韵母	例字
		i	米丝十七	u	苦五师壳	y	雨鬼出六
a	茶塔学白	ia	写爷野夜	ua	过瓦法刮		
œ	儿而						
e	豆走后厚						
o	坐配骨国						
ɛ	北直色锡	iɛ	急接热灭	uɛ	开快月辣		
ɔ	歌盒托作	iɔ	靴药尺约				
ai	排鞋节八			uai	罚血拐怀		
au	宝饱找交	iau	笑桥小照				
		iu	油九有牛				
aŋ	南病衫监	iaŋ	兄听停定	uaŋ	王光横狂		
aiŋ	灯硬争星			uaiŋ	反翻万烦		
eiŋ	心深升人			uiŋ	山官权建		
ɔŋ	寸床双东	iɔŋ	响娘抢上	uɔŋ	旺望		
œyŋ	春云用纯						
		iŋ	盐年新站				

注：此韵母系统较《建瓯方言词典》少了 yɛ、yiŋ、ieiŋ 三韵，yɛ 今读为 uɛ，yiŋ 今读为 uiŋ，ieiŋ 今不读。

三、声　调

建瓯方言单字调六个。

表 4-3　建瓯方言声调

调类	调值	例字
阴平	54	东通春
上声	21	懂统铜
阴去	33	冻痛门
阳去	55	卖近白
阴入	24	百哭急
阳入	42	六麦动

　　说明：建瓯话中今字音的调类与古四声清浊的对应很不整齐：古浊平声字，今分别读上声、阴去；古浊上声字，今分别读阳去、阳入，多数归阳去，也有少数归阳入。

第二节　特征词"豨"

　　福建北部建瓯方言"猪"说 k^hy^{21}，本字应为"豨"，与大多数闽语和汉语方言不同。本节考察建瓯方言豨_猪 k^hy^{21} 的读音和用法，并分析其来源。

一、建瓯方言的"猪"为"豨"

　　《说文》："豨，豕走豨豨。从豕，希声。古有封豨修蛇也之害。"屈原《天问》："冯珧利决，封豨是射。"《庄子·知北游》："正获之问于监市履豨也每况愈下。"郭象注："豨，大豕也。"扬雄《方言》："猪，北燕、朝鲜之间谓之豮，关东西谓之彘，或谓之豕，南楚谓之豨"。《淮南子·本经训》："禽封豨于桑林。"高诱注曰："楚人谓豕为豨也。"左思《三都赋》之"吴都赋"："封豨，神螭掩。刚镞润，霜刃染。"《广韵》："豨，楚人呼猪也。"直至唐宋明清仍有用例：

　　　　柴车驾羸牸，草屩牧豪豨_{豪豨①}。（唐·王维《田家》）
　　　　豆燃其地力劳，更将菜甲压豨膏_{猪油}。猪油（宋·周南《千金村》）
　　　　蛮寇逼近成都，相公尚远，万一豨突_{像野猪受惊而乱奔。比喻人之横冲直撞，流窜侵}

----

　　① 小字注出自笔者。

_抚，奈何？（《资治通鉴·唐僖宗乾符二年》）

蜥蝪山泽穷，貑豨_{公猪}屠贾致。（明·徐渭《早祷十七韵次陈长公》）

洞临江口，小于圭窦，石工裸身，盘盛豨膏_{猪油}，然火，腰锤螺旋而进。（清·钮琇《觚剩·石言》）

建瓯方言"猪"之义有特殊读音的记载，目前所知，最早见于陈相《六音字典》（1515）。《六音字典》反映的音系是明代福建政和方言音系。[①]，其"气"母（政和方言今读 k^h）中就收有"猪"字。从声母对应来看，应不是"猪"字，可能为"豨"字。此外，中古晓母在《六音字典》中读作"气"母的还有"况觊燻迄咳壑寇浒琥蒫螆㳽"十二字，其中有部分在闽北方言中今亦读 k^h，如"况"建瓯 $k^huaŋ^{33}$｜松溪 $k^huaŋ^{45}$｜政和 $k^hoŋ^{55}$｜武夷山 $k^hɔŋ^{22}$｜石陂 $k^hɔŋ^{33}$。

现代建瓯方言"猪"说 k^hy^{21}。韵母 y 主要来自遇摄（如：雨 xy^{55}｜举 ky^{21}）、止摄（如：季 ky^{33}｜鬼 ky^{21}｜肥 py^{33}）、通摄入声（如：绿 ly^{42}｜局 ky^{55}）和臻摄入声（如：出 ts^hy^{24}｜律 ly^{24}）；声母 k^h 主要来自溪母（如：开 $k^huɛ^{54}$｜轻 $k^hiaŋ^{54}$）和部分古晓母（如：虎 k^hu^{21}）。

豨，《广韵》尾韵，虚岂切，《集韵》许岂切。为晓母止摄微韵上声字。李如龙、潘渭水指出，建瓯方言表示"猪"音 k^hy^{21}，本字为"豨"[②]。从语音来看，古微韵今读 y，清上今读上声 21 调，符合一般音变规律，特殊之处在"豨"为古晓母，建瓯话今读送气塞音 k^h，可能是特殊音变的结果，本书将加以证明。

古晓母部分字今读 k^h 的现象普遍存在于闽北方言中，见表 4-4。

表 4-4　闽北八县市古晓母部分今读 k^h 例字

	建瓯	建阳	政和	松溪	武夷山	南平 （峡阳）	浦城 （石陂）	顺昌 （洋墩）
豨_晓	k^hy^{21}	k^hy^{21}	k^hui^{213}	k^hy^{213}	$k^hɤu^{31}$	k^hy^{44}	k^hy^{21}	k^hy^{21}
火_晓	xo^{21}	k^hui^{21}	$xuɛ^{213}$	k^hui^{213}	$xuei^{31}$	xui^{44}	$xɵ^{21}$	k^hui^{21}
虎_晓	k^hu^{21}	k^ho^{21}	k^hu^{213}	k^hu^{213}	k^hu^{31}	k^hu^{44}	k^hu^{21}	k^hu^{21}
熏_晓	$xœyŋ^{33}$	$k^heiŋ^{33}$	$k^hœyŋ^{21}$	$k^hœyŋ^{21}$	$k^hɤŋ^{22}$	$k^hœyŋ^{21}$	$k^hueiŋ^{33}$	$k^hueiŋ^{33}$

---

① 马重奇：《明清闽北方言韵书手抄本音系研究》，商务印书馆 2014 年版，第 31 页。

② 李如龙、潘渭水编纂：《建瓯方言字典》，江苏教育出版社 1998 年版，第 38 页。

邻近闽北的三明三元、永安、沙县、将乐、大田等地亦称猪为"豨"，如：永安 kʰyi²¹｜三元 kʰyi²¹｜沙县 kʰyi²¹｜将乐 kʰui⁵¹｜大田（城关）hui⁵³｜大田（广平）hy⁵²①。从已调查的资料来看，三明三元、永安、沙县、将乐等地也存在古晓母字部分今读 [kʰ] 的现象，如：熏 kʰœŋ⁴⁴沙县盖竹｜kʰỹŋ⁵⁵将乐｜霍 kʰɯ²⁴永安｜kʰɯ¹³沙县盖竹‖虎 kʰu⁵¹将乐‖火 kʰuæ⁵¹将乐。

晓母今读 kʰ 不仅见于闽北及闽中地区，潮汕方言、湘西土话、客赣方言、粤语、桂南平话等均有晓母今读 kʰ。对此，潘悟云、金理新从晓母与舌根音谐声的角度进行讨论，潘悟云认为晓母字与舌根音谐声的那部分字上古应是 *qh-，方言中古晓母今读 kʰ 当是上古晓母 *qh- 分化的结果。②

另一方面，闽北方言少数古晓母今读 kʰ 也可解释为擦音的塞音化，是闽北方言音系内部声母格局的自我调整，属于链移式音变：部分古见母字擦音化，于是部分古晓母字塞音化。闽北建瓯等地部分古见母字擦音化现象，如建瓯：肝 xueiŋ⁵⁴｜救 xiau³³｜教 xau⁵⁴｜橘 xi²⁴‖松溪：肝 xueiŋ⁵³｜橘 xi²⁴‖政和：肝 xueiŋ⁵³｜教 xo⁵³｜橘 xi²⁴｜狗 xu²¹³白‖建阳：肝 xueiŋ⁵¹｜救 xiɔ³³｜教 xau⁵¹｜橘 xi³⁵‖浦城（石陂）：高 ɦɔ⁴²白｜狗 ɦu²¹白｜肝 xueiŋ⁵³白｜橘 xi⁵⁵‖武夷山：救 xiu²²｜教 xau⁵¹｜肝 xuaiŋ⁵¹｜韭 xiu³¹｜橘 xi³⁵。见、晓母两种音变相互支持与推动。综合来看可更为清晰地看到建瓯话"豨"特殊读音的合理性，也进一步论证了其本字为"豨"。

现代建瓯方言中与"猪"相关的词均与豨 kʰy²¹ 相关：豨仔猪崽 kʰy²¹tsie²¹｜豨血猪血 kʰy²¹xuai²⁴｜豨肝猪肝 kʰy²¹xueiŋ⁵⁴｜豨尾猪尾 kʰy²¹me²¹｜豨肚猪肚 kʰy²¹tu³³｜豨肺猪肺 kʰy²¹xi³³｜豨心猪心 kʰy²¹seiŋ⁵⁴｜豨毛猪毛 kʰy²¹mau³³｜豨舌猪舌 kʰy²¹yɛ⁴²｜豨脑猪脑 kʰy²¹nau²¹｜豨槽猪槽 kʰy²¹tsau²¹｜豨骹猪脚 kʰy²¹kʰau⁵⁴｜豨盆猪盆 kʰy²¹pɔŋ²¹｜豨腹里猪腹里、猪下水 kʰy²¹pu²⁴ti²¹｜豨狮雄种猪 kʰy²¹sɛ⁵⁴｜豨厨猪圈 kʰy²¹ty²¹｜豨嬷母猪 kʰy²¹ma³³｜豨豭公猪 kʰy²¹ka⁵⁴｜豨头疖腮腺炎 kʰy²¹tʰe²¹kai³³｜豨嬷眩癫痫 kʰy²¹ma³³xeiŋ³³。

———————

① 大田（城关）、大田（广平）杂有闽中、闽北方言的某些特点，两地晓母今读 h，当是古晓母的常态演变，如，花：大田（城关）hua³³｜大田（广平）hua³³‖血：大田（广平）hui²¹｜大田（城关）hueʔ³‖好：大田（城关）ho⁵³｜大田（广平）hɔ⁵²‖火：大田（城关）hue⁵³｜大田（广平）hui⁵²。

② 潘悟云：《喉音考》，《民族语文》1997 年第 5 期。

综上，我们同意李如龙、潘渭水的判断，建瓯方言说"猪"为 kʰy²¹，本字就是"豨"。

二、其他汉语方言的"猪"

"猪"在大多数汉语方言中都说"猪"，如：徐州 tʂu²¹³ ｜ 太原 tsu¹¹ ｜ 娄底 tɕy⁴⁴ ｜ 南京 tʂu³¹ ｜ 温州 tsei³³ ｜ 南昌 tɕy⁴² ｜ 东莞 tsy²¹³① 。闽语大多数也用"猪"，如：福州 ty⁴⁴ ｜ 宁德 ty⁴⁴ ｜ 长乐 ty⁴⁴ ｜ 厦门 ti⁴⁴ ｜ 泉州 ti³³ ｜ 南安 tɯ³³ ｜ 漳州 ti⁴⁴ ｜ 仙游 ty⁵³³ ｜ 莆田 ty⁵³³ ｜ 邵武 ty²¹ ｜ 光泽 tɕy²¹ ｜ 建宁 tsə³⁴ ｜ 泰宁 ty²¹ ｜ 明溪 ty²²② ，均合于《广韵》"猪"，陟鱼切，遇摄合口三等鱼韵知母。

闽北建瓯等地说猪为"豨"，在词义上涵盖"猪"之所有语义功能，与大多数方言的"猪"保持了高度的一致。请看这几个方言的相关说法。

表 4-5　闽北及邻近闽中地区与"豨"相关的词语

豨血猪血	建瓯 kʰy²¹xuai²⁴ ｜ 建阳 kʰy²¹xue³⁵ ｜ 政和 kʰui²¹³xuɛ²⁴ ｜ 松溪 kʰy²¹³xua²⁴ ｜ 武夷山 kʰɤu³¹huai³⁵ ｜ 浦城（石陂）kʰy²¹xiɵ⁵⁵ ｜ 南平（峡阳）kʰy⁴⁴huai²⁴ ｜ 顺昌 [kʰy²¹xua³¹ ｜ 将乐 kʰui⁵¹⁻³³fa⁵³ ｜ 三元 kʰyi²¹⁻²⁴xyɛ²¹³ ｜ 沙县 kʰyi²¹⁻⁴⁴xye²¹² ｜ 永安 kʰyi²¹⁻³³xye¹³
豨肝猪肝	建瓯 kʰy²¹xuein⁵⁴ ｜ 建阳 kʰy²¹xuein⁵¹ ｜ 政和 kʰui²¹³xuein⁵³ ｜ 松溪 kʰy²¹³xuein⁵³ ｜ 武夷山 kʰɤu³¹xuain⁵¹ ｜ 浦城（石陂）kʰy²¹xuain⁵³ ｜ 南平（峡阳）kʰy⁴⁴xuein²¹ ｜ 顺昌 kʰy²¹xain⁵³ ｜ 将乐 kʰui⁵¹⁻³kuɛ̃⁵⁵ ｜ 三元 kʰyi²¹⁻²⁴hŋ⁵⁵³ ｜ 沙县 kʰyi²¹⁻⁴⁴huĩ³³ ｜ 永安 kʰyi²¹⁻³³xm⁵²
豨尾猪尾	建瓯 kʰy²¹me²¹ ｜ 建阳 kʰy²¹mui²¹ ｜ 松溪 kʰy²¹³mua³³² ｜ 政和 kʰui²¹³muɛ⁴² ｜ 武夷山 kʰɤu³¹mi³¹ ｜ 浦城（石陂）kʰy²¹mɵ²¹ ｜ 南平（峡阳）kʰy⁴⁴muai⁴⁴ ｜ 顺昌 kʰy²¹mue³¹ ｜ 三元 kʰyi²¹tsɛ²muɛ²¹ ｜ 沙县 kʰyi²¹⁻⁴⁴buɛ²¹ ｜ 永安 kʰyi²¹⁻³³mue²¹
豨肚猪肚	建瓯 kʰy²¹tu³³ ｜ 建阳 kʰy²¹to²¹ ｜ 政和 kʰui²¹³tu⁴² ｜ 松溪 kʰui²¹³tu³³² ｜ 武夷山 kʰɤu³¹lu²² ｜ 浦城（石陂）kʰy²¹du⁴² ｜ 顺昌 kʰy²¹tu⁵³ ｜ 将乐 kʰui⁵¹⁻³³tu³²⁴ ｜ 三元 kʰyi²¹⁻²⁴tu³⁵³ ｜ 沙县 kʰyi²¹⁻⁴⁴tu⁵³ ｜ 永安 kʰyi²¹⁻³³tu⁵⁴

---

① 李荣主编：《现代汉语方言大词典》，江苏教育出版社 2002 年版。徐州、太原、娄底、南京、温州、南昌、东莞等地语音材料参考该书。

② 黄典诚、李如龙主编：《福建省志·方言志》，方志出版社 1998 年版。闽语各地材料参考该书。

续表

豨舌_{猪舌}	建瓯 kʰy²¹yɛ⁴² ｜建阳 kʰy²¹lyɛ⁴ ｜武夷山 kʰɤu³¹jyai⁵ ｜政和 kʰui²¹³lyɛ⁴² ｜松溪 kʰui²¹³lyœ⁴² ｜南平（峡阳）kʰy⁴⁴sie²¹ ｜浦城（石陂）kʰy²¹lie⁴² ｜顺昌 kʰy²¹lie²⁴ ｜将乐 kʰui⁵¹⁻³³ʃeʔ⁵ ｜三元 kʰyi²¹⁻²⁴ʃyo³⁵³ ｜沙县 ｜kʰyi²¹⁻⁴⁴sua⁵³ ｜永安 kʰyi²¹⁻³³ʃya⁵⁴
豨仔_{猪崽}	建瓯 kʰy²¹tsie²¹ ｜建阳 kʰy²¹tsie²¹ ｜松溪 kʰy²¹³tsie²¹³ ｜政和 kʰui²¹³tsie²¹³ ｜武夷山 kʰɤu³¹tsie³¹ ｜浦城（石陂）南平（峡阳）kʰy⁴⁴tsie⁴⁴ ｜顺昌 kʰy²¹ti³³⁵ ｜将乐 kʰui⁵¹⁻³³tsɿ²¹ ｜三元 kʰyi²¹⁻²⁴tsɛ²¹ ｜沙县 ｜kʰyi²¹⁻⁴⁴tsɛ²¹ ｜永安 kʰyi²¹⁻³³tsɛ²¹
豨牯_{公猪}	沙县 kʰyi²¹⁻⁴⁴ku²¹ ｜三元 kʰyi²¹⁻²⁴ku²¹ ｜永安 kʰyi²¹⁻³³ku²¹
豨貑_{公猪}	建瓯 kʰy²¹ka⁵⁴ ｜建阳 kʰy²¹ka⁵¹ ｜政和 kʰui²¹³ka⁵³ ｜松溪 kʰui²¹³ka⁵³ ｜武夷山 kʰɤu³¹ka⁵¹ ｜浦城（石陂）kʰy²¹ka⁵³
豨公_{公猪}	将乐 kʰui⁵¹⁻³³kr̃ŋ⁵⁵
菜豨_{公猪}	顺昌 tsʰɛ³³kʰy²¹
豨嫲_{母猪}	建瓯 kʰy²¹ma³³ ｜建阳 kʰy²¹ma⁴⁵ ｜武夷山 kʰɤu³¹ma³³ ｜政和 kʰui²¹³ma³³ ｜松溪 kʰy²¹³ma⁴⁴ ｜浦城（石陂）kʰy²¹ma³³ ｜南平（峡阳）kʰy⁴⁴ma²¹ ｜将乐 kʰui⁵¹⁻³³ma²² ｜顺昌 kʰy²¹mɔ¹¹ ｜三元 kʰyi²¹⁻²⁴mɒ⁴¹ ｜沙县 kʰyi²¹⁻⁴⁴ma³³ ｜永安 kʰyi²¹⁻³³mɒ³³
豨桥_{雄种猪}	政和 kʰui²¹³kio³³
豨种_{雄种猪}	松溪 kʰy²¹³tsøyŋ²¹³ ｜将乐 kʰui⁵¹⁻³³tʃr̃ŋ⁵¹
豨狮_{雄种猪}	建瓯 kʰy²¹se⁵⁴ ｜建阳 kʰy²¹se⁵¹ ｜武夷山 kʰɤu³¹sie⁵¹ ｜浦城（石陂）kʰy²¹se⁵³ ｜顺昌 kʰy²¹ʃɛ⁵⁵ ｜三元 kʰyi²¹⁻²⁴ʃia⁵⁵³ ｜沙县 kʰyi²¹⁻⁴⁴sai³³ ｜永安 kʰyi²¹⁻³³ʃia⁵²
豨厨_{猪圈}	建瓯 kʰy²¹ty²¹ ｜三元 kʰyi²¹⁻²⁴ty⁴¹ ｜沙县 kʰyi²¹⁻⁵⁵ty⁴¹ ｜永安 kʰyi²¹⁻³³ty³³
豨栏_{猪圈}	建阳 kʰy²¹lueiŋ⁴⁵ ｜武夷山 kʰɤu³¹luaiŋ³³ ｜政和 kʰui²¹³lueiŋ³³ ｜松溪 kʰui²¹³lueiŋ³³ ｜浦城（石陂）kʰy²¹luaiŋ³³ ｜将乐 kʰui⁵¹⁻³³lɛ̃²²
饲豨_{养猪}	建瓯 si⁵⁵kʰy²¹ ｜建阳 si⁵⁵kʰy²¹ ｜武夷山 si⁵⁵kʰɤu³¹ ｜政和 si⁵⁵kʰui²¹³ ｜松溪 si⁵⁵kʰy²¹³ ｜浦城（石陂）ɕi⁵⁵kʰy²¹ ｜南平（峡阳）si⁵¹kʰy⁴⁴
供豨_{养猪}	三元 kiam²¹kʰyi²¹ ｜沙县 køyŋ²¹kʰyi²¹ ｜永安 kam²¹kʰyi²¹ ｜将乐 kir̃ŋ⁵⁵kʰui⁵¹
豨膫_{猪油}	三元 kʰyi²¹liɯ⁴¹ ｜顺昌 kʰy²¹lau³³ ｜将乐 kʰui⁵¹⁻³³lau²²
豨膫油_{生猪油}	三元 kʰyi²¹liɯ⁴¹iau⁴¹ ｜永安 kʰyi²¹liɯ⁴¹iau³³ ｜沙县 kʰyi²¹⁻⁵⁵liɒ³¹⁻³³iu³¹
豨油_{猪油}	建阳 kʰy²¹jiu⁴⁵ ｜南平（峡阳）kʰy⁴⁴iu⁴⁴
豨头疥_{腮腺炎}	建瓯 kʰy²¹tʰe²¹kai³³ ｜松溪 [kʰy²¹³tʰa⁴⁴ka³³
豨头配_{腮腺炎}	顺昌 kʰy⁴²tʰai³⁵pʰuɛ³⁵

续表

豨头眩_{癫痫}	顺昌 $k^hy^{42}t^hai^{35}xiŋ^{335}$
豨嫲眩_{癫痫}	建瓯 $k^hy^{21}ma^{33}xeiŋ^{33}$　|　政和 $k^hui^{213}ma^{33}xeiŋ^{33}$　|　松溪 $k^hy^{213}ma^{44}xeiŋ^{44}$　|　浦城（石陂）$k^hy^{21}ma^{33}xeiŋ^{33}$
豨嫲癫_{癫痫}	建阳 $k^hy^{21}ma^{45}tieiŋ^{51}$　|　将乐 $k^hui^{51\text{-}33}ma^{22}tiẽ^{55}$

闽语中，内陆沿山的闽北与闽中由于地理上的原因彼此存在紧密的联系，这点张光宇、李如龙、戴黎刚等人皆有论述。闽北南平、建瓯、建阳、武夷山、松溪、政和、浦城（石陂）、顺昌同处于建溪流域，各地之间的交往自古频繁，沿溪的地理特征决定了方言音系的内部一致性。同样沿山而处，邻近闽北的闽中地区，因其早期北方汉人经闽北逐步涉入闽中的缘故，部分方言读音及用字与闽北一致毫无疑问了。

如上所述，将建瓯等地的"猪"之读音与词义联系来看，"豨"确为"猪"之本字。

第三节　特征词"馦"

汉语义位"吃"在不同方言的汉语中有不同的说法，建瓯话说"吃"为"馦"，既不同于闽语大多数地区，也不同于汉语其他方言区。本节通过比较汉语方言词汇之间的地理分布差异，探讨建瓯话的特征词"馦"的历史发展及成因。

汉语义位"吃"在不同方言中有不同的说法，大多数方言使用"吃""喫""食"三种。需要注意的是，"喫""吃"的说法来源相同，本来都是梗摄开口四等入声锡韵溪母字，但多数官话方言"喫"与"乞"同音，为了常用词避讳，就改"喫"为"吃"，变为三等昌母字的读音了。我们根据李荣主编的《现代汉语方言大词典》的方言材料来看汉语方言里关于"吃"的几种说法：

表4-6　汉语各方言"吃"的说法

官话	哈尔滨：吃 tʂhɿ⁴⁴	济南：吃 tʂhɿ²¹³
	洛阳：吃 tʂhi³³	徐州：吃 tʂhɿ²¹³
	西安：吃 tʂhɿ²¹	万荣：吃 tʂhɿ⁵¹
	银川：吃 tʂhɿ¹³	西宁：吃 tʂhɿ⁴⁴
	武汉：吃 tɕhi²¹³	成都 吃 tshɿ²¹
	贵阳：吃 tshɿ³¹	乌鲁木齐：吃 tʂhɿ²¹³
	柳州：吃 tshɿ³¹	
晋语	太原：吃 tʂhəʔ²	忻州：吃 tʂhəʔ²
湘语	娄底：喫 tɕhio¹³	长沙：喫 tɕhia²⁴
吴语	南京：吃 tʂhɿʔ⁵	温州：吃 tshɿ³¹³
	上海：喫 tɕhiəʔ⁵	崇明：喫 tɕhiəʔ⁵
	苏州：喫 tɕhiəʔ⁵⁵	杭州：喫 tɕhio?⁵
	宁波：喫 tɕhyoʔ⁵⁵	金华：喫 tɕhiəʔ⁴
吴语	丹阳：喫 tɕhiʔ³	牟平：喫 tɕhi²¹³
	扬州：喫 tɕhi	
赣语	南昌：喫 tɕhiaʔ⁵	萍乡：喫 tɕhia¹³
	黎川：喫 tɕhi²¹³	
粤语	东莞：食 ʂe²¹	广州：食 sek²²
闽语	厦门：食 tsiaʔ⁵	福州：食 sieʔ⁵
	雷州：食 tsia³³	海口：食 tsia³³
客家话	梅州：食 sət⁵	于都：食 ʂe⁴²

　　官话、晋语等地的说法与普通话相同，吴语有"吃""喫"两种说法，湘语、赣语说"喫"，粤语、客家话说"食"。闽语大多数都说"食"，与粤语、客家话的说法相同，如闽东方言、闽南方言、莆仙方言、闽中方言（建宁、泰宁、明溪）等地均使用"食"，但建瓯方言却说"馐"，与多数闽语的说法不一样。除了建瓯之外，与之处于相同或相邻地域的闽北和闽中的方言也说"馐"，如：建阳 ieʔ⁵| 武夷山 ieʔ⁵| 政和 ie⁴²| 松溪 ie⁴²| 浦城石陂 ie⁴²| 永安 ie⁵⁴| 三明 iɛ³⁵³| 沙县 iɛ⁵³。请看这几个方言的相关说法：

表 4-7　闽北及邻近闽中地区与"馈"相关的词语

馈早$_{吃早饭}$：建瓯 ie^{42}tsau^{21}| 沙县 ie^{53}tsɔ^{21}

馈年$_{吃团圆饭}$：建阳 ieʔ^{5}niein^{334}

馈饭$_{早饭}$：政和 ie^{42}poun^{55}

馈昼$_{吃午饭}$：建瓯 ie^{42}te^{33}| 建阳 ieʔ^{5}to^{32}| 武夷山 ieʔ^{5}tu^{314}| 政和 ie^{42}tu^{42}ie$^{53-21}$tau^{24}| 三明 ie^{353}tø^{33}

馈冥$_{吃晚饭}$：建瓯 ie^{42} man^{33}

馈斋$_{吃素}$：沙县 ie$^{53-21}$tsie^{33}

馈茶$_{喝茶}$：建瓯 ie^{42}ta^{33}| 建阳 ieʔ^{5}ta^{334}| 武夷山 ieʔ^{5}ta^{33}

馈烟$_{抽烟}$：建瓯 ie^{42}iŋ^{54}| 建阳 ieʔ^{5}iein^{53}| 武夷山 ieʔ^{5}iŋ^{41}| 政和 ie^{42}iŋ^{52}

馈酒$_{喝酒}$：建瓯 ie^{42}tsiu^{21}| 建阳 ieʔ^{5}tsiu^{21}| 武夷山 ieʔ^{5}tɕiu^{314}| 政和 ie^{42}tsiu^{33}

馈天光$_{吃早饭}$：永安 ie^{54}tʰein^{52}k ɑ m^{52}

馈汁汁$_{吃奶}$：建阳 ieʔ^{5}tsi^{214}tsi^{214}

馈早起$_{吃早饭}$：沙县 ie$^{53-21}$tau^{24}kʰi^{21}

馈刚新$_{吃早饭}$：三明 ie^{353}kʰɔ^{553}sa^{553}

馈店脚$_{旅途中休息吃点东西}$：松溪 ie^{42} taŋ^{33} kyø^{214}

建瓯等地的这个说法不但区别于闽语的多数方言，也区别于其他各地的汉语方言，成为建瓯等地特别的标志性词语。但需注意：建瓯的"馈"，在词义上涵盖"吃、喝、抽、饮"等多种语义功能，如：馈酒$_{喝酒}$ie^{42}tsiu^{21}| 馈茶$_{喝茶}$ie^{42}ta^{33}| 馈醋$_{喝醋}$ie^{42}tsʰu^{33}| 馈烟$_{抽烟}$ie^{42}iŋ^{54}，就这一点来说，跟闽语多数方言的"食"保持高度一致。此外，建瓯的"馈"是一个使用频率高、义域大的常用口语词，其在词义上了除了有"吃"的义位外，还可由"吃"的方式转喻、派生出其他"馈"的词语。如：

馈食堂 ie^{42}si^{55}tɔŋ^{21}$_{到食堂去吃饭}$

馈炒馆店 ie^{42}tsʰau^{21}kuiŋ^{21}taŋ^{33}$_{到饭馆吃饭}$

馈秤头 ie^{42}tsʰein^{33}tʰe^{33}$_{卖东西短斤少两}$

馈苦 iɛ^{42}kʰu^{21}$_{吃苦}$

馈得焦 ie^{42}ɛ^{35}tiau^{21}$_{吃得消}$

馈力 ie^{42}li^{42}$_{吃力}$

馈亏 ie^{42}kʰy^{54}$_{吃亏}$

馈冤枉 iɛ^{42}uiŋ^{54}uaŋ^{21}$_{受贿贪赃}$

馌软钱 ie^{42}nyiŋ^{21}tsiŋ^{33} 巧取豪夺，靠不正当手段谋取收入

馌分 ie^{42} xɔŋ^{55} 得分

馌索 ie^{42}sɔ^{35} 要遭捆绑了，喻指犯法了

馌屄 ie^{42}piɛ^{35} 交媾，当地常用为骂人的秽语

馌了七八十岁 ie^{42}lɔ^{0}tsʰi^{24}pai^{24}si^{54}xuɛ^{33} 活了七八十岁

建瓯等地的"馌"，其实本有所源。"馌"《广韵》筠辄切，馌田也。意为"往田野送饭"。这一词义早在先秦就已存在。《诗经·小雅·甫田》："馌彼南亩，田畯至喜。"《毛诗正义》曰："上言馌，下言尝，皆饮食之事。"《诗经·豳风·七月》："同我妇子，馌彼南亩。"朱熹集传："馌，馌田也。"《诗经·周颂·闵予小子之什》："有嗿其馌，思媚其，有依其士。"此处"馌"为名词，指的是送给田间耕作者的饮食。《左传·僖公·三十三年》："初，曰李使过冀，见冀缺耨，其妻馌之。"杜预注："野馈曰馌。"词义扩大，泛指"馈食"。先秦时期"馌"之义位至唐宋时期仍有用例。两宋时期，诗词文人常出现"馌"，尤以浙江、江西及福建籍的文人诗词为多，"馌"不但作动词"往田野送饭""馈食"，而且作名词，扩大泛指为"饭食"，可见，两宋时期"馌"已是常用的词。如：

归休乘暇日，馌稼返秋场。（唐·河北·卢照邻《山林休日田家》）

又疑为间，数易区处，家有馌饷，皆相失，至饥死者相枕藉。（《新唐书·逆臣传下·高骈》）

荆扉绩火明煜煜，黍垄馌饭香浮浮。（宋·浙江·陆游《夜闻蟋蟀》）

旋令妪妇办饷馌，独引丁男耘稗稊。（宋·浙江·喻良能《悲夏畦》）

风掀炊馌灶，雨烂漫晒禾场。（宋·浙江·叶适《怀远堂》）

尽日垄亩力耕耘，饷馌炊舂倩比邻。（宋·浙江·柴元彪《老农吟》）

提壶挈馌分肴酒，村北村南祭社归。（宋·浙江·柴元彪《里社》）

饭团山下饭团多，午馌家家为插禾。（宋·浙江·郭守民《长洋竹枝词》）

骤异良以乍。劝君但勤馌。（宋·福建宁德·陈普《古田女》）

桑麻归女喜，馌饷儿童觇。（宋·福建仙游·蔡襄《观宋中道家藏书画》）

田家午馌行厨薄，尽在青裙两担肩。（宋·福建建瓯·蔡正孙《冷田村》）

赤饭黄羹须妇馌，往来莫惮走东阡。（宋·福建武夷山·熊克《劝农十首》）

鸣弓击柝惊夜盗，掘茹捞蝦佐晨馌。（宋·江西吉安·孔武仲《汴河》）

孤村来午馌，小涧生新潦。（宋·江西·张埴《书后村诗卷》）

"馌饷""馌饭""午馌""晨馌""馌稼""馌具""炊馌灶"等一批与日常生活息息相连的词语，说明在唐宋时期，或是唐宋以前的较长一段历史时期，"馌"在日常口语中，至少在浙江、江西及福建等地曾较多地使用。

"馌"之"馈食""食物"之义沿用至元明清。如：

陇牛攘卧春犁后，水鸟低飞午馌余。（元·王逢《题董良用征士释耕所》）

村烟多乞邻，馌饷常及午。（明·李东阳《题王维诗意图》）

田间午馌人皆歇，一片平芜数点牛。（清·书诚《次韵嵩山田居杂咏》）

从此，三哥耕，嫂炊，儿馌，无忧不作个好人家。（清·和邦额《夜谭随录·王侃》）

次月至村中，果闻一妇馌田，为旋风所扑，患头痛。（清·纪晓岚《阅微草堂笔记·如是我闻二》）

因民之欲，便于耕锄，馌馕守望而庐井合之。（清·恽敬《三代因革论四》）

方言形成的主要原因是人民的迁徙、地理的阻隔、社会的分离及民族的融合与语言的接触。建瓯话的特别词语"馌"的形成主要归结为三方面的原因。

第一，源流特征。在讨论方言历史层次时，邓晓华、王士元曾极力建议"应当采取一种音韵、词汇并重的方言历史层次的分析方法，而非单一的音韵史的方法"。各方言词汇的差异能很好地折射汉语历史层次。解江海指出在汉语历史上，表达汉语义位"吃"的词位最早使用的是"食"，"食"传承于上古，"喫"传承于中古早期，"吃"传承于中古晚期至近代早期，"馇"是变异词。① 从相关的文献我们大致可以推测出，早在先秦就已出现的"馇"，在很长一段时期内，至少到宋代在浙江、江西及福建地区还是日常生活中使用较为多的一个词，这点从常以口语词入诗的山水田园类诗歌就可略见。"馇"在方言区域内使用频率高，构词能力强大，逐渐该方言区的人用"馇"来表示一直以来与"馈食""饭食"等义位紧密联系在一起的"吃"的义位，这是有极大可能的，"因为越是常用而且也只有常用的义位语法语义灵活性越高，其特性才越容易发生变化。"② 词义的扩大与词义的活用在古汉语中常可见，如"衣冠"原为名词，后亦活用为动词"穿衣服"。可以假设建瓯等地的"馇"是一个方言词，是古楚语的一个常用词，建瓯等地的古楚语词"稀"提供了假设的可能。在原楚南境内的湖南永州市的江永县、东安县，用以表示"吃"的义位的汉语方言应也为"馇"，如：江永（桃川）馇 iəu²¹，东安（石期镇）馇 i³³。③

如此，建瓯等地的方言与古楚语的亲缘关系又获得一个有力的证据。可以试想，随着人民的迁移，在原闽境内曾相对较多的使用"馇"，后来由于今官话地区方言和其他方言的侵蚀和穿插影响，"馇"的说法逐渐缩小至今天相对封闭的建瓯一带的方言区域。

第二，移民特征。从历史上看，建瓯早在东汉建安初年（196 年左右）就已建县（当时叫建安县），东汉末年，皇室渐衰，孙吴崛起于江东，孙权派贺齐领兵入闽以平息闽越移民的反乱。"建安八年（203）年，贺齐在建安（今建瓯）立南部郡，屯兵 5 万与汉兴（今浦城）、1.2 万于大潭、盖竹（今建阳），当时闽中已建有 5 县——侯官（今福州）、建安（今建瓯）、南平、汉兴、建平（今建阳）。永安三年（260 年），建安升为郡，辖有 10 县，

---

① 解江海：《汉语义位"吃"普方古比较研究》，《语言科学》2001 年第 3 期。

② 江蓝生：《被动关系词"吃"的来源初探》，《中国语文》1989 年第 5 期。

③ 鲍厚星：《湘方言概要》，湖南师范大学出版社 2006 年版，第 295 页。湖南江永县、东安县的语音材料来自该书。

新建将乐、邵武（今邵武）、东平（今松溪、政和）、绥安（今建宁、泰宁）、东安（今闽南）。晋太康三年（282 年），全闽从建安郡分立出晋安郡，两郡共辖 15 县。"①可见，基于东吴的稳定繁荣，北方汉人对福建的开发渐大，彼时闽中的人口以北方汉人为主，这批入闽的汉人应是长江南岸的吴人和楚人。从来源来说，"北面的吴人多数从陆路越过仙霞岭经浦城入闽北，少数从海上到闽东、闽南，西北面的楚人则越过武夷山进入闽北、闽中"②。由此，我们就不难知道，在移民的过程中，基于当时的交通条件，到闽东、闽南的楚人相对较少，到闽北、闽中的楚人相对较多，随着数量较大的楚人入闽北，在交往中方言接触频繁而发生语言替代、留存，最先被替代进而得以留存的一批词应是使用最为频繁的、与生活紧密联系在一起的基本动词及名词，"馑"正是最早的一批受古楚语影响的词。随着福建的进一步开发，大批中原汉人入闽，从东晋到唐末的五百多年间，据《福建省志·方言志》载，大规模的迁徙有三次：第一次东晋南迁时，是长时间小批量的迁徙，并多集中今浙江及福建的北部，这一时期语言接触的影响相对较小；第二次是初唐，中原汉人主要迁入闽南，语言接触形成现今的闽南方言；第三次是唐末，活动中心主要在福州等闽东地域，影响了闽东方言的形成。在这三次移民迁徙过程中，地处沿山内陆的闽北、闽中偏安一隅，在移民过程中语言受到的影响相对较小，长时间、少量的移民对闽北、闽中原有相对强势、古楚语影响小，促使使用频率高的方言词得以稳固地保存下来，这也正是方言词语封闭性一面的体现。

第三，地理特征。闽北建瓯、建阳、武夷山（武夷山、建阳相比于闽北方言其他地区，受赣方言影响较大）、松溪、政和同处于建溪流域，形成了由北方汉人经仙霞岭从陆路入闽必经的地带，五地之间的交往自古频繁，沿溪的地理特征决定了方言词汇的内部一致性。同属南平地区的邵武、光泽处于富屯溪沿线，河流的阻隔，加之早期江西移民由武夷山进入散布于富屯溪、金溪流域，方言词汇不同于闽北五县市。浦城地处闽浙交通要冲，东汉末北方汉人经会稽过浙南经浦城到达闽北，其方言词汇有闽北方言的成分。同样沿山而处，邻近闽北的闽中地区，因其早期北方汉人经闽北逐

①　黄典诚、李如龙：《福建省志·方言志》，方志出版社 1998 年版，第 2 页。
②　黄典诚、李如龙：《福建省志·方言志》，方志出版社 1998 年版，第 2 页。

步涉入闽中的缘故，部分方言古语词及常用词与闽北一致毫无疑问了。沿山内陆，山川地理的阻隔决定了闽北五县市与沿海及其他闽语的相对差异。

下篇 闽北地方戏曲语言研究

政和杨源四平戏概述

四平戏是闽北地区的代表剧种，自四百多年前传入政和杨源，便牢牢扎根于这片土地，四百多年来历代艺人不懈努力，不断传承，仍保持原始状态，活跃在政和县及其周边地区，是杨源乡每年祭祀活动的重要组成部分。

第一节　政和杨源四平戏简介

政和杨源四平戏发端于明代的古老剧种四平腔，是元明弋阳腔的遗响，《中国戏曲志·福建卷》指出："明末，'稍变弋阳'的四平腔，由于'调稍平'，又善于'错用乡音'而'令人可通'，曾分三路传入福建：一路从赣东经闽北传入政和、屏南和宁德；一路经浙江东部沿海流传到闽中沿海的福清、长乐、平潭等县；一路从赣南流传到闽粤交界的平和、漳州、南靖等地，亦称四平戏。"[1]明末清初，四平戏传入闽、浙、赣三省毗邻的闽北地区——政和，主要集中在杨源一带，在当地又称"庶民戏""赐民戏""祖宗戏"。

杨源村位于政和县的东南部，距离县城六十公里，海拔八百六十米，旧属政和县善政乡，现为杨源乡行政中心所在地，文化遗产丰富，民风淳朴，人口以张姓为主，其居民约五百户，总人口近三千人，村中百分之九十五为张姓，其他姓氏大多因入赘或投亲而入居。该村是典型的宗族村落，在这块土地上，张姓族人世代繁衍，加之地处偏远，人员流动性性少，形成稳固的宗族共同体，为四平戏提供了生长及生存的空间。杨源村

---

① 中国戏曲志编辑委员会编：《中国戏曲志·福建卷》，文化艺术出版社1993年版，第20页。

每年最重要的传统活动即张姓族人为纪念祖先张瑾的英节庙会，每年两次，二月初九纪念郭荣（张瑾副将），八月初六纪念张瑾。《杨源张姓族谱》载："唐乾符五年为征剿黄巢起义，时任唐招讨使张瑾率兵到政和铁山与黄巢激战，与郭荣等十八将校皆战死。他的三公子为守墓而迁居杨源，已传三十九代，约有五千多人。"① 为宗族祭祀而举办英节庙会及专门搭建英节庙戏台，使得四平戏深深扎根于闽北政和杨源村，代代相传。英节庙建庙以后杨源村就组织村里人学戏，当地有一句俗语叫"杨源孩子三出戏"，作为酬神祭祖活动，四平戏丰富了村民们的业余生活，流传至今。

2006 年 5 月 10 日，四平戏被列入第一批国家级非物质文化遗产名录，英节庙内的戏神壁画被载入《中国戏曲志》。

第二节　政和杨源四平戏主要艺术特征

宗族祭祀是杨源四平戏赖以生存发展的基础，基于此，杨源四平戏较好地保存了原始状态，其艺术特征可谓与众不同，颇具风格。

一、唱腔及语言

四平戏属高腔系统，古朴粗放，高低起伏明显，唱时有后台帮腔，尾音随着一段唱词的结束唱起来，发出颤悠悠"兮——"的结音，韵味悠长。舞台语言方面："政和四平戏唱白皆用'土官话'（俗称'讲正字''大官话'或'正宗腔'），音律抑扬顿挫，并杂用乡语，舞台语言艺术别具一格，有别于其他剧种，唱白表现程式大抵可以分为：唱曲、韵白、家常白、引子、对、诗、接口行板（亦称数板）及叫头等若干种，同时选择吸收方音土语穿插其间，丰富四平戏舞台艺术。"②

① 叶明生：《略论四平腔及其在福建的流布与艺术遗存》，王评章，叶明生主编：《中国四平腔研究论文集》，中国戏剧出版社 2006 年版，第 40 页。
② 罗小成主编：《政和四平戏》，中国文史出版社 2016 年版，第 12 页。

二、表演及音乐

政和四平戏角色行当较齐全，主要角色有生（正生、小生）、旦（正旦、小旦）、净（大花、二花）、末、丑、贴、外、夫、礼等十二种行当，不同的行当，手、脚动作都有规定的套路口诀，生角强调文雅，旦角强调细腻，净角注重粗犷，丑角讲究滑稽。动作有腾、挪、滚、打，随鼓缓急进退，表演形式有穿花对阵、插科打诨等，偶尔添加一些经过艺术加工处理的民间技艺，如耍獠牙、喷撒火彩，表演风格独特。音乐方面，早期后台伴奏有五人，每人操作一件乐器，有锣、鼓、板、钹、吹，后受乱弹戏影响增加萧、笛、麻胡等乐器，现在有鼓、钹、锣、板四种打击乐器，以鼓为主场指挥，俗称"坐鼓"，又叫"班头"。

三、道 具

四平戏的表演道具很简单，最初表演用冷兵器——"铁疙瘩"，如勾枪、排刀、三叉戟、三节棍，此外，还使用人体道具，如《沉香破洞》中判官和小鬼都由演员扮演，充当道具，无台词无表演。由于是民间组织，脸谱比较粗糙，但都别具特色，不同的角色化不同的妆，绝不雷同，充分展现四平戏独有的特色。至今杨源四平戏剧团保存了十一件古戏衣，禾洋四平戏剧团保存十八件清代戏衣，这些文物见证了四平戏的历史，今存于政和县文化馆。

四、剧团成员

杨源四平戏剧团是民间剧团，演员皆为业余，主要由村民组织而成，表演不如正规戏班规范，仅在庙会及农闲时演出。剧团成员多为张姓族人，受传统男尊女卑思想的影响。"文革"前，四平戏传男不传女，因此戏班演员只有男性，旦角也由男性扮演。"文革"后，随着社会的进步、思想的转变，四平戏开始有女性演员。

五、剧　本

四平戏剧本均为手抄剧本，"只标注轻重音符号，无谱有调，只有一行行竖行的文字，念白和唱腔全靠口耳代代相传，但在文字间有一些外行人看不懂的标记，那是轻重缓音的符号标注，意为上调、平调、下调，也称硬弦、平弦、软弦"①。保存的手抄剧本主要有《英雄会》《九龙阁》《二度梅》，这些手抄本是研究四平戏的活标本。此外还有一些折子戏，包括专供庆诞演出的仪式剧和从正戏中抽出来的片段剧目。四平戏题材丰富，剧目主角多为忠臣烈士、节妇孝子，也有风花雪月、神仙道化的内容，皆以宣扬忠孝节义为主题。

六、杨源英节庙和梨园会

杨源英节庙又叫张瑾庙（见图 5-1）是张姓族人祭祀祖先张瑾的专祀庙，始建不详，庙内记载康熙元年重建，位于杨源村东南方水尾桥边，坐

图 5-1　杨源英节庙

---

① 罗小成主编：《政和四平戏》，中国文史出版社 2016 年版，第 14 页。

南朝北。梨园会是明代民间戏曲社会的遗存组织，是英节庙会的附属宗族社团组织、社区戏曲演出团体，主要用于演戏酬神，专为英节庙的庙会演出而设。杨源祭祀祖先最早是请戏班来表演，由于多次请不到，张姓族人便自发组织戏班形成"梨园会"，请师傅来教授。梨园会的领导班子成员由团长、老师傅、后台鼓司三人组成，梨园会的负责人在以前被称为"戏头""戏首"，在剧团中担任戏班总管，决定一切演出事情，现在负责人称团长。目前杨源戏班由四平戏国家级传承人张孝友担任团长。

第三节　政和杨源四平戏发展简史

四平戏于明代中晚期在江苏、安徽盛行，由于政治运动、社会变革等一系列原因而逐渐消失。清中叶以后，戏曲家们甚至认为四平戏早已灭绝，直到二十世纪八十年代初，在闽东北的屏南和政和发现四平戏。闽北政和的四平戏主要活跃在杨源一带，其发展流布甚是曲折。

一、初　期

康熙、雍正年间，四平戏在杨源很活跃，与一年两度的庙会活动密切相关，角色行当较为齐全。雍正中期，戏班到隔壁寿宁县演出，因一场香火几乎摧毁整个剧团，剧团的服装、道具等都被烧毁，只留下一个小板鼓，四平戏从繁荣走向沉寂。雍正末年，当地戏子张子英沉迷四平戏，为了复兴四平戏班而卖掉家产，四平戏才继续传承。咸丰时期，社会动荡，生灵涂炭，四平戏失去赖以生存的基础，再次走向没落。

二、兴盛期

清光绪年间，当地武庠生张相国重新组建四平戏班，重振四平戏势头，开拓了剧目和表演艺术，形成别具一格的表演风格。清光绪七年（1881年），江西赣州四平戏艺人来到政和，在老艺人的改造下，禾洋的木偶戏转型为四平戏班。几年后，岑头四平戏班建立，从此，政和县就拥有三个四平戏班，演出活动走向兴盛。

三、中断期

民国时期，因政和杨源一代是革命老区，国民党反动派进入杨源，视四平戏为封建迷信活动，四平戏老艺人深受迫害，四平戏再度陷入沉寂。

新中国成立时，全县只有两个业余剧团——杨源和禾洋四平戏剧团。1954年，在县人民政府的支持下，四平戏业余剧团整理出《沉香破洞》《白兔记》等传统剧目，进行演出。"文革"时，四平戏停止演出活动。

四、改革重建期

十一届三中全会后，四平戏重回舞台。1982年四平戏老艺人张陈招、张应选、李式舒等对四平戏业余剧团进行整顿重建，首次招收女演员，打破四平戏传男不传女的传统。此后，老艺人整理收集四平戏传统剧目的手抄本。1988年，可演出的四平戏剧目有二十四个，重现活跃场面。2006年5月20日，四平戏被列入国家非物质文化遗产名录，引起社会广泛关注。

五、机遇与挑战并存期

宗族信仰是闽北政和杨源四平戏赖以生存的根基。如今，随着社会的变革和时代的进步，杨源四平戏的发展有了新的机遇，但更多的是挑战。

杨源地处大山深处，交通阻塞，很大程度上限制了四平戏的发展。2010年后，随着高速公路的开通，杨源四平戏的发展有了很大改善。便利的交通，加之杨源乡是国家级生态乡镇，吸引着越来越多的人来亲睹四平戏风采，聆听和感受中国传统文化艺术。在杨源乡政府的支持下，杨源村每年的庙会活动与旅游文化节相结合，旅游与戏曲文化艺术紧密结合，提高了四平戏的熟知度及美誉度。

实地走访调查了解到目前杨源四平戏剧团成员结构[①]（见表5-1），杨源四平戏剧团有三位文化传承人，除了张孝友团长这位国家级传承人，还有两位市级传承人，三位传承人的年龄都较大，剧团其他演职员的年龄也都

---

① 2017年根据四平戏传承人张孝友提供的材料整理。

在五十五岁以上，目前还没有找到合适的传承人，因此，培养合适、优秀的四平戏传承人是当前面临的重大挑战之一。

表 5-1　杨源四平戏剧团部分演职员人员名单（2017 年）

序号	姓名	性别	年龄	文化程度	职务	备注
1	张孝友	男	65	初中	国家级传人（团长）	花旦
2	张南城	男	74	小学	演员	小生
3	张陈山	男	56	初中	市级传承人	武生
4	张陈灶	男	65	小学	市级传承人	大花
5	张其炎	男	70	小学	演员	二花
6	张李林	男	64	小学	演员	老旦
7	张明甲	男	85	小学	导演	化妆（兼）
8	张李楅	男	59	小学	演员	老生
9	张汝福	男	62	高中	化妆	后台
10	张应良	男	60	高中		
11	张旺洋	男	60	高中	板	后台
12	张荣通	男	77	小学	演员	丑角
13	张昌跃	男	75	小学	服装	后台
14	张正健	男	74	小学	铙	后台
15	张荣营	男	61	小学		
16	张明孔	男	81	小学		
17	张应员	男	57	初中		
18	张荣强	男	56	小学		
19	张乃寿	男	68	小学		
20	张汝强	男	73	小学		
21	陈马许	男	59	小学		
22	张传德	男	56	小学		

人员结构上，杨源四平戏剧团的演职人员皆为男性，年龄较大，文化

程度较低。现在剧团后备人才培养计划人员（见表5-2）几乎都是女性[①]，文化程度大多在初中及以上，年龄在二十五至五十岁，这些妇女在工作或农忙之余学习四平戏，如今很多演员都可以上台演出，如张李英（三十二岁）在 2017 年杨源英节庙会祭祖演出活动中扮演了《九龙阁》穆桂英的角色。此外，张团长在杨源乡中心小学开设四平戏班，目前也培养了一些可以登台演出的小演员，2017 年 5 月 14 日，在镇前乡新编《蟠桃会》的演出活动中，十一岁的小女孩饰演何仙姑，十三岁的张玉卿饰演王母，两位小演员的表演获得观众的一片喝彩。这些女演员和年轻演员的加入，为杨源四平戏注入新鲜血液，为四平戏的舞台表演增添了活力。

表 5-2　杨源四平戏剧团后备人才培养计划人员名单（2017 年）

序号	姓名	性别	年龄	文化程度
1	刘斌	男	34	初中
2	张美妹	女	43	初中
3	张本艳	女	43	初中
4	张李英	女	32	大专
5	张珍妹	女	35	初中
6	张陈香	女	33	中专
7	郑顺珍	女	43	初中
8	张楒香	女	36	初中
9	陈燕燕	女	32	初中
10	张华丽	女	38	初中
11	吴杏金	女	38	初中
12	郑招柳	女	39	初中
13	叶妹美	女	48	初中
14	陈小红	女	36	初中
15	钟树凤	女	26	初中

杨源四平戏为典型宗族祭祀戏，依托民间，剧团缺乏规范的体系，只

[①] 2017 年根据四平戏传承人张孝友提供的材料整理。

有固定的演出场地（英节庙），没有排练场地。剧团成员通常一人身兼多职，比如老艺人张陈招在剧团主演生角，张明甲担任司锣，两人同时兼导演。剧团的服装、道具都已老旧，妆容也甚为粗糙，加之演员几乎都是中老年人，四平戏的演出渐趋脱离群众的审美。剧团的演出设施非常简陋，没有灯光、音响等设备，字幕机也是近几年才置办的，演出质量较差，跟不上时代的步伐，导致演出市场较为狭窄，呈现机会性、零散性、业余性特点。

令人欣慰的是，随着对传统文化的弘扬，在政府的帮助下，杨源四平戏剧团的情况较早期有了较大改善。每年演出活动渐多，除传统庙会外，剧团还下基层巡回演出。同时杨源剧团已走进学校，在政和一中、二中演出，还多次参加省、市、县的文艺汇演。

杨源四平戏流传至今，很多剧目已失传，保存下来的剧目也不十分完整，大部分以手抄本的形式保存，少有刻盘保存。近几年，张孝友团长带领团队负责剧本的电脑录入整理，整理的剧目有《刘文昔》《白兔记》《九龙阁》《秦香莲》《观音送子》等。同时，积极进行新剧目的创作及旧剧目的改善创新，新编剧目《御赐县名》于 2015 年 11 月参加福建省第六届艺术节戏剧会演，获得专家的好评。2018 年 5 月 12 日，四平戏《九龙阁》在福建省戏曲专家的精心指导下，演出取得很好的反响，在舞台灯光、服装、表演等方面有了很大进步。

政和杨源四平戏音韵研究

四平戏是闽北政和杨源一带的地方戏，其舞台语音是剧种形成期的共同语与原生地、流播地的方言交互接触形成的。四平戏自传入政和杨源一带后，为适应当地环境，在字韵上吸收融入当地方言的某些特点，这与弋阳腔的流播方式是相一致的。弋阳腔自诞生以来，就善于适应各种环境，流布广泛，随地而变，这种变化集中体现为与当地的语言及音乐文化相融合适应，促使弋阳腔生生不息，拥有顽强的生命力及创造力。

杨源四平戏是杨源村张姓族人的祭祀戏，因祭祀戏的传承受族规严格限定，只传宗族之人，只传男性，因此剧团成员语言环境相对单纯，四平戏舞台语言经历代口口相传，仍保持较为原始的状态。

本章考察杨源四平戏的舞台语言，对地方戏曲语言研究而言，韵白最具考察价值，它与共同语、方言有关，但异于共同语、方言。

第一节　政和杨源四平戏音系

本节根据音像资料和四平戏传承人发音所作的听音分析整理政和杨源四平戏舞台语音的声韵调系统，对四平戏语音进行系统的描写与分析。

发音人为杨源四平戏国家级传承人张孝友团长。

发音人：张孝友，男，1951 年生。职业：政和杨源乡农民，政和杨源四平戏国家传承人。

调查时间：2017 年 10 月。复查时间：2017 年 12 月。

音像资料：《刘文昔全本》《联芳》《御赐县名》《九龙阁》《白兔记》。

政和杨源四平戏音韵研究

四平戏是闽北政和杨源一带的地方戏，其舞台语音是剧种形成期的共同语与原生地、流播地的方言交互接触形成的。四平戏自传入政和杨源一带后，为适应当地环境，在字韵上吸收融入当地方言的某些特点，这与弋阳腔的流播方式是相一致的。弋阳腔自诞生以来，就善于适应各种环境，流布广泛，随地而变，这种变化集中体现为与当地的语言及音乐文化相融合适应，促使弋阳腔生生不息，拥有顽强的生命力及创造力。

杨源四平戏是杨源村张姓族人的祭祀戏，因祭祀戏的传承受族规严格限定，只传宗族之人，只传男性，因此剧团成员语言环境相对单纯，四平戏舞台语言经历代口口相传，仍保持较为原始的状态。

本章考察杨源四平戏的舞台语言，对地方戏曲语言研究而言，韵白最具考察价值，它与共同语、方言有关，但异于共同语、方言。

第一节　政和杨源四平戏音系

本节根据音像资料和四平戏传承人发音所作的听音分析整理政和杨源四平戏舞台语音的声韵调系统，对四平戏语音进行系统的描写与分析。

发音人为杨源四平戏国家级传承人张孝友团长。

发音人：张孝友，男，1951 年生。职业：政和杨源乡农民，政和杨源四平戏国家传承人。

调查时间：2017 年 10 月。复查时间：2017 年 12 月。

音像资料：《刘文昔全本》《联芳》《御赐县名》《九龙阁》《白兔记》。

一、声 母

杨源四平戏语言声母一共十五个，包括零声母。

表 6-1 杨源四平戏声母

声母	例字	声母	例字	声母	例字	声母	例字	声母	例字
p	八兵病帮	pʰ	派片爬盘	m	麦明味问				
t	多东打灯	tʰ	讨天甜同	n	脑南热泥			l	老蓝软连
ts	资字张争	tsʰ	刺抽茶车			s	丝山顺十		
k	高九共寄	kʰ	开轻旗去	ŋ	我硬岸鹅				
						x	副肥好活		
∅	熬安用爱								

说明：

（1）舌尖前音声母 ts、tsʰ、s 与齐齿呼、撮口呼韵母相拼时腭化明显，由于不构成音位上的区别，本音系都记成 ts、tsʰ、s。

（2）四平戏舞台语音声母没有 f 声母，但在语流中有时近乎唇齿音 f，如：风、蜂。

二、韵 母

杨源四平戏语言韵母一共三十四个。

表 6-2 杨源四平戏韵母

韵母	例字	韵母	例字	韵母	例字	韵母	例字
ɿ	资直丝思	i	米第地急	u	苦五土谷	y	雨局绿虚
a	茶塔辣八	ia	牙鸭架夹	ua	瓦活法刮		
ɤ	歌色热壳						
		ie	写鞋接贴			ye	靴月确缺
o	波婆磨摸	io	借学尺桥	uo	坐过落托		
ai	开排牌摆			uai	怪帅快怀		
ei	碑杯配眉			uei	对贵鬼桂		
ɛu	豆走斗狗						
au	宝饱保桃	iau	条笑朝鸟				

韵母	例字	韵母	例字	韵母	例字	韵母	例字
		iu	油酒求九				
aŋ	南胆三糖	iaŋ	响讲良香	uaŋ	短酸双床		
aiŋ	班攀慢单						
				ueiŋ	官关宽半		
oŋ	东冬光红	ioŋ	琼穷兄胸				
eŋ	灯根庚疼	ieŋ	建监言年				
		iɤŋ	连零灵人	uɤŋ	文魂婚春	yɤŋ	圆群权全
		iŋ	心新紧星				

说明：ɤ舌位较标准元音ɤ略低，近似于ə，iɤŋ、uɤŋ、yɤŋ三韵中的ɤ舌位略低，近似ə。

三、声　调

杨源四平戏语言单字调一共六个声调。

表 6-3　杨源四平戏声调

调类	调值	例字
阴平	51	高开安初
阳平	21	穷麻文云
上声	42	使体晚尾
去声	232	近厚岸怒
入声	24	急白笛识

说明：上声起调略低，有时接近于31。

第二节　政和杨源四平戏音韵特点

　　语言作为戏剧艺术的第一要素和基本材料，伴随着杨源四平戏艺术的发展和成熟而不断形成自身的艺术特征。尽管生旦净丑等各行当在追求唱念的美学境界的过程中对四平戏艺术语言都有创造性的发展，但万变不离

117

其宗，各行当都遵守着共同的咬字发音规则。本节运用现代语言学的方法，从声母、韵母和声调三个方面分析杨源四平戏音韵特点。

一、声 母

根据田野调查归纳整理，杨源四平戏语音在声母方面表现出如下十三个特点。

一，古全浊音已经清化。古全浊声母字今读塞音、塞擦音声母平声送气，仄声不送气，如：

步 pu^{232}| 事 $s\eta^{232}$| 大 ta^{232}| 治 $ts\eta^{232}$| 字 $ts\eta^{232}$| 跪 $kuei^{232}$

爬 p^ha^{21}| 床 ts^huan^{21}| 头 $t^h\epsilon u^{21}$| 茶 ts^ha^{21}| 财 ts^hai^{21}| 桥 ts^hio^{21}

二，非组多读为 x，如：富 xu^{232}| 副 xu^{232}| 父 xu^{232}，部分读如帮组。一部分微母读作 m，如：味 mi^{232}。

三，端组今读 t、t^h，如：

端母：刀 tau^{51}| 打 ta^{42}| 丢 tiu^{232}

透母：听 $t^hi\eta^{51}$| 贪 $t^ha\eta^{51}$| 讨 t^hau^{42}

定母：杜 tu^{232}| 头 $t^h\epsilon u^{21}$| 读 tu^{24}

四，泥来母界限分明，泥母今读 n，来母今读 l，如：

泥母：奴 nu^{21}| 脑 nau^{42}| 娘 $nia\eta^{21}$| 难 $na\eta^{21}$| 泥 ni^{21}

来母：路 lu^{232}| 类 lei^{232}| 立 li^{24}| 蜡 la^{24}| 来 lai^{21}

五，见组今读 k、k^h，如：

见母：刮 kua^{24}| 关 $kuei\eta^{51}$| 果 kuo^{42}| 各 $k\gamma^{24}$| 击 ki^{24}| 见 $kie\eta^{232}$

溪母：可 k^ho^{42}| 苦 k^hu^{42}| 气 k^hi^{232}| 劝 $k^hy\gamma\eta^{232}$| 客 $k^h\gamma^{24}$|k^hy^{232}

群母：桥 kio^{21}| 舅 kiu^{42}| 权 $ky\gamma\eta^{51}$| 共 $ko\eta^{232}$| 局 ky^{24}

六，疑母今读 ŋ，如：

鹅 ŋo²¹| 眼 ŋain⁴²| 硬 ŋin²³²| 艺 ŋi²³²| 言 ŋain²¹

七，古精组、知组、庄组、章组四平戏今读 ts、tsʰ、s，舌尖塞擦音、擦音声母只有一组 ts、tsʰ、s。与齐齿呼、撮口呼韵母相拼时腭化明显，实际音值为 tɕ、tɕʰ、ɕ，如：

知组：桌 tsuo²⁴| 折 tsʰai²⁴| 茶 tʰa²¹| 竹 tsu²⁴| 抽 tsʰɛu⁵¹
精组：走 tsɛu⁴²| 抢 tsʰian⁴²| 字 tsʅ²³²| 想 sian⁴²| 谢 sie²³²
庄组：壮 tsuan⁵¹| 抄 tsʰau⁵¹| 床 tsʰuan²¹| 山 suein⁵¹
章组：蔗 tsɤ²³²| 车 tsʰɤ⁵¹| 时 sʅ²¹

八，古日母部分今读 n，如：热 nɤ²⁴，部分今读零声母，无今读 ʐ 现象。如：

人 iɤn²¹| 然 iɤn²¹| 日 i²⁴| 如 y²¹

九，晓母今读 x，如：

火 xuo⁴²| 花 xua⁵¹| 戏 xi²³²| 好 xau⁴²

十，匣母今读 x，如：

后 xɛu⁴²| 坏 xuai²³²

与齐齿、撮口相拼，腭化为 ɕ，今记为 s，如：

下 sia²³²| 县 sien²³²

十一，影母今读零声母，如：

乌 u⁵¹| 爱 ai²³²| 意 i²³²

十二，以母今读零声母，如：

药 io^{24}| 姨 i^{21}| 油 iu^{21}

十三，云母今读零声母，如：

有 iu^{42}| 右 iu^{232}| 移 i^{21}

二、韵 母

根据田野调查归纳整理，杨源四平戏语音在韵母方面表现出如下十六个特点。

1. 四呼、韵尾

杨源四平戏韵母开、齐、合、撮四呼齐全。古阳声韵字今读都是 ŋ 韵尾，如：

臻摄：民 $miŋ^{21}$| 邻 $liŋ^{21}$| 亲 $ts^hiŋ^{51}$| 门 $moŋ^{21}$
山摄：搬 $pueiŋ^{51}$| 半 $pueiŋ^{232}$| 难 $naŋ^{21}$| 天 $t^hieŋ^{51}$
咸摄：胆 $taiŋ^{42}$| 点 $tieŋ^{42}$| 欠 $k^hieŋ^{232}$| 尖 $tsieŋ^{51}$
深摄：心 $siŋ^{51}$| 深 $seŋ^{51}$| 音 $iŋ^{51}$| 品 $p^hiŋ^{42}$
通摄：梦 $moŋ^{232}$| 中 $tsoŋ^{51}$| 穷 $k^hioŋ^{21}$| 虫 $ts^hoŋ^{21}$
江摄：双 $suaŋ^{51}$| 江 $kiaŋ^{51}$| 胖 $p^haŋ^{232}$| 讲 $kiaŋ^{42}$
曾摄：能 $neŋ^{21}$| 灯 $teŋ^{51}$| 朋 $p^heŋ^{21}$| 层 $ts^heŋ^{21}$
宕摄：忙 $maŋ^{21}$| 浪 $laŋ^{232}$| 糖 $t^haŋ^{21}$| 抢 $ts^hiaŋ^{42}$
梗摄：经 $kiŋ^{51}$| 镜 $kiŋ^{51}$| 名 $miŋ^{21}$| 争 $tseŋ^{51}$

古入声字今读无塞音韵尾，如：物 u^{24}| 塔 t^ha^{24}| 接 $tsie^{24}$| 菊 ky^{24}| 急 ki^{24}| 客 $k^hɤ^{24}$| 作 $tsuo^{24}$| 药 io^{24}| 直 $tsʅ^{24}$。

2. 果 摄

果摄开口一等歌韵主要读为 uo、ɤ。果摄合口一等戈韵主要读为 o。果摄开口三等见组读为 io，如：茄 kio^{21}。果摄合口三等见组读为 ye，如：靴 xye^{24}。

3. 假 摄

假摄开口二等麻韵主要读为 a、ia，ie 韵只有一个字：姐 tsie⁴²。假摄开口三等麻韵主要读为 ie、ɤ，见组字读为 io，如：借 tsio²⁴。假摄合口二等麻韵读为 ua 韵，均为见系声母字。

4. 遇 摄

遇摄合口一等模韵主要读为 u，此外少数字读为 uo，如：错 tsʰuo²³²。遇摄合口三等鱼韵非组字多读 u，其他声母字多读 y。遇摄合口三等知章组及日母字今读 y，如：主 tsy⁴² ｜ 书 sy⁵¹ ｜ 鼠 tsʰy⁴² ｜ 如 y²¹ ｜ 猪 tsy²³² ｜ 除 tsʰy²¹。遇摄合口三等虞韵非组字多读 u，其他声母字多读 y。

5. 止 摄

止摄开口三等主要读为 i、ʅ，知章庄精组声母字读为 ʅ，帮组见组端组读为 i，如：

ʅ 韵：纸 tsʅ⁴²｜丝 sʅ²³²｜时 sʅ²¹｜祠 tsʰʅ²¹｜寺 sʅ²³²
i 韵：戏 xi²³²｜骑 kʰi²¹｜鼻 pi²¹｜比 pi⁴²｜意 i²³²

止摄开口三等少数字读为 ei、ɤ，如：碑 pei⁵¹｜二 ɤ²³²。止摄合口三等主要读为 uei。

6. 蟹 摄

蟹摄开口一二等主要读为 ai、ie，如：

ai 韵：台 tʰai²¹｜带 tai²³²｜改 kai⁴²｜买 mai⁴²
ie 韵：街 kie⁵¹｜鞋 sie²¹

蟹摄开口三四等主要读为 i、ʅ，知章庄精组声母字读为 ʅ，帮组见组端组读为 i，如：

ʅ 韵：币 piʅ²³²｜鸡 ki⁵¹｜米 mi⁴²｜梯 tʰi⁵¹
i 韵：世 sʅ²³²｜制 tsʅ²³²

蟹摄合口一等多读为 ei，如：赔 pʰei²¹｜杯 pei⁵¹｜妹 mei²³²。合口二等主要读为 uai、ua，如：怪 kuai²³²｜话 xua²³²。合口三四等主要读为 uei，如：岁 suei²³²｜桂 kuei²³²。

121

7.效 摄

效摄开口一等豪韵读为 au，如：宝 pau⁴²| 老 lau⁴²。开口二等肴韵读为
au、iau，如：

> au 韵：饱 pau⁴²| 闹 nau²³²
> iau 韵：交 kiau⁵¹| 敲 kʰiau⁵¹

开口三等宵韵读为 iau、io，如：

> iau 韵：表 piau⁴²| 庙 miau²³²| 票 pʰiao²³²
> io 韵：桥 kio²¹| 烧 tsʰio⁵¹| 照 tsio²³²

开口四等萧韵读为 iau，如：钓 tiau²³²| 料 liau²³²。

8.流 摄

流摄开口一等侯韵主要读为 ɛu，如：口 kʰɛu⁴²| 头 tʰɛu²¹。开口三等尤韵
有三个音类：iu、u、ɛu，如：

> iu 韵：旧 kiu⁵¹| 牛 niu²¹
> u 韵：富 xu²³²| 妇 xu²³²
> ɛu 韵：州 tsɛu⁵¹| 手 sɛu⁴²

开口三等幽韵读为 iu，如：丢 tiu⁵¹。

9.山 摄

山摄开口一二等读为 aiŋ、ieŋ、a、ɤ，如：

> aiŋ 韵：单 taiŋ⁵¹| 兰 laiŋ²¹
> ieŋ 韵：间 kieŋ⁵¹| 奸 kieŋ⁵¹
> a 韵：达 ta²⁴| 辣 la²⁴
> ɤ 韵：割 kɤ²⁴| 渴 kʰɤ²⁴

山摄合口一二等读为 ueiŋ、uaŋ、uo，如：

> ueiŋ 韵：端 tueiŋ⁵¹| 关 kueiŋ⁵¹

uaŋ 韵：暖 nuaŋ⁴²| 酸 suaŋ²³²

uo 韵：活 xuo²⁴

山摄合口一等桓末韵帮组字读作合口呼，如：

ueiŋ 韵：搬 pueiŋ⁵¹| 半 pueiŋ²³²

uo 韵：拨 puo²⁴

山摄开口三四等读为 ieŋ、aiŋ、ie，合口三四等读为 yɤŋ、uaŋ、ye，如：

ieŋ 韵：变 pieŋ²³²| 典 tieŋ⁴²

aiŋ 韵：战 tsaiŋ²³²| 善 saiŋ²³²

ie 韵：别 pie²⁴| 铁 tie²⁴

yɤŋ 韵：权 kʰyɤŋ²¹| 原 yɤŋ²¹

uaŋ 韵：砖 tsuaŋ⁵¹| 反 xuaŋ⁴²

ye 韵：雪 sye²⁴| 决 kye²⁴

10. 臻 摄

臻摄开口一三等读音较为复杂，读作 eŋ、iŋ、uɤŋ、i、ɿ，如：

eŋ 韵：根 keŋ⁵¹| 身 seŋ⁵¹

iŋ 韵：贫 piŋ²¹| 紧 kiŋ⁴²

uɤŋ 韵：吞 tʰuɤŋ

i 韵：笔 pi²⁴

ɿ 韵：失 sɿ²⁴

臻摄合口一三等读为 uɤŋ、yɤŋ、u，如：

uɤŋ 韵：寸 tsʰuɤŋ²³²| 顺 suɤŋ²³²

yɤŋ 韵：均 kyɤŋ⁵¹| 军 kyɤŋ⁵¹

u 韵：骨 ku²⁴| 物 u²⁴

11. 江 摄

江摄开口二等江韵读为 aŋ、uaŋ、iaŋ、ɤ、uo 韵，如：

aŋ 韵：胖 pʰaŋ²³²

uaŋ 韵：撞 tsuaŋ²³²| 双 suaŋ⁵¹

iaŋ 韵：讲 kiaŋ⁴²| 江 kiaŋ⁵¹

ɤ 韵：壳 kʰɤ²⁴

uo 韵：桌 tsuo²⁴

江摄觉韵比较特殊的读音 io，如：学 sio²⁴。江摄觉韵比较特殊的读音 u 韵，如：角 ku²⁴。

12. 宕 摄

宕摄开口一等唐韵读为 aŋ、o、uo，如：帮 paŋ⁵¹| 摸 mo²⁴| 索 suo²⁴；合口一等读为 uaŋ、uo，如：光 kuaŋ⁵¹| 郭 kuo²⁴。开口三等阳韵读为 iaŋ、aŋ、uaŋ、ye，如：亮 liaŋ²³²| 尝 tsʰaŋ²¹| 壮 tsuaŋ²³²| 约 ye²⁴。合口三等读为 uaŋ、u，如：王 uaŋ²¹| 缚 xu²⁴。另外，较为特殊的是药韵字，"药弱着"读为 io。

13. 曾 摄

曾摄开口一等读为 eŋ、ei、ɤ，如：灯 teŋ⁵¹| 北 pei²⁴| 特 tʰɤ²⁴。开口三等读为 eŋ、iŋ、i、ɿ、ɤ，如：升 seŋ⁵¹| 冰 piŋ⁵¹| 力 li²⁴| 直 tsɿ²⁴| 色 sɤ²⁴。

14. 梗 摄

梗摄开口二等读为 iŋ、eŋ、ɤ、ai，如：硬 iŋ²³²| 冷 leŋ⁴²| 策 tsʰɤ²⁴| 摘 tsai²⁴。合口二等读为 eŋ、ua，如：横 xeŋ²¹| 划 xua²⁴。开口三等读为 iŋ、eŋ、ɿ，如：名 miŋ²¹| 饼 piŋ⁴²| 正 tseŋ²³²| 积 tsɿ²⁴。合口三等读为 ioŋ，如：永 ioŋ⁴²。开口四等读为 iŋ、i、ɿ，如：经 kiŋ⁵¹| 历 li²⁴| 吃 tsʰi²⁴。

15. 咸 摄

咸摄开口一等读为 aiŋ、a，如：贪 tʰaŋ⁵¹| 塔 tʰa²⁴。开口二等读为 ieŋ、a，如：监 kieŋ⁵¹| 甲 ka²⁴。开口三四等读为 ieŋ、ie、a，如：剑 kieŋ²³²| 接 tsie²⁴| 插 tsʰa²⁴。合口三等读为 uaŋ、ua，如：犯 xuaŋ²³²| 法 xua²⁴。

16. 深 摄

深摄开口三等读为 iŋ、eŋ、i、ɿ，如：

in 韵：林 lin²¹| 金 kin⁵¹

eŋ 韵：深 seŋ⁵¹

i 韵：立 li²⁴| 及 ki²⁴

ɿ 韵：十 sɿ²⁴

三、声调

根据田野调查归纳整理，杨源四平戏语音在声调方面表现出如下三个特点。

表 6-4　杨源四平戏语音声调的特点

声调特色	字例
古平声字依古声母清浊分为阴平、阳平	阴平：东 toŋ⁵¹| 多 tuo⁵¹ 阳平：门 meŋ²¹| 龙 loŋ²¹
古全浊上声字读去声	洞 toŋ²³²| 罪 tsuei²³²
古入声自成调类，入声音节不短促	塔 tʰa²⁴| 急 ki²⁴

第三节　政和杨源四平戏韵辙

对于戏曲艺术而言，其舞台语言要求押韵合辙，各剧种都有其表现舞台语音特色的韵辙系统。

根据四平戏韵白押韵规律，将方言调查获得的演员发音记录及音像资料整理成四平戏舞台音韵系统，再以传统剧种流行的"十三辙"为参考，归纳整理四平戏韵辙。为了便于与京剧等其他剧种对比，韵辙名称尽量采用"十三辙"的说法。

表 6-5　政和杨源四平戏"十三辙"

韵辙	代表字
麻花韵（韵母：a ‖ ia ‖ ua）	巴爬马|打塔那辣|渣查沙‖家霞牙|花话|夸瓦
乜斜韵（韵母：ie ‖ ye）	爹贴|接且写|夜‖缺|靴月
梭波韵（韵母：o | uo ‖ ɤ）	波破磨|锁|果‖多托糯罗|做错梭‖歌壳河|这色热

续表

韵辙	代表字
姑苏韵（韵母：u ‖ y）	布铺墓乌｜赌图奴路｜组粗苏｜古苦‖句区许｜雨｜虑
资齐韵（韵母：ɿ ‖ i）	资此思‖比皮米飞｜底题你里｜鸡起西｜衣
怀来韵（韵母：ai ‖ uai）	摆排买｜带太耐赖｜债蔡赛｜界凯矮亥｜哀‖怪快怀
灰堆韵（韵母：ei ‖ uei）	杯配眉｜内雷‖尾｜肺｜堆推｜嘴随｜归亏
遥条韵（韵母：au ‖ iau ‖ io）	包抛毛｜道桃脑老｜枣草扫｜高考好‖表漂庙｜雕跳料鸟‖借桥学‖尺
由求韵（韵母：ɛu ‖ iu）	豆头楼｜走丑受｜狗口后‖丢流｜就求休｜有
言前韵（韵母：aiŋ ‖ ieŋ ‖ ueiŋ）	班攀慢｜单‖边偏面｜点天念连｜尖前线｜烟‖半判｜官宽换｜碗
人丁韵（韵母：iɤŋ ‖ uɤŋ ‖ yɤŋ ‖ iŋ ‖ eŋ）	丁听｜人‖魂｜论嫩｜尊春顺｜滚困婚｜卷权｜圆｜冤‖冰乒明｜井青星｜影｜冷｜灯藤能冷｜根肯很｜正成｜恩
江阳韵（韵母：aŋ ‖ iaŋ ‖ uaŋ）	帮旁忙｜当堂郎｜张仓｜钢慌｜将枪娘良｜阳‖短团暖乱｜双床
中东韵（韵母：oŋ ‖ ioŋ）	崩梦风｜东通农龙｜中从宋｜公空哄｜翁‖穷凶｜用

注：每辙只收音节代表字。

126

四平戏与政和方言音韵比较研究

戏曲和方言是地方文化中两个紧密联系的领域。方言是地域文化的承载者，其语言特征、声腔特征、文化内涵、表演形式，无不浸染该地域的乡土气息。即使一些剧种随着传播日益走向各地，走向全国，戏曲生命最重要的特征——地方性，依然不变。"从最广泛的意义来说，任何一种戏曲，其起源都局限于一定地域，采用当地的方言改造当地的民间歌舞而成。换句话说，任何剧种在其雏形阶段都是地方戏，其中少数在后来流行于全国，而大部分仍然以地方戏的形式存在。"①

戏曲，作为一种艺术，包括语言、音乐、舞台、声腔等多种元素，语言是戏曲艺术的第一要素和基本材料，是区别戏曲种类，彰显自我的重要特征，因而，地方戏曲与方言密不可分。纷繁复杂的汉语方言，滋生出各种风格的声腔戏曲，因此，研究地域戏曲，离不开对通行于该地域方言的考察，反之，研究地域的方言，流行于该地域的戏曲是重要且宝贵的资料。

在中国戏剧史上，早期各地形成的地方戏曲，大都以"腔""调"命名，如弋阳腔、昆山腔、乱弹腔、梆子腔、徽调，以腔调来展现彼此的差异及特点，而这正是各戏曲"地方性"最重要的体现。一种声腔，在产生之初通常以地方戏曲的面貌展现于人前，但之后伴随地方戏曲的传播，各声腔在异地发生改变，导致声腔系统的形成。这种改变，集中体现为因地域语音的不同而引起的在地化，即"音随地改"。同一种声腔，因在不同的地域流传、留存而有不同的地方特色。我国地大物博，戏曲文化丰富多彩，各戏曲声腔从起源地流布到另一地方时往往会结合新的音乐和方言成分从而发生在地化，进而形成声腔的新的派别。

四平戏属四平腔，为高腔腔系。高腔腔系经由明代弋阳腔在各地的演变发展而来。古弋阳腔素有"向无曲谱，只沿土俗""改调歌之""错用乡

---

① 周振鹤、游汝杰：《方言与中国文化》，上海人民出版社 1986 年版，第 164 页。

语"的特点。各地高腔的形成，是流播过程中与当地的方言及音乐相结合的结果。从高腔演变的历史看，其演变过程如下：弋阳腔演变为青阳、乐平、徽州、义乌、四平等腔，之后这些声腔在流播过程中随地而变为颇具地方特色的各地高腔。

四平戏自明末清初传入政和杨源，已有四百多年的发展历史，作为非源生地戏曲，四平戏有其自身的声腔特点，同时，四平戏在进入政和，扎根于政和的过程中，为适应地方土壤，进行在地化，其音韵规律表现出与政和方言相一致的一面。从语言接触的视角来看，政和四平戏舞台语言地方化过程大致是：

$$正音 \Rightarrow 戏曲语言 \Leftarrow 方言$$

张庚、郭汉城指出："弋阳腔在演出活动中随着流传地区的不同，常杂用各地的方言土语，这种情况尽管在上层社会的观众看来不免失之鄙俚，但却为一般中下层观众所普遍欢迎。反之，正因为观众喜闻乐见，也就会继续促进这种观点的保持和发扬。艺人在演唱中'错用乡语'，有利于它每到一地，很快就能与当地语言结合起来，而语言上的变化促使音乐上的变化。因此，当弋阳腔在民间广为流传后，更使它易于在某些地区生根，演变为当地的声腔剧种。"[1]四平戏自传入政和杨源以后，在这个地方生根，其"错用乡语"一方面是为适应生存而进行的自我调整，另一方面更是当地方言长期"润物细无声"的结果，这种"自我调整"及"无声浸润"，集中体现在舞台语音上。

政和杨源四平戏的传承面临诸多问题，其中最突出的问题为语言的传承。四平戏虽为杨源村的地方戏、祭祀戏，扎根于杨源，但一直以来其因舞台语言"难听懂"而渐失观众，舞台语言的难体现为其语言系统异于当地方言，是介于"旧官话"和"方言"之间的语言。本章论述二者语音方面的异同，以更好地了解四平戏的语言[2]。

---

① 张庚、郭汉城：《中国戏曲通史》，中国戏剧出版社1981年，第38～39页。
② 政和杨源音系与政和城区音系大体相同，且随着交通的便利，杨源村的村民在语音上越来越接近城区方言，词汇使用上更是与城区一致，同时，政和方言主要以城区方言为代表，因此本书在比较四平戏与政和方言异同时采用政和城区方言音系。

第一节　声母系统比较研究

四平戏传入政和杨源后，与当地乡音紧密结合，很好地实现在地化，其"土官话"中"土"集中体现在语音方面，语音方面主要表现为其舞台语言的声母系统与政和方言声母系统一致，皆为闽北传统的"十五音"系统：p、pʰ、m、t、tʰ、n、l、ts、tsʰ、s、k、kʰ、x、ŋ、∅。

一、古全浊塞音、塞擦音声母

学界关于古全浊声母的研究和讨论已相当成熟，大多数汉语方言全浊声母字的发展演变都有规律可寻，庄初升指出："全浊声母清化后读塞音、塞擦音时是否送气，以及什么音韵条件下送气，什么音韵条件下不送气，一般是有规律的。多数客赣方言、部分豫西南、晋南和关中方言、部分徽州方言和江淮地区的通泰方言一律送气，而新湘语和多数平话、少数北方方言、粤方言和南部吴方言则一律不送气，都不存在音韵条件的问题。多数北方方言'平送仄不送'，多数的粤方言'平上送，去入不送'都以声调作为条件。另外，粤北地区某些土话或以声纽作为条件，或同时以声纽、声调作为条件，也都是有规律可寻的。"[1] 然而，闽语古全浊声母今读送气与否没有明显的音韵条件，其古全浊声塞音、塞擦音清化后，多数不送气，少数送气。

政和属闽北方言，其古全浊声母均已清化，清化后多数不送气，少数送气。我们选取一百三十七个古全浊塞音、塞擦音声母字，看其今读情况。

表 7-1　政和方言古全浊塞音、塞擦音今读不送气、送气情况

声母	字数	例字
并 26	不送气 21	婆爬簿步牌币赔背办便盘贫盆薄棒朋白棚瓶病平
	送气 5	皮被鼻~子抱蓬

---

[1]　庄初升：《中古全浊声母闽方言今读研究述评》，《语文研究》2004 年第 3 期。

续表

声母	字数	例字
崇 6	不送气 5	锄事愁闸床
	送气 1	柿
定 33	不送气 26	大杜袋带递弟地道条豆淡甜碟达弹断夺凳藤停笛铜动洞毒读
	送气 7	图头潭垫糖特挺
澄 21	不送气 18	茶除住迟池治朝绸沉传～下来传～记陈伥长直择程重
	送气 3	柱锤虫
从 17	不送气 14	坐财罪字造杂集钱截全绝层静族
	送气 3	蚕前贼
奉 7（重唇音）	不送气 6	肥妇饭房防缚
	送气 1	缝
群 27	不送气 24	茄棋跪柜桥轿球舅旧琴及件杰健权裙近勤狂极剧穷共局
	送气 3	渠骑钳

四平戏语言与政和方言一样，其古全浊声塞音、塞擦音都已清化，不同的是，四平戏清化后平声送气仄声不送气，毋庸置疑，这显然是官话方言的特点。一百三十个（奉母今读 x）全浊塞音、塞擦音声母字今读情况如表 7-2。

表 7-2　四平戏古全浊塞音、塞擦音今读不送气、送气情况

声母	字数	例字
并 26	不送气 13	簿步币背办便薄棒白病被鼻～子抱
	送气 13	婆爬牌赔盘贫盆朋棚瓶平皮蓬
崇 6	不送气 3	事床柿
	送气 3	锄愁床
定 33	不送气 20	垫大杜袋带递弟地道豆淡碟达断夺凳笛动洞毒读
	送气 13	条图头潭糖特田甜碟弹藤停铜
澄 21	不送气 8	住传～记伥直择重柱治
	送气 13	程长陈茶除迟池朝绸沉锤虫传～下来

续表

声母	字数	例字
从 17	不送气 10	坐罪字造杂集截绝静族
	送气 7	财蚕前贼钱全层
群 27	不送气 14	跪柜轿舅旧及件杰健近极剧共局
	送气 13	茄棋桥球渠骑钳琴权裙勤狂穷

二、非组声母

闽语的古非组今读如帮组，这是众所周知的。闽北方言是闽语的重要组成部分，轻唇读如重唇这一特点也得到集中的反映，与此同时，古非组部分今读晓组，音值是 x。政和方言属闽北方言，古非组部分今读如帮组，即非母读 p，敷母读 pʰ，奉母读 p、pʰ，微母读 m 或零声母，多数非、敷、奉母读如晓组，音值是 x，少数今读零声母。

四平戏扎根于政和杨源，受政和方言的影响，古非组大部多数今读 x，微母部分今读 m，没有唇齿音 f、v，区别于官话。

表 7-3　四平戏与政和方言古非组今读情况

	富非	放非	副敷	丰敷	肥奉	父奉	饭奉	味微
四平戏	xu²³²	xuaŋ²³²	xu²³²	xoŋ⁵¹	xuei²¹	xu²³²	xuaiŋ²³²	mi²³²
政和方言	xu⁴²	poŋ⁴²	xu⁴²	pʰoŋ⁵³	pui³³	xu⁵⁵	poŋ⁵⁵	mi⁵⁵

三、知庄精章组声母

在声母系统上，四平戏语言与政和方言最重要的区别之一是古知庄精章声母的今读。四平戏语言古知庄精章组今读只有一种类型，即知庄精章四组合流，今读 ts、tsʰ、s。

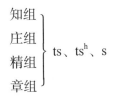

知组
庄组
精组
章组 } ts、tsʰ、s

下面我们具体看看四平戏语言与政和方言古知庄精章组的今读。

表7-4　四平戏与政和方言古知章组今读情况

	桌_{知二}	拆_{彻二}	茶_{澄二}	竹_{知三}	抽_{彻三}	橱_{澄三}	蔗_章	车_昌	时_禅
四平戏	tsuo²⁴	tsʰai²⁴	tsʰa²¹	tsu²⁴	tsʰɛu⁵¹	tsʰu²¹	tsɤ²³²	tsʰɤ⁵¹	sʅ²¹
政和方言	to²⁴	tʰia²⁴	ta³³	ty²⁴	tʰiu⁵³	ty³³	tsia⁴²	tsʰia⁵³	si³³

表7-5　四平戏与政和方言古庄精组今读情况

	壮_庄	抄_初	床_崇	山_生	走_精	抢_清	字_从	想_心	谢_邪
四平戏	tsuaŋ²³²	tsʰau⁵¹	tsʰuaŋ²¹	saiŋ⁵¹	tsɛu⁴²	tsʰiaŋ⁴²	tsʅ²³²	siaŋ⁴²	sie²³²
政和方言	tsauŋ⁴²	tsʰau⁵³	tsʰauŋ³³	sueiŋ⁵³	tsu²¹³	tsʰioŋ²¹³	tsi⁴²	sioŋ²¹³	sia⁵⁵

据张双庆、万波对闽语及其周边方言的考察，闽语古知庄精章组声母的今读有三种类型，其中一种类型为二分型，其特点是知组不论二三等都读同端组，音值为塞音 t 类，与精庄章组对立，此类知端不分的格局，是闽语区别于其他方言的重要特点，一般认为属于上古音层次，大部分闽语方言，包括闽北方言，都属于这种类型。[1] 政和四平戏于明末清初传入闽北政和，由于地处大山深处，其语言系统较好地保留了官话的特征，知端分立[2]，区别于政和方言，今读塞擦音 ts 类。

四平戏语言虽以官话为基础，但在发展过程中随地而变，随时而变。熊正辉对官话古知庄精章组声母进行考察，指出官话存在着知二、庄组与知三、章组对立类型，分为三种：济南型是精组读 ts 类，古知庄章都读 tʂ 类；南京型式庄组三等和精组读 ts 类，庄组二等和知章组读 tʂ 类；昌徐型是知二精组读 ts 类，知三章组读 tʂ 类（章组止摄开口三等除外）[3]。显然，四平戏语言不同于官话的三种类型。

上述四平戏语言与闽北方言、官话在古知庄精章四组声母分合类型上的差异，是否说明它们之间就不存在着历史联系？我们的看法是否定的。

---

① 张双庆、万波：《知章庄组声母在闽语及周边方言里的今读类型考察》，丁邦新、张双庆编：《闽语研究及其与周边方言的关系》，香港中文大学出版社 2002 年版，第 105～114 页。

② 在戏曲表演过程中，有时语音会随表演者的不同而略有差异。在新编《御赐县名》中，表演者在表演过程中"知"有时读为 ti⁵¹，明显是政和方言。

③ 熊正辉：《官话区方言分 ts tʂ 的类型》，《方言》1990 年第 1 期。

从四平戏传入闽北政和的时间来看，知端分立应在传入政和之前就已存在，知组今读 ts 类并非晚近才出现的，而其知庄精章的合流，今读 ts 类，应是传入闽北政和时才出现的，是相当晚近的层次。

传统戏曲唱腔往往讲究"尖""团"之别，如京剧、沪剧，但杨源四平戏唱腔没有严格的尖团之别，其声母系统中没有舌尖后音 tʂ、tʂʰ、ʂ，舞台语言中凡是读团音的字都读为尖声字，同时 ts、tsʰ、s 与齐齿呼、撮口呼韵母相拼时腭化明显，腭化为 tɕ、tɕʰ、ɕ，仅 s 与 i、iŋ 两韵相拼时不发生腭化。四平戏唱腔没有严格的尖团之别，与扎根的温暖而清丽土壤相契合，使原本高腔腔系的四平戏呈现出别样的音乐风格。

四、来 母

政和方言泥来母界限分明，泥母今读 n，来母今读 l。四平戏与政和方言同，泥母与来母有别。具体如表 7-6。

7-6　四平戏与政和方言古庄精组今读情况

	奴泥	女泥	泥泥	路来	来来	拉来
四平戏	nu²¹	ny⁴²	nai²¹	lu²³²	lai²¹	la⁵¹
政和方言	nu³³	ny²¹³	nai³³	lu⁵⁵	lai³³	la⁵³

除今读 l 之外，还有 t 和 s 的读法，这两类读法均不见于四平戏，下面分别具体讨论。

在政和方言中，有少数来母字今读 t，这类读法一般出现在白读中。"鲤"，文读"鲤鱼精"时读为 li²¹³，白读"鲤鱼"时读 ti²¹³，鲤仔鲤鱼 ti²¹³tsiɛ²¹³。"懒"文读为 lueiŋ²¹³，白读为 tueiŋ⁴²。

除政和方言外，闽北其他地区也存在来母今读塞音现象，如：

鲤：建瓯 ti⁴²| 松溪 tɛi⁴²| 顺昌 tʰi³¹

懒：建瓯 tuiŋ⁴²| 松溪 tyŋ⁴²| 浦城（石陂）dyiŋ³³

来母今读塞音，不仅见于闽北方言，闽西的上杭、长汀、武平等县以及湘东、赣中、赣南一带都有类似的现象，这类较为少见的音读曾引起学界很大的关注，罗常培在临川话中发现了来母今读塞音的现象，他认为："这个演变是由 [l] 音受后退的 'i—umlaut' 的影响，先变成带有塞音倾向的 [l]，就像厦门方言里这个辅音的读法一样；第二步再变成舌尖浊塞音 [d]；最后才失落带音作用而变成舌尖清塞音 [t]。"[①]

罗美珍、邓晓华则从复辅音的角度来阐释，认为这种现象是古代复辅音声母的遗留 tl 或 tr 的遗留，后来有的地方丢 t- 变成 l-，有的地方则丢弃 l 变成 t。[②] 郑张尚芳指出这是"流音塞化现象，即把来母 l 发成近于 d 或 ld"[③]

我们认为，闽北方言来母读塞音是存古的表现，而非后起的现象。

此外，在政和方言中，有部分来母字今读 s，值得特别关注，具体见表 7-7。

表 7-7　政和方言来母今读 s 例字

郎	螺	雷	李	老	聋	六	卵	力	两	鳞
saun^{33}	sue^{33}	sue^{33}	sɛ^{55}	sɛ^{55}	soŋ^{33}	su^{55}	sauŋ^{55}	sɛ^{42}	sauŋ^{55}	saiŋ^{33}

来母今读 s 现象普遍存于闽西北，据李如龙统计[④]，闽西北地区十六个县市都有来母今读 s 现象[⑤]。下面依据新调查的材料，来看看闽北来母今读 s 现象，如表 7-8。

表 7-8　闽北各地来母今读 s 例字

	螺	雷	李	聋	六	卵	力	两	鳞	老
建瓯	so^{33}	so^{33}	sɛ^{24}	soŋ^{33}	ly^{42}	soŋ^{55}	li^{33}	lioŋ^{21}	saiŋ^{33}	se^{55}
建阳	sui^{45}	sui^{45}	sɛ^{33}	soŋ^{45}	so^{4}	suŋ^{33}	le^{4}	soŋ^{33}	saiŋ^{45}	sɔu^{33}
松溪	suɛi^{44}	suɛi^{44}	sœ^{45}	soŋ^{45}	sau^{45}	sueiŋ^{45}	sœ^{45}	saŋ^{223}	saŋ^{44}	sa^{45}
武夷山	suei^{33}	suei^{33}	lei^{31}	sɤŋ^{33}	su^{5}	suiŋ^{55}	lie^{5}	soŋ^{55}	saiŋ^{33}	siɤu^{55}
石陂	sə^{33}	sə^{33}	li^{21}	sɔŋ^{33}	ly^{53}	sueiŋ^{53}	le^{42}	sɔŋ^{53}	saiŋ^{33}	sɔu^{53}
邵武	soi^{53}	lei^{33}	sə^{53}	suŋ^{53}	su^{53}	suon^{55}	lə^{35}	lioŋ^{55}	sen^{53}	lau^{55}
光泽	lɔ^{22}	lei^{22}	sei^{41}	soŋ^{41}	su^{41}	suon^{44}	lɛʔ^{5}	lioŋ^{41}	lin^{22}	lau^{41}

① 罗常培：《临川音系》，科学出版社 1958 年版，第 111 页。

② 孙宜志：《江西赣方言来母细音今读舌尖塞音现象的考察》，《南昌大学学报》2003 年第 1 期。

③ 郑张尚芳：《上古音系》，上海教育出版社 2003 年版，第 134 页。

④ 李如龙：《闽西北方言来母读 s 的研究》，《中国语文》1983 年第 4 期。

⑤ 顺昌有所不同，其来母今读 ʃ，如：螺 ʃœ35| 聋 ʃiuŋ35| 鳞 ʃɛ35| 卵 ʃø31。

中古来母今读 s 声是闽北方言语音的重要区别特征，李如龙、曾光平、丁启阵等对这一语音现象进行了深入的分析。①

综合时贤的研究，我们认为闽北来母今读 s 应是古音的遗留，其演变不受声母条件制约，与声调有一定的联系。

综上所述，四平戏与政和方言来母今读 l 属语音的基本对应，是语音演变的结果，而政和方言来母今读塞音及擦音现象，不见于四平戏，当是古音的遗留。

五、日　母

现代汉语各方言，日母字的读音演变情况有很大的差异。闽北方言日母多数今读 n，部分今读零声母。政和方言日母今读情况亦是如此，其多数今读 n，如：二 ni^{55}| 入 nein^{42}| 软 nyin^{213}| 人 nein^{33}| 认 nein^{55}| 让 nion^{55}| 肉 ny^{42}，部分今读零声母，如：任 in^{55}| 热 iɛ^{42}| 如 y^{21}| 儿 y^{21}| 弱 io^{24}。较为特殊的是，个别日母字今读 l，如：闰 lœyn^{55}| 绒 lœyn^{55}，此类读音少见于闽北，多见于闽南，厦门、泉州、永春等地日母今多读为 l。明代政和方言韵书《六音字典》有日母读为 l 的记载，其"立"母（政和方言今读 l）来自中古七个层次，其中第一层次为来母，第二层即为日母，可见此语音现象早在明代甚至更早之前就有了。《韵镜》将日母和来母放在一起称"舌齿音"，说明读音相近，日母今读 l，符合语音演变的规律。

四平戏日母今读同于政和方言，其部分读为 n，如：热 nɤ^{24}，部分今读零声母，如：人 iɤn^{21}| 然 iɤn^{21}| 日 i^{24}| 若 io^{232}| 如 y^{21}，未见日母今读 ʐ，不同于官话。

综上所述，四平戏日母今读 n 及零声母，未见 ʐ 声母，受政和方言影响较大。

---

① 李如龙：《闽西北方言来母读 S 的研究》，《中国语文》1983 年第 4 期；曾光平：《闽西北"来"母读 S 的再研究》，《河南大学学报》1987 年第 2 期；丁启阵《论闽西北方言来母 s 声现象的起源》，《语言研究》2002 年第 3 期。详细论述请参看上述文章。

六、见组声母

见组声母在政和方言、四平戏中既有一致性，二者之间的差异也是存在的。以下逐一分析。

1. 见 母

见母在四平戏与政和方言中一般都读 k 声母，见表 7-9。

表 7-9　四平戏与政和方言见母今读 k 例字

	刮_{合二}	关_{合二}	果_{合一}	各_{开一}	光_{合一}	击_{开四}
四平戏	kua²⁴	kueiŋ⁵¹	ko⁴²	kɤ²⁴	koŋ⁵¹	ki²⁴
政和方言	kua²⁴	kueiŋ⁵³	ko²¹³	ko²⁴	koŋ⁵³	ki²⁴

见母今读 k，此类音读见于汉语各方言，当是承古而来，无需讨论。

需要注意的是，四平戏的舞台语言部分见母细音字出现腭化现象，读为舌面音 tɕ、tɕʰ，如：镜_{梗开三}tɕiŋ²³² ｜紧_{臻开三}tɕiŋ⁴²，①此现象当是受普通话影响的结果。

政和方言见母今读除基本对应外，还存在一类特殊对应，即部分见母今读 x。通常情况下，若一个见母字存在 k 与 x 的异读时，k 为文读，x 为白读，具体如表 7-10。

表 7-10　政和方言见母今读 x 例字

高_{效开一豪}	狗_{流开二厚}	筧_{山开四先}	教_{效开二肴}	菇_{遇开一模}	肝_{山开一寒}	韭_{流开三尤}	橘_{臻合三谆}
xo⁵³白 kau⁵³文	xu²¹³白 kε²¹³文	xaiŋ⁴²	xo⁵³	xu⁴²	xueiŋ⁵³	xiu²¹³	xi²⁴

此类特殊对应，见于闽北及邻近闽中各方言，而罕见于汉语其他方言，主要字例如：

狗：松溪 xu²¹³_白/ka²¹³_文｜武夷山 xu³¹_白/kiɤu³¹_文｜顺昌（洋墩）xœy²¹

筧：松溪 xaiŋ³³｜武夷山 xaiŋ²²｜顺昌（洋墩）xaiŋ³³

教：建瓯 xiau³³｜建阳 xiɔ³³｜武夷山 xiu²²

---

① 个别见组细音字腭化为 tɕ、tɕʰ 属例外情况，音系中统一记为 k、kʰ，后同，不一一说明。

教：建瓯 xau^{54} | 建阳 xau^{51} | 武夷山 xɔ^{53} | 南平（峡阳）xɔ^{21} | 顺昌（洋墩）xau^{53}

嫁：建瓯 xa^{33} | 邵武 ha^{213} | 光泽 ha^{35}

菇：松溪 xu^{33}

肝：建瓯 xuein^{54} | 建阳 xuein^{51} | 松溪 xuein^{53} | 武夷山 xuain^{51} | 南平（峡阳）xuein^{21} | 顺昌（洋墩）xain^{53} | 浦城（石陂）xuein^{53} | 邵武 hon^{21}白 | 光泽 hɔn^{21}白 | 永安 xm^{52} | 沙县 xuĩ^{33} | 三元 hŋ^{553}

韭：建瓯 xiu^{21} | 建阳 xiu^{21} | 松溪 xiu^{213} | 武夷山 xiu^{31} | 南平（峡阳）xiu^{44} | 顺昌（洋墩）xiu^{21} | 浦城（石陂）xiɯ^{21}

橘：建瓯 xi^{24} | 建阳 xi^{35} | 松溪 xi^{24} | 武夷山 xi^{35} | 南平（峡阳）xi^{24} | 顺昌（洋墩）xi^{24} | 浦城（石陂）xi^{55}

过：邵武 huo^{35} | 光泽 hɔ^{55} | 泰宁 xo^{213}

除政和、松溪外，闽北及闽中其他方言还存在个别见母字今读零声母的现象，有以下几个例字：

高：建瓯 au^{21}白 / kau^{54}文 | 建阳 au^{51}白 / kau^{51}文 | 武夷山 au^{51}白 / kau^{51}文 | 南平（峡阳）au^{21}白 / kau^{21}文 | 顺昌（洋墩）au^{53}白 / kau^{53}文

狗：建瓯 e^{21}白 / ke^{21}文 | 建阳 əu^{21}白 / kəu^{21}文 | 南平（峡阳）au^{44}白 / kɐu^{44} | 永安 ø^{21} | 沙县 au^{21} | 三元 ø^{21}

筧：建瓯 ain^{33} | 建阳 ain^{33} | 南平（峡阳）ain^{242} | 浦城（石陂）ain^{33}

菇：建瓯 u^{21} | 建阳 uo^{33} | 南平（峡阳）u^{31} | 顺昌（洋墩）u^{53} | 邵武 u^{55} | 光泽 u^{41} | 将乐 u^{51} | 泰宁 u^{35} | 永安 u^{52} | 沙县 u^{33} | 三元 u^{553}

政和方言见母今读 x，当是古侗台语底层的层次，四平戏没有此类层次。

2. 溪　母

溪母在四平戏与政和方言一般都读 k^h 声母，如表 7-11。

表 7-11　四平戏与政和方言溪母今读 k^h 例字

	可开一	苦合一	气开三	亏合三	劝合三	客开二
四平戏	k^ho^{42}	k^hu^{42}	k^hi^{232}	k^huei^{51}	$k^hy\gamma\eta^{232}$	$k^h\gamma^{24}$
政和方言	k^ho^{213}	k^hu^{213}	k^hi^{42}	k^hui^{53}	$k^hyi\eta^{42}$	k^ha^{24}

在基本对应之外，政和方言还存在例外情况，个别溪母字今读 x 或零声母，如：恰 xa^{24} ｜犬 $yi\eta^{42}$。

四平戏个别溪母细音字腭化为 $t\varphi^h$，如：牵 $t\varphi^hie\eta^{51}$，当是戏曲舞台语言"普通话化"的结果。

闽北方言中溪母今读 x 或零声母现象甚是少见，仅存留个别字，但从文献材料来看，这类语音现象古已有之，以下两种文献可做佐证。

第一种文献材料是明代政和方言韵书《六音字典》。《六音字典》反映的是明代政和的语音系统。据马重奇统计，《六音字典》收录了六百一十一个向母字（现代政和方言读作 x），这六百一十一个向母字分别来自八个层次①，如表 7-12。

表 7-12　《六音字典》向母的来源

中古声母 8	喉音	轻唇音	牙音	正齿音	齿头音	舌音	重唇音	半舌音
总数 611	428	116	37	9	7	7	4	3
比例（%）	70.05%	18.99%	6.06%	1.47%	1.15%	1.15%	0.65%	0.49%

根据表 7-12 提供的数据，可清楚看到明代政和方言存在牙音读作向母（现代政和方言读作 x）的语音现象，三十七个牙音字中有六个溪母字读作向母②。

《六音字典》收了六百四十九个又母字（现代政和方言读作 ∅），这六百四十九个又母字分别来自九个层次③，如表 7-13。

① 马重奇：《明清闽北方言韵书手抄本音系研究》，商务印书馆 2014 年版，第 70 页。
② 马重奇：《明清闽北方言韵书手抄本音系研究》，商务印书馆 2014 年版，第 70 页。
③ 马重奇：《明清闽北方言韵书手抄本音系研究》，商务印书馆 2014 年版，第 61 页。

表 7-13 《六音字典》又母的来源

中古声母 9	喉音	轻唇音	半齿音	齿音	牙音	齿头音	舌音	重唇音	半舌音
总数 649	494	46	41	25	19	10	6	5	3
比例（%）	76.12%	7.09%	6.32%	3.85%	2.93%	1.54%	0.92%	0.77%	0.46%

表 7-13 揭明明代政和方言有牙音读作又母的现象（现代政和方言读作 Ø），十九个牙音字中有四个溪母字读作又母。[1]

第二种文献证据是闽北音释材料。经籍中的音注是研究语音的重要材料，宋代建阳人熊刚大所著《性理群书句解》对很多字作了注音，其在书中对"綱"的注音为："綱，火迥切。"

綱，《广韵》口迥切，溪母，熊刚大注为"火迥切"，晓母。熊刚大以晓注溪。

上述文献资料说明，溪母读作 x 或 Ø 在宋代就已存在，经过元、明、清而仍然保留在现代闽北政和方言中。尽管限于材料还难以确定溪母的擦音化及零声母化更早的时间，但其他方言点的同类语音现象为我们打开了视野。

溪母今读 x 或零声母现象虽少见于闽北方言，但在其他南方汉语中却是较为普遍的现象，客家话、海南闽语、粤语及赣语中均有此语音现象。从语音演变的角度看，溪母今读 x 或零声母属于塞音弱化现象，这类特殊读音与见母今读 x 或零声母现象一样，应是古侗台语底层层次。

3. 群 母

四平戏古群母声读为 k^h、k，政和方言群母大部分读为 k，如表 7-14。

表 7-14 四平戏与政和方言群母今读例字

	桥开三	舅开三	权合三	共合三	局合三
四平戏	kio²¹	kiu⁴²	k^hyɤŋ⁵¹	koŋ²³²	ky²⁴
政和方言	kio³³	kiu⁵⁵	kyiŋ²¹	koŋ⁵⁵	ky⁵⁵

政和方言群母除读 k 声母之外，少部分还读 k^h，如：渠：k^hy²⁴ | 骑 k^hi²¹ | 钳 k^hiŋ³³。

---

[1] 马重奇：《明清闽北方言韵书手抄本音系研究》，商务印书馆 2014 年版，第 60 页。

4. 疑 母

疑母在四平戏与政和方言中一般都读 ŋ 声母，如表 7-15。

表 7-15　四平戏与政和方言疑母今读 ŋ 例字

	鹅开一	眼开二	硬开二	艺开三	言开三	原合三
四平戏	ŋo²¹	ŋien⁴²	ŋiŋ²³²	ŋi²³²	ŋain²¹	ŋɣʏŋ²¹
政和方言	ŋyɛ³³	ŋain²¹³	ŋaiŋ⁵⁵	ŋi⁵⁵	ŋyiŋ²¹	ŋyiŋ³³

除此，部分疑母政和方言今读 n 或 ø，如：牛 niu³³｜孽 nie³³｜额白 nia⁴²｜遇 y⁵⁵｜危 ui²¹｜岸 uein⁴²｜顽 uain²¹。

四平戏亦存在部分疑母字今读 n 或 ø，如：牛 niu²¹｜孽 nie²⁴｜熬 au⁵¹｜遇 y²³²｜危 uei⁵¹。

综上所述，四平戏见组声母今读 k、kʰ，疑母今读 ŋ，与政和方言相同。政和方言有较强的存古性，其见母今读 x，溪母今读零声母或 x，属古侗台语底层层次。

七、晓组声母

中古晓组声母包括晓母和匣母，二者在政和方言、四平戏中既有一致性，也有差异性，以下逐一分析。

1. 晓 母

在政和方言中，晓母今读 x 是主流形式。四平戏同于政和方言，晓母今读 x，如表 7-16。

表 7-16　四平戏与政和方言晓母今读 x 例字

	火合一	花合二	海开一	戏开三	好开一	希开三
四平戏	xuo⁴²	xua⁵¹	xai⁴²	xi²³²	xau⁴²	xi⁵¹
政和方言	xuɛ²¹³	xua⁵³	xuɛ²¹³	xi⁴²	xo²¹³	xi⁵³

四平戏少数晓母字与齐齿呼、撮口呼相拼时，腭化明显，今记为 s，如：兄 sioŋ⁵¹。

政和方言少数晓母今读 kʰ，如：虎晓 kʰu²¹³｜熏晓 kʰœyŋ²¹，此类读音不见于四平戏，普遍存于闽北各地，如：

火晓：建阳 kʰui²¹｜松溪 kʰui²¹³｜顺昌（洋墩）kʰui²¹

虎晓：建瓯 kʰu²¹｜建阳 kʰo²¹｜松溪 kʰu²¹³｜南平（峡阳）kʰu⁴⁴｜
浦城（石陂）kʰu²¹｜顺昌（洋墩）kʰu²¹｜武夷山 kʰu³¹

熏晓：建阳 kʰeiŋ³³｜松溪 kʰœyŋ²¹｜武夷山 kʰɤŋ²²｜南平（峡阳）
kʰœyŋ²¹｜浦城（石陂）kʰueiŋ³³｜顺昌（洋墩）kʰueiŋ³³

邻近闽客赣过渡方言区的邵武、光泽、将乐、泰宁也有此类特殊读音，如：邵武：虎 kʰu²¹白｜熏 kʰyn²¹‖光泽：虎 kʰu⁴¹白｜熏 kʰyn²¹‖将乐：熏 kʰỹŋ⁵⁵｜火 kʰuæ⁵¹‖泰宁：虎 kʰu³⁵³。

政和方言部分晓母今读 kʰ，我们可以从更早的文献中寻到相应的记载。明代政和方言韵书《六音字典》记录了当时有晓母读作牙音。《六音字典》二百八十六个气母字，分别来自牙音、喉音、齿音、半舌音、唇音、舌音等六个层次[1]，具体来源构成如表 7-17。

表 7-17　《六音字典》气母的来源

中古声母	牙音	喉音	齿音	半舌音	唇音	舌音
总数 286	250	21	11	1	1	2
比例（%）	87.41%	7.34%	3.85%	0.35%	0.35%	0.7%

在气母的六个来源中，牙音最多，这其中以溪母读作气母最多，符合现代政和方言溪母的演变规律。与此同时，明代政和喉音读作气母也有一定数量，其中以晓母读作气母最多，二十一个喉音字中有十二个晓母字读作气母[2]。

晓母今读 kʰ 不仅见于闽北及闽中地区，南方汉语各方言均有晓母今读 kʰ 现象。我们认为，闽北、闽中及南方汉语各方言中这类共有的语音特点，可能是上古音的残余现象。[3]四平戏无此类音读。

2.匣　母

在汉语各方言中，匣母今读 x（或 h）是普遍现象，是语音演变的结果，

---

① 马重奇：《明清闽北方言韵书手抄本音系研究》，商务印书馆 2014 年版，第 40 页。

② 马重奇：《明清闽北方言韵书手抄本音系研究》，商务印书馆 2014 年版，第 41 页。

③ 南方汉语各方言晓母今读 kʰ 现象，上篇第三章已讨论过，此不赘述。

无须多加讨论。四平戏同于政和方言，二者匣母今读 x 是基本对应，如表 7-18。

表 7-18　四平戏与政和方言匣母今读 x 例字

	下_{开二}	坏_{合二}	后_{开一}	现_{开四}	恨_{开一}	学_{开一}
四平戏	xia^{232}	$xuai^{232}$	$x\varepsilon u^{42}$	$xie\eta^{232}$	$xe\eta^{232}$	xye^{24}
政和方言	xa^{42}	$xu\varepsilon^{55}$	xu^{55}	$xi\eta^{55}$	$xai\eta^{55}$	$xu\varepsilon^{55}$

中古之后，匣母字不论开合在官话区走的是浊音清化的道路，即 ɣ—h—x。四平戏舞台语言以官话为基础，其匣母皆今读 x。此外，四平戏匣母与齐齿呼、撮口呼相拼时，腭化明显，今记为 ɕ，如：下 εia^{232} | 县 $\varepsilon ie\eta^{232}$。

地处闽北的政和方言，匣母除基本对应之外，还存在一些特殊音读，这些特殊音读不见于四平戏。

（1）部分匣母合口一二等字今读零声母。政和方言部分匣母合口一二等字今读零声母，如：华_{合二} ua^{21} | 魂_{合一} $au\eta^{33}$ | 壶_{合一} u^{21} | 怀_{合二} uai^{21} | 话_{合二} ua^{55}_白 | 完_{合一} $yi\eta^{21}$ | 黄_{合一} $o\eta^{21}$ | 划_{合二} ua^{42}。闽北各地均存在此类音读现象，如：

壶_{合一}：建瓯 u^{21}

黄_{合一}：建瓯 $ua\eta^{33}$ | 建阳 $uo\eta^{45}$ | 武夷山 $o\eta^{33}$ | 松溪 $o\eta^{44}$ | 石陂 η^{33}

魂_{合一}：建瓯 η^{33} | 石陂 $uei\eta^{33}$

完_{合一}：建瓯 $ui\eta^{21}$ | 武夷山 $yi\eta^{33}$ | 石陂 $yi\eta^{33}$

河_{合一}：建瓯 η^{21}

红_{合一}：建瓯 $o\eta^{21}$ | 建阳 $o\eta^{41}$_白

华_{合二}：建瓯 ua^{21}

话_{合二}：建瓯 ua^{55}_白 | 建阳 ua^{55}_白 | 武夷山 ua^{55}_白 | 松溪 ua^{45}_白 | 石陂 ua^{55}_白

怀_{合二}：建瓯 uai^{21}

划_{合二}：建瓯 ua^{42}

较为特殊的是建瓯、建阳两地方言，匣母不仅合口一二等字读为零声母，一些开口一二等字也读为零声母，如：

下$_{开一}$：建瓯 a^{21}

鞋$_{开二}$：建瓯 ai^{21} ｜ 建阳 ai^{41}

盒$_{开一}$：建阳 ɔ^4

邵武、光泽等地也有个别匣母合口一二等字今读零声母，如邵武：黄 uoŋ^{33} ｜ 话 ua^{35}$_{白}$‖光泽：话 ua^{55}$_{白}$，邻近闽中也存在个别匣母字今读零声母，如：

禾：永安 ue^{33} ｜ 三元 uɛ^{41}

话：永安 uŋ^{54} ｜ 三元 o^{33}

政和及闽北其他地区匣母今读零声母主要指的是匣母合口一二等字，开口一二等字读为零声母情况甚少。中古匣母李荣①、董同龢②等拟为ɣ。就闽北方言而言，中古以后，匣母多数开口一二等字、多数四等字和部分合口一二等字由ɣ弱化为变为喉擦音 ɦ，之后浊音清化为 x（或 h）；部分合口一二等字受介音的影响，ɣ发生弱化进而脱落为零声母。

除闽北方言外，吴语、赣语、客家话、湘语、徽语等南方汉语各方言也有匣母合口一二等字今读零声母的现象。据钱乃荣调查，"黄""话"等字吴语今读零声母，如：

黄：溧阳 uaŋ^{323} ｜ 丹阳 uaŋ^{324}

话：丹阳 o^{41} ｜ 靖江 ʔo^{51} ｜ 吴江黎里镇 ʔo^{413}③

万波在调查赣语时发现，部分匣母合口字今白读音为合口呼零声母 u 或 v 声母，与微母字合流，这种现象几乎见于所有的赣方言。④与闽北方言、赣方言相同，客家话匣母读为零声母也主要见于合口一二等字。⑤湘语双峰

---

① 李荣：《切韵音系》，科学出版社1956年版，第128页。

② 董同龢：《汉语音韵学》，文史哲出版社1993年版，第150页。

③ 钱乃荣：《当代吴语研究》，上海教育出版社1992年版。语音材料来自该书。

④ 万波：《赣语声母的历史层次研究》，商务印书馆2009年版，第193页。

⑤ 李如龙、张双庆：《客赣方言调查报告》，厦门大学出版社1992年版，合口四等的"县"字，多数客家话读为零声母，如：河源 ien、翁源 ien、梅县 ian、宁都 ien、西河 ien、陆川 ian 等地。

方言一些匣母合口一二等字读为零声母，徽语绩溪方言个别合口一二等匣母字读零声母。

匣母今读零声母现象见于赣语、吴语、客家话、徽语、闽语等南方诸方言，而不见于北方官话，且在远离官话区的闽语、客家话等地，匣母今读零声母的现象不限于合口一二等，这种种现象让我们有理由相信，匣母今读零声母可能是南方诸汉语方言较古老的层次，其发生时期应在匣母清化之前。

（2）部分匣母今读 k。政和方言中还存在"匣母古归群母"现象，即匣母今读塞音 k。厚 kɛ⁴² ｜猴 kɛ²¹ ｜含 kaiŋ²¹ ｜咸 keiŋ²¹ ｜汗 kueiŋ²¹ ｜县 kyiŋ²¹ ｜滑 kuɛ⁴²，此类读音不见于四平戏中。

匣母今读 k，普遍见于闽北各地，如表 7-19。

表 7-19　闽北各地匣母今读 k 例字

	建瓯	建阳	松溪	武夷山	南平（峡阳）	浦城（石陂）	顺昌（洋墩）
厚	ke⁴²	kəu³³	ka³³	xiɣu⁵⁵	kɛu²⁴²	gəuɯ³³	kœy³³
猴	ke²¹	kəu⁴¹	ka²¹	jiɣu²²	keu³¹	gəuɯ⁴²	kœy⁴¹
含	kaiŋ²¹	kaiŋ⁴¹	kaiŋ²¹	haŋ²²	kaiŋ³¹	gaŋ⁴²	kaiŋ⁴¹
咸	keiŋ²¹	kiŋ⁴¹	keiŋ²¹	jiŋ²²	keiŋ³¹	geiŋ⁴²	keiŋ⁴¹
汗	kuiŋ⁵⁵	kueiŋ³³	kueiŋ²¹	βuaiŋ⁵⁵	kuaiŋ⁵¹	guaiŋ³⁵	kuaiŋ⁴⁵
县	kuiŋ⁵⁵	kyeiŋ⁵⁵	kyŋ²¹	jyaiŋ⁵⁵	kuaiŋ⁵¹	gyiŋ³⁵	kuaiŋ⁴⁵
滑	ko⁴²	kui⁴	kua⁴⁵	xuai⁵	kuai²⁴	xuaiŋ⁵³	kuai⁵

邻近闽中的永安、沙县、三元也有此类音变现象，如：永安：寒 kum³³ ｜厚 kø⁵⁴ ｜猴 kø³³ ‖三元：寒 kŋ⁴¹ ｜厚 kø³³ ｜猴 kø⁴¹ ‖沙县：寒 kuĩ³¹ ｜厚 kau⁵³ ｜猴 kau³¹。

综上所述，扎根于政和杨源的四平戏，晓匣母呈现较为明显的官话语音特点。

八、影组声母

影组声母包含影母、云母及以母，三个声母的字今读情况在政和方言、四平戏中既有相同的一面，也有不同的一面。

1. 影　母

四平戏同于政和方言，古影母今读零声母，如表 7-20。

表 7-20　四平戏与政和方言影母今读零声母例字

	乌开一	爱合一	意开三	烟开四	冤合三
四平戏	u^{51}	ai^{232}	i^{232}	ien^{51}	$yɤŋ^{51}$
政和方言	u^{53}	$uɛ^{42}$	i^{42}	$iŋ^{53}$	$yiŋ^{53}$

2. 云　母

四平戏与政和方言相同，古云母今读零声母，如表 7-21。

表 7-21　四平戏与政和方言云母今读零声母例字

	移开三	有开三	远合三	王合三	右开三
四平戏	i^{21}	iu^{42}	$yɤŋ^{42}$	uan^{21}	iu^{232}
政和方言	i^{21}	iu^{213}	$yiŋ^{213}$	$oŋ^{33}$	iu^{55}

除今读零声母外，政和方言部分云母读为 x，如：雨合三 xy^{55}白｜园合三 $xyiŋ^{333}$｜云合三 $xyœŋ^{21}$｜熊合三 $xyœŋ^{21}$｜雄合三 $xyœŋ^{21}$。此类读音不见于四平戏。

3. 以　母

以母在四平戏与政和方言中都读为零声母，如表 7-22。

表 7-22　四平戏与政和方言云母今读零声母例字

	药开三	姨开三	油开三	样开三	育合三
四平戏	io^{24}	i^{21}	iu^{21}	ian^{232}	y^{24}
政和方言	io^{42}	i^{21}	iu^{33}	$ioŋ^{55}$	y^{24}

除今读零声母外，政和方言少数以母字今读塞擦音、擦音，这是闽语的重要特点，不见于四平戏舞台语言，如：

叶 $tsia^{55}$｜痒 $tsioŋ^{42}$｜蝇 $siŋ^{33}$

匀 $xœyŋ^{21}$｜营 $xœyŋ^{21}$｜容 $xœyŋ^{21}$

学界对以母今读塞擦音、擦音的语音现象多有讨论，庄初升指出，"闽、吴方言中少数以母字在口语中今读为塞擦音、擦音声母的成因，可能要追溯到上古时期以母与邪母的谐声关系"①，即：

上古　l-> 中古 ji-（以母）

上古　l+j> 中古 zj-（邪母）

综上所论，中古影组字在四平戏与政和方言中的今读情况既有相同之处，也有不同。二者影组字都读为零声母，但相比于四平戏，政和方言影组字今读保存了较多古音特点。

第二节　韵母系统比较研究

本节讨论杨源四平戏与政和方言在韵母方面的关系，探讨二者之间的异同。

一、古阳声韵

政和方言属闽北方言，其重要的特点之一为阳声韵尾只有一个——ŋ。现代汉语读 n 尾的，政和方言都读为 ŋ 尾，这一语音特点古已有之，我们可以从宋代闽北音释中管窥闽北方言这一语音特点。

建阳蔡沈《书经集传》、建阳熊刚大《性理群书句解》是考察宋代闽北语音的重要音释材料，现代闽北方言中阳声韵尾只有 ŋ 这一个，由中古 m、n、ŋ 三个韵尾归并而来，这种归并在宋代蔡、熊二人的音注中表现得很明显。蔡、熊二人音注中三个韵尾之间互注情况见表 7-23。

表 7-23　中古 m、n、ŋ 三个韵尾互注情况

n、ŋ		m、ŋ		m、n	合
清 欣 文		清 蒸 侵		真	合
真 清 清		侵 侵 蒸		侵	计
1 1 1		1 1 1		3	9

① 庄初升：《闽语平和方言中属于以母白读层的几个本字》，《语文研究》2002年第3期。

不同韵尾间互注三种类型，如：

1. 梗（ŋ）与臻（n）两摄互注

嫔，音并_{蔡7}①。嫔，《广韵》符真切，臻摄真韵；并，府盈切，梗摄清韵。《书》②以清注真。

莞，音群_{熊184}③。莞，《广韵》渠营切，梗摄清韵；群，渠云切，臻摄文韵。《性》以文注清。

㤫，音勤_{熊266}。㤫，《广韵》渠营切，梗摄清韵；勤，巨斤切，臻摄欣韵。《书》以欣注清。

2. 梗、曾（ŋ）与深（m）摄互注

衾，音轻_{熊219}。衾，《广韵》去金切，深摄侵韵；轻，去盈切，梗摄清韵。《性》以清注侵。

沈，音澄_{蔡4}。沈，《广韵》直深切，深摄侵韵；澄，直陵切，曾摄蒸韵。《书》以蒸注侵。

剩，音甚_{熊129}。剩，《广韵》实证切，曾摄蒸韵；甚，时鸩切，深摄侵韵。《性》以侵注蒸。

3. 臻（n）与深（m）两摄互注

惛，音因_{熊112}。惛，《广韵》挹淫切，深摄侵韵；因，於真切，臻摄真韵。《性》以真注侵。

衽，音忍_{熊158}。衽，《广韵》汝鸩切，深摄侵韵；忍，而振切，臻摄真韵。《性》以真注侵。

闯，音趁_{熊98}。闯，《广韵》丑禁切，深摄侵韵；趁，丑刃切，臻摄真韵。《性》以真注侵。

蔡、熊二人的音注中臻梗曾深四摄互注共计九例，互注频次相当大，在同时期福建其他地区的音注材料中（如闽东福州郑昂《分门杜诗》，m、n、ŋ三韵尾互注无一例）算十分罕见的，尤其是侵韵，与n、ŋ尾互注达

---

① 蔡7：指注音材料为《钦定四库全书荟要·书经集传》，吉林出版集团2005年版，第7页。下文同。

② 为行文的简洁方便，《书经集传》《性理群书句解》分别简称为《书》《性》。

③ 熊184：指本文注音材料为文渊阁《四库全书》第709册熊刚大《性理群书句解》第184页，下文同。

六例之多。南宋吴棫《韵补》是一部较多地反映宋代闽北方音的著作，其打破传统《切韵》阳声韵尾 m、n、ŋ 壁垒森严的界限，将真谆臻欣痕清青蒸登侵归为一部。臻梗曾深摄之间的混并在南宋闽北崇安刘子翚、刘学箕的诗文用韵中亦有鲜明的体现，刘晓南考察宋代闽北刘子翚、刘学箕二人诗文用韵时发现："二人臻、梗、曾、深摄之间的混押，共 30 例。"他指出"宋代闽北音阳声韵尾中主元音较前较高的韵的韵尾已经合并。"[①]

综合以上材料，对照现代闽北方言，可清晰看到古臻梗曾深在闽北各地相混的现象。

7-24　闽北方言臻梗曾深相混例字

	臻摄		梗摄		曾摄		深摄	
	神	辰	城	星	秤	灯	心	金
建瓯	sein^{21}	sein^{21}	sein^{33}	sain^{54}	tsʰein^{33}	tain^{54}	sein^{54}	kein^{53}
松溪	sein^{21}	xiein^{21}	xiein^{21}	san^{53}	tsʰein^{22}	tan^{53}	sein^{53}	kein^{53}
建阳	siŋ^{45}	iŋ^{41}	siŋ^{33}	saiŋ^{51}	tsʰiŋ^{33}	taiŋ^{51}	sɔiŋ^{51}	kiŋ^{51}
政和	iŋ^{21}	iŋ^{21}	sein^{42}	sain^{53}	tsʰein^{42}	tain^{53}	sein^{53}	kein^{52}

四平戏在韵母方面实现"在地化"最突出的表现，即阳声韵字今读都是 ŋ 尾：来自中古咸深摄的字读为 ŋ 尾，来自通江宕梗曾摄的字读为 ŋ 尾，来自臻山摄的字读为 ŋ 尾，同于政和方言而异于官话，具体见表 7-25。

表 7-25　四平戏与政和方言阳声韵韵尾情况

	四平戏	政和方言	官话
咸摄	ŋ	ŋ	n
深摄	ŋ	ŋ	n
山摄	ŋ	ŋ	n
臻摄	ŋ	ŋ	n
宕摄	ŋ	ŋ	ŋ
江摄	ŋ	ŋ	ŋ
曾摄	ŋ	ŋ	ŋ
梗摄	ŋ	ŋ	ŋ
通摄	ŋ	ŋ	ŋ

---

① 刘晓南：《南宋崇安二刘诗文用韵与闽北方言》，《中国语文》1998 年第 3 期。

以下根据最新调查的政和方言与四平戏材料来看二者阳声韵字的今读情况，每摄只列举一个代表字，见表 7-26。

表 7-26　四平戏与政和方言阳声韵字今读情况

	邻_通	黄_江	神_臻	用_宕	星_梗	村_山	灯_曾	心_深	经_咸
四平戏	lin^{21}	$xuan^{21}$	sen^{21}	ion^{232}	sin^{51}	ts^hurn^{21}	ten^{51}	sin^{51}	kin^{51}
政和方言	$lein^{21}$	on^{33}	in^{21}	$œyn^{55}$	$sain^{53}$	ts^haun^{53}	$tain^{53}$	$sein^{53}$	$kein^{53}$

四平戏臻摄山摄深摄咸摄阳声韵字今读 ŋ 尾应是受政和方言影响而形成的较为晚近的层次，其 m、n、ŋ 相混，在戏曲舞台语言的押韵上有鲜明的体现。

四平戏中言前韵与江阳两韵辙可互押，但传统京剧十三辙中这两韵不可通用，两韵辙的韵母不同，按理不允许通押，但在四平戏中却能通用，这一点与闽北方言的语音特征相对应：普通话鼻韵母的字，闽北方言一律都收 ŋ 尾。就古音演变规律而言，即古臻山深咸与曾梗宕相混，有后者无前者，所以返观在四平戏唱腔中言前韵与江阳韵通押也就有理可寻了。如：《刘文昔全本·第二场：上华山》中刘文昔唱到：

> 华岳山中一炉香，香烟袅袅透天堂。刘昔若得高官做，回来遍体把金装。华岳山中一尊神，内是黄土外是金。喉咙若有三寸气，与我刘昔共枕眠。

"香""堂""装""神""金""眠"通押。

与政和方言古臻山深咸与曾梗宕相混的韵母特征相适应还有人丁韵。四平戏中，人丁韵是使用较多的韵辙，因其语言系统中无 n、ŋ 之分，因此四平戏中"心、星"不分，"金、京"不分，"辰、城"不分，这恰与政和杨源方言 n、ŋ 不分的语音特点一致。如《刘文昔全本·第八场：卖宝带》中红宴官唱到：

> 听你言来恼我心，胆大书生罪非轻，盗偷宝带是犯法，王法如雷不顺情。

"心""轻""情"通押。

《刘文昔全本·第十四场：见父》刘文昔唱到：

> 我儿一旁听言因，为父言来你且听。你母本是三仙娘，黑风洞里
> 受苦心。日受木枷八十斤，也来枷锁不离身。养你成人身长大，急早
> 前去求母亲。若还求得娘亲出，通过求母上西天。

"因""听""心""斤""身""亲""天"通押。

二、古入声韵

汉语各方言塞音韵尾的历史演变比较复杂，各地塞音韵尾的演变的差异很大。中古塞音韵尾 p、t、k 在闽语的演变及保留情况各不相同，比如，莆仙话塞音韵尾为喉塞音尾ʔ，福州话也保留喉塞音韵尾ʔ，闽南话则保留较为完整的 p、t、k 韵尾，闽北方言古塞音韵尾 p、t、k 则完全脱落消失，古入声字今读无塞音韵尾，政和方言也是如此，如：

笔_质pi²⁴| 物_物uɛ²⁴| 塔_盍tʰa²⁴| 接_叶tsie²⁴

竹_屋ty²⁴| 菊_屋ky²⁴| 急_缉kiɛ²⁴| 十_缉tsi⁵⁵

辣_翰la²⁴| 结_屑kiɛ²⁴| 桌_觉to²⁴| 尺_昔tsʰio²⁴

客_陌kʰa²⁴| 作_铎tso²⁴| 药_药io²⁴| 直_职tɛ⁵⁵

四平戏以官话为基础，其古塞音韵尾 p、t、k 完全脱落消失，古入声字今读无塞音韵尾，这与政和方言古入声韵尾的今读是一致的，如：

笔_质pi²⁴| 物_物u²⁴| 塔_盍tʰa²⁴| 接_叶tsie²⁴

竹_屋tsu²⁴| 菊_屋ky²⁴| 急_缉ki²⁴| 十_缉ʅ

辣_翰la²⁴| 桌_觉tsuo²⁴| 尺_昔tsʰio²⁴|

客_陌kʰɤ²⁴| 作_铎tsuo²⁴| 药_药io²⁴| 直_职tʂʅ²⁴

不过，需要注意的是，四平戏古入声字今读无塞音韵尾，应是来自官话，是明显的官话特征，而非受政和方言的影响。

三、果 摄

果摄在四平戏、政和方言的今读情况整理为表 7-27。

表 7-27　四平戏、政和方言果摄今读情况

方言		读音	例字
开口一三等	四平戏	ɤ	开一：可歌鹅
		uo	开一：左锣多托
		io	开三：茄
		a	开一：大他
开口一三等	政和方言	o	开一：左可锣歌多_文
		uɛ	开一：大托多_白
		io	开三：茄
		yɛ	开一：鹅
合口一三等	四平戏	ɤ	合一：课河
		o	合一：锁果锁货破磨过祸河婆
		ye	合三：靴
		uo	合一：坐火螺
	政和方言	o	合一：课货破_文磨过躲锁果祸河婆螺_文 合三：靴
		uɛ	合一：破_白坐火螺_白

（一）开口一三等

四平戏果摄开口一等歌韵主要读 ɤ、uo 韵，这两个音类应该都是新文读层，歌豪不相混。四平戏果摄读为 a 的字很少，如"大他"，此音类显然来自北方官话。在四平戏的语言中，"他"作为第三人称代词使用，区别于政和方言的"渠"。

政和方言果摄开口一等歌韵主要读 o、uɛ 韵。需要注意的是，政和方言

151

果摄开口一等歌韵今读 o 音类，早在宋代就已经存在[①]，与此同时，政和方言歌豪相混，如：锁_歌so²¹³ = 嫂_豪so²¹³。闽语其他方言都是歌豪相混的。政和方言果摄开口一等歌韵今读 uɛ 音类，应属白读音。除果摄外，政和方言止摄、蟹摄中也有读部分音读此音类。

四平戏同于政和方言，果摄开口三等有 io 音类，但只有一个"茄"字，这是四平戏受政和方言影响的结果，此音类属于白读音层次。

值得一提的是，政和方言果摄开口一等歌韵读为 yɛ 韵，只有一个字"鹅 ŋyɛ³³"，此音类层次，四平戏没有。除果摄外，政和方言止摄、蟹摄及假摄也有读为 yɛ 韵的，如：纸_止tsyɛ²¹³ | 蚁_止ŋyɛ⁴² | 开_蟹kʰyɛ⁵³ | 外_蟹ŋyɛ⁵⁵ | 蛇_假yɛ³³。

政和方言果摄、假摄、止摄及蟹摄相混，今读 yɛ 韵，属于上古音层次，戴黎刚指出："上古歌部分化为中古果摄、假摄以及止摄支韵，分化的时间大约开始于东汉，完成于魏晋。"[②] 可见，政和方言读 yɛ 的层次应该追溯到魏晋以前。闽北方言此音类皆为撮口呼，如"鹅"：建瓯 ŋyɛ³³ | 松溪 ŋœ⁴⁴ | 建阳 ŋyɛ⁴⁵ | 武夷山 ŋyai³³。

与政和方言同属该层次的漳州话读为 ia，福州话读为 ia，莆仙话则读为 ya。

（二）合口一三等

四平戏果摄合口一等戈韵主要读 ɤ、uo、o，ɤ、uo 韵为文读音，o 韵读法同于政和方言，如"果"，四平戏读为 ko⁴²，政和方言读为 ko²¹³；"锁"，四平戏读为 so⁴²，政和方言读为 so²¹³，合口三等戈韵读为 ye，仅一个字，"靴 xye²⁴"。政和方言果摄合口一等戈韵主要读为 o、uɛ 韵。需要注意的是，政和方言合口三等戈韵读为 o，如：靴 xo⁵³，这应该是受官话影响而产生的新文读音。

综上所述，四平戏果摄各音类主要来自官话，果摄开口三等读为 io 韵，合口一等读为 o，显然是政和方言使然。

---

① 刘晓南：《从历史文献的记述看早期闽语》，《语言研究》2003 年第 1 期。

② 戴黎刚：《闽语的历史层次及其演变》，中国社会科学出版社 2012 年版，第 16 页。

四、假 摄

假摄在四平戏、政和方言的今读情况整理为表 7-28。

表 7-28　四平戏、政和方言假摄今读情况

	方言	读音	例字
开二麻	四平戏	a	骂把马爬茶沙
		ia	假下夏哑牙
		ie	姐
	政和方言	a	骂把马假下夏哑牙爬茶沙_白虾
		ia	姐
		uɛ	沙_文
开三麻	四平戏	ie	谢夜写野斜爷
		ɤ	蛇车
		io	借
	政和方言	ia	谢射夜写野斜车
		io	借
		yɛ	蛇
		iɛ	爷
合二麻	四平戏	ua	化瓦瓜华花
	政和方言	ua	化瓦瓜华花

（一）开口二等

四平戏开口二等麻韵主要读为 a、ia，ie 韵只有"姐"字，从语音演变来看，四平戏开口二等麻韵的读法都来自官话。

政和方言开口二等麻韵主要读为 a，闽语各地方言该音类的对应都比较整齐。较为特殊的是 ia 韵，如：姐 tsia²¹³，此"姐"应是母亲之义，政和话说"姐"为"姊"。开口二等麻韵中还应注意读为 uɛ 韵这一音类，如沙 suɛ⁵³_白，此音类为白读层，同于果摄，是上古果假相混的结果。

（二）开口三等

四平戏开口三等麻韵主要读为 ie 韵，部分今读 ɤ 韵，这两个音类显然也来自官话，不同于政和方言。需要注意的是，四平戏开口三等麻韵读为 io 韵这一音类，如：借 tsio²⁴，此音类明显来自政和方言，政和方言"借"今读 tsio²⁴。

政和方言开口三等麻韵以 ia 音类为主，收字最多，还有 yɛ、iɛ 两个音类，这两个音类不见于四平戏语言。今读 yɛ 韵，只有一个字"蛇 yɛ³³"。假摄今读 yɛ 韵，同于果摄，反映上古果假不分的语言事实，前文果摄已分析，不再讨论。今读 iɛ 韵，只有一个字"爷 iɛ²¹"，需特别注意，政和话口语中称"爷爷"为"阿翁 aŋ⁵³œyŋ⁵³"，"爷"只在"老天爷""老爷"等词中才出现，我们认为这类音读可能是一种新读。

（三）合口二等

合口二等麻韵，四平戏与政和方言相同，都读为 ua 韵，均为见系声母字。

综上所述，四平戏假摄各音类大多来自官话，开口三等麻韵读为 io 韵，显然来自政和方言。

五、遇 摄

遇摄在四平戏、政和方言的今读情况整理为表 7-29。

表 7-29　四平戏、政和方言遇摄今读情况

	方言	读音	例字
合一模	四平戏	u	步簿赌土图杜奴路租古苦裤吴五虎壶户乌
		uo	错做
	政和方言	u	簿赌土图杜奴路租古苦裤吴五虎壶户乌
		o	布错步
		a	做
合三鱼	四平戏	y	女吕徐猪除书鼠如举锯渠余鱼许去
		u	初府父武柱

方言	读音	例字
政和方言	y	女吕徐猪除书鼠如举锯渠余鱼许
	u	初府父武
	o	去
四平戏	y	主输句区遇雨裕芋
	u	付雾树住柱
政和方言	y	主输句区遇雨裕芋
	u	付雾树
	iu	树住柱

表头左侧合并单元格：合三虞

（一）合口一等模韵

模韵的读音较为简单，四平戏与政和方言的主体语音层都是 u，这应是二者语音系统自主音变的结果。不同的是，四平戏模韵还有少数字今读 uo 音类，如"错做"，这显然是受官话影响的结果。

政和方言少数模韵今读 o 音类，如：布 po⁴²| 错 tsʰo⁴²| 步 po²¹，同属闽北方言的建阳方言模韵的主体读法即为 o 音类。

政和方言模韵今读除主体语音层 u 外，还存在个别字今读 a，如：做 tsa⁴²，据戴黎刚研究，莆仙方言模韵也有类似情况，整个模韵字只有"做"字读为 tso⁵，其余模韵皆读为 ou 音类。对此现象，戴黎刚认为："可能就是铎韵的'做'字。因为铎韵字莆仙话多读为 o 音类。"① 我们认为政和方言"做"今读 a 音类，可能是一种存古的语音层次，"做"上古属鱼部，上古鱼部一般拟为 *a，很可能政和方言一直把 *a 的读法延续下来直到现在，而其他模韵字早已高化为 u。同属上古鱼部的假摄二等字政和方言大多读 a 音类，如：把 pa²¹³| 骂 ma⁵⁵| 马 ma²¹³| 爬 pa³³| 茶 ta³³| 沙 sa⁵³。

（二）合口三等鱼韵

合口三等鱼韵，四平戏与政和方言的主体读法为 y、u，鱼韵合口三等非组字多读 u，其他声母多读为 y，这是语音演变的结果，无需多加讨论。

---

① 戴黎刚：《闽语的历史层次及其演变》，中国社会科学出版社 2012 年版，第 28 页。

需要注意的是，四平戏知章组及日母字今读 y，如：主 tsy⁴² ｜ 书 sy⁵¹ ｜鼠 tsʰy⁴² ｜ 如 y²¹ ｜ 猪 tsy²³² ｜ 除 tsʰy²¹，这区别于官话，显然是四平戏传入政和后，为适应当地语言环境，受"权威方言"——政和方言的影响而出现的变异成分，这是戏曲语言"在地化"的体现。为适应语言土壤，在四平戏的舞台语言中可看到在其他剧种属甲韵的字，在四平戏中属乙韵，韵母变了，以颇具特色的舞台语音面貌出现，"书""主""鼠"在京剧、黄梅戏中读 u，而在四平戏中读为 y。

四平戏合口三等鱼韵的历史层次较为简单，政和方言的情况稍复杂些。在政和方言中，合口三等鱼韵字"去"读为 kʰo⁴²，与果摄合口一等戈韵"课 kʰo⁴²"字同音。对于这种特殊语音现象，我们认为是上古语音层次，是存古的表现。

（三）合口三等虞韵

合口三等虞韵，四平戏与政和方言的主体读法为 y、u，通常非组字今读 u，其他组今读 y，符合虞韵演变的一般规律，不多讨论。不同于政和方言，四平戏虞韵合口三等知章组字今读 u 音类，如"树住柱"等字。

值得注意的是，政和方言部分虞韵字今读 iu 音类，如：树 tsʰiu⁵⁵白 ｜ 住 tiu⁵⁵ ｜ 柱 tʰiu⁵⁵。闽北各地均有此音类，建瓯、建阳、松溪、武夷山等地读为 iu 音类，所收字都很一致，所收字有"柱住树"，石陂读为 iu 音类，收字略有不同，所收字有"住树"。各地闽语都有此音类层次，收字基本相同。梅祖麟认为闽语虞韵字今读 iu 与 y 分属两个层次："柱树珠须"等今读 iu 等韵的秦汉层次；"厨主输"等今读 y 等韵的南朝层次。[①]

政和方言流摄开口三等尤幽韵字今多数读为 iu 音类，请看下面材料：周 tsiu⁵³ ｜ 州 tsiu⁵³ ｜ 抽 tʰiu⁵³ ｜ 有 iu²¹³ ｜ 绸 tiu²¹。虞韵合口三等 iu 音类与流摄开口三等尤幽 iu 音类合流，当然，二者当分属不同的层次，其合流应该是后期演变的结果。从现有材料来看，虞韵合口三等 iu 音类应属较为早期的层次，四平戏未见此音类层次。

综上所述，四平戏遇摄各音类今读主要受官话影响，需特别注意的是，四平戏知章组及日母字今读 y，区别于官话，显然是受政和方言的影响而发生的变异成分，是四平戏"在地化"的体现。

---

① 梅祖麟：《现代吴语和"支脂鱼虞，共为不韵"》，《中国语文》2001 年第 1 期。

六、止 摄

止摄在四平戏、政和方言的今读情况整理为表 7-30。

表 7-30 四平戏、政和方言止摄今读情况

方言		读音	例字
开口三等	四平戏	i	支：戏骑移皮 之：记意喜棋李 脂：鼻器比几姨饥 微：气希衣
		ɿ	支：纸知刺紫 之：字治寺试丝子使时祠
		ei	支：碑 脂：眉
		ɣ	之：耳 脂：二
		u	之：事 脂：师资
	政和方言	i	支：戏知骑移 之：字治寺事试记意柿市喜丝棋时_文 脂：鼻二四器比死几梨迟指姨 微：气希衣_{大~}
		u	支：刺紫 脂：师资 之：子使_文祠
开口三等	政和方言	ɛ	脂：眉 之：时_白李使_白
		uɛ	支：纸碑皮
		yɛ	支：寄纸蚁 脂：饥
		iɛ	支：池 脂：地_文
		a	脂：地_白
		eiŋ	之：耳
		iŋ	微：衣~_裳

续表

	方言	读音	例字
合口三等	四平戏	uei	支：嘴柜随垂规亏危吹 脂：醉柜位水追锤龟 微：胃贵味鬼围吹
		ei	脂：类 微：肥
	政和方言	ui	支：嘴柜随垂规亏危 脂：类醉季_白柜位水追锤龟 微：胃贵味_文鬼肥围
		yɛ	支：吹 微：飞_白
		y	微：费飞_文
		i	脂：季_文 微：味_白

（一）开口三等

　　四平戏止摄开口三等包含 i、ʅ、ei、ɤ、u 五个音类，i、ʅ、ei、ɤ 为文读音层次，均来自官话，其中以 i、ʅ 韵为主体读法，止摄开口知章庄精组声母今读 ʅ 韵，帮组见组端组读为 i 韵。值得注意的是，四平戏止摄开口三等读为 u 韵，如：师 su⁵¹| 资 tsu⁵¹| 事 su²³²，当是受政和方言影响的结果。

　　政和方言止摄开口三等主体读法为 i、u 韵，读为 i 音类的字很多，止摄支脂之微各韵都有此音类，该音类属旧文读层。u 韵多出现在精庄声母后，如：师 su⁵³| 资 tsu⁵³| 刺 tsʰu⁴²| 紫 tsu²¹³| 子 tsu²¹³，但不与 i 音类形成互补，相对于 i 音类，这个音类属新文读层，如：事 ti⁵⁵_白|su⁵⁵_文。据刘晓南《宋代闽音考》考证，止摄开口读为 u 韵早在宋代就已经出现。止摄开口三等还有 uɛ、yɛ、iɛ 三个音类，uɛ 音类只有"纸碑皮"三字，都为支韵帮组字，莆仙、福州漳州等闽语其他各地支韵帮组都较为一致读为合口呼，由此看来，这个音类是一个古老的层次，戴黎刚指出此种现象："应该不是偶然，似乎暗示远在古闽语未分化为五个次方言以前就已经存在了。"① 止摄开口读为 yɛ 韵，主要为支韵字，如：寄 kyɛ⁴²| 纸 tsyɛ²¹³| 蚁 ŋyɛ⁴²，此外还有个别脂

――――――――――――
① 戴黎刚：《闽语的历史层次及其演变》，中国社会科学出版社 2012 年版，第 63 页。

韵字，如：饥kyɛ⁵³，这个音类同于果摄、假摄字读音，是上古歌支不分的表现。止摄开口读为iɛ韵，只有一个字"地tiɛ⁵⁵"，为文读层，这个文读层出现的时间应该也不会太晚，其对应的白读音为a，如：地ta⁵³。值得注意的是，止摄开口读为iŋ、eiŋ韵，这是政和方言的一种语流音变现象——同化，即两个相邻的不同音素，其中一个受到另一个的影响为变成与其相同或相近的音，如"衣"单独时读为i⁵³，但在"衣裳"一词中，前字受后字的影响，而变韵为iŋ⁵³，闽北各地均有此种语流变韵现象。

（二）合口三等

四平戏止摄合口三等包括uei、ei两个音类，都为文读音层次。

政和方言止摄合口三等主体读为ui，收字很多，包括支脂微三韵的字。此外还有i、y、yɛ三韵，都为白读音层次。

综上所述，四平戏止摄各音类呈现明显的官话语音特征，值得注意的是，止摄开口三等读为u韵，应是政和方言影响的结果。政和方言保留较多的白读音层次，体现出鲜明的闽北方言特点。

七、蟹　摄

蟹摄在四平戏、政和方言的今读情况整理为表7-31。

表7-31　四平戏、政和方言蟹摄今读情况

	方言	读音	例字
开口一二等	四平戏	ai	开一：胎台该改害财袋海爱带来菜开 开二：买解蟹矮败排埋牌戒拜派卖晒
		ie	开二：街鞋
	政和方言	ai	开一：胎台该改文 开二：买解蟹矮败排埋牌街鞋戒拜派卖晒
		uɛ	开一：贝害财袋海爱带
		ɛ	开一：来白菜
		yɛ	开一：开
开口三四等	四平戏	i	开四：洗泥西鸡溪弟剃弟米低递契系梯 开三：币艺
		ɿ	开三：世制

续表

	方言	读音	例字
	政和方言	ai	开四：洗泥犁西白鸡溪
		iɛ	开四：弟白剃 开三：世
		i	开四：弟文米低递契系 开三：币制艺
		uɛ	开四：梯
合口	四平戏	uei	合一：会回灰 合三：岁卫 合四：桂
		ei	合一：罪赔杯煤雷配背妹对碎 合三：肺
		uai	合一：外 合二：怪坏快
		ua	合二：话挂
	政和方言	uɛ	合一：会罪赔杯煤雷灰回配背妹对碎 合二：怪坏快文
		yɛ	合一：外 合二：快白 合三：岁白
		ui	合四：桂 合三：岁文卫
		y	合三：肺
		ua	合二：话挂

（一）开口一二等

四平戏蟹摄开口一二等读为 ai、ie 两韵，为文读层，来自官话。

政和方言蟹摄开口一二等主体读法为 ai、uɛ 韵，ai 韵收字很多，不一一列举，为文读音层次，据刘晓南《宋代闽音考》考证，该音类在宋代已经出现。uɛ 韵，收字较多，如"贝害财袋海爱带"等字，为白读音层次，此音类与果摄、假摄字交混。此外还有 ɛ、yɛ 两韵，收字很少，ɛ 韵，如：来 lɛ³³｜菜 tsʰɛ⁴² ，为白读音层次。yɛ 韵，就一个字——"开 kʰyɛ⁵³"，也为白读音层次。

（二）开口三四等

四平戏蟹摄开口三四等读为 i、ʅ 韵，两音类形成互补，i 韵为帮组、非组、端组、见组字，ʅ 韵为知组、精组、庄组、精组字，两音类显然来自官话。

政和方言蟹摄开口三四等包含 ai、i、iɛ、uɛ 四个音类，ai 韵来自开口四等，如"洗泥犁西白鸡溪"等字，为白读音，当是闽语较为古来的层次，该音类与开口一二等（文读音）相混。i 韵收字较多，属于白读音。iɛ、uɛ 两韵收字较少，为白读音层次。

（三）合 口

四平戏蟹摄合口包含 uei、ei、uai、ua 四个音类，均为文读音层次，呈现出明显官话特点。

政和方言蟹摄合口主要读为 uɛ 韵，多为蟹摄合口一二等韵字，是蟹摄合口最主要的层次，此层次应是文读音，是较晚期的历史层次。此外还有 yɛ、ui、y、ua 四个音类，其中 ui、ua 韵为文读音，yɛ、y 韵为白读音。

综上所述，四平戏蟹摄呈现明显的官话语音特点，与政和方言有较大差异。

八、效 摄

效摄在四平戏、政和方言的今读情况整理为表 7-32。

表 7-32 四平戏、政和方言效摄今读情况

	方言	读音	例字
开一豪	四平戏	au	宝讨早草嫂好老帽号毛刀桃高抱道脑造靠糙熬
	政和方言	o	宝讨早草嫂好老文帽号毛刀桃高白
		au	抱道脑造靠糙熬
		ɛ	老白
开二肴	四平戏	au	抄炮闹罩饱找
		iau	孝校敲交

续表

方言	读音	例字
政和方言	au	抓抄交炮闹罩孝校饱找包_文
	ε	猫包_白
	uε	敲
四平戏 （开三宵）	io	桥烧照摇
	iau	票庙笑表焦
政和方言 （开三宵）	io	票庙笑照桥表小焦烧桥摇
	au	樵绕
四平戏 （开四萧）	iau	钓料叫条箫鸟
政和方言 （开四萧）	io	钓料叫条箫鸟

（一）开口一等豪韵

效摄开口一等豪韵，四平戏只有一个音类 au，来自官话。政和方言此韵有 au、o、ε 三个音类，从文白层次上看，au、o 属文读音层次，ε 属白读音层，今读 ε 只有一个字"老 sε⁵⁵"，此音类与流摄尤、侯韵同，如：楼_侯 lε³³| 瘦_尤 sε⁴²。

（二）开口二等肴韵

效摄开口二等肴韵，四平戏包含 au、iau 两个音类，来自官话，此韵明显异于政和方言。政和方言开口二等肴韵包含 au、ε、uε 三个音类，以 au 韵为主，闽北方言肴韵大多读 au 韵，属文读层。ε 韵，此音类收有"猫包"二字，显而易见，当属白读层，此音类与流摄尤、侯韵同。值得一提的是 uε 韵，此音类仅收一个字"敲 kʰuε⁵⁵"，这可能是一个训读字。

四平戏豪肴相混，如：宝_豪pau⁴² = 饱_肴pau⁴²，这是官话语音特点，不同于闽语。闽语各地大多豪肴有别，政和方言同于多数闽语，如：宝_豪po²¹³ ≠ 饱_肴pau²¹³。同属闽北的建瓯、建阳、武夷山效摄一二等韵则已经相混，如：

建瓯：宝_豪pau²¹ = 饱_肴pau²¹

建阳：宝_豪pau²¹ = 饱_肴pau²¹

武夷山：宝_豪pau³¹ = 饱_肴pau³¹

（三）开口三等宵韵、开口四等萧韵

效摄开口三等宵韵，四平戏以 iau 韵为主要音类，这是语音演变的结果，同时，三等宵韵与四等萧韵合流。政和方言开口三等宵韵以 io 韵为主要音类，反映中古以后的层次，从表 3-32 中还可以看到，宵萧已无分别。政和方言开口三等宵韵读为 au 韵，不含 i 介音，属于白读音，是存古的表现。

值得特别注意的是，四平戏开口三等宵韵 io 音类，异于官话，显然来自政和方言，如：

桥：四平戏 kʰio²¹| 政和方言 kio³³

烧：四平戏 tsʰio⁵¹| 政和方言 tsʰio⁵³

综上所述，四平戏效摄各音类今读主要受官话影响，与政和方言有较大差异。开口三等宵韵读为 io 韵，来自政和方言。

九、流　摄

流摄在四平戏、政和方言的今读情况整理为表 7-33。

表 7-33　四平戏、政和方言流摄今读情况

	方言	读音	例字
开一侯	四平戏	ɛu	口够偷头豆楼凑钩狗走后
		u	母
	政和方言	ɛ	口够偷头豆楼凑钩狗_文
		u	母走狗_白后
开三尤	四平戏	iu	袖旧右九手酒舅有牛球修休优油流
		u	富副妇
		ɛu	寿抽绸州臭瘦

续表

方言	读音	例字
政和方言	iu	袖寿旧右九手酒舅有牛球修抽绸愁州休优油流_文
	u	富副妇
	ε	瘦臭
	o	流_白

	方言	读音	例字
开三幽	四平戏	iu	丢幽
	政和方言	iu	丢幽

（一）开口一等侯韵

开口一等侯韵，四平戏包含εu、u两个音类，都属文读层，以εu韵为主，收字较多，u韵只有一个字"母"。

政和方言开口一等侯韵包含ε、u两个音类，以ε韵为主，收字较多。建瓯方言同于政和方言，侯韵以e韵为主。该层次对应福州、泉州、莆仙开口一等读为au的层次，戴黎刚认为："早期建瓯话流摄开口侯韵也应该有au音类一读。之后，由于受到北方话或者其他方言的影响，建瓯话流摄文读音的e音类层次不断强大，终于把流摄白读音的au音类都侵蚀了，只有极少数的流摄字还保留au音类的读法。"① u韵当属白读音层次，如：走 tsu²¹³| 狗 xu²¹³| 后 xu⁵⁵，母 mu²¹³ 字例外，应该是新文读音。

（二）开口三等尤韵

开口三等尤韵，四平戏包含iu、εu、u三韵，都是文读音层次。

政和方言开口三等尤韵则包含iu、ε、u、o四韵，其中iu、u属文读音层次，三等尤韵读为ε韵，如：瘦 sε⁴²| 臭 tsʰε⁴²，同于一等侯韵。o韵属白读音层次，如：流 lo³³。

（三）开口三等幽韵

开口三等幽韵的字很少，且大多为书面语词，不是口语中的常用字。

---

① 戴黎刚：《闽语的历史层次及其演变》，中国社会科学出版社2012年版，第71页。

四平戏与政和方言一样，读为 iu 韵，同于开口三等尤韵，属文读音层次。

综上所述，四平戏流摄今读皆为文读音层次，政和方言则保留较多的白读音层次。

十、山摄、臻摄

中古山摄、臻摄的韵尾一般拟为 *n/t，这几乎是常识了。但是，汉语各方言山摄、臻摄的韵尾有所不同，大多数方言两摄阳声韵都读为 n 尾，官话方言区大多如此，但还有一些方言，山摄、臻摄阳声韵读为 ŋ 尾，如闽北方言。四平戏为很好地融入政和，适应当地语言土壤，山摄、臻摄阳声韵也读为 ŋ 尾。下面分别讨论山摄、臻摄在四平戏、政和方言的今读情况。

（一）山　摄

山摄在四平戏、政和方言的今读情况整理为表 7-34。

表 7-34　四平戏、政和方言山摄今读情况

	方言	读音	例字
一二等	四平戏	aiŋ	开一：单弹难兰伞安肝 开二：班慢办扮板慢
		ueiŋ	合一：搬半判盘满端乱算官欢换碗 合二：顽关惯弯
		ieŋ	开二：间眼限奸颜
		uaŋ	合一：暖完酸断闩
		a	开一：达辣擦八 开二：扎
		uo	合一：拨泼末脱阔活
		ɤ	开一：割渴
一二等	政和方言	ueiŋ	开一：单弹难兰伞安肝 开二：铲山产 合一：搬半判盘满端乱算官欢换碗 合二：顽关惯弯
		aiŋ	开二：扮办间眼限限班板慢奸颜
		yiŋ	合一：暖完

续表

	方言	读音	例字
三四等	四平戏	auŋ	合一：酸断 合二：闩
		a	开一：达辣　开二：扎
		ɛ	开一：擦割渴
		ai	开二：八瞎
		ua	合二：挖刮
		uɛ	合一：拨泼末脱阔活 合二：滑刷
		ieŋ	开三：变骗棉面连浅钱鲜件延线建健言 开四：典垫先肩牵 合四：县
		aiŋ	开三：战善 合三：饭
		yɤŋ	合三：全选卷圈权圆院劝原冤园远
		uaŋ	合三：砖船软反翻晚万
		ie	开三：别灭列设热杰孽 开四：篾铁截结节
		ye	合三：绝雪月越 合四：决缺白
三四等	政和方言	iŋ	开三：变骗棉面连浅钱鲜战善扇件延 开四：扁白片天年见显烟先文
		yiŋ	开三：线建健言 合三：全选砖船软卷圈权圆院劝原冤园远 合四：县
三四等	政和方言	aiŋ	开三：剪 开四：典垫先白肩牵
		uaiŋ	合三：反翻晚万
		oŋ	合三：饭
		iɛ	开三：别灭列设热杰孽 开四：篾铁截结节文 合四：缺白

续表

方言	读音	例字
	yɛ	开三：舌 合三：绝雪月越 合四：决缺_白
	uɛ	开三：歇 开四：切_{动词} 合三：袜
	uai	合三：发_头～罚 合四：血

1. 山摄一二等韵

山摄一二等阳声韵政和方言读为 ueiŋ 音类的收字较多，如：

开一：单弹难兰伞安肝

开二：铲山产

合一：搬半判盘满端乱算官欢换碗

合二：顽关惯弯

不但合口读为 ueiŋ 音类，开口韵也同样读为 ueiŋ 音类，与之相配的入声韵读为 uɛ 音类，如"拨泼末"。政和方言只有一个阳声韵尾 ŋ，前文分析塞音韵尾问题时已讨论，此不再详论。开口读为合口是闽语的重要特征，而如合口读为开口，开合口同读的现象也很多。

政和方言山摄阳声韵读为 aiŋ 音类，例字有"扮办间眼限班板慢奸颜"，包含开口二三四等。入声韵该层次是 ai、ɛ 音类。山摄音类 aiŋ 与咸摄相混，例如：典_山taiŋ²¹³｜点_咸taiŋ²¹³。

政和方言山摄阳声韵读为 auŋ 音类，例字有"酸断闩"等合口一二等字。

政和方言山摄阳声韵读为 yiŋ 音类的，例字有"暖完"等合口一等字，包含开口三等及合口三四等字。

四平戏开合及主要元音等方面异于政和方言，其开合较为分明。山摄一二等阳声韵读为开口读为 aiŋ、ieŋ 音类，合口则读为 ueiŋ、uaŋ 音类，阴声韵分别为 a、uo 音类，与阳声韵正好相配。

值得注意的是，四平戏合口一等桓末韵帮组字读作合口呼 ueiŋ、uo

167

韵，如：

搬 puein⁵¹| 半 puein²³²| 判 pʰuein²³²| 盘 pʰuein²¹
拨 pʰuo²⁴| 泼 pʰuo²⁴

这不符合官话语言特征，当是受四平戏影响而发生的变异层次。

2. 山摄三四等韵

中古山摄三四等有元先仙三韵，开合口都有。四平戏山摄三四等阳声韵包括 ien、ain、yɤŋ、uaŋ 四个音类，相对应的入声韵读为 iɛ、yɛ 音类。政和方言山摄三四等阳声韵包括 iŋ、yiŋ、uaiŋ、aiŋ、oŋ 五个音类，相对应的的阴声韵为 iɛ、yɛ、uai、ai 音类。

四平戏 ien、ain 音类对应政和方言 iŋ 音类，收字都较多。四平戏 yɤŋ 音类对应政和方言 yiŋ 音类，uaŋ 音类对应 uaiŋ。

综上所述，四平戏山摄在吸收政和方言阳声韵尾的同时，各音类保留明显官话语音特征。较为特殊的是，合口一等桓末韵帮组字读作合口呼，这异于官话语音系统，属于政和方言语音特点。

（二）臻 摄

臻摄在四平戏、政和方言的今读情况整理为表 7-35。

表 7-35　四平戏、政和方言臻摄今读情况

	方言	读音	例字
开口一三等	四平戏	eŋ	开一：恨恩根根 开三：震镇陈身本神
		iŋ	开一：贫民邻 开三：进紧亲新银
开口一三等	四平戏	uɤy	开三：吞
		i	开三：笔匹七密
		ɿ	开三：侄失
	政和方言	aiŋ	开一：恨恩根ₓ
		eiŋ	开一：贫民邻 开三：进震镇认印紧引陈亲新身人

续表

	方言	读音	例字
		auŋ	开一：吞 开三：本
		yiŋ	开一：根_白 开三：近
		œyŋ	开三：银
		iŋ	开三：神辰隐
		i	开三：笔匹七倠失吉一密_文栗_文
		ɛ	开三：密_白栗_白虱
合口一三等	四平戏	uɤŋ	合一：寸困孙村婚魂温粉坟分问 合三：闰顺笋准轮春纯
		yɤŋ	合三：俊均匀军云熏
		u	合一：卒骨 合三：佛物
	政和 方言	auŋ	合一：嫩寸困孙盆村婚魂温
		œyŋ	合三：俊闰顺笋准轮春纯均匀运裙军熏云
		uauŋ	合三：粉坟分蚊
		oŋ	合三：粪问
		uɛ	合一：卒骨 合三：佛物
		y	和三：律出_白
		i	合三：橘
		ui	合三：出_文

1. 开口一三等

四平戏臻摄开口一三等包含五个音类 eŋ、iŋ、uɤŋ、i、ʅ，都为文读音，主要受官话影响。

政和方言臻摄开口一三等包含八个音类 aiŋ、eiŋ、auŋ、œyŋ、yiŋ、iŋ、i、ɛ，其中 aiŋ、eiŋ、auŋ、iŋ、i 为文读音层次。yiŋ 韵收字较少，一三等都只有个别字，例如：根 kyiŋ⁵³| 近 kyiŋ⁵⁵，为白读音，此音类与山摄相混。

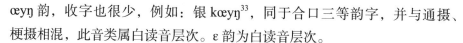

œyŋ 韵, 收字也很少, 例如: 银 kœyŋ³³, 同于合口三等韵字, 并与通摄、梗摄相混, 此音类属白读音层次。ε 韵为白读音层次。

2. 合口一三等

四平戏臻摄合口一三等包含 uɤŋ、yɤŋ、u 三个音类, 皆为文读音层次, 主要受官话影响。

政和方言臻摄合口一三等包含 auŋ、œyŋ、uauŋ、oŋ、uε、y、i、ui 八个音类, 较为复杂, auŋ 韵为文读音, 与江摄、咸摄、宕摄相混, œyŋ 收字最多、uauŋ 收字不多, 此音类当是受官话影响而发生的唇化, 例如: 粉 xuauŋ²¹³| 坟 uauŋ²¹| 分 xuauŋ²¹| 蚊 uauŋ²¹, oŋ 韵与通摄、宕摄相混, 属文读音层次。uε 韵、i 韵为白读音, y、ui 两音类为文读音。

综上所述, 四平戏臻摄受政和方言影响, 阳声韵字今读 ŋ 韵尾, 各音类中还保留非常明显的官话语言特征。

十一、通摄、江摄、宕摄

中古通摄、江摄、宕摄的韵尾一般拟为 *ŋ/b。政和方言这三摄阳声韵读为 ŋ 尾, 四平戏同于政和方言, 通摄、江摄、宕摄阳声韵韵尾为 ŋ。

(一) 通 摄

通摄在四平戏、政和方言的今读情况可整理为表 7-36。

表 7-36 四平戏、政和方言通摄今读情况

	方言	读音	例字
合口一	四平戏	oŋ	东韵: 冻痛洞弄粽懂动孔蓬东通铜聋葱烘红翁公 冬韵: 宋统冬松～紧
		u	屋韵: 木读鹿谷哭屋 沃韵: 毒
合口一	政和方言	oŋ	东韵: 冻痛洞弄粽懂动孔蓬东通铜聋葱烘红翁公文 冬韵: 宋统冬松～紧
		œyŋ	冬韵: 脓 东韵: 公白
		u	屋韵: 木读鹿谷哭屋 沃韵: 毒

续表

方言	读音	例字	
合口三	四平戏	ioŋ	钟韵：凶用拥 东韵：穷熊雄
		oŋ	钟韵：肿浓龙恭容封蜂缝重 东韵：中终充风丰虫宫
		y	烛韵：玉局绿曲 屋韵：菊育
		u	烛韵：烛赎属 屋韵：福服目畜
	政和方言	œyŋ	钟韵：肿拥浓龙冲恭凶容种₋树用松₋树 东韵：中终充穷熊雄
		oŋ	钟韵：封蜂缝重 东韵：风丰虫宫
		y	烛韵：玉局绿足烛赎属曲浴 屋韵：宿竹粥叔熟肉菊育
		u	屋韵：福服目六畜

1. 合口一等

通摄合口一等包含东、冬两韵。四平戏东冬两韵合口一等阳声韵只有一个音类 oŋ，与之相配合的入声韵读为 u，显然，这两个音类都属文读音，来自官话。政和方言东冬两韵合口一等阳声韵有两个音类：oŋ、œyŋ，oŋ 为文读音层次，œyŋ 为白读音层次，不见于四平戏，此外，与之相应的入声韵读为 u，应属文读音层次。

2. 合口三等

通摄合口三等包含东、钟两韵。四平戏东冬两韵合口三等阳声韵有两个音类：oŋ、ioŋ，与之相配的入声韵分别为 u 韵、y 韵，这些音类都属文读音，来自官话。政和方言东冬两韵合口三等阳声韵有两个音类：oŋ、œyŋ，与之相配的入声韵分别为 u 韵、y 韵，都属文读音层次。

综上所述，四平戏通摄阳声韵韵尾同于政和方言，同时各音类显示出明显的官话语音特点，不受政和方言的影响。

（二）江 摄

江摄在四平戏、政和方言的今读情况整理为表 7-37。

表 7-37　四平戏、政和方言江摄今读情况

	方言	读音	例字
江开二	四平戏	aŋ	胖绑
		uaŋ	撞桩窗双
		iaŋ	讲江项
		io	学
		ɣ	壳
		uo	桌镯剥握
		u	角
	政和方言	auŋ	撞胖绑讲桩窗江项_文
		oŋ	双
		ioŋ	项_白
		o	桌镯剥_文
		u	角壳握剥_白
		a	学～习
		uɛ	学放～

四平戏江韵阳声韵的主体读法为 aŋ、uaŋ、iaŋ。入声韵的主体读法为 uo，这些音类应是文读音层次。另外，io、u 韵的读法，如：学 sio²⁴| 角 ku²⁴，应是白读层，显然是受政和方言影响而产生的变异层次。政和方言江韵阳声韵的主体读法为 auŋ，为文读音，此音类是江摄、咸摄、宕摄、通摄、山摄交混的层次。oŋ 韵，收字很少，如：双 soŋ⁵³，此音类同于通摄，反映通江相混的语音现象，例如：松_冬soŋ⁵³＝双_江soŋ⁵³。此外还有 ioŋ 韵，属白读音层次，同于宕摄阳韵，例如：项_江sioŋ⁴²＝向_阳sioŋ⁴²，是闽北江宕摄相混的反映。江韵入声韵的主体读法为 o、u，o 为文读音层次，u 为白读音层次。还有 a、uɛ 韵的读法，今读 a，如：学 xa²⁴，表学习之义，此音类

同于咸摄合韵，例如：学$_觉$ xa^{24} = 盒$_合$ xa^{24}。今读为 uɛ 韵，如：学 xuɛ^{55}，表放学之义。

综上所述，四平戏江摄阳声韵尾同于政和方言，各音类主要为文读音层次，受官话影响，与政和方言有较大差异。需要注意的是，四平戏江摄今读 io、u 韵，反映政和方言语音特点，属变异层次。

（三）宕　摄

宕摄在四平戏、政和方言的今读情况整理为表 7-38。

表 7-38　四平戏、政和方言宕摄今读情况

	方言	读音	例字
开口一等	四平戏	aŋ	帮忙汤糖仓钢党浪
		o	薄摸各鹤
		uo	托索
	政和方言	auŋ	帮忙汤糖仓钢糠党浪
		o	薄摸托作索各鹤恶
开口三等	四平戏	iaŋ	亮匠向样想像痒娘浆
		aŋ	尝让
		uaŋ	壮装疮床霜秧
		io	药着弱
		ye	雀约削$_文$
	政和方言	ioŋ	亮匠唱上向样抢想像响痒娘浆张章伤尝姜让
		auŋ	壮长装疮床霜秧
		io	雀着勺弱脚药削$_白$
		ye	约削$_文$
合口一等	四平戏	uaŋ	光慌黄
		uo	郭霍
	政和方言	oŋ	光慌黄
		o	郭霍

续表

方言		读音	例字
合口三等	四平戏	uaŋ	旺防狂王放房方
		u	缚
	政和方言	oŋ	放白旺房防狂王
		uauŋ	放文方
		uaiŋ	纺
		u	缚

1. 开口一等唐韵

宕摄开口一等唐韵，四平戏包含音 aŋ、o、uo 三个音类，皆为文读音，来自官话。政和方言包含 auŋ、o 两个音类，都是文读音。

2. 开口三等阳韵

宕摄开口三等阳韵，四平戏包含 iaŋ、aŋ、uaŋ、io、yɛ 五个音类，其中 iaŋ、aŋ、uaŋ、yɛ 属文读音层次，io 韵，显而易见是来自政和方言。政和方言则包括 ioŋ、auŋ、io、yɛ 四个音类，ioŋ 韵收字最多，ioŋ、auŋ、yɛ 属文读音层次，io 为白读音层次。

3. 合口一等唐韵

宕摄合口一等唐韵，四平戏有 uaŋ、uo 两个音类，来自官话，为文读音。政和方言则包括 oŋ、o 两个音类。

4. 合口三等阳韵

宕摄合口三等阳韵，四平戏有 uaŋ、u 两个音类，来自官话，为文读音。政和方言主体读音为 oŋ 韵，为白读音层次，此外还有 uauŋ、uaiŋ 两个音类，uauŋ 韵为新文读，显然来自共同语，例如：放文 xuauŋ⁴²| 方 xuauŋ⁵³。

综上所述，四平戏宕摄阳声韵韵尾同于政和方言，各音类主要来自官话，同时，其语言系统中也适当吸收了政和方言的音读，有政和方言语音特点。

十二、咸 摄

中古咸摄的韵尾一般拟为 *m/p，这是大家熟知的。但汉语各方言咸摄韵尾有所不同，官话方言区咸摄阳声韵大都读为 n 尾，闽北方言异于官话方言，其咸摄阳声韵读为 ŋ 尾，四平戏同于政和方言，咸摄阳声韵的韵尾为 ŋ。

咸摄在四平戏、政和方言的今读情况整理为表 7-39。

表 7-39 四平戏、政和方言咸摄今读情况

	方言	读音	例字
开口一二等	四平戏	aiŋ	开一：贪南蓝三感胆毯淡喊潭蚕含甘敢暗
		ieŋ	开二：减监岩咸
		a	开一：塔蜡 开二：甲夹鸭
	政和方言	aŋ	开一：贪南蓝三感胆毯淡喊 开二：减衫监岩杉
		aiŋ	开一：潭蚕含
		auŋ	开一：甘暗敢
		eiŋ	开二：咸
		a	开一：塔蜡 开二：甲夹
		o	开二：鸭_白
开口三四等	四平戏	ieŋ	开三：剑欠验厌险尖签钳炎严盐 开四：店年点甜嫌念添
		ie	开四：跌协 开三：接折业叶
		a	开三：插
开口三四等	政和方言	aiŋ	开四：店年点甜嫌念_白
		iŋ	开三：剑欠占验厌染险粘尖签钳炎严盐 开四：念_文添
开口三四等	政和方言	iɛ	开四：跌协 开三：接折业
		ia	开三：叶_{姓氏}
		ai	开四：贴
		a	开三：插

续表

	方言	读音	例字	
合口三等	四平戏	uaŋ	合三：犯	
		ua	合三：法	
	政和方言	uauŋ	合三：犯	
		ua	合三：法	

（一）开口一二等

咸摄开口一二等，四平戏包含 iaŋ、ieŋ、a 三个音类，反映官话语言特征。政和方言包含 aŋ、aiŋ、auŋ、eiŋ、a、o 六个音类。aŋ 韵，收有一等"贪南蓝三感胆毯淡喊"，二等"减衫监岩杉"等字，应属文读音，与之相配的入声韵读为 a。eiŋ 韵收字很少，如：咸 keiŋ²¹，应属旧文读音，同于深摄，属咸摄深摄相混的层次。aiŋ、auŋ 两音类属于白读音层次，与 auŋ 韵相配的入声韵读为 o，如：鸭 o²⁴，也属白读音层次。

（二）开口三四等

咸摄开口三四等，四平戏的主体读法为 ieŋ，与之相配的入声韵读为 ie，两个音类都属文读音，还有 a 韵，如：插 tsʰa²⁴，显然来自官话。政和方言包含 aiŋ、iŋ、iɛ、ia、ai、a 六个音类，aiŋ 韵为白读音，与之相配的入声韵读为 iɛ、ai，iŋ 韵收字最多，该音类与山摄相混，属文读音，与之相配的入声韵读为 iɛ。

需要说明的是，政和方言开口三等入声韵读为 ia，只有一个"叶 tsia⁵⁵"，只在作姓氏的时候用，政和方言表"叶子"之义用"箬"，同于大多数闽语。

综上所述，四平戏咸摄阳声韵字今读 ŋ 尾，显然是政和方言影响的结果，同时各音类呈现明显的官话特点不同于政和方言。

第三节 声调系统比较研究

四平戏有五个调类，分别为：阴平 51、阳平 21、上声 42、去声 232、入声 24。

政和方言有七个调类，分别为：阴平 53、阳平甲 33、阳平乙 21、上声 213、阴去 42、阳去 55、入声 24。

从调类上看，二者均有阴平、上声和入声，不同的是政和方言阳平分阳平甲和阳平乙，这是政和方言的特点，四平戏没有，政和方言去声分阴阳，四平戏没有。

调值方面，二者阴平的调值皆为高降调，且起始点都高于阳平，符合汉语方言阴阳调值差异的一般规律，入声调值皆为中升调。

从来源看，四平戏与政和方言有同有异。

一、阴 平

四平戏与政和方言阴平调都主要来源于中古清声母平声。

表 7-40 四平戏与政和方言阴平调例字

	东	多	天	春
四平戏	toŋ^{51}	tuo^{51}	tʰieŋ^{51}	tsʰuɤŋ^{51}
政和方言	toŋ^{53}	to^{53}	tʰiŋ^{53}	tsʰœyŋ^{53}

此外，政和方言阴平有少数字来自古入声，例如：摸 mo^{53}| 勺 tsʰio^{53}。

二、阳平（甲）

四平戏有独立的阳平调，主要来自古浊声母平声，政和方言阳平甲主要来自古全浊声母平声及部分古次浊声母平声。

表 7-41　四平戏阳平与政和方言阳平甲例字

	门	龙	牛	皮
四平戏	men²¹	loŋ²¹	niu²¹	pʰi²¹
政和方言	moŋ³³	lœyŋ³³	niu³³	pʰuɛ³³

三、阳平（乙）

政和方言阳平分甲乙两类，其中阳平乙主要来自古平声次浊声母，此外还有少数来自古上声和去声，如：红 xoŋ²¹| 民 meiŋ²¹| 假 ka²¹| 剩 tioŋ²¹。

四、上　声

四平戏上声不分阴阳，来自古清声母上声及古次浊声母上声，其全浊声母上声已归入去声。政和方言上声不分阴阳，主要来自清声母上声，以及部分次浊声母上声，其全浊声母上声归入阴去和阳去。

表 7-42　四平戏与政和方言上声例字

	古	九	买	有
四平戏	ku⁴²	kiu⁴²	mai⁴²	iu⁴²
政和方言	ku²¹³	kiu²¹³	mai²¹³	iu²¹³

五、去声（阴去、阳去）

四平戏去声不分阴阳，来自古去声。政和方言去声分阴阳，阴去主要来自古清声母去声，阳去主要来自古浊声母去声。

表 7-43　四平戏去声与政和方言阴去、阳去例字

	半	四	路	卖
四平戏	pueiŋ²³²	sɿ²³²	lu²³²	mai²³²
政和方言	pueiŋ⁴²	si⁴²	lu⁵⁵	mai⁵⁵

政和方言阴去部分来自古浊声母上声、古浊声母入声，如：罪 tsuɛ⁴²| 五

ŋu⁴²| 屋 u⁴²| 毒 tu⁴²，阳去部分来自浊入声字、古全浊声母上声，如：罚 xuai⁵⁵
佛 xuɛ⁵⁵| 被 puɛ⁵⁵| 坐 tsuɛ⁵⁵。

六、入　声

四平戏入声来自古入声，政和方言入声主要来自古清声母入声。

表 7-44　四平戏与政和方言入声例字

	搭	急	塔	拍
四平戏	ta²⁴	ki²⁴	tʰa²⁴	pʰai²⁴
政和方言	ta²⁴	kiɛ²⁴	tʰa²⁴	pʰo²⁴

此外，政和方言入声部分来自古全浊声母入声，如：盒 xa²⁴。

四平戏与政和方言词汇语法比较研究

地方戏语言既不同于汉语共同语，也有别于方言。在语言系统中，戏曲语言与地域方言最显著的差异当表现在语音上，相对而言，词汇和语法的差异较小。本章从词汇、语法方面探讨杨源四平戏与政和方言的异同。

第一节　四平戏与政和方言词汇比较研究

扎根闽北政和杨源的四平戏，其道白唱腔为"土官话"，但在长期的发展演变以及语言接触中，自然和谐地融合地方色彩和生活气息，这一点在戏曲语言词汇方面有鲜明的体现。本节以四平戏经典剧本为材料，分析四平戏与政和方言词汇系统的异同。

一、一致性

在戏曲舞台语言的创作过程中，戏曲语言词汇是很能体现地方特色的。现以四平戏经典剧本《刘文昔全本》《九龙阁》剧本为例，来看看四平戏中的闽北方言词汇，我们选取十三条词进行分析。

1.后生人

"后生人"，政和方言词义为年轻人、小伙子，四平戏同于政和方言，例如：

　　判官：你后生人作得没天理，雷公该当劈死你。既是两个人，请
进。（刘文昔全本·第六场·茶房会·下）

"后生人"这一说法普遍存在于闽北各地，如：

政和：后生人_{年轻人、小伙子} xu⁵⁵saŋ⁵³neiŋ³³

建瓯：后生人_{年轻人、小伙子} xe⁵⁵saŋ⁵⁴neiŋ³³

建阳：后生人_{年轻人、小伙子} xəu³³saŋ⁵¹nɔiŋ⁴⁵

武夷山：后生人_{年轻人、小伙子} xu⁵⁵saŋ⁵¹neiŋ³³

2. 烫　人

"烫人"，政和方言词，义为东西很烫让人难以触碰。四平戏同于政和方言，例如：

> 刘文昔：夜深人静，不要茶了。
> 三仙娘娘：茶杯烫人，快开门。（刘文昔全本·第六场·茶房会·下）

"烫人"这一词汇为闽北方言一类特殊的形容词。在闽北方言中普遍存在"惊人""咬人"等一类特殊的词，其构词特点为"×人"，进入"×人"这个结构的"×"为不及物动词（个别为及物动词）或形容词，"人"为受事宾语，这类词强调外在事物作用于人身体的某一部分带来的生理上不好的感觉或心理上消极的情绪等。如"熰人"指的是封闭不通风的空间所带来的闷热，"狭人"指狭窄的空间带来的挤而闷、压抑。对于这类词的性质，大致有两种不同的的看法：一是以胡双宝、项梦冰、罗昕如等人为代表[1]，认为"×人"属于自感结构，强调外物给人带来的不舒服的感觉，是主观性较强的自我感受，项梦冰指出：使动的着眼点是使受事具有某种结果，意动的着眼点是说话人主观认为某个事物具有某种属性，它们都不涉及说话人接受刺激后的感受；而自感得着眼点则正是说话人自身的感受。另一种则以侯精一、温端正、孙立新、夏俐萍等人为代表[2]，认为"×人"为使感结构，夏俐萍指出："×人"致使结构是在古代汉语使动用法的基础上发展而来的一种构式，表示使人产生某种生理或心理感受。进入"×人"

---

[1] 胡双宝：《文水话的自感动词结构"V＋人"》，《中国语文》1984年第4期；项梦冰：《连城客家话语法研究》，语文出版社1997年版；罗昕如：《湘语中的"V人"类自感词》，《湖南师范大学学报》2006年第5期。各家观点请参看上述文章

[2] 侯精一、温端正：《山西方言调查研究报告》，山西高校联合出版社1993年版；孙立新：《陕西方言谩话》，中国社会科学出版社2004年版；夏俐萍：《"X人"致使结构及其词汇化》，《语言科学》2016年第6期。各家观点请参看上述文章

中的"×"具有非自主性,"人"具有无指性。① 我们更倾向于第一种观点,认为闽北方言"× 人"结构为自感类形容词。从现有调查资料来看,"× 人"结构还普遍存在于晋语、客赣方言、湘语、官话、粤语等方言中,但数量上有差异,总体来说,晋语、客赣方言、湘语、官话等较多,尤以晋语为最,据陈庆延统计,晋语中"× 人"类结构词达到百十个②。

闽北方言"× 人"结构举例:

表 8-1　政和方言中"X人"结构

（1）惊人 kiaŋ⁵³neiŋ³³：很丑让人很怕

（2）寒人 kueiŋ²¹neiŋ³³：很冷的感觉。如：今朝更清人。

（3）咬人 kau⁴²neiŋ³³：皮肤受到刺激很痒。

（4）划人 uai²¹neiŋ³³：又麻又辣的感觉。

（5）闭人 pe⁴²neiŋ³³：闷热得难受。如：房间尽闭人。

（6）殺人 tʰu²⁴neiŋ³³：被尖物刺的感觉。如：新衣裳尽殺人。

（7）狭人 kiɛ⁴²neiŋ³³：因狭窄而觉得很挤很闷。如：厝尽狭人。

（8）燿人 tsʰo²⁴neiŋ³³：光线很刺眼。如：日头尽燿人。

（9）焙人 puɛ³³neiŋ³³：火气很大。如：火太大了,尽焙人。

（10）跳人 tʰio⁵⁵neiŋ³³：震得上下抖动不舒服

（11）把人 pa²¹³neiŋ³³：衣服等紧束在身上不舒服

（12）烫人 tʰoŋ³³neiŋ³³：东西太热让人难受。如：这茶尽烫人。

（13）酸人 soŋ⁵³neiŋ³³：很酸。

（14）苦人 kʰu²¹³neiŋ³³：很苦。

（15）曝人 pʰu⁵⁵neiŋ³³：很晒。

（16）膫人：lau³³neiŋ³³：很油腻。

（17）熏人 kʰœyŋ²¹neiŋ³³：烟雾太大刺激眼睛不舒服。

（18）哽人 kaŋ²¹neiŋ³³：食物太干被噎住。

（19）急人 kiɛ²⁴neiŋ³³：很急。

---

① 夏俐萍:《"X 人"致使结构及其词汇化》,《语言科学》2016 年第 6 期。

② 陈延庆:《晋语特征词说略》,厦门大学出版社 2002 年版,第 83～99 页。

续表

（20）辣人 la^{24}neiŋ^{33}：很辣。
（21）热人 iɛ^{42}neiŋ^{33}：气温温度太高让人不舒服。
（22）累人 lui^{55}neiŋ^{33}：很累。
（23）气人 k^{h}i^{42}neiŋ^{33}：很气。
（24）胀人 tioŋ^{42}ineiŋ^{33}：东西吃太多很撑

表 8-2　建瓯方言中的“X人”结构

（1）惊人 kiaŋ^{54}neiŋ^{33}：很丑让人很怕的感觉。
（2）清人 ts^{h}eiŋ^{33}neiŋ^{33}：很冷的感觉。如：今朝更清人。
（3）咬人 kau^{42}neiŋ^{33}：皮肤受到刺激很痒。
（4）划人 uai^{21}neiŋ^{33}：又麻又辣的感觉。
（5）熻人 xi^{35}neiŋ^{33}：闷热得难受。如：房间尽熻人。
（6）豛人 tu^{42}neiŋ^{33}：被尖物刺的感觉。如：新衣裳尽豛人。
（7）狭人 kiɛ^{42}neiŋ^{33}：因狭窄而觉得很挤很闷。如：厝尽狭人。
（8）燿人 ts^{h}ɔ^{24}neiŋ^{33}：光线很刺眼。如：日头尽燿人。
（9）焙人 po^{55}neiŋ^{33}：火气很大。如：火太大了，尽焙人。
（10）跳人 t^{h}iau^{33}neiŋ^{33}：震得上下抖动不舒服。
（11）痏人 iu^{55}neiŋ^{33}：被人胳肢的感觉。
（12）绷人 paŋ^{33}neiŋ^{33}：衣服等紧束在身上不舒服。
（13）靓人 ts^{h}iaŋ^{55}neiŋ^{33}：逗引人。如：快馌掉，勿靓人。
（14）烫人 t^{h}ɔŋ^{33}neiŋ^{33}：东西太热让人难受。如：这茶尽烫人。
（15）眩人 xeiŋ^{33}neiŋ^{33}：让人头晕。
（16）酸人 sɔŋ^{54}neiŋ^{33}：很酸。
（17）苦人 k^{h}u^{21}neiŋ^{33}：很苦。
（18）曝人 p^{h}u^{55}neiŋ^{33}：很晒。
（19）熏人 xœyŋ^{33}neiŋ^{33}：烟雾太大刺激眼睛不舒服。
（20）哽人 kaŋ^{21}neiŋ^{33}：食物太干被噎住的感觉。

续表

（21）急人 kiɛ²⁴neiŋ³³：很急。	
（22）辣人 luɛ⁴²neiŋ³³：很辣。	
（23）热人 iɛ²¹neiŋ³³：气温温度太高让人不舒服。	
（24）累人 ly⁵⁵neiŋ³³：很累。	
（25）气人 kʰi³³neiŋ³³：很气。	
（26）胀人 tiɔŋ⁴²ineiŋ³³：东西吃太多很撑。	

3. 讨 睡

"讨睡"，政和方言词，义为想睡觉、发困，四平戏同于政和方言。例如：

大拐：哎呀，我十分讨睡。

小拐：你这样好睡，在你娘肚中多睡几年出来。

大拐：不要啰嗦，我十分讨睡。

小拐：你爱睡，我也爱睡。（刘文昔全本·第八场·卖玉带）

此词普遍存在于闽北各地，如：

政和：讨寐瞑_{想睡觉、发困} tʰo²¹³mi⁴²tsʰi²⁴

建瓯：讨寐瞑_{想睡觉、发困} tʰau²¹mi⁴²tsʰi²⁴

建阳：讨目寝_{想睡觉、发困} tʰau²¹mo⁴tsiŋ³⁵

浦城（石陂）：讨困眠_{想睡觉、发困} tʰɔ²¹kʰeiŋ⁵³meiŋ³³

松溪：讨寐瞑_{想睡觉、发困} tʰo²¹³mei⁴²tsʰi²⁴

武夷山：讨寐瞑_{想睡觉、发困} hau³¹mei⁵tshi³⁵

闽北方言中，"讨"的构词能力较强，按照词义的不同，我们将闽北方言"讨类词"分为四类：

（1）表获取，如：索取：讨钱、讨饭；摘取：讨苹果；迎娶：讨老妈_{（娶媳妇）}、讨新妇_{（娶媳妇）}

（2）砍伐，如：讨柴_{（砍柴）}、讨竹_{（砍竹子）}

（3）招惹，如：讨人嫌、讨打

（4）想，如：讨吐

4. 探 水

"探水"，政和方言词，义为侦探、侦查，如：政和 tʰaŋ⁴²sui²¹³；建瓯 tʰaŋ³³sy²¹。四平戏同于政和方言，例如：

必武：先生去，我作先生，一贵、沉香过来，我们来做米了网古，先生会打学生，我来咒死他，一贵你与我探水。（刘文昔全本·第十三场·教子）

必武：毒蛇咬死你，来要你，沉香你来与我探水。（刘文昔全本·第十三场·教子）

5. 行 走

"行"，政和方言词，义为走，"走"，闽政和方言词，义为跑、逃。四平戏同于政和方言，例如：

判官：娘娘你去变个凡间十八女子，一步一步慢慢行来。
三仙娘娘：待奴去变，起狂风。公公，奴家变得像样么？
判官：你要行几步来我看看。要学凡间女子一步一步慢慢行来。
三仙娘娘：待奴行来你看。（刘文昔全本·第五场·茶房会·上）

必武：两脚行不动，死到半路中，七七八八抬不动，丢在深坑饲蚊虫。（刘文昔全本·第十三场·教子）

小旦：启上姑娘外面有人偷柴，快快拿上。
旦：来了，小贼种，不要走。（九龙阁全本·第九场·路遇杨宗保）

"行"普遍存在于闽北人民的日常口语中，通行于闽北各县市：如：

行：政和 kiaŋ²¹| 建瓯 kiaŋ²¹| 建阳 jiaŋ⁴¹| 浦城（石陂）giaŋ⁴²| 武夷山 jiaŋ²²。

"走"普遍存在于闽北各地，如：

走：政和 tsu²¹³| 建瓯 tse²¹| 建阳 tsəu²¹。

6.饲

饲：政和方言，义为喂、养"如：饲饱了_{喂饱了}、饲饭_{喂饭}、饲猪_{喂猪}。闽北各地读音大都差不多，如：政和 si⁵⁵| 建瓯 si⁵⁵| 建阳 si⁵⁵| 武夷山 si⁵⁵| 松溪 si⁴⁵。四平戏同于政和方言，例如：

必武：脚行不动，死到半路中，七七八八抬不动，丢在深坑饲蚊虫。（刘文昔全本·第十三场·教子）

7.晓　得

"晓得"，政和方言词，义为知道，政和、松溪、浦城都有此说，如：政和 xo²¹³tɛ²⁴| 松溪 xa²²³tœ²²³| 浦城 xiɯ²¹te²⁴。四平戏同于政和方言，例如：

必武：学生在，不晓得，不知道。（刘文昔全本·第十三场·教子）

必武：你来打我，别人不晓得你，我必武晓得你。（刘文昔全本·第十三场·教子）

8.光

"光"，政和方言词，义为明、亮，四平戏同于政和方言，例如：

必武：我讲先生目又光，耳又利，腹内真可通，两手龙蛇动，两脚行有风，七台大轿抬不动。（刘文昔全本·第十三场·教子）

与"光"相关的词汇还有：天光_{天亮}tʰiŋ⁵³koŋ⁵³。闽北各地表"明、亮"之义都用"光"，如：

建瓯：天光 tʰiŋ⁵⁴kuaŋ⁵⁴

松溪：天光 tʰiŋ⁵³koŋ⁵³

浦城：天光 tʰiŋ⁵³kəŋ⁵³

建阳：天光 hieiŋ⁵¹kuoŋ⁵¹

武夷山：天光 hiŋ⁵¹koŋ⁵¹

9. 利

"利"，政和方言词，义为锋利、快，闽北各地表锋利、快之义均用此说，如：建瓯 li⁵⁵| 松溪 lɛi⁴⁵| 建阳 lɔi⁵⁵| 武夷山 lei⁵⁵|浦城 li³⁵。四平戏同于政和方言，例如：

必武：我讲先生目又光，耳又利，腹内真可通，两手龙蛇动，两脚行有风，七台大轿抬不动。（刘文昔全本·第十三场·教子）

10. 惊

"惊"，政和方言词，义为吓，闽北各地大都说"吓"为"惊"，如：建瓯 kiaŋ⁵⁴| 松溪 kiaŋ⁵³| 建阳 kiaŋ⁵¹。四平戏同于政和方言，例如：

小二（唱）：你看东人没有来，我藏在佛桌底下，惊他一回。（刘文昔全本·第二场·教子）

11. 锁 匙

"锁匙"即钥匙，政和方言词，四平戏同于政和方言，例如：

小二（唱）：哈哈，判官小鬼会动的，原来师父做有锁匙，待送你一条命。原来师父做有锁匙，被我打断，判官小鬼跌地上待我扶起。（刘文昔全本·第二场·教子）

闽北方言大都说"钥匙"为"锁匙"，如：松溪 so²²³tsiɛ⁴⁵| 建阳 sɔ²¹tsie⁴⁵| 武夷山 so³¹tsi³³| 石陂 sɔ²¹tɕie³³，建瓯方言有所不同，称"钥匙"为"敨匙"tʰe²¹i²¹"。

12. 懵懂

"懵懂"，政和方言词，即糊涂，不明事理，如：你尽懵懂_{你真糊涂，不懂事}。闽北各地大都说"糊涂"为"懵懂"。四平戏同于政和方言，例如：

> 刘文昔：叹老娘，只望功成名就，谁知中途别老娘，今生不得一一奉养，死后黄泉报母恩，俺刘文昔聪明一世，懵懂一时，忘记仙妻送有难香一包，待我一看是如何，叹三娘妻，有灵有感云头现，无灵无感命归阴。（刘文昔全本·第九场·下法场）

13. 起头、后尾

"起头""后尾"，即开始、结束，政和方言词。四平戏同于政和方言，例如：

> 沉香：启上仙翁，起头是你，后尾也是你。（刘文昔全本·第十六场·遇仙）

> 真人：你道这等事情，起头是你，后尾是你。（刘文昔全本·第十五场·投师）

二、差异性

四平戏传入闽北政和，为适应当地土壤而进行在地化，在词语的选用上，适当融入政和方言词汇，但四平戏语言的基础是官话，这种"官话性"不单表现在语音方面，在剧本文字方面也有直观表现，与政和方言有较大差异。

（一）代 词

以下从人称代词、指示代词、疑问代词三个方面分别论述。

1. 人称代词

政和方言的人称代词系统：

第一人称：我 uε^{42}| 我人_{我们} uε^{42}nein^{33}| 俺人_{咱们} aŋ^{53}nein^{33}
第二人称：你 ni^{42}| 你人_{你们} ni^{42}nein^{33}

第三人称：渠 ky^{42}| 渠人$_{他们}$ky^{42}neiŋ^{33}

活跃在政和杨源的四平戏，其舞台语言中的"官话"元素最显著的是人称代词皆采用"你/你们、我/我们、他/他们"系统，而非政和方言的"你/你人、我/我人、渠/渠人"。例如：

刘文昔：你看天色将晚，寻个课铺，借宿一晚，明日再行。
小二：里面有人么？
店家：何人叫什么？
小二：我来借宿。
店家：几个人？
小二：两个人。
店家：叫他进来。（刘文昔全本·第一场·刘文昔上京赶考）

手下：启上老爷，刘文昔说道，他是钉上肉，笼里鸡，放他拜过父母之恩。
红　宴：算你孝心放他拜过。（刘文昔全本·第九场·下法场）

"我/你/他"是人称代词，在四平戏中的出现频率非常高，其语法功能和现代汉语一致。除此，四平戏剧本中还出现"俺""奴"等第一人称代词。

四平戏"俺"使用频率相当高，下面列举数例：

小二：人人说道三仙娘娘生得好，俺和你看下。拿火来照照下，果然生得好。（刘文昔全本·第二场·上华山）

刘文昔：叹老娘，只王望功成名就，谁知中途别老娘，今生不得一一奉养，死后黄泉报母恩，俺刘昔聪明一世，懵懂一时，忘记仙妻有难香一包，待我一看是如何，叹三娘妻，有灵有感云头现，无灵无感命归阴。（刘文昔全本·第九场·下法场）

二郎神：你看众位老仙笑俺怎的我来笑一笑。
二郎神：呀你看笑俺怎的，呵！想是妹子做有什么丑事，待俺去华山看一看，怒气冲冲。去到华山看看。（刘文昔全本·第十场·招亲）

"俺"是自称代词,《字汇·人部》:"俺,我也。"《正字通·人部》:"凡称我,通曰俺。俗音也。"政和方言中未见此用法。"俺"作为第一人称代词最早见于"宋人词和金人的两种诸宫调"①。从使用范围及频率上来说,"俺"作为第一人称代词更常出现在北方方言中,如山东、河南、河北等地,反映北方方言的历史文献,如元杂剧、《醒世姻缘传》、《聊斋俚曲集》"俺"的使用频率很高。

　　三舅,你在此,等俺两个与咎爷讲过,使人来叫你——元·《话本选集·玉堂春落难途夫》

　　俺本是乘鸾艳质,他须有中雀丰标——元·郑光祖《倩女离魂》

　　俺夫人治家严肃,有冰霜之操——元·王实甫《西厢记杂剧》

　　叔叔自家裁处,凡事不必问俺女流——明·罗贯中《三国演义》

　　俺爹昨夜偶然得病,闹了一夜不省人事,俺只得急急回去——清·俞樾《七侠五义》

南方籍作家作品中则不使用或极少使用。在汉语各方言中,"俺"仍在山东、河南、河北等地使用。

政和杨源四平戏"奴"用例:

　　判官:娘娘你去变个凡间十八女子,一步一步慢慢行来。

　　三仙娘娘:待奴去变,起狂风。公公,奴家变得象样么?

　　判官:你要行几步来我看看。要学凡间十八女子一步一步慢慢行来。

　　三仙娘娘:待奴行来你看。(刘文昔全本·第五场·茶房会·上)

　　三仙娘娘:奴丈夫也是读书人,一去求官不回。

　　刘文昔:有家书没有?

　　三仙娘娘:并无家书半字回,好教奴独自守空房,怎叫人不珠泪涟。

　　刘文昔:小娘子,你有油灯一盏,送我攻书。

---

　　① 吕叔湘:《近代汉语指代词》,学林出版社1985年版,第78～79页。

三仙娘娘：今晚小娘子有爱，四角起楼台。

三仙娘娘：待奴拿来。

刘文昔：今晚小娘子有爱，四角起楼台。

三仙娘娘：今晚有我来，秀才开门。

刘文昔：哪个叫门？

三仙娘娘：奴家送茶来。（刘文昔全本·第六场·茶房会·下）

穆桂英：呵待奴来天灵灵、地灵灵，鬼火烧自身。（九龙阁全本·第十场·被火烧穆柯寨）

穆桂英：公公你不爱他奴爱他，你不疼他，奴疼她。（九龙阁全本·第十三场·辕门斩子）

穆桂英：小将军犯罪看奴面，千罪万罪奴担成。（九龙阁全本·第十三场·辕门斩子）

四平戏中，"奴"作为女性自称代词出现频率很高，政和方言里是没有的。"奴"是古代汉语中较为特殊的词，其作为古代妇女的自称代词始于宋代，清钱大昕《十驾斋养新录·妇人称奴》："妇人自称奴，盖始于宋时。尝见《猗觉寮杂记》云'男曰奴，女曰婢：故耕当问奴，织当问婢。今则为妇人之美称。贵近之家，其女其妇，则又自称曰奴。'是宋时妇女以奴为美称。"明清时期，文学作品中也常以"奴"为妇女自称，略举三例如下：

（1）那妇人便道："官人不知，容奴告禀"（忠义水浒传·第三回）

（2）奴是薄福人，不愿入朱门。（孔尚任·桃花扇·拒媒）

（3）且待奴家先起。烧火、劈柴、打下水。（清平山堂话本·快嘴李翠莲）

在福建莆仙戏中有用"奴"表女性自称的，次数较少，如：

（1）日同游，夜同卧，与奴多少恩爱。（福建戏曲传统剧目选集·莆仙戏·第一集·21页）

（2）奴共兄情义久相亲。（福建戏曲传统剧目选集·莆仙戏·第一集·23页）

（3）叫奴单身要如何？（福建戏曲传统剧目选集·莆仙戏·第一集·81页）

在邵武三角戏中，用"奴"以表女性自称的较多，如：

妹（唱）：哎呀，奴干哥，肚中饥饿就何人知。（《下南京》）

妹（唱）：哎呀，奴的哥，三餐茶饭正当时。（《下南京》）

旦（唱）：客官就好高价吧，奴奴就不带花呀。（《卖花线》）

旦（白）：客官我晓得咧。（唱）大姐生了子呀，二姐生了女，奴家那个年小（呀子一子呀），还没有许配人呀。

丑（白）：哎吒，大姐姐吒，你也没嫁人，我也没讨，你嫁把我就刚刚好。（《卖花线》）

"奴""奴奴""奴家"等较常出现在邵武三角戏中。

现代汉语中，以"奴"表人称代词的用法已消失，但在汉语方言中还存在，据《汉语方言大词典》所载，吴语，江苏苏州有以"奴 əu^{31}"来作第一人称代词的，弹词《西厢记·操琴》"你再要吓奴，奴要打了"，亦此用法，《周庄镇志》"谓我曰奴，去声"记录了"奴"作为第一人称代词的用法。

2.指示代词

四平戏语言中，指示代词已完全与现代汉语中的"这""那""哪"一致了。这与政和方言中使用的"ia^{24}这""兀""呢"不同。如：

小二：这佛像是泥土做的。（刘文昔全本·第二场·上华山）

刘文昔：我看这茶味道不好。（刘文昔全本·第六场·茶房会·下）

3.疑问代词

四平戏语言中，人称疑问代词使用"谁"，指示疑问代词使用"哪"，其他问事物行为方式和性状等方面的疑问代词，也都使用与现代汉语一致的"什么""怎么"，与政和方言中的"甚人_谁""呢底_{哪里}""甚呢_{什么}""怎人_{怎么}"完全不一样。如：

> 吕洞宾：师父，山下交战，谁胜谁败？
>
> 萧太后：你有这等本事，封你为军师，我幽州有其实二万兵马，交付与你，赐你宝剑一口，谁人逆令，前斩后奏。（九龙阁全本·第二场·投军）
>
> 店家：要往哪里去？（刘文昔全本·第一场·刘文上京赶考）
>
> 三仙娘娘：你是何人？胆敢除了风雷。
>
> 月老仙：我乃是月仙人，刘文昔与你有七日姻缘，你怎么打他？（刘文昔全本·第四场·借雷令）
>
> 一贵：我不是先生，你来做什么？（刘文昔全本·第十三场·教子）
>
> 沉香：什么东西为号？（刘文昔全本·第十三场·教子）

（二）行为动词

"每一个词都有其时代性和地域性"①，戏曲舞台的本质是对生活内容系统性的展现及夸张，戏曲舞台语言源于生活，与日常生活紧密紧密相连。日常生活中的常见行为动词很能体现语言的特点。

1.吃

汉语义位"吃"是日常生活中最经常说的词之一，在不同方言中有不同的说法，大多数方言使用"吃""喫""食"三种。官话、晋语等地的说法与普通话相同，吴语有"吃""喫"两种说法，湘语、赣语说"喫"，粤语、客家话说"食"。闽语大多数都说"食"，与粤语、客家话的说法相同，如闽东方言、闽南方言、莆仙方言、闽中方言（建宁、泰宁、明溪）等地均使用"食"，但闽北方言却说"馇"，与多数闽语的说法不一样。"馇"，在词义上涵盖"吃、喝、抽、饮"等多种语义功能，如：馇酒_{喝酒}、馇茶_{喝茶}、

---

① 汪维辉：《论词的时代性和地域性》，《语言研究》2006年第2期。

镱烟_{抽烟}。四平戏异于政和方言，说"吃"为"吃"，同于现代汉语，涵盖"吃、喝、抽、饮"等多种语义功能，如"吃茶""吃酒"等：

三仙娘娘：秀才吃茶。

刘文昔：我看着茶味道不好。（刘文昔全本·第六场·茶房会·下）

刘文昔：拐子哥，有劳你报与老爷得知我刘文昔乃是钉上肉，笼里鸡，早就早吃，晚就玩餐。将我放开，拜过父母之恩。（刘文昔全本·第九场·下法场）

汉钟离：二郎神，二郎神，将妹嫁凡人，今年吃仙酒，明年吃喜酒。

何仙姑：二郎舅，二郎舅，今年吃仙酒，来年外甥叫你做母舅。（刘文昔全本·第十场·招亲）

2. 看

闽北政和、建瓯、松溪等地，表示"以实现接触人或物"这一词义用"觑"，在词义上涵盖"看、探视、探听"等多种语义功能，如：政和：觑病_{看病}tsʰu⁵⁵paŋ⁵⁵｜觑脉_{诊脉}tsʰu⁵⁵mε⁴²｜觑电视_{看电视}tsʰu⁵⁵tiŋ⁴²si⁵⁵｜觑戏_{看戏}tsʰu⁵⁵xi⁴²｜觑得起_{看得起}tsʰu⁵⁵tε²⁴kʰε²¹‖建瓯：觑病_{看病}tsʰu⁵⁵paŋ⁵⁵｜觑脉_{诊脉}tsʰu⁵⁵mε⁴²｜觑电视_{看电视}tsʰu⁵⁵tiŋ⁵⁵si³³｜觑戏_{看戏}tsʰu⁵⁵xi³³｜觑得起_{看得起}tsʰu⁵⁵tε²⁴kʰi²¹｜觑水_{打探消息}tsʰu⁵⁵sy²¹。汉语其他方言多以"觑"表眼睛视力不好，近视眼等，如闽南方言以"觑"表偷看、窥视之义或视力不好，近视等，如"觑目""觑懵"，扬州人说"觑蒙眼"，上海人说"眯觑眼"，宁波则说"近觑眼"。《广韵》《洪武正韵》："觑，七虑切，伺视也"。东汉末期蔡邕《汉律赋》"觑朝宗之形兆，瞰洞庭之交会。"，"觑"已有"看视"之义，汉以后仍有以"觑"表"看视"之义，略举三例。

（1）他觑物思人，见鞍思马，才落泪来。（金瓶梅·第六十三回）（看、见）

（2）哥哥，你与我做个肉屏风儿，等我偷觑咱。（关汉卿·杜蕊娘智赏金线池·第四折）（窥视、偷看）

（3）一面说着，一面拿眼睛不住的觑着凤姐儿。（曹雪芹·红楼梦·第十一回）（偷看）

现代汉语中"觑"已很少见，仅在少量词语中使用，如"面面相觑""不可小觑"。现代汉语中表示"看视"类词义的用"看"，古代汉语中，先秦两汉多用"视"，"看"始见于《韩非子·外储说左下》"梁车新为邺令，其姊往看之"，表"探望、问候"之义，魏晋南北朝后，文献中"看"之用例渐趋增多，唐以后，在日常口语中，"看"逐渐取代"视"。发展到现代，汉语各方言大多以"看"表"以视线接触人或物"这一概念。政和杨源四平戏表示"看视"类词义亦用"看"，不同于政和方言，如：

三仙娘娘：待我看下。（刘文昔全本·第三场·王仙娘回会山）

小拐：呵，要卖五百两，拿来我看下。

刘文昔：拿去看（刘文昔全本·第八场·卖玉带）

3.打

在现代汉语中，"打"是十分活跃的动词或动词性语素，其在日常生活中使用频率高、搭配范围广、涵盖意义宽。闽北政和、建瓯、松溪、武夷山、建阳、南平等地，用以表示"打"类词义用"拍"，在使用上等同于现代汉语的"打"，日常生活中使用频率极高，搭配范围甚广，如：拍球_{打球}、拍算_{打算}、拍掉_{打掉}、拍太极_{打太极}、拍官司_{打官司}、拍松_{爽推拿}、拍单身_{打单身}、拍抱不平_{打抱不平}、拍嗝_{打嗝}、拍呼噜_{打呼噜}、拍狮子_{舞狮子}、拍吊针_{打吊针}、拍赤骹_{打赤脚}、拍炮_{枪毙}、拍腹寒_{患疟疾}、拍草稿_{打草稿}。《广韵》，"拍，陌白切，击也"，现代汉语中无此用法，只在方言中存在，除闽北方言外，泰宁、将乐等地也存在此用法，此外江西赣州等地亦说"打"为"拍"。政和杨源四平戏不同于政和方言，表示"击打"之义用"打"，如：

月老仙：我乃月老仙人，刘文昔与你有七日姻缘，你怎么打他？（刘文昔全本·第四场·借雷令）

三仙娘娘：待得娘娘登宝殿，与我刘昔做媒人。凡人把我太相欺，咒骂仙家罪非轻。你去龙宫借来雷公电母，赶到路中，打死刘文昔主

195

仆二人。（刘文昔全本·第三场·三仙娘回华山）

4. 说

闽北建瓯、政和等地用"话"表"说话"之义，如：话事_说、话过_{说过}、话亲_{说亲}、话假事_{说假话}，日常口语中不用"说"，政和杨源四平戏不同于与政和方言，其表达"说话"之义用"说"，如：

小二：东人你这边来吧

刘文昔：判官站得好威灵，我今说你二人听。（刘文昔全本·第二场·上华山）

手下：启上老爷，刘文昔说道，他是钉上肉，笼里鸡，放他拜过父母之恩。（刘文昔全本·第二场·上华山）

太君：我儿不必心焦急，且听为娘说分明。（九龙阁全本·第十三场·辕门斩子）

5. 睡

现代汉语表示人自然休息状态的词为"睡"，四平戏亦用"睡"，如：

大拐：哎呀，我十分讨睡。
小拐：你这样好睡，在你娘肚中多睡几年出来。
小拐：你爱睡，我也爱睡。（刘文昔全本·第八场·卖玉带）

闽北各地方言表"休息、睡觉"之义不用"睡"，而是用"寐眯"，如：

政和：寐眯 $mi^{42}tsʰi^{24}$
建瓯：寐眯 $mi^{42}tsʰi^{24}$
松溪：寐眯 $mei^{42}tsʰi^{223}$
武夷山：寐眯 $mei^{5}tshi^{35}$

《说文》"寐，卧也"《广韵》"寐，密二切，息也"。"寐"为古语词，见于《诗经》《国语》等历史文献中，略举五例：

（1）夙兴夜寐。(《诗·卫风·氓》)

（2）耿耿不寐。(《诗·邶风·柏舟》)

（3）归寝不寐。(《国语·晋语》)

（4）寡人夜者寝而不寐。(《公羊传·僖公二年》)

（5）门卒方熟寐。(《资治通鉴·唐纪》)

6. 拿

闽北建瓯、政和、松溪等地用"擎"表"用手取，握在手里"之义，如：擎来_{拿来}、擎住_{拿住}，日常口语中不用"拿"。政和杨源四平戏不同于政和方言，其表达"用手取，握在手里"之义用"拿"，如：

先生：沉香拿书出来背。
先生：必武拿书来念。（刘文昔全本·第十二场·送子）

7. 读

四平戏"上学""出声地读"等义用"读"，同于现代汉语，如：

必武：赖塔秀才。文章肚里来，读书读不来，打鬼养琵琶。先生你来接我。

一贵：我不是先生，你来做什么。

必武：我来读书。

沉香：你来读书，连鞋子都没有。（刘文昔全本·第十三场·教子）

必武：我没有书，我有两张纸，我爹爹十字街头开了一个京果店，先生写个果子名给我读。（刘文昔全本·第十三场·教子）

政和方言"上学""出声地读"等义用"念"，如：念书、念经、念书人，闽北各地大都说"读"为"念"。

需要注意的是，四平戏因受政和方言影响，在词语的使用上，有时会出现混用兼用的情况，即同一语义，有时用官话词汇，有时用政和方言词汇。如"读"和"念"兼用：

197

先生：沉香拿书出来背。

先生：必武拿书来念。（刘文昔全本·第十二场·送子）

再如"腹""肚"兼用：

必武：赖塔秀才。文章肚里来，读书读不来，打鬼养琵琶。先生你来接我。（刘文昔全本·第十三场·教子）

必武：我讲先生目又光，耳又利，腹内真可通，两手龙蛇动，两脚行有风，七台大轿抬不动，人人叫你做国公。（刘文昔全本·第十三场·教子）

8. 站

政和方言说"站"为"徛"，四平戏不同于政和方言，其表"站立"之义用"站"，如：

刘文昔：判官站得好威灵，我今说你二人听。（刘文昔全本·第二场·上华山）

（三）名 词

名词，是词类的一种，表示人、事、物、地点或抽象概念的统一名称。以下选取四平戏中的三个名词与政和方言进行比较。

1. 儿

闽方言称儿子为"囝"，通行于各地闽语各地，例如：政和 kyiŋ²¹³| 建瓯 kuiŋ²¹| 建阳 kyeiŋ²¹| 武夷山 kyaiŋ²¹| 松溪 kyŋ²²³| 仙游 kiã⁴⁵³| 闽清 kiaŋ³²| 福州 kiaŋ³³| 邵武 kin⁵³。日常口语中少有说"儿"字，只在书面语中用到。四平戏不同于闽语各方言，使用与现代汉语相同的"儿"一词，如：

三仙娘：叹，儿呀！

三仙娘：我儿把你母舅放了，放他回去。（刘文昔全本·第十九场·破洞）

2.公鸡、母鸡

四平戏以"公""母"来表示动物的雄、雌，词序也与现代汉语一致，例如：

> 铁拐李：公鸡带母鸡，母鸡去了一层皮，前门把得紧，后门被人一尖，二郎神笑我，我不笑，众位老仙牢牢谨记。（刘文昔全本·第十场·招亲）

这异于政和方言，政和方言以"嫲"来表示雌性动物，指雌性动物时多指已生育的动物，闽北各地大都如此，如表8-3。

表8-3　闽北各地雌性动物说法

词目	政和	建瓯	松溪	建阳	武夷山
母鸡	鸡嫲 kai^{53}ma^{33}	鸡嫲 kai^{54}ma^{33}	鸡嫲 ka^{53}mɒ^{44}	鸡嫲 kai^{51}ma^{45}	鸡嫲 kai^{51}ma^{33}
母猫	猫嫲 mɛ^{33}ma^{33}	猫唧嫲 miau^{33}tsi^{24}ma^{33}	猫嫲 ma^{44}mɒ^{44}	猫嫲 mau^{45}ma^{45}	猫嫲 mau^{33}ma^{33}
母狗	狗嫲 xu^{213}ma^{33}	狗嫲 e^{21}ma^{33}	狗嫲 xu^{21}mɒ^{44}	狗嫲 əu^{21}ma^{45}	狗嫲 βu^{31}ma^{33}
母牛	牛嫲 niu^{33}ma^{33}	牛嫲 niu^{33}ma^{33}	牛嫲 niu^{44}mɒ^{44}	牛嫲 niu^{45}ma^{45}	牛嫲 ŋiu^{33}ma^{33}

与"嫲"相对的，表雄性动物，政和方言说法较为复杂，可用"牯""角""猳"等语素，闽北各地有相对一致的说法，如表8-4。

表8-4　闽北各地雄性动物说法

词目	政和	建瓯	松溪	建阳	武夷山
公鸡	鸡角 kai^{53}ku^{24}	鸡角 kai^{54}ku^{24}	鸡角 ka^{53}ku^{223}	鸡角 kai^{51}ko^{35}	鸡角 kai^{51}ku^{35}
公猫	猫牯 mɛ^{33}ku^{21}	猫牯 miau^{33}ku^{21}	猫牯 ma^{44}ku^{21}	猫牯 mau^{45}ko^{21}	猫牯 mau^{33}βu^{31}
公狗	狗猳 xu^{213}ka^{53}	狗猳 e^{21}ka^{54}	狗猳 xu^{21}kɒ^{53}	狗猳 əu^{21}ka^{51}	狗猳 βu^{31}ka^{51}
公牛	牛牯 niu^{33}ku^{21}	牛牯 niu^{33}ku^{21}	牛牯 niu^{44}ku^{21}	牛牯 niu^{45}ko^{21}	牛牯 ŋiu^{33}βu^{31}

3. 晚

"晚",表时间语素,现代汉语用于"昨晚""晚上""今晚"等词中,四平戏同于现代汉语。

三仙娘娘:今晚有我来,秀才开门。(刘文昔全本·第六场·茶房会·下)

焦赞:孟二哥,晚上黑朦胧,我们拿定规盗了香莲木。(九龙阁·第八场·卖玉带)

孟焦:昨晚盗了一夜,一根盗不来。
孟良:焦贤弟,奇怪奇怪,我们昨晚砍了一半,今日为何一根一根都在那里。(九龙阁·第九场·下法场)

政和方言少见"晚"一词,以"冥"来表达时间语素,如"昨冥_{昨晚}""暗冥_{晚上}""今冥_{今晚}"。与此同时,用以表达"时间迟了、慢了""天黑了"等含义时不用"晚",而用"慢"和"暗",如:来慢了_{来晚了}、天色暗_{天色晚},四平戏则都用"晚"。

刘文昔:你看天色将晚,寻个客铺,借宿一晚,明日再行。(刘文昔全本·第一场·刘文昔上京赶考)

刘文昔:闻说朝廷开科场,要去东京求功名。不觉到此天将晚,借宿一宵明早行。(刘文昔全本·第六场·茶房会·下)

第二节　四平戏与政和方言语法比较研究

汉语各方言之间存在较大的差异,其中语音的差异最大,其次为词汇,差异最小的当属语法,其稳定性较强,虽如此,差异仍存在。四平戏在句法上大多数与官话一致,但亦有同于政和方言的语法现象。

1. 短时体

现代汉语语法中短时体表动作行为的短暂性,在语义上可表示短暂、随意或尝试一下即可。政和方言短时体的表示有以下四种：（1）V一下；
（2）V下把；（3）V啫；（4）VV下（单音节动词重叠式＋下、双音节动
词重叠式＋下），这些短时体在语义上与普通话中的"走一走""笑一笑"
中的单音节动词重叠式中间嵌入"一"相近。其中（1）类型与在语法意义
及形式上与现代汉语相同，（2）（3）（4）类型与现代汉语存在差异。四平
戏中，为了凸显人物内心及行为，在句式上融入政和方言（4）类型的句法
结构以表示动作的尝试，如《刘文昔全本》中的"照照下""烧烧下"：

　　小二：人人说道三仙娘娘生得好，俺和你看下。拿个火来照照下，
果然生得好。
　　小二：判官哥哥你笔拿来借我，去你的，你不肯，我拿纸钱来
烧烧下。判官哥哥纸钱拿去笔丢下来。莫道人爱财，鬼神也爱财。我
把纸钱烧烧下，笔就丢下来，东人拿去。（刘文昔全本·第二场·上
华山）

"照照下"义为"照一下试试"，"烧烧下"义为"烧一下试试"，都为
政和方言短时体的语法结构。需要注意的是，并非所有的单音节动词都能
重叠形成"VV下"类短时体，政和方言短时体"VV下"结构动词的条件
有两个：一是这类动词必须是人可控的动词，客观存在或超出人可控范围
内的动词不能形成该结构，政和方言不说，如：死死下。二是重叠的动词
为可重复性动词，不可重复或不可逆转的动词不能形成该结构，政和方言
不说，例如：落落下。
　　政和方言单音节动词的重叠式＋下，即"VV下"结构，在日常生活
中较为常用，略举七例：

　　（1）行行下：走一走
　　（2）觑觑下：看一看
　　（3）笑笑下：笑一笑
　　（4）拖拖下：拖一拖
　　（5）嬉嬉下：玩一玩
　　（6）话话下：说一说

（7）想想下：想一想

除单音节动词重叠式＋下，可表短时体外，双音节动词重叠式也可表示短时体，具体结构为"V1V2V2 下"，如：修理理下修理修理、招呼呼下招呼招呼等，值得一提的是，这类双音节动词应为同义或近义连用的复合词，例如：检查、考虑、整理、喜欢。

2. 疑问句式

现代汉语中的疑问句是具有疑问语调表示提问的句子，表示提问的手段有多种，既可以是语调、疑问词，也可以是语气副词或疑问格式，这些手段既可以单用，也可以连用。李宇明指出："一个疑问句最少要有一个疑问点，仅用一个疑问标记来传递一个问元的疑问信息，称为疑问标记的单用，两个或三个疑问标记来共同传递一个问元的疑问信息，称为疑问标记的复用。"①现代汉语疑问句一般用语气助词"呢""吗"等体标记置于句末来表示疑问。政和方言没有表疑问的语气助词"呢""吗"，如果是现代汉语的"吗"问句，政和人说的是另一典型的疑问句式，即以肯定加否定连用的反复问形式来表示，这一点在四平戏中有所体现，如《刘文昔全本》中的两段对白：

　　刘文昔：我有灾难没有？
　　三仙娘娘：既有灾难，奴有难香一包，含入口中，喷上天堂。连叫三声，妻子就来救你了夫。
　　刘文昔：有水火灾没有？
　　三仙娘娘：既有水火灾，奴有火香一包，遇火则烧，遇水则漂。
（刘文昔全本·第七场·宝带别）

　　刘文昔：有家书没有？
　　三仙娘娘：并无家书半字回，好教奴独自守空房，怎不叫人珠泪涟。（刘文昔全本·第六场·茶房会·下）

政和方言口语中没有表示疑问的语气助词"呢""吗"，没有"我有灾难吗"这种说法，通常情况下说为"我有灾难没有"，用这种反复问来代替

---

① 李宇明：《疑问句标记的复用及标记功能的衰变》，《中国语文》1997 年第 2 期。

普通话的“吗”问句。政和方言的反复问很灵活，有时同一个句子可用几种反复问来表示，如“你喝水吗”在政和方言中有如下五种表达：

A 你馌水伓馌？ B 你馌水伓馌水？ C 你馌伓馌？ D 你水馌伓馌？

E 水你馌伓馌？

政和方言将“得”与“不得”加于动词之后，构成肯定加否定连用的反复问，表示动作的可行与否，这类句子在四平戏中也有体现，如《刘文昔全本》中的两段对白：

小二：这佛像是泥土做的。

刘文昔：原来如此，待我题诗一首，没有笔。

小二：判官哥哥手上有枝笔，用得用不得？

刘文昔：问他借来。

小二：判官哥哥你笔拿来借我，去你的，你不肯，我拿纸钱来烧烧下。判官哥哥纸钱拿去笔丢下来。莫道人爱财，鬼神也爱财。我把纸钱烧烧下，笔就丢下来，东人拿去。

刘文昔：没有墨

小二：小鬼头上帽是烟灰做的用得用不得？

刘文昔：用得，把红帘放下。（刘文昔全本·第二场·上华山）

小二：是我叫，你这里借宿一晚，歇得歇不得？

判官：几个人？（刘文昔全本·第六场·茶房会·下）

3. 否定词的表达

在语言的发展过程中，否定词的系统极其庞大，杨伯峻、何乐士《古汉语语法及其发展》统计，古代汉语的否定词多达三十二个，发展到现代汉语，数量大大减少。值得庆幸的是，在汉语方言中保留了不少古语否定词，且各方言否定词的用法也颇具特点，就如闽北方言，其方言否定词的数量及其形式就迥于现代汉语，如：建瓯话有“伓、艙、莫、无、未”等五个否定副词，以及由这些否定副词与其他语素构成的合成否定副词，如“伓敢、伓让、未曾”，政和话有“伓、艙、勿、无、未”五个否定词，以及合成否定词"怀敢、怀让、怀能、未曾"。这些闽北方言的否定词在四平戏中可找到实例，如（《刘文昔全本》·第九场：下法场）中的一段对白：

> 红宴：左右，午时三刻到了未曾？
>
> 手下：到了。

再如（《九龙阁》·第七场：又请五郎）中的这一段：

> 杨延昭：焦贤弟，你回来了？
>
> 焦赞：回来了。
>
> 杨延昭：五品官下山未曾？

在闽北方言中，"未曾"可表示"没有"之意，可置于句末表疑问，如：你餂饭未曾？你吃饭没有，显然，上述对白的"未曾"与普通话中的"没有"意思完全一样，都表示疑问。

4."有"字句

四平戏中"有"字句很常见，如：

> 真人：小徒，我来指教于你，明天八月十五住仙桥有八仙下旗，你去坐在棋盘上，破他棋势，他问你怎么破，你道左边破你石崇豪富，右边破你范丹贫穷，中间破你黄河隔断。（刘文昔全本·第十五场·投师）
>
> 三仙娘娘：姻缘簿内有安排，奴与文昔七日缘，日后生下麒麟子，功成名就上天台。（刘文昔全本·第四场·借雷令）

此类"有＋NP/VP"的用法与政和方言相同，例如：我有三件尽好个衣裳我有三件很好的衣服。

此外，四平戏里有一种特殊的"有"字句，其主体结构为"V有NP"，表完成，例如：

> 小二（唱）：哈哈，判官小鬼会动的，原来师父做有锁匙，待送你一条命。原来师父做有锁匙，被我打断，判官小鬼跌地上待我扶起。

（刘文昔全本·第二场·上华山）

　　刘文昔：呀，刚才梦见土地送有儿子在此，我去看下，呀，果然有儿子，抬进后堂，夫人抚养，待俺血书拆开一看。（刘文昔全本·第十二场·送子）

　　刘文昔：叹老娘，只望功成名就，谁知中途别老娘，今生不得一一奉养，死后黄泉报母恩，俺刘文昔聪明一世，懵懂一时，忘记仙妻送有难香一包，待我一看是如何，叹三娘妻，有灵有感云头现，无灵无感命归阴。（刘文昔全本·第九场·下法场）

　　"做有锁匙""送有儿子"等这类用法不见于政和方言中。从历史来源来看，"V有NP"结构早在先秦文献中就已存在，据辛永芬、施其生考证："自汉至宋的文献中'V有NP'结构几乎没有扩展，使用频率较低，与'有'结合的动词仅限于'富、据、兼、拥、享、积、跨、割、著'等几个。到了近代汉语文献中'V有NP'结构有些发展，与'有'结合的动词也有了扩展，除了上面的，还出现了'立有、画有、撰有、刻有、娶有、埋有、溅有、带有、生有、盗有、剩有、求有、抚有、设有'等用法，但整体使用率较低。"① 近代以后，V和"有"之间开始使用一些虚化成分了。

　　5. "得"的用法

　　在四平戏中"得"是常见词，其最主要的功能是出现在各种结构中，如"晓得""得知"，表示知道、明白，此类用法政和方言中常见。我们主要列举四平戏中的由单音节"得"所构成的语法结构。

　　（1）"得"表"能够""可以"。"得"表"能够"之义是"得"较为常见的用法，也可以称为"能性用法"，四平戏中也有此类用例：

　　三仙娘娘：何日得见我夫面，日落西山月再明。（刘文昔全本·第十二场·送子）

　　刘文昔：自别仙妻，何日得团圆。
　　刘文昔：待得娘娘登宝殿。（刘文昔全本·第二场·上华山）

<hr>

　　① 辛永芬、施其生：《汉语方言里的"V（x）有NP"结构——以河南浚县话、广东汕头话为例》，《方言》2020年第1期。

"得"此类用法政和方言一般说成"会得V"结构，如：兀只梨会馌得

那个梨可以吃。

（2）"得"表"得到、获得"。"得"在四平戏中仍保留其本义"得到、获得"，例如：

　　刘文昔：华岳山中一炉香，香烟袅袅透天堂。刘昔若得高官做，回来遍体把金装。（刘文昔全本·第二场·上华山）

"得"的这个意义在政和方言不说，一般说成复合词"得到"，但不常用，如：我得到蜀本书_{我得到一本书。}

（3）V得C。四平戏中"V得C"结构很常见，"得"为结构助词，"C"是状态补语，如：

　　刘文昔：判官站得好威灵，我今说你二人听。（刘文昔全本·第二场·上华山）

　　小二：拿个火来照照下，果然生得好。（刘文昔全本·第二场·上华山）

　　判官：我是判官变来的，变得像吗？
　　三仙娘娘：变得像样。（刘文昔全本·第五场·茶房会·上）

　　判官：你后生人作得没天理，雷公该当劈死你。既是两个人，请进。（刘文昔全本·第六场·茶房会·下）

　　吕洞宾：公鸡带母鸡，母鸡去了一层皮，前门把得紧，后门被人尖一尖。（《刘文昔全本》第十场）：招亲）

四平戏"V得"结构与政和方言相同，如：

　　渠徛得尽高_{他站得很高。}
　　王医生的刀开得很好_{王医生個刀开得尽好。}

第九章

四平戏发展过程中的语言学思考

戏曲语言，作为社会方言，具有很强的独立性，正如郑西村所论："盖戏曲语言往往独立于全国各地实际应用语言（除方言剧以外），自成为一个'独立王国'，不属于任何一个地区的方言。虽然在唱、念时从事者想尽办法迎合观众，务使观众能够听懂、理解，但却是超越他们自己语言的。因为戏曲语言（曲牌腔、版腔）是经过加工的音乐语言、艺术语言，有自己走过的道路。不是一时一地的方言。如昆山腔不是苏州、昆山一带地方语言，皮黄腔不是两广、两湖各地方言，山西梆子、河南梆子也不属于北方广大区域的北方方言。如以流行区域较小的声腔来看，如婺调的［三五七］［二凡调］不是浙西方言，温州［乱弹］也不是浙南方言。所以戏曲语言以至于词曲语言，是一种超越现实的语言，一种具有独立性的语言。"[①]，因此，戏曲在发展、传播的过程中，其语言是变化的，具有变异性及杂糅性，也具有与时性。

一、政和四平戏舞台语言性质

闽北政和四平戏，属四平腔高腔剧种，据史料记载，四平腔乃"稍变弋阳"而成。一直以来，对四平戏舞台语言的认识为"土官话"或"中州官话"，杨源四平戏又称"正字戏"，即指使用"官话"而非乡谈。戏曲上所说的"官话"，从历史上看，指的是"旧官话"，即历史上的官话。就语言性质而言，戏曲舞台语言发展的基本趋势为：一是以方言为基础的，渐趋向官话和书面语靠拢的"方言共通化"；一是以共同语（官话）为基础，错以乡语的"官话地方化"，也即所谓的"土官话"。从四平戏的语音、词汇、语法等方面来看，四平戏舞台语言表现出较明显的"官话"性，显示

---

① 郑西村：《昆曲音乐与填词》，学海出版社2000年版，第464～465页。

出与官话之间较强的一致性。政和杨源四平戏虽流行于政和杨源一带，但是四平戏舞台演出语言绝不是地道的政和方言，如人称代词采用官话系统"你、我、他"，其中"他"字在政和方言中并不用，而是用"渠"，"茶""知"等古知彻澄母字读舌尖塞擦音 ts^ha^{21}、$ts\eta^{51}$，而非政和方言的 ta^{33}、ti^{53}。再如常用行为动词用"吃""看"而非政和方言的特别词"馎""覷"。

作为具有浓厚地方文化底蕴的四平戏，其舞台语言的语音、词汇及语法充盈着政和杨源这块土地的"泥土气息"，与其扎根的地域方言紧密相联。这是戏曲语言为适应观众的需求"适者生存"法则，是地方戏曲生命力的体现。四平戏虽以"官话"为基础，但在表演过程中，适时融入政和方言，这些在语音、词汇、语法方面皆有体现，如其"十五音"声母系统，古阳声韵皆收 ŋ 尾，"讨睡""探水""后生人"等方言词汇，再如以肯定加否定连用的反复问形式来表示疑问的句式等。

综合来看，政和杨源四平戏舞台语言属于具有政和方言特色的官话。

二、政和四平戏舞台语言的形成

戏曲舞台语言是以方言抑或是官话为标准，取决于剧种的定位、剧本内容的雅俗以及舞台演员文化水平的高低。四平戏既属"稍变弋阳"而成的四平腔，其一开始便以"雅"为发展方向，晚明时期的《新镌出像点板怡春锦曲》就收有一部分名为"弋阳雅调数集"的剧目，在朝着"雅"的方向发展过程中，戏曲舞台语言以官话为基础，这是四平戏为适应远播四方的发展在语言上进行的选择，以官话为舞台语言的基础，在一定程度上消除了语言障碍，使得四平戏拥有数量庞大的群众基础。

当然，作为地方戏曲，其舞台语言也必定与戏曲流播的方言有密切联系。体现在四平戏上，则是其在演出活动中随着流传地区的不同，"常杂用各地方言土语，这种情况尽管在上层社会的观众看来不免失之鄙俚，但却为一般中下层观众所普遍欢迎"①，简而言之，就是戏曲舞台语言采用"官话＋乡语"的方式，这是四平戏演出中"俗"的体现。

四平戏舞台语言"雅"与"俗"的不同，不仅体现在用什么样的语言，还包括说的内容，即呈现出更贴近、更适合下层民众生活的世俗化的乡俚俗语。

---

① 张庚、郭汉城：《中国戏曲通史》，中国戏剧出版社1981年版，第38～39页。

四平戏在流播过程中，为了迎合更多地下层民众的精神需求，朝着"俗"的方向发展，这种发展方向决定了其在乡间演出过程中，为了适应文化水平较低的民众，在演出内容上有所侧重，一般多为乡民易于接受且较为熟知的神话故事或历史故事。政和杨源四平戏几百年来扎根偏远乡村，演出内容多为神话故事或历史故事，目前受欢迎的常演剧目多是如此，如：每逢庆典或祭祀时都需开演的被称为"戏首"的折子戏《蟠桃祝寿》、讲述杨延昭欲怒斩其子杨宗保的《辕门斩子》、神话传说沉香救母的《刘文昔》等，这些剧目往往杂以一些俗语、谚语，以表现质朴粗犷的生活气息。

（1）为人莫当官，当官不要米，要米挑不起。（刘文昔全本·第八场·卖玉带）

（2）钉上肉，笼里鸡，早就早吃，晚就晚餐。（刘文昔全本·第九场·下法场）

（3）公鸡带母鸡，母鸡去了一层皮，前门把得紧，后门被人尖一尖。（刘文昔全本·第十场·招亲）

三、关于四平戏舞台语言未来发展的思考

闽北政和四平戏流行于政和杨源大山深处，由于地处偏僻，在过去很长一段时间并未受到认识和重视，导致发展缓慢。二十世纪八十年代初，四平戏被发现于闽东北，引起剧坛的注意。2006 年，政和四平戏被国务院认定为第一批国家非物质文化遗产。多年来，四平戏在演员阵容、剧本创造等方面做出努力，这些无疑对四平戏的发展传承大有裨益，然而，遗憾的是，舞台语言体系的建设，却被忽略了。

政和四平戏在"文革"期间曾被作为毒草四旧全面封杀，演出完全停止，剧本、行头等几乎被摧毁一空。改革开放后，四平戏剧团渐趋恢复演出，近年来相对活跃，但随之而来的是四平戏"普通话"化，语言受到侵蚀。如果说政和四平戏在文娱缺乏的时期，其语言还能保持相对原始状态的话，那么随着文娱形式的多样化以及传承人缺乏等问题，四平戏的舞台语言已悄然发生改变。

四平戏在传承过程中一直以宗族血缘为纽带，严守宗族"传男不传女"

规则，口口相传，这在很大程度上保护了舞台语言的"纯净度"，但迫于现实传承压力，八十年代开始陆续放松宗族严归，招收宗族血缘之外的女性，无疑，这对四平戏的发展传承是正确的，也是必要的，但随之而来的却是语言体系的变化。尤其是近年来一批年轻的女演员，她们的舞台语言已与年老四平戏演员有所差异，更为严重的是，为了解决四平戏语言教授过程中的问题以及扩大四平戏知名度，允许一部分剧团年轻演员以普通话代替原本戏曲舞台语言，这种做法，使四平戏的舞台语言变得越来越"普通"化了。诚然，以上这些做法在一定程度上扩大了四平戏的知名度，也更易于语言传承中的教授，但却使四平戏舞台语言失去其"味道"，这于地方戏曲发展而言，不得不引起警惕。

从政和四平戏的长远发展来看，较为合适的路径应是尽快规范化，首要的是规范语言体系，仅靠口口相传是远远不够的。政和四平戏舞台语言基础已是"官话"，相对来说较易听懂，若能规范语言体系，辅之以提高音乐、道具、服装、舞台等方面的综合水平，结合"不变"与"变"，将会有更好的发展。

"汉语方言是地域内人们生活的语言，是这一地域独特世界最直接的展示，是语言谱系内含的历史与情感的溯源与追踪。戏曲是语言的艺术，是生活的缩影，是历史的见证"，[①]要促进戏曲的活态传承，方言无疑是最佳的纽带，如此，戏曲中的地域特色才不会随时代的发展而磨灭。乡村人社会记忆的流传机制主要用声音，四平戏中的方言土语承载着闽北这一地域人民质朴的情感与文化，是四平戏特有魅力所在，是群体对家乡文化的认同，是联系稀有剧种、地方文化和文化接受者的重要纽带。因此，在四平戏的传承发展中，应深植地方文化，重视方言在戏曲创作中的作用，构建良好的戏曲语言生态。

---

① 谢建娘：《方言生态危机与地方戏曲》，《宁夏大学学报》（人文社会科学版）2018 年第 4 期。

邵武三角戏概述

邵武三角戏主要流传于邵武、光泽、建宁一带，是福建闽北地区特有的戏曲。因以生、旦、丑三个角色为主而取名为"三角戏"，也叫"三脚班"。邵武三角戏的内容以家庭生活、夫妻离合和男女悲欢离合为主，因此又称"夫妻戏"或"家庭戏"。

第一节　邵武三角戏主要艺术特征

邵武三角戏历史悠久，以独特的音乐形式演绎了许多戏曲故事，长期植根于广大民众的土壤中。在历代表演艺术家、民间艺人的创作和演出实践活动中，保留了不少优秀传统剧目、音乐唱腔和舞台表演形式，在中国戏曲百花园中独树一帜。

一、角色及舞台表演

邵武三角戏的表演最初是由生、旦、丑三个角色负责，这三个角色的表演形式与其他地方戏曲的不同，主要体现在旦角的表演上，三角戏的旦角是倒退出场的，出场时，手里挥舞着手绢绸带，身段靓丽美妙。三角戏的丑角的出场也很有特点，先是背着舞台出来，走着矮子步，然后做转身、跳步、舞扇花、舞腰带等一系列动作，常插科打诨，幽默滑稽。

邵武三角戏对科步和程式没有严格要求，表演活泼自由，演员表演的台位呈三角形，不断变换。

二、唱 腔

三角戏的唱腔有近百支，主要分为两类——即专用曲调和通用曲调。顾名思义，专用曲调只适用于一种剧目，这与通用曲调有所差别，后者很多剧目是可以通用的。各种曲调依剧情及人物感情的发展而变化。节奏速度上分为紧板、快板、慢板、哭板、悲板。唱词通俗易懂，句尾多带"哪、哎、哟、哪"等叹词作衬字拖腔，用衬词衬字加强唱词的语气，增加节奏的变化，有助于旋律的起伏，使戏曲音乐带有浓厚的生活气息与地方风格。"唱词不强制要求平仄、押韵，形势比较自由。曲韵属中州韵，用邵武土官话演唱，二十世纪五十年代后，改用带有着当地口音的普通话演唱。"①

三、乐 器

三角戏的演奏乐器最初是简单而独特的六种乐器，即大锣、小锣、冬鼓、北鼓、小钹、木鱼，辅之以演员的清唱。新中国成立后，剧团在政府的扶持下，尝试增用琵琶、唢呐、竹笛和胡琴等。

四、剧 目

三角戏的表演贴近百姓生活，没有大家烂熟于心的才子佳人剧情，也不演绎历史的剧目，大多是发生在百姓生活中的喜事、烦恼事，百姓称之为"没有皇帝没有官，百姓越看越心宽"。三角戏的主要传统剧目有《白扇记》《梁山伯》《大采桑》《凤凰山》等；小戏有《看花灯》《雇长工》《双劝夫》《卖花线》《菜刀记》《怀胎记》《补缸》《放牛》《磨豆腐》《送郎衣》《纺棉纱》《下南京》《鸣凤进店》《补背褡》等一百多个。现存三角戏的剧目已不多，只有一百四十多个，具有代表性的有《下南京》《砂子岗》《青龙山》《姑嫂观灯》《十八滩》《凤凰山》《雇长工》等，还有一些没有文字记录由师傅口传的剧目存于福建省艺术学院。随着时代的发展，三角戏剧目逐渐加入历史题材，同时也结合社会生活中一些事例，创新剧目越来越多。

---

① 中国戏曲志编辑委员会：《中国戏曲志·福建卷》，中国 ISBN 中心 2000 年版，第 333 页。

第二节　邵武三角戏发展简史

三角戏是流淌在邵武人民血液里的地方戏曲。任何一种文化的发展都不是一帆风顺，三角戏亦如此。邵武三角戏从明清发展至今，有四百多年的历史，在这四百多年中，邵武三角戏各个方面都有突破和发展。

一、萌发初始期

《中华人民共和国地方志·福建省志·戏曲志》记录了三角戏戏班的成立："清初，建宁县客坊中畲村，有一姓刘外号'猪母'者，因到县城学艺，被族人视为'贱业'，革除姓氏，逐出祠堂。他便在建宁县城留住，并另组戏班，人称'猪母三角班'。"[①]

清朝到民国初，三角戏的发展势头很好，早期三角戏的艺人多是赣东人，后来三角戏传到福建，由浦城当地的老百姓搭班演出。

二、初步发展期

民国后期，三角戏增加了净、末、丑、贴等角色。二十世纪初至三十年代初期，光泽、邵武、泰宁等地山村出现不少固定班社，例如邵武的保仔班、草头班，光泽的连顺班、学云班、细红班和麒麟班。新中国成立前，三角戏戏班一直活跃于乡下。

三、创新繁荣期

新中国成立后，邵武三角戏慢慢繁荣起来，表演艺术不断提高。三角戏的发展得到政府的关注，吸收通泰业余剧团艺人和光泽艺人，于1953年组织成立邵光剧团，这是第一个三角戏剧团，演职人员有四十多人，由民

---

① 福建省地方志编纂委员会编：《福建省志·戏曲志》，方志出版社2000年版，第40页。

间老艺人罗雪官担任团长，罗雪官口述了一百二十多个传统剧目。1956年，剧团重组人员，将原先的邵光剧团改名为邵武县三角戏剧团，罗雪官仍任团长，剧团吸收了业余剧团艺人中的三名女演员，这是第一批女演员，改变了以往三角戏全团皆男性的现象。1958年招收的新学员中，首次出现女演员扮演男角。1959年下半年创办艺校，三角戏正式拥有培训基地。

1960年元旦，三角戏剧团更名为地方国营邵武山歌实验剧团。1961年剧团拥有自己的剧场，有固定的排练场地和演出场所。这一时期传统剧目和曲牌的挖掘工作全面展开。

1962年剧团更名为邵武县三角戏剧团，剧团里配有专业的编导及作曲人员，记录了上百个传统剧目，移植了十几个现代戏。1963年上演的现代戏《三世仇》，配合当时的社教运动，让城关各单位包场观看。1964年剧团创作演出的《沿山红路》受到许多领导的肯定，参加了省第一届现代戏汇演。1965年剧团的表演和唱腔达到新的高度，三角戏的艺发展进入创新繁荣期。

四、重创恢复期

"文革"时三角戏遭受重创。1966年剧团更名为红卫民歌剧团。1969年剧团被撤销，艺人解散，很多珍贵的文献在"文革"的浩劫中丢失，剧团演出活动停止。

"文革"结束后，剧团改名为越剧团，农村地区还有零星的业余剧团活动。二十世纪八十年代和平三角戏业余剧团、芹田三角戏业余剧团、沿山三角戏业余剧团、上陂三角戏业余剧团还活跃于农村，勉强维持。

1981年剧团为越剧团建制，多部作品获得好评，三角戏重新兴起，改变了以往的状况，民间剧团渐趋活跃。1982年福建省艺术研究所收录了许多珍贵的影像资料。1983年，三角戏《小巷人家》参加汇演，1985年在福建电视台播出。在这之后民间剧团的活动进入活跃期，每年的演出场数多达一百五十场。

五、挑战机遇并存期

二十世纪在九十年代，邵武三角戏的发展有所停缓，现代娱乐形式的多样化，对三角戏造成巨大冲击，表演艺人越来越少，民间三角戏剧团也在不断减少。九十年代末，三角戏已经没有完整的独立的业余剧团，集中演出有一定难度，每年演出活动不达一百场。在此期间邵武市文体局成立邵武三角戏傩舞民俗研究中心。

第三节　邵武三角戏现状

本节着重探讨邵武三角戏的现状。地方戏曲是民族民间文化的主要内容之一，是非物质文化遗产的重要组成部分。然而由于现代化进程加快和文化生态等大环境影响，三角戏不可避免地受到冲击。

一、官办剧团与民间剧团差异明显

目前邵武三角戏主要有两个剧团，一是邵武市文体局下属的邵武三角戏傩舞民俗研究中心，一是由吴玉珍担任团长的邵武姐妹华艺剧团，其为民间业余剧团。

1. 经费方面

民间剧团自身承担所有的费用，团长负责整个剧团的运营，在采访调查中了解到，虽然目前剧团情况较之前乐观一些，但资金仍很匮乏。随着文化的多元化，三角戏的演出次数锐减，剧团的收入急降。

2. 体系规范方面

官方剧团的演员大部分有表演基础，舞蹈动作相对规范，演员专业素质较高，在舞台表演的呈现上较民间剧团更加规范。民间剧团则缺乏体系化和规模化，管理机制不健全，演出人员大部分为农民及工人，文化水平较低，专业素质不高，没有固定的表演程式，演出随意性较大，多为图个喜庆热闹。采访时文体局的工作人员与我们谈到，民间剧团的人很少有把

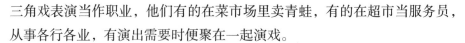

三角戏表演当作职业，他们有的在菜市场里卖青蛙，有的在超市当服务员，从事各行各业，有演出需要时便聚在一起演戏。

3. 场所方面

邵武三角戏（傩舞）民俗文化研究中心有专用排练场地，面积很大，有专门的导师排练室，学员练习室，每间训练室配套都较为齐全。此外官方剧团在服装、道具、妆容方面都比较精致，给人赏心悦目的感觉，演出设备齐全，分工细致。民间剧团则比较随意，他们没有专门的排练场地，大多在家排练，平时工作，有演出的时候才聚集在一起，剧团的服装、道具老旧，妆容粗糙，设施简陋，只有简单的字幕机，跟不上时代的步伐，演出市场狭窄，呈现机会性、零散性、业余性的特点，演出效果相对较差。

二、表演人才匮乏

邵武三角戏目前有两位传承人，一位是省级非物质文化传承人虞东生，一位是市级非物质文化传承人陈红。虞东生师从罗雪官，十五岁就进入三角戏剧团学习，身上满是三角戏的烙印，但年事已高，已很少上台表演，至今也没有找到适合的传承人。另一位市级文化传承人陈红，现在民俗研究中心担任导师。

民间三角戏剧团大多数的艺人从事三角戏演出的时间很长，年纪偏大，多为当地农民，文化水平较低，基本都是小学水平，极少数是初中水平。三角戏演唱使用"土官话"，剧本无谱，只有老艺人能看懂，学员在学习时仅靠口耳相传，没有接受专业的指导和学习，语言学习方面存在较大困难。官方剧团每年都会从各戏剧学校和专科院校招收一批合适的新学员，然而三角戏的学习往往需要日积月累，时间久，短期也很难有较优秀合适的三角戏表演者。在调查中了解到，为更好地传承三角戏艺术，邵武三角戏剧团在中小学进行宣传和教学，很多小学生从一年级开始接触三角戏，刚开始学得很起劲，然而随着学业的加重，人数越来越少，到了六年级便寥寥无几，更不用提初中生了，流动性非常大。

三、剧本残缺，缺乏创新剧目

邵武三角戏在"文革"时散失大量剧本，一直到 1980 年根据老艺人的口述才找回一些，但大多残缺不全。在采访邵武姐妹华艺剧团的团长吴玉珍时，她说剧团每个演员都有自己的剧本，小时候跟师傅学三角戏，师傅口述，他们就记下自己扮演的那个角色的台词，其他角色的台词他们大多是不记的。这种情况导致每个演员手上拥有的不是一部完整的的戏剧剧本，而只是一部分。目前虞东生师傅手上还有一些手抄本戏剧剧目，如《卖花线》《下南京》。

2015 年，由邵武市三角戏傩舞民俗研究中心排演的三角戏《六斤四》作为福建省第二十六届戏剧会演的作品在福州闽剧院上演，这是在政府的帮助下外聘专家来指导编排的剧目，在这场戏剧中，三角戏语言加入普通话。

邵武三角戏音韵研究

三角戏是闽北乃至福建戏曲艺术的重要组成部分，自明清传入邵武一带，因其通俗易懂、贴近生活、演绎百姓身边之事，在文娱缺乏时期，深受当地百姓喜爱。

三角戏从江西采茶戏发展而来，流播过程中往往随地而变，舞台语言呈现掺杂性特点。本章考察邵武三角戏的舞台语言，着重考析邵武三角戏的韵白。

第一节　邵武三角戏音系

本节根据音像资料和三角戏传承人发音所作的听音分析整理邵武三角戏舞台语音的声韵调系统，对邵武三角戏舞台语音作系统地描写与分析。

发音人为邵武三角戏传承人虞东生。

发音人：虞东生，男，1944 年生。职业：农民，三角戏传承人。

调查时间：2018 年 2 月。复查时间：2018 年 6 月。

音像资料：《卖花线》《看相》《下南京》。

一、声　母

邵武三角戏语言声母一共二十个，包括零声母。

表 11-1　三角戏舞台语音声母

声母	例字	声母	例字	声母	例字	声母	例字	声母	例字
p	八兵病	pʰ	派片爬	m	麦明门	f	副蜂活		
t	多东打	tʰ	讨天甜	n	脑南年			l	老蓝连

声母	例字	声母	例字	声母	例字	声母	例字	声母	例字
ts	资字张	tsʰ	刺抽茶			s	丝山顺	ʐ	日
tɕ	九京今	tɕʰ	轻去其			ɕ	向县戏		
k	高共钢	kʰ	开空康	ŋ	鹅饿藕	x	好汉何		
∅	安用王								

声母音值、音位处理说明:

（1）ʐ声母只有一个字日，其他日母字今大多读l，个别今读n，如：软 nuan⁵¹。

（2）古精组、知组、庄组、章组三角戏今读 ts、tsʰ、s，舌尖塞擦音、擦音声母只有一组 ts、tsʰ、s，精组与齐齿呼、撮口呼韵母相拼时腭化明显，实际音值为 tɕ、tɕʰ、ɕ，为了更清楚地显示实际音值，在调查过程中按实际音值记音。

（3）见组声母腭化明显，逢开、合口韵母读 k、kʰ、x，与齐齿呼、撮口呼韵母相拼时读 tɕ、tɕʰ、ɕ。为了更清楚地显示实际音值，今见组声母记为两套声母：k、kʰ、x；tɕ、tɕʰ、ɕ。

二、韵 母

邵武三角戏语言韵母一共三十二个。

表 11-2 角戏舞台语音韵母

韵母	例字	韵母	例字	韵母	例字	韵母	例字
ɹ	支直丝思	i	米第地急	u	苦五猪谷	y	雨局绿虚
a	茶塔辣法	ia	牙架夹佳	ua	瓦花挂刮		
ə	二色热北						
		ie	写鞋接贴			ye	靴月确缺
o	歌盒壳活	io	学药约	uo	过落托国		
ai	开排牌摆			uai	怪帅快怀		
ei	碑赔配飞			uei	对贵鬼桂		
əu	豆走斗狗	iəu	油酒求九				
au	宝饱保桃	iau	条笑桥庙				
an	南胆三糖	in	硬斌听今	uan	短官双床	yn	云均俊熏
		iaŋ	响讲良香				

219

续表

韵母	例字	韵母	例字	韵母	例字	韵母	例字
en	灯深根庚	ien	建盐监言	uen	文春滚春	yen	权全软宣
uŋ	东冬红通	iuŋ	穷兄胸熊				

韵母音值、音位处理说明：

（1）o 的开口度较标准元音大一点。

（2）ai 韵中的 a 开口度较标准元音略小一点。

（3）iəu 的动程较短，iəu 的音值接近 iu。

（4）an 的韵尾 n 有时较靠后，接近 ŋ。

三、声 调

邵武三角戏语言单字调一共四个。

表 11-3 邵武三角戏声调

调类	调值	例字
阴平	55	东该通开
阳平	33	门龙铜皮
上声	51	懂统五哭
去声	35	冻桶饭六

第二节　邵武三角戏音韵特点

不同剧种之间，往往以声腔与语言的差异为标识。戏曲语言流行于不同地域、不同人之间，在听感接受过程中差异较为突出的通常是字音及用词，表现在语言系统上则是各戏曲声韵调的差异。本节运用现代语言学的方法，从声母、韵母及声调三个方面分析邵武三角戏的音韵特点。

一、声　母

根据田野调查归纳整理，邵武三角戏语音在声母方面表现出以下八个特点。

其一，中古全浊声母今读塞音、塞擦音时，平声送气，仄声不送气，如：

并母：赔 p^{h}ei^{33}| 办 pan^{35}
定母：图 t^{h}u^{33}| 杜 tu^{35}
群母：琴 k^{h}in^{33}| 健 tɕien^{35}
从母：钱 tɕ^{h}ien^{33}| 静 tɕin^{35}
澄母：池 tsʅ^{33}| 治 tsʅ^{35}

其二，轻重唇分开，帮组今读 p、p^h、m，非、敷、奉今读 f，微母今读零声母，如：

把 pa^{51}| 破 p^{h}o^{35}| 病 pin^{35}| 门 men^{33}
放 fan^{35}| 蜂 fuŋ^{55}| 饭 fan^{35}| 尾 uei^{51}

其三，端组今读塞音 t、t^h，无塞音擦音化现象，如：偷 t^{h}əu^{55}| 头 t^{h}əu^{33}| 豆 təu^{35}。

其四，泥来母有区别，泥母读 n，来母读 l，如：鸟 niau^{51}| 料 liau^{35}。

其五，知庄章精组今读 ts、ts^h、s，精组与齐齿呼、撮口呼相拼时腭化明显，如：

知组：桌 tso^{35}| 抽 tshəu^{55}| 茶 ts^{h}a^{33}
庄组：抓 tsua^{55}| 测 ts^{h}ə^{35}| 事 sʅ^{35}| 山 san^{55}
章组：纸 tsʅ^{51}| 车 ts^{h}ə^{55}| 神 sen^{33}| 身 sen^{55}| 辰 ts^{h}en^{33}
精组：酒 tɕiəu^{51}| 菜 ts^{h}ai^{35}| 字 tsʅ^{35}| 锁 so^{51}| 寺 sʅ^{35}

其六，晓匣母逢合口一二等字时读 f，与开口呼韵母相拼时读 x，与齐齿呼、撮口呼韵母相拼时读 ɕ。

火 fo⁵¹| 虎 fu⁵¹| 户 fu³⁵;

海 xai⁵¹| 好 xau⁵¹| 后 xəu³⁵;

显 ɕien⁵¹| 限 ɕien³⁵。

其七，疑母、影母、云母、以母读零声母，如：银 in³³| 鸭 ia⁵¹| 云 yn³³| 姨 i³³，较为特殊的是，疑母"鹅"读为 ŋo³³，"额"读为"ŋə³³""牛"读为 niəu³³。

其八，母大多读为 l：如 lu³³| 人 len³³，只有"日"字今读 z。

二、韵 母

根据田野调查归纳整理，邵武三角戏语音在韵母方面表现出以下十七个特点。

1. 四呼、韵尾

邵武三角戏韵母开、齐、合、撮四呼齐全。古阳声韵字今读 n、ŋ 韵尾，其中山摄、臻摄、咸摄、深摄、曾深读 n 韵尾，通摄、江摄、宕摄、梗摄今读 n、ŋ 韵尾，如：

臻摄：民 min³³| 邻 lin³³| 人 |len³³

山摄：搬 pan⁵⁵| 半 pan³⁵| 难 nan³³

咸摄：胆 tan⁵¹| 点 tien⁵¹| 欠 tɕʰien³⁵

深摄：心 ɕin⁵⁵| 深 sen⁵⁵| 品 pʰin⁵¹

曾摄：能 nen³³| 灯 ten⁵⁵| 兴 ɕin³⁵

梗摄：经 tɕin⁵⁵| 镜 tɕin³⁵| 兄 ɕiuŋ⁵⁵

通摄：梦 muŋ³⁵| 中 tsuŋ⁵⁵| 穷 tɕiuŋ³³

江摄：双 suan⁵⁵| 江 tɕiaŋ⁵⁵| 胖 pʰan³⁵

宕摄：忙 man³³| 浪 lan³⁵| 姜 tɕiaŋ⁵⁵

古入声字今读无塞音韵尾，如：物 u³⁵| 塔 tʰa³⁵| 接 tɕie⁵⁵| 菊 tɕʰy³³| 急 tɕi³⁵| 十 sʅ³⁵| 客 kʰə⁵¹| 作 tso³⁵| 药 io³⁵| 直 tsʅ³⁵。

2. 果 摄

果摄开口一等歌韵今主要读 o，如：多 to⁵⁵| 个 ko³⁵| 锣 lo³³，个别字今读

a，如：大 ta³⁵。合口一等戈韵今主要读 o，如：坐 tso³⁵| 火 fo⁵¹，少数字今读 uo，如：课 kʰuo³⁵| 过 kuo³⁵。开口三等戈韵见组今读 io，只有一个字"茄 tɕʰio³⁵"，果摄合口三等戈韵今读 ye：靴 ɕye⁵⁵。

3. 假 摄

假摄开口二等今读 a、ia，a 韵主要为帮组字，ia 韵主要为见组字，如：爬 pʰa³³| 马 ma⁵¹| 假 tɕia⁵¹| 牙 ia³³。开口三等今读 ie、ə，如：借 tɕie³⁵| 写 ɕie⁵¹| 车 tsʰə⁵⁵| 蛇 sə³³。合口二等今读 ua、a，如：瓜 kua⁵⁵| 瓦 ua⁵¹| 花 fa⁵⁵。

4. 遇 摄

遇摄合口一等模韵今读 u，如：土 tʰu⁵¹| 赌 tu⁵¹。合口三等鱼韵今读 u、y，如：书 su⁵⁵| 初 tsʰu⁵⁵| 鱼 y³³| 去 tɕʰy³⁵。合口三等虞韵今读 u、y，如：主 tsu⁵¹| 树 su³⁵| 句 tɕy³⁵| 雨 y⁵¹。

5. 蟹 摄

蟹摄开口一二等主要读为 ai，如：来 lai³³| 带 tai³⁵| 拜 pai³⁵| 牌 pʰai³³| 卖 mai³，少数字今读 ie，如：鞋 ɕie³³| 街 tɕie⁵⁵。开口三四等主要读为 i，如：币 pi³⁵| 米 mi⁵¹| 泥 ni³³，少数字今读 ʅ，如：制 tsʅ³⁵| 世 sʅ³⁵。合口一二等今读较为复杂，今读 ei、uei、uai、a，如：

ei 韵：杯 pei⁵⁵| 配 pʰei³⁵

uei 韵：对 tuei³⁵| 罪 tsuei³⁵

uai 韵：怪 kuai³⁵| 块 kʰuai³⁵

a 韵：画 fa³⁵| 话 fa³⁵

蟹摄合口三四等今读 uei、ei 韵，如：岁 suei³⁵| 肺 fei³⁵。

6. 止 摄

止摄开口三等主要读为 i、ʅ，知庄章精组读为 ʅ，如：紫 tsʅ⁵¹| 资 tsʅ⁵⁵| 师 sʅ⁵⁵| 指 tsʅ⁵¹；见组端组帮组读为 i，如：骑 tɕʰi³³| 地 ti³⁵| 皮 pʰi³³。较为特殊的是，止摄开口三等日母字今读 ə，如：儿 ə³³| 二 ə³⁵。

止摄合口三等主要读为 uei、ei，如：嘴 tsuei⁵¹| 危 uei⁵⁵| 飞 fei⁵⁵| 肥 fei³³，个别字今读 i，如：季 tɕi³⁵。

7. 效 摄

效摄开口一等豪韵与二等肴韵合流，今读 au，如：宝 pau⁵¹| 造 tsau³⁵| 包 pau⁵⁵| 饱 pau⁵¹。

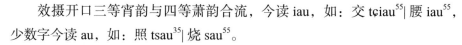

效摄开口三等宵韵与四等萧韵合流，今读 iau，如：交 tɕiau⁵⁵| 腰 iau⁵⁵，少数字今读 au，如：照 tsau³⁵| 烧 sau⁵⁵。

8. 流 摄

流摄开口一等侯韵今读 əu，如：头 tʰəu³³| 走 tsəu⁵¹，个别字今读 u：母 mu⁵¹。

流摄开口三等尤韵非组今读 u，如：副 fu³⁵| 妇 fu³⁵；精组见组今读 iəu，如：酒 tɕiəu⁵¹| 九 tɕiəu⁵¹| 休 ɕiəu⁵⁵；端组知组章组庄组今读 əu，如：抽 tsʰəu⁵⁵| 愁 tsʰəu³³| 州 tsəu⁵⁵。

流摄开口三等幽韵今读 iəu，如：丢 tiəu⁵⁵。

9. 咸 摄

咸摄开口一等覃谈韵读为 an，如：感 kan⁵¹| 三 san⁵⁵，与之相对应的合盍韵读为 a，如：拉 la⁵⁵| 塔 tʰa³⁵，较为特殊的合韵部分今读 o，如：鸽 ko⁵¹| 盒 xo³⁵。

咸摄开口二等咸衔韵见组今读 ien，如：减 tɕien⁵¹| 监 tɕien⁵⁵，与之相对应的洽狎韵今读 ia，如：甲 tɕia⁵¹| 鸭 ia⁵¹。咸摄开口二等咸衔韵其他声母字今读 an，如：杉 san⁵⁵| 衫 san⁵⁵，与之相应的洽狎韵今读 a，如：插 tsa⁵⁵。

咸摄开口三等盐严韵主要读为 ien，如：盐 ien³³| 严 ien³³，与之相对应的叶韵今读 ie，如：接 ie⁵⁵| 业 ie³⁵。部分咸摄开口三等盐严韵今读 an，如：染 lan⁵¹| 占 tsan³⁵。

咸摄合口三等凡韵今读 an，如：犯 fan³⁵，与之相应的乏韵今读 a，如：法 fa⁵¹。

咸摄开口四等添韵今读 ien，如：点 tien⁵¹| 念 nien³⁵，与之相应的帖韵今读 ie，如：跌 tie⁵¹| 协 ɕie³⁵。

10. 深 摄

深摄侵韵知庄章组今读 en，如：沉 tsʰen³³| 参 sen⁵⁵| 针 tsen⁵⁵，缉韵今读 ʅ，如：汁 tsʅ⁵⁵| 十 sʅ³⁵；见组帮组精组今读 in，如：品 pʰin⁵¹| 林 lin³³| 心 ɕin⁵⁵，与之相应的入声韵今读 i，如：立 li³⁵| 急 tɕi³⁵。另外，深摄缉韵日母字的"入"读作 lu³⁵，深摄侵韵邪母字"寻"读作 ɕyn³³。

11. 山 摄

山摄开口一等寒韵今读 an，如：单 tan⁵⁵| 肝 kan⁵⁵，曷韵今读 a、o，如：达 ta³⁵| 渴 kʰo⁵¹。

山摄开口二等删山韵见组字今读 ien，如：间 tɕien⁵⁵| 颜 ien³⁵，其他声母字读为 an，如：办 pan³⁵| 班 ⁵⁵。黠韵今读 ia，如：瞎 ɕia⁵¹，鎋韵今 a，如：八 pa⁵¹。

山摄开口三等仙元韵知庄章组今读 an，如：战 tsan³⁵| 善 san³⁵，与之相应的薛月韵今读 ɔ，如：设 sɔ³⁵| 舌 sɔ³⁵；见组精组帮组端组今读 ien，如：建 tɕien³⁵| 钱 tɕʰien³³| 变 pien³⁵，与之相应的薛月韵读为 ie，如：杰 ɕie³⁵| 灭 mie⁵¹。

山摄开口四等先韵今读 ien，如：面 mien³⁵| 见 tɕien³⁵。屑韵今读 ie，如：节 tɕie³⁵| 铁 tʰie³⁵。

山摄合口一等桓韵帮组字今读 an，如：搬 pan⁵⁵| 半 pan³⁵，其他声母字今读 uan，如：端 tuan⁵⁵| 官 kuan⁵⁵，合口一等末韵今读 o，如：末 mo³⁵| 脱 tʰo⁵⁵。

山摄合口二等删山韵今读 uan，如：关 kuan⁵⁵| 弯 uan⁵⁵，合口二等黠鎋韵今读 ua，如：刷 sua⁵⁵| 刮 kua⁵⁵。另外，合口二等黠韵晓母字"滑"今读"fa³⁵"。

山摄合口三等仙元韵非敷奉母字今读 an，如：反 fan⁵¹| 饭 fan³⁵，与之相应的入声韵今读 a，如：罚 fa³⁵；帮组、知组、庄组、章组字及微母、日母字今读为 uan，如：传 tsuuan³³| 砖 tsuan⁵⁵| 晚 uan⁵¹；见组、精组及影母云母以母字今读为 yen，如：权 tɕʰyen³³| 全 tɕʰyen³³| 远 yen⁵¹，与之相应的入声韵今读 ye，如：雪 ɕye⁵¹| 月 ye³⁵。

山摄合口四等屑韵今读 ye，如：决 tɕye³⁵| 血 ɕye³⁵。

12. 臻　摄

臻摄开口一等痕韵今读 en、in，如：根 ken⁵⁵| 民 min³³。

臻摄开口三等臻真欣韵知组、庄组、章组及日母字读为 en，如：镇 tsen³⁵| 震 tsen³⁵| 人 len³³，与之相应的入声韵今读 ʅ，如：侄 tsʅ³⁵| 失 sʅ⁵¹；精组见组及影母以母字今读 in，如：进 tɕin³⁵| 紧 tɕin⁵¹| 银 in³³| 引 in⁵¹，与之相应的入声韵读 i，如：吉 tɕi³⁵| 一 i⁵¹。

臻摄合口一等魂韵今读 en、uen，如：门 men³³| 困 kʰuen³⁵，合口一等末韵读为 u，如：骨 ku⁵¹。

臻摄合口三等谆文韵非敷奉母字今读 en，如：分 fen⁵⁵| 粉 fen⁵¹，知庄章组及微母、日母字读为 uen，如：笋 suen⁵¹| 准 tsuen⁵¹| 闰 nuen³⁵，精组见组及影母、云母、以母字今读 yn，如：俊 tɕyn³⁵| 军 tɕyn⁵⁵| 匀 yn³³。臻摄合口三等术物韵今读 y、u，如：律 ly³⁵| 物 u³⁵。

13. 宕 摄

宕摄开口一等唐韵读为 an，如：忙 man|^{33} 钢 kan^{55}，铎韵今读 o，如：作 tso^{35}| 各 ko^{35}。

宕摄开口三等阳韵见组、精组、端组及影母、以母、云母字今读 iaŋ，如：姜 tɕiaŋ^{55}| 抢 tɕʰiaŋ^{51}| 娘 niaŋ^{33}| 秧 iaŋ^{55}| 痒 iaŋ^{51}；知组、章组及日母今读 an，如：张 tsan^{55}| 章 tsan^{55}| 让 lan^{35}，；庄组今读 uan，如：装 tsuan^{55}| 霜 suan^{55}。宕摄开口三等药韵主要读为 io，如：脚 tɕio^{51}| 约 io^{55}。

宕摄合口一等唐韵今读 uan、an，如：光 kuan^{55}| 黄 fan^{33}，铎韵今读 o，如：霍 xo^{51}。

宕摄合口三等阳韵今读 uan、an，如：狂 kʰuan^{33}| 方 fan^{55}，药韵今读 u，如：缚 fu^{35}。

14. 江 摄

江摄开口二等江韵帮组字读为 an，如：胖 pʰan^{35}| 绑 pan^{51}；知组、庄组字读为 uan，如：桩 tsuan^{55}| 双 suan^{55}；见组字读为 iaŋ，如：江 tɕiaŋ^{55}。江摄开口二等觉韵主要读为 o，如：桌 tso^{55}| 镯 tso^{35}。较为特殊的是觉韵部分今读 io，如：学 ɕio^{35}| 角 tɕio^{51}。

15. 曾 摄

曾摄开口一等登韵读为 en，如：灯 ten^{55}| 肯 ken^{51}，德韵今读 ə，如：北 pə^{51}| 刻 kʰə^{51}。曾摄合口一等德韵今读 ə，如：或 fə^{35}。

曾摄开口三等蒸韵读为 in、en，如：冰 pin^{55}| 证 tsen^{35}，职韵读为 i、ɿ、ə，如：力 li^{35}| 食 sɿ^{35}| 色 sə^{51}。

16. 梗 摄

梗摄开口二等庚耕韵主要读为 en、in，如：猛 men^{51}| 肯 kʰen^{51}| 硬 in^{35}，另外，开口二等耕韵并母"棚"的读为 pʰuŋ^{33}。梗摄开口二等陌麦韵读为 ai、ə，如：麦 mai^{35}| 白 pai^{35}| 客 kʰə^{51}| 隔 kə^{35}。

梗摄开口三等庚清韵知章组读为 en，如：贞 tsen^{55}| 整 tsen^{51}，其他声母字读为 in，如：兵 pin^{55}| 镜 tɕin^{35}| 清 tɕʰin^{55}| 轻 tɕʰin^{55}。梗摄开口三等昔韵知章组读为 ɿ，如：尺 tsʰɿ^{51}| 石 sɿ^{35}，其他声母字读为 i，如：惜 ɕi^{51}| 席 ɕi^{51}。

梗摄开口四等韵读为 in，如：瓶 pʰin^{33}| 钉 tin^{55}，锡韵读为 i 韵：劈 pʰi^{51}| 笛 ti^{35}。

梗摄合口二等庚韵读为 en，如：横 xen³³，麦韵读为 a，如：划 fa³⁵。梗摄合口三等庚韵读为 iuŋ，如：兄 ɕiuŋ⁵⁵| 永 iuŋ⁵¹。清韵读为 in，如：营 in³³。

17. 通　摄

通摄合口一等东冬韵读为 uŋ，如：东 tuŋ⁵⁵| 宋 suŋ³⁵，屋沃韵读为 u，如：读 tu³⁵| 毒 tu³⁵。

通摄合口三等东钟韵见组及影晓匣以云母字读为 iuŋ，如：穷 tɕʰiuŋ³³| 拥 iuŋ⁵⁵| 凶 ɕiuŋ⁵⁵| 熊 ɕiuŋ³³| 用 iuŋ³⁵，屋烛韵读为 y，如：育 y³⁵| 局 tɕy³⁵；其他声母字读为 uŋ，如：风 fuŋ⁵⁵| 中 tsuŋ⁵⁵| 龙 luŋ³³，与之相应的屋烛韵读为 u，如：福 fu³⁵| 竹 tsu³⁵| 烛 tsu³⁵，此外，屋韵少数字读为 əu，如：粥 tsəu⁵⁵| 肉 ləu⁵¹。

三、声　调

根据田野调查归纳整理，邵武三角戏语音在声调方面表现出以下六个特点。

其一，三角戏舞台语言有四个声调：阴平、阳平、上声、去声。

其二，平声字依古声母清浊分为阴平、阳平，如：

阴平：东 toŋ⁵⁵| 多 to⁵⁵

阳平：门 men³³| 龙 luŋ³³

其三，古清上、古次浊上读为上声：古 ku⁵¹| 九 tɕiu⁵¹| 老 lau⁵¹。

其四，古全浊上声字读去声：动 tuŋ³⁵| 罪 tsuei³⁵| 后 xəu³⁵。

其五，古去声字读去声：怪 kuai³⁵| 痛 tʰuŋ³⁵| 路 lu³⁵| 地 ti³⁵。

其六，入派三声：

古清入声字读阴平、阳平、上声、去声，如：

割见 ko⁵⁵| 接精 tɕie⁵⁵| 拍滂 pʰai⁵⁵

国见 kuo³³| 菊见 tɕʰy³³

法非 fa⁵¹| 劈滂 pʰi⁵¹| 切清 tɕʰie⁵¹

吉见 tɕi³⁵| 塔透 tʰa³⁵| 格见 ko³⁵

古浊入声字主要读去声，如：

白並 pai³⁵| 杂从 tsa³⁵| 碟定 tie³⁵| 服奉 fu³⁵

蜡_来la^{35}| 密_明mi^{35}| 物_疑u^{35}| 热_日lə^{35}

古浊入声字少数读上声、阳平，如：

贼_从tsə^{51}| 择_澄tsə^{51}| 灭_明mie^{51}| 额_疑ŋə^{33}

第三节　邵武三角戏韵辙

邵武三角戏一直缺乏统一规范的韵辙资料，以下所列三角戏韵辙根据对三角戏艺人、传承人及多种音像资料调查归纳整理而成。为了便于与京剧等其他剧种对比，韵辙名称尽量采用"十三辙"的说法。

表11　邵武三角戏"十三辙"（每辙只收音节代表字）

麻花韵（韵母：a ‖ ia ‖ ua）	巴爬马发｜大塔那辣｜渣车沙｜阿‖家霞牙｜花话｜夸瓜瓦
梭波韵（韵母：o ‖ uo ‖ io）	波破磨｜歌可喝｜多托糯罗｜做错梭｜学‖药
乜斜韵（韵母：ə ‖ ie ‖ ye）	遮车蛇｜爹贴｜爷｜姐且写‖觉缺靴
姑苏韵（韵母：u ‖ y）	布铺墓扶呼｜赌图奴路｜组粗苏｜古苦胡｜乌‖虑｜居趋需｜雨
资齐韵（韵母：ɿ ‖ i）	资此思｜比皮米飞｜底题你里｜鸡起西｜衣
怀来韵（韵母：ai ‖ uai）	摆排买｜带太耐赖｜债蔡赛｜界凯矮亥｜哀‖拽揣帅｜怪快｜怀
灰堆韵（韵母：ei ‖ uei）	杯配眉飞｜内雷‖尾｜堆推｜嘴催随｜归亏｜灰
遥条韵（韵母：au ‖ iau）	包抛毛｜道桃脑老｜枣草扫｜高考好｜敖‖表漂庙｜雕跳料鸟｜照摇
由求韵（韵母：əu ‖ iəu）	剖亩｜豆头楼｜走丑受｜狗口藕｜后‖丢流｜就求休｜有
言前韵（韵母：an ‖ uan ‖ ien ‖ yen）	班攀慢反｜单贪南栏｜暂惨三山｜甘看汉｜安‖短团暖乱｜官宽环｜弯｜边偏面｜点天念连｜尖前线｜烟‖卷权宣软
人丁韵（韵母：en ‖ uen ‖ in ‖ yn）	本盆门分｜灯疼嫩冷｜真层森｜根肯狠横｜恩‖蹲吞论｜尊春顺｜滚困婚｜魂‖彬品民｜丁听林宁｜今亲心｜音‖俊逡熏｜云
江阳韵（韵母：iaŋ）	将枪娘良｜阳
中东韵（韵母：uŋ ‖ iuŋ）	崩梦风｜东通农龙｜中从宋｜公空｜哄‖穷凶

第四节　邵武三角戏同音字汇

本字汇主要参照中国社科院所编《方言调查字表》，排列以韵为纲，同韵字按声母排列，声韵相同则按照声调排列，声韵调的顺序与三角戏舞台语言音系一致。

ɿ

ts[55] 只支枝芝脂知资汁织 [51] 紫纸指子止址 [35] 制字治侄直志职质

tsʰ[55] 吃痴 [33] 池迟持驰弛 [51] 尺耻齿 [35] 刺祠翅赤炽斥

s[55] 思司撕私师丝虱 [33] 时 [51] 死使失 [35] 世四寺柿事试市十实食石祀

z[35] 日

i

p[33] 鼻 [51] 比笔逼壁 [35] 币碧壁闭必婢臂毕毙避蔽

pʰ[55] 批 [33] 皮枇琵脾啤 [51] 劈 [35] 屁匹僻

m[55] 咪 [33] 眉迷弥 [51] 米 [35] 密秘蜜

t[55] 低 [35] 弟递地笛

tʰ[55] 梯 [51] 踢 [35] 剃替涕屉惕

n[33] 泥 [51] 你拟 [35] 溺逆

l[33] 犁梨离黎厘 [51] 李礼 [35] 立栗力历例丽粒俐隶荔

tɕ[55] 鸡饥七 [51] 几积 [35] 寄记季集急及吉极击

tɕʰ[55] 溪 [33] 骑棋其奇齐 [51] 起启 [35] 契器气

ɕ[55] 西希吸昔稀 [51] 洗喜惜席锡 [35] 系戏习息

ø[55] 衣医伊 [33] 蚁移姨遗 [51] 一乙 [35] 艺义意益

u

p[51] 补捕 [35] 布簿步

pʰ[55] 铺 [33] 葡 [51] 谱普朴

m[51] 母 [35] 木目墓慕暮沐幕

f[33] 壶胡 [51] 虎府琥 [35] 户付父富副妇缚福服

t[51] 赌堵睹 [35] 杜读毒肚妒独妒

tʰ[33] 图途涂徒屠 [51] 土 [35] 兔吐

n[33] 奴 [51] 努

l[33] 路如 [51] 鲁 [35] 入鹿六裸禄录露

ts[55] 租猪珠蛛 [51] 主族 [35] 柱住卒竹足烛

tsʰ[55] 初粗 [33] 除锄厨 [51] 鼠出 [35] 畜

s[55] 书输 [51] 所宿属 [35] 数数竖树叔赎

k[55] 姑辜孤 [51] 古骨谷 [35] 故固

kʰ[55] 枯窟 [51] 苦哭 [35] 裤库酷

∅[55] 乌屋 [33] 吴 [51] 五武 [35] 雾物

y

n[51] 女

l[33] 驴 [51] 吕旅 [35] 律绿虑

tɕ[55] 鞠居 [33] 橘 [51] 举 [35] 锯句剧局

tɕʰ[55] 屈区趋驱 [33] 渠菊 [51] 曲取娶取 [35] 去趣

ɕ[33] 徐 [51] 许婿序旭绪

∅[55] 裕 [33] 鱼余 [51] 雨 [35] 遇芋育玉浴

a

p[55] 巴疤 [51] 把八 [35] 霸

pʰ[33] 爬

m[55] 妈 [33] 麻嫲 [51] 马码 [35] 骂

f[55] 花 [33] 发 [51] 法 [35] 化华画话滑罚划

t[51] 打 [35] 大搭达答

tʰ[51] 踏 [35] 塔

l[55] 拉 [35] 蜡辣

ts[55] 擦 [35] 杂闸扎

tsʰ[55] 插 [33] 茶

s[55] 沙杀

ia

tɕ[55] 家 [51] 假甲 [35] 嫁夹

ɕ[51] 瞎 [33] 虾霞 [35] 下夏峡

ø[55] 鸦 [33] 牙芽 [51] 哑鸭

ua

ts[55] 抓

s[55] 刷

k[55] 瓜刮 [51] 寡 [35] 挂

ø[55] 挖 [33] 袜 [51] 瓦

ə

p[51] 北百

f[35] 或

t[35] 得

tʰ[35] 特

l[35] 热

ts[51] 折贼择

tsʰ[55] 车 [51] 撤策 [35] 侧测

s[33] 蛇 [51] 塞色 [35] 射舌设

k[35] 隔

kʰ[51] 刻客

ŋ[33] 额

x[51] 黑

∅[33] 儿 [51] 耳 [35] 二

ie

p[35] 别憋

m[51] 灭 [35] 篾

t[51] 跌 [35] 碟

tʰ[55] 贴 [35] 铁

n[35] 孽捏

l[35] 列

tɕ[55] 街接 [51] 姐 [35] 借杰节截结

tɕʰ[51] 切

ɕ[33] 斜鞋 [51] 写 [35] 谢蟹协

∅[33] 爷 [51] 野 [35] 夜叶业

ye

tɕ[35] 绝决

tɕʰ[51] 缺

ɕ[55] 靴 [51] 雪 [35] 血

∅[35] 月越

o

p[51] 剥 [35] 拨薄

pʰ[55] 泼 [33] 婆 [35] 破

m[55] 摸 [35] 磨磨末墨莫陌

f[51] 火 [35] 货祸活佛

t[55] 多 [51] 躲夺

tʰ[55] 拖脱 [51] 托

l[33] 锣螺罗萝 [35] 落骆络

ts[51] 左 [35] 坐做作桌镯

tsʰ[35] 错

s[51] 锁索缩

k[55] 歌割 [51] 果鸽 [35] 个各格

kʰ[55] 阔 [51] 可渴壳

ŋ[33] 鹅 [35] 饿

x[33] 河 [51] 霍 [35] 盒鹤

Ø[51] 恶

io

n[35] 弱

ts[51] 角

tsʰ[51] 雀

tɕ[51] 脚 [35] 茄

ɕ[55] 削 [35] 学

Ø[55] 约 [35] 药

uo

k[33] 国 [51] 郭 [35] 过课

Ø[35] 握

ai

p[51] 摆 [35] 拜败白

pʰ[55] 拍 [33] 排牌 [35] 派湃

m[33] 埋 [51] 买 [35] 卖麦

f[33] 怀 [35] 坏

t[55] 呆 [35] 袋带戴待代贷黛怠

tʰ[55] 胎 [33] 台

l[33] 来 [35] 赖籁癞

ts[55] 摘斋 [35] 窄 [35] 债

tsʰ[55] 拆 [33] 财柴 [35] 菜

s[35] 晒

k[55] 该 [51] 改解 [35] 盖戒概钙溉

kʰ[55] 开 [51] 凯楷铠

x[33] 还孩 [51] 海 [35] 害

Ø[51] 矮 [35] 爱

uai

k[51] 拐 [35] 怪

kʰ[35] 块快

Ø[55] 歪 [35] 外

ei

p[55] 杯碑悲卑 [35] 贝背被备倍辈

pʰ[33] 赔陪培 [35] 配佩

m[33] 煤梅媒霉 [35] 妹

f[55] 灰飞 [33] 回肥 [35] 会肺费

l[33] 雷 [51] 磊 [35] 类累泪

uei

t[35] 对

ts[55] 追 [51] 嘴 [35] 罪醉

tsʰ[55] 吹 [33] 垂锤 [35] 碎

s[33] 随隋 [51] 水 [35] 岁碎遂

k[55] 规龟闺归 [51] 鬼 [35] 桂跪柜贵

kʰ[55] 亏 [35] 馈愧溃

Ø[55] 危 [33] 围 [51] 尾 [35] 卫位味胃

əu

f[33] 浮

t[55] 兜 [51] 抖 [35] 豆斗痘

tʰ[55] 偷 [33] 头

l[33] 楼 [51] 肉

ts[55] 州周舟 [51] 走 [35] 粥宙皱

tsʰ[55] 抽 [33] 绸愁 [51] 丑 [35] 凑臭

s[51] 手 [35] 瘦寿熟

k[55] 钩 [51] 狗 [35] 够

kʰ[51] 口

ŋ[51] 藕

x[35] 后厚侯逅

iəu

t[55] 丢

n[33] 牛

l[33] 流留刘 [51] 柳

tɕ[51] 酒九久韭灸 [35] 舅旧疚

tɕʰ[33] 球求

ɕ[55] 修休 [35] 袖绣秀锈

Ø[55] 优 [33] 油由犹游邮 [51] 有友 [35] 右幼

au

p[55] 包胞 [51] 宝饱 [35] 抱报

pʰ[55] 抛 [33] 袍 [35] 炮

m[55] 猫 [33] 毛 [35] 帽冒贸貌

t[55] 刀 [35] 道到盗稻

tʰ[55] 涛 [33] 桃逃陶 [51] 讨

n[51] 脑璃 [35] 闹

l[51] 老 [33] 劳牢 [35] 绕

ts[51] 早找 [35] 灶造罩照着

tsʰ[55] 抄 [33] 朝 [51] 草 [35] 糙

s[55] 烧 [33] 勺 [51] 嫂

k[55] 高糕羔膏 [35] 告

kʰ[51] 考 [35] 靠

x[33] 豪毫 [51] 好 [35] 号耗

Ø[33] 熬敖

iau

p[55] 标彪镖 [51] 表

pʰ[55] 漂飘 [35] 票

m[33] 描 [35] 庙妙

t[55] 雕凋 [35] 钓调

tʰ[33] 条

n[51] 鸟

l[35] 料

tɕ[55] 交焦 [33] 桥 [35] 轿叫

tɕʰ[55] 敲

ɕ[55] 箫宵萧霄 [51] 小 [35] 孝校笑效

Ø[55] 腰妖 [33] 摇 [35] 要耀

an

p[55] 班搬帮般斑邦颁 [51] 板绑版榜 [35] 扮办半棒拌扮傍

pʰ[55] 攀潘 [33] 盘旁 [35] 判胖

m[33] 忙 [51] 满 [35] 慢

f[55] 欢翻慌方 [33] 还黄房防 [51] 反纺 [35] 犯换饭放

t[55] 单 [51] 胆党 [35] 淡

tʰ[55] 贪汤 [33] 潭弹糖 [51] 毯 [35] 炭

n[33] 南难男楠

l[33] 蓝兰狼郎 [51] 染懒朗 [35] 烂浪让

ts[55] 张彰章 [51] 长掌 [35] 赚占战帐丈胀杖

tsʰ[55] 仓餐昌 [33] 缠长尝残惭常肠嫦 [51] 铲产厂惨 [35] 唱灿怅

s[55] 三杉衫山伤 [51] 伞闪陕赏 [35] 扇善上尚

k[55] 甘肝 [51] 感敢 [35] 钢

kʰ[55] 糠 [35] 看

x[33] 含 [35] 喊汉汗

Ø[55] 安 [35] 暗岸

in

p[55] 冰兵斌宾滨缤濒 [51] 柄饼秉摒炳 [35] 病并

pʰ[55] 拼娉 [33] 贫平评萍苹凭屏瓶 [51] 品

m[33] 民明名鸣冥铭茗 [51] 闽敏抿 [35] 命

t[55] 钉丁盯 [51] 顶鼎 [35] 定订

tʰ[55] 厅 [33] 停 [51] 听挺

l[33] 林邻零 [51] 领

tɕ[55] 金筋经 [51] 紧井 [35] 浸劲近镜静

tɕʰ[55] 亲清轻青 [33] 琴勤 [35] 庆

ɕ[55] 心新星 [33] 行形 [35] 兴姓

Ø[55] 音 [33] 银蝇迎赢营 [51] 引隐影 [35] 印硬

uan

t[55] 端 [51] 短 [35] 断

n[51] 暖软

l[35] 乱

ts[55] 砖装桩 [33] 船 [35] 传壮撞

tsʰ[55] 疮窗 [33] 蚕传床

s[55] 酸闩霜双 [35] 算

k[55] 官关光 [35] 惯

kʰ[55] 宽筐 [33] 狂

∅[55] 弯 [33] 完顽王 [51] 碗晚网 [35] 万旺

yn

tɕ[55] 均军 [35] 俊

tɕʰ[33] 裙

ɕ[55] 熏 [33] 寻

∅[33] 匀云 [35] 运

iaŋ

n[33] 娘

l[33] 梁良凉粮 [51] 两 [35] 亮量晾谅

tɕ[55] 浆姜江 [51] 讲

tɕʰ[51] 抢

ɕ[33] 降 [51] 想响 [35] 匠像向项

∅[55] 秧 [51] 痒 [35] 样

en

p[51] 本

pʰ[33] 盆

m[33] 门 [51] 猛

f[55] 婚分 [33] 魂坟 [51] 粉 [35] 粪

t[55] 灯 [51] 等 [35] 凳

tʰ[33] 藤

n[33] 能 [35] 嫩

l[33] 人 [51] 冷 [35] 任认

ts[55] 针僧争贞 [51] 整 [35] 镇震证正

tsʰ[33] 沉陈辰层程城 [35] 秤

s[55] 参深身升生声 [33] 神绳 [51] 省 [35] 剩

k[55] 根更耕 [51] 梗

kʰ[55] 坑 [51] 肯

x[33] 横 [35] 恨

Ø[55] 恩

ien

p[51] 扁 [35] 变便

pʰ[35] 骗片

m[33] 棉 [35] 面面

t[51] 点典 [35] 店垫

tʰ[55] 添天 [33] 田甜

n[33] 黏年 [35] 验念

l[33] 连莲

tɕ[55] 监尖间奸肩 [33] 前 [51] 减剪转 [35] 剑件建健见

tɕʰ[55] 签铅 [33] 钳钱 [51] 浅 [35] 欠

ɕ[55] 鲜先牵 [33] 咸嫌 [51] 险显选 [35] 限线现县

Ø[55] 烟 [33] 岩炎盐严延言 [51] 眼 [35] 厌颜

uen

t[55] 蹲 [35] 墩

tʰ[55] 吞

n[35] 闰

l[33] 轮

ts[51] 准

tsʰ[55] 村春 [33] 唇纯 [35] 寸

s[55] 孙 [51] 笋 [35] 顺

k[51] 滚

kʰ[35] 困

∅[55] 温 [33] 蚊 [35] 问

yen

tɕ[51] 卷

tɕʰ[55] 圈 [33] 全权 [35] 劝

∅[55] 冤 [33] 圆原园 [51] 远 [35] 院

uŋ

pʰ[33] 朋棚蓬

m[55] 懵 [33] 朦萌盟檬 [51] 猛 [35] 梦

f[55] 烘风丰封蜂 [33] 红 [35] 凤缝

t[55] 东冬 [51] 懂 [35] 冻动洞

tʰ[55] 通 [33] 铜 [51] 桶统 [35] 痛

n[33] 脓浓

l[33] 荣聋龙容 [35] 弄

ts[55] 中终钟衷忠 [51] 肿 [35] 粽重种

tsʰ[55] 葱充冲 [33] 虫崇 [51] 宠

s[55] 松嵩 [35] 送宋颂诵

k[55] 公宫恭攻弓功龚 [35] 共供

kʰ[55] 空 [51] 孔 [35] 控

∅[55] 翁

iuŋ

tɕʰ[33] 穷琼

ɕ[55] 兄凶胸 [33] 熊雄

∅[55] 拥庸 [51] 永勇泳咏俑 [35] 用

第十二章

三角戏与邵武方言音韵比较研究

戏曲语言的传播方式不同于诗歌、小说，其传播途径除抄本或印刷本的文字传播外，更注重舞台表演的口头传播及师徒之间的"口传心授"，"戏曲的曲，是中国声诗发展的顶峰，它必须唱在场上，才能发挥其完满的效果"①。可以说，戏曲语言真正的魅力在于动态、活态的表演，正因如此，戏曲语言在流布过程中，不仅仅流行于书面剧本之间，更流行于不同地域及不同的人之间。

戏曲舞台语言与方言关系密切，这既是戏曲传播的要求，也是戏曲音乐、旋律的要求。"中国语言是单字音，同音的字和辞比较多，声音相近的字和辞更多，如果不咬清字，不分清四声阴阳，就无法听懂。因此我们在创腔、润腔的时候，充分注意到唱词的四声趋势，在这个条件下创作出旋律来。还不仅如此，中国语言中的方言是很多的，方言的重要特点之一是四声的高低抑扬各自不同，为了适应各地不同语言的观众的耳朵，同一剧种到了不同的地方就派生出不同的声腔来。"②

方言是地方戏曲的生命线，然而地方戏曲语言往往又异于方言。戏曲传播的方式是动态、活态的，这就决定了其语言具有较强的变异性，这种变异性既有传播过程中的历时变异，也有随传播地域不同而形成的共时变异。总的来看，地方戏曲语言之于方言，是同中有异，异中有同。

因地域的相邻、语言的相似，源自江西采茶戏的三角戏传入邵武、光泽一带，在过去很长一段时期，红遍邵武、光泽，历经几百年的发展流传，在几代三角戏老艺人的努力下，三角戏依然保持鲜活的语言特点，既呈现出"土"味，又异于邵武方言，深深扎根于邵武。本章重点讨论邵武三角戏与邵武方言在语音上的异同。

---

① 张庚：《戏曲艺术论》，中国戏剧出版社 1980 年版，第 61 页。
② 张庚：《戏曲艺术论》，中国戏剧出版社 1980 年版，第 91 页。

第一节　声母系统比较研究

本节着重探讨邵武三角戏与邵武方言在声母方面的异同。

一、古全浊声母

　　一直以来，古全浊声母在现代汉语中的演变成为划分汉语方言归属的重要标准。对此，学界对古全浊声母在汉语各方言的演变进行了深入的研究，一般来说，在汉语各大方言中，除吴语和湘语中的古全浊声母仍保持带音声母的读法之外，其他汉语各方言古全浊声母皆已清化：客家话不论平仄一律送气清音；赣语亦是绝大多数为送气清音；新湘语和平话不论平仄一律不送气清音；闽语、徽语不论平仄，部分送气，部分不送气；官话方言和粤语则平声送气，仄声不送气。

　　考察邵武三角戏声母系统可清楚看到，其古全浊声母已完全清化，平声送气，仄声不送气，这不同于邵武方言。邵武方言具有明显的客赣方言特点，其古全浊声母今读塞音、塞擦音绝大多数为送气清音，以并、定、澄、群、从等古全浊声母为例，邵武三角戏与邵武方言古全浊声母塞音塞擦音声母今读情况见表 12-1。

表 12-1　邵武方言与三角戏古全浊声母今读例字

古全浊声母		邵武方言	邵武方言例字	邵武三角戏	邵武三角戏例字
并	平	pʰ	赔 pʰəi³³| 盆 pʰən³³	pʰ	赔 pʰei³³| 盆 pʰen³³
	仄	pʰ	办 pʰan³⁵| 病 pʰaŋ³⁵	p	办 pan³⁵| 病 pin³⁵
定	平	tʰ	图 tʰu³³| 桃 tʰau⁵³	tʰ	图 tʰu³³| 桃 tʰau³³
	仄	tʰ	杜 tʰu³⁵| 道 tʰau³⁵	t	杜 tu³⁵| 道 tau³⁵
群	平	kʰ	琴 kʰən³³| 权 kʰyen³³	kʰ	琴 kʰin³³| 权 kʰyen³³
	仄	kʰ	健 kʰien²¹³| 共 kʰiuŋ³⁵	tɕ、k	健 tɕien³⁵| 共 kuŋ³⁵
从	平	tʰ	钱 tʰin³³| 全 tʰien³³	tɕʰ	钱 tɕʰien³³| 全 tɕʰyen³³
	仄	tʰ	静 tʰin³|⁵ 字 tʰə³⁵	tɕ	静 tɕin³⁵| 字 tsʅ³⁵

古全浊声母		邵武方言	邵武方言例字	邵武三角戏	邵武三角戏例字
澄	平	tʰ	池 tʰi³³| 长 tʰoŋ³³	tsʰ	池 tsʰɿ³³| 长 tsʰan³³
	仄	tʰ	治 tʰi³⁵| 住 tʰy³⁵	ts	治 tsɿ³⁵| 住 tsu³⁵

表 12-1 显示，古全浊声母清化后送气与否，邵武方言与邵武三角戏舞台语言呈现出不同的演变趋势，邵武三角戏舞台语言的古全浊声母的今读体现的是官话的特点。

二、帮组、非组声母

《切韵》时期，轻重唇不分，只有重唇，无轻唇，到了《广韵》时期，中古三十六字母中唇音有重唇、轻唇之分，帮滂并明四母为重唇音，非敷奉微为轻唇音。古帮组、非组字邵武方言今读 p、pʰ、m、f、ø，基本特点为：部分轻唇读重唇，保留较《切韵》时期更早的读音。

邵武三角戏不同于邵武方言，其轻重唇界限分明，无轻唇读如重唇现象。微母今一律读为零声母，与疑、影、喻母混同。邵武三角戏帮非组声母的今读反映的显然是官话。邵武三角戏与邵武方言帮非二组声母今读区别如表 12-2。

表 12-2　邵武方言与三角戏帮组、非组声母今读例字

声母	邵武方言	邵武方言例字	邵武三角戏	邵武三角戏例字
帮	p	把 pa⁵⁵| 布 pio²¹³	p	把 pa⁵¹| 布 pu³⁵
滂	pʰ	破 pʰai²¹³| 派 pʰai²¹³	pʰ	破 pʰo³⁵| 派 pʰai³⁵
并	pʰ	赔 pʰəi³³| 病 pʰan³⁵	pʰ、p	赔 pʰei³³| 病 pin³⁵
明	m	民 min³³| 门 min³³	m	民 min³³| 门 men³³
非	p、f	放白poŋ²¹³| 方 foŋ²¹	f	放 fan³⁵| 方 fan⁵⁵
敷	pʰ、f	蜂 pʰiuŋ²¹| 丰 fuŋ²¹	f	蜂 fuŋ⁵⁵| 丰 fuŋ⁵⁵
奉	pʰ、f	饭白pʰən³⁵| 房 foŋ³³	f	饭 fan³⁵| 房 fan³³
微	m、ø	尾 mei⁵⁵| 味 uei³⁵	ø	尾 uei⁵¹| 味 uei³⁵

三、端组声母

在汉语各方言中，中古端组声母今大多读为塞音 t、tʰ。邵武方言端母今读 t，透定母部分今读 h，部分今读 tʰ，tʰ 与 h 可自由变读。邵武方言透定母的擦音化现象是受邻近赣方言影响而出现的。透定母的擦音化现象在赣语中极为普遍，分布广泛，三十多个县市有这种现象，尤其是在东部的抚广片。透定母的擦音化现象也存在于与赣语抚广片相邻的闽北建阳、武夷山两地。

邵武三角戏虽活跃于当地，但无透定母的擦音化现象，端组声母今读 t、tʰ。邵武三角戏与邵武方言透定母声母今读区别如表 12-3。

表 12-3　邵武方言与三角戏端组声母今读例字

	偷透	吞透	汤透	托透	头定	豆定	甜定
邵武方言	həu²¹ 又 tʰou²¹ 又	hon²¹	hoŋ²¹ 又 tʰoŋ²¹ 又	ho⁵³ 又 tʰon⁵³ 又	həu⁵³ 又 tʰəu⁵³ 又	həu³⁵ 又 tʰəu³⁵ 又	hien³³ 又 tʰien³³ 又
三角戏	tʰəu⁵⁵	tʰuen⁵⁵	tʰan⁵⁵	tʰo⁵¹	tʰəu³³	təu³⁵	tʰien³³

四、见组声母

邵武方言见组声母不论洪细均读舌根塞音声母，与其相邻的江西黎川、福建光泽等地亦如此。邵武三角戏不同于邵武方言，其见组声母拼开口呼、合口呼读为舌根塞音 k、kʰ，拼齐齿呼、撮口呼时则腭化为舌面音 tɕ、tɕʰ，二者明显不同，如表 12-4。

表 12-4　邵武方言与三角戏见组声母今读例字

	举见	锯见	气溪	缺溪	勤群	杰群	穷群
邵武方言	ky⁵⁵	ky²¹³	kʰi²¹³	kʰye⁵³	kʰin³³	kʰie³⁵	kʰiuŋ³³
三角戏	tɕy⁵¹	tɕy³⁵	tɕʰi³⁵	tɕʰye⁵¹	tɕʰin³³	tɕie³⁵	tɕʰiuŋ³³

五、知庄精章组声母

古知庄章精组声母的分合一直是汉语方言的重要问题。比较汉语各方言，万波认为，赣语知庄精章四组声母的今读分为合流型与二分型两大类：一类是知庄精章四组声母合流，音值为 ts、tsʰ、s，如建宁、大冶、嘉鱼等地。一类是知庄精章四组声母二分型，这是赣语的主流，其基本格局为知二、庄组与精组合流，知三、章组合流。知二、庄组、精组一般读为 ts 组声母（部分赣东读为 ts 组或 t 组），知三、章组音值多样，有 tṣ 组、tʃ 组、tɕ 组、t 组、k 组①。客家话古知庄章精组声母的今多数方言为知庄章精合流，亦有部分方言属于两分型，即知二、庄组、精组声母与知三、章组声母对立。张双庆、万波考察认为，闽语古知庄章精四组声母今读有三种类型：一是两分型，知组不论二三等今读塞音 t、tʰ，与精庄章组对立。其主要特点为知端不分，大多数闽语都是如此，如福州、厦门、建瓯等地。二是三分型，知组三等读同组，今读 t、tʰ，知二、庄组读同精组，今读 ts、tsʰ、s，章组今读 tʃ、tʃʰ、ʃ，这类型主要集中在闽中地区，如三元、永安、沙县等地。三是文读层知庄精章四组合流，今读 ts、tsʰ、s。吴语古知庄精庄四组声母今读也有三种类型：一是知二、庄组、精组合流，今读 ts、tsʰ、s，知三、章组合流，今读 tʃ、tʃʰ、ʃ，这类型主要集中在南部吴语。二是知庄章精四组声母合流。这主要集中在北部吴语。三是白读层知庄精章组声母三分型，表现为知组与端组合流，今读 t、tʰ，章组今读 tɕ、tɕʰ、ɕ，精庄组今读 ts、tsʰ、s。②徽语知庄章精组声母的今读，多数方言为二分型，少数方言为合流型。湘语古知庄章精组声母的今读，多数方言为知二精庄组与知三章组对立，少数方言处于合流过程中。粤语古知庄章精组声母的今读，多数方言为合流型，少数方言为两分型。

邵武方言古知庄精章的基本格局为两分型，知二组、庄组与精组合流，与部分知三、章组形成对立，具体表现为：知二、庄组、精组今读 ts、tsʰ、

---

① 万波：《赣语声母的历史层次研究》，商务印书馆 2009 年版，第 210～211 页。

② 张双庆、万波：《知章庄组声母在闽语及周边方言里的今读类型考察》，丁邦新、张双庆编：《闽语研究及其与周边方言的关系》，香港中文大学出版社 2002 年版，第 105～114 页。

s 与 t、tʰ，部分知三、章组今读 tɕ、tɕʰ、ɕ，其最突出的语音特征为精组、知组、庄组的塞音化，读为 t、tʰ，如：

从母：财 tʰai³³｜罪 tʰei³⁵｜字 tʰə³⁵｜造 tʰau³⁵｜蚕 tʰon⁵³

清母：七 tʰi⁵³｜村 tʰən²¹｜寸 tʰən²¹³｜清 tʰin²¹｜仓 tʰoŋ²¹

澄母：茶 tʰa³³｜除 tʰy³³｜池 tʰi³³｜治 tʰi³⁵｜锤 tʰei⁵³

知母：贞 tin²¹｜中 tiuŋ²¹｜竹 ty⁵³

初母：初 tʰu²¹｜抄 tʰau²¹｜窗 tʰoŋ²¹｜策 tʰə⁵³｜插 tʰan⁵³

邵武方言知庄精组声母今读塞音 t、tʰ 现象，显然是受邻近赣语的影响。除赣语外，ts、tsʰ → t、tʰ 还见于其他汉语方言，如：闽语海南方言、粤语四邑片、广西蒙山西河方言、粤西南吴川、化州、粤西郁南、粤北连山以及广西钟山、蒙山、荣县等方言。

邵武三角戏知庄章精四组声母今读情况不同于邵武方言，其知庄章精四组声母合流，音值为 ts、tsʰ、s。如：

知组：中 tsuŋ⁵⁵｜竹 tsu³⁵｜抽 tsʰəu⁵⁵｜拆 tsʰai⁵⁵｜茶 tsʰa³³

精组：资 tsɿ⁵⁵｜早 tsau⁵¹｜寸 tsʰuen³⁵｜草 tsʰau⁵¹｜字 tsɿ³⁵｜丝 sɿ⁵⁵｜三 san⁵⁵

庄组：争 tsen⁵⁵｜装 tsuan⁵⁵｜抄 tsʰau⁵⁵｜初 tsʰu⁵⁵｜事 sɿ³⁵｜床 tsʰuan³³｜山 san⁵⁵｜双 suan⁵⁵

章组：纸 tsɿ⁵¹｜主 tsu⁵¹｜车 tsʰə⁵⁵｜春 tsʰuen⁵⁵｜船 tsʰuan³³｜顺 suen³⁵｜手 səu⁵¹｜十 sɿ³⁵

表 12-5　邵武方言与三角戏知庄精章组声母今读例字

声母	邵武方言	邵武方言例字	邵武三角戏	邵武三角戏例字
精	ts、tʰ	酒 tsou⁵⁵｜早 tʰau⁵⁵白	ts、tɕ	酒 tɕiəu⁵¹｜早 tsau⁵¹
清	tsʰ、tʰ	菜 tsʰai²¹³｜亲 tʰən²¹	tsʰ、tɕʰ	菜 tsʰai³⁵｜亲 tɕʰin⁵⁵
从	tʰ	字 tʰə³⁵｜层 tʰen³³｜全 tʰien³³	ts、tsʰ、tɕʰ	字 tsɿ³⁵｜层 tsʰen³³｜全 tɕʰyen³³
心	s	雪 sie⁵³｜锁 so⁵⁵	s、ɕ	雪 ɕye⁵¹｜锁 so⁵¹
邪	s、tʰ	习 sən³⁵｜袖 tʰou²¹³｜寺 tʰə³⁵	s、ɕ	习 ɕi³⁵｜袖 ɕiəu³⁵｜寺 sɿ³⁵
知	ts、t	桌 tso⁵³｜猪 ty²¹	ts	桌 tso³⁵｜猪 tsu⁵⁵

声母	邵武方言	邵武方言例字	邵武三角戏	邵武三角戏例字
彻	tʰ、h	抽 tʰou²¹ | 畜 hy⁵³	tsʰ	抽 tsʰəu⁵⁵ | 畜 tsʰu³⁵
澄	tʰ、h	茶 tʰa³³ | 住 hy³⁵	ts、tsʰ	茶 tsʰa³³ | 住 tsu³⁵
庄	ts、t	抓 tsa²¹ | 装 toŋ²¹白	ts	抓 tsua⁵⁵ | 装 tsuan⁵⁵
初	tsʰ、tʰ	测 tsʰə⁵³ | 初 tʰu²¹	tsʰ	测 tsə³⁵ | 初 tsʰu⁵⁵
崇	s、tʰ	事 sə³⁵ | 床 tʰoŋ⁵³ | 镯 tʰo³⁵	s、ts、tsʰ	事 sɿ³⁵ | 镯 tso³⁵ | 床 tsʰuan³³
生	s	山 son²¹ | 杀 soi⁵³	s	山 san⁵⁵ | 杀 sa⁵⁵
章	tɕ	纸 tɕi⁵⁵ | 站 tɕien²¹³	ts	纸 tsɿ⁵¹ | 站 tsan⁵⁵
昌	tɕʰ、tʰ	车 tɕʰia³³ | 吹 tʰei²¹	tsʰ	车 tsʰə⁵⁵ | 吹 tsʰuei⁵⁵
船	ɕ、ø	神 ɕin³³ | 剩 in³⁵白 | 唇 ɕin³³	s、tsʰ	神 sen³³ | 剩 sen³⁵ | 唇 tsʰuen³³
书	ɕ	身 ɕin²¹ | 失 ɕi⁵³	s	身 sen⁵⁵ | 失 sɿ⁵¹
禅	ɕ、s	辰 ɕin³³ | 纯 sin³³ | 善 ɕien³⁵	tsʰ、s	辰 tsʰen³³ | 纯 tsʰuen³³ | 善 san³⁵

六、晓匣母

　　邵武方言晓匣母今读 h、f、v、kʰ、k。具体为：（1）晓匣开口不论等次今读喉擦音 h，如：盒匣开一 hon³⁵ \| 咸匣开二 hen³³ \| 现匣开四 hien³⁵ \| 戏晓开三 hi²¹³ \| 好晓开一 hau⁵⁵。（2）晓匣合口不论等次，今读唇齿擦音 f（v），如：欢晓合一 fon²¹ \| 兄晓合三 fiaŋ²¹ \| 魂匣合一 fən³³ \| 县匣合四 vien³⁵ \| 完匣合一 vien³³，与轻唇音非组混同。邵武方言晓匣母具有明显唇化特征。晓匣合口今读的唇化现象，分布范围很广，东南方言（闽语除外）中各方言区大部分的方言点都有。晓匣合口唇化现象，学界已有较多研究。李如龙、张双庆《客赣方言调查报告》调查赣方言的十七个点，指出除茶陵、阳新、宿松（都在江西省境外）三点外，其余十四个方言点都存在晓匣母唇化现象。谢留文《客家方言语音研究》分析客家方言晓组的唇化问题。叶晓峰《汉语方言中的 f、h 相混现象》以温州为例，讨论南方各方言晓匣唇化的动因。覃远雄讨论了桂南平话晓组的唇化现象[①]。（3）邵武方言晓匣母除以上两类演变方式外，还存在少数特例，即古晓母、匣母塞音化，今读 kʰ、k，如：虎晓

_____

[①]　覃远雄：《桂南平话古晓、匣、云、以母字的读音》，《方言》2005 年第 3 期。

k^{h}u^{21}_白|熏_晓k^{h}yn^{21}。匣母读同群母,不少南方方言中都存在,闽语、吴语、客家话、赣语等都或多或少有所体现,这其中以闽语最为典型。

邵武三角戏晓匣母与邵武方言不同,晓匣母今读有三种类型:(1)晓匣母开口一二等今读喉擦音 x,如:好 xau^{51};(2)晓匣母合口一二等今读唇齿擦音 f,与非组混同,如:灰 fei^{55};(3)晓匣母三四等,不论开合,均读擦音 ɕ,如:响 ɕiaŋ^{51}|县 ɕien^{35}。(1)(2)类型今读与邵武方言相同,不同之处在于晓匣母受舌面前元音(i、y)的影响,与发音部位同为舌根音的见组一样在腭化规则的作用下变为舌面前辅音 ɕ。

七、疑、微、日、影、云、以六母

汉语(主要是北方官话)零声母主要来自古疑微日影云以六母。据《汉语方言地图集·语音卷》显示,汉语各方言中,以母今读零声母分布范围很广(少数东南方言因存古有例外情况);云母微母皆读零声母,主要集中在中部及东北地区;影母今读零声母也很是普遍;日母今读零声母涉及范围较广;疑母洪细音今都读零声母的点较为少见,主要集中在东北及中部的少数地区。

邵武方言和邵武三角戏零声母主要来源于古疑微日影云以六母,二者古疑微日影云以六母今读情况,见表 12-6。

表 12-6 邵武方言与三角戏疑、微、日、影、云、以六母今读例字

中古声母	邵武方言	邵武方言例字	邵武三角戏	邵武三角戏例字
疑	ŋ、n、v、ø	硬 ŋen^{35}|银 nin^{33}|月 vie^{35}|危 uei^{33}	ø、ŋ、n	硬 in^{35}|银 in^{33}|月 ye^{35}|危 uei^{55}|鹅 ŋo^{33}|额 ŋə^{33}|牛 niəu^{33}|验 nien^{35}
微	m、ø	尾 mei^{55}|味 uei^{35}	ø	尾 uei^{51}|味 uei^{35}
日	n、v、ø	人 nin^{33}|软 vien^{55}|如 y^{33}	l、n、ʐ	如 lu^{33}|软 nuan^{51}|人 len^{33}|日 ʐʅ^{35}
影	ø	鸭 an^{53}|一 i^{53}	ø	鸭 ia^{51}|一 i^{51}
云	v、ø	云 vin^{33}|王 uoŋ^{33}	ø	云 yn^{33}|王 uan^{33}
以	ø	姨 i^{33}|裕 y^{35}	ø	姨 i^{33}|裕 y^{55}

从表 12-6 可清楚看到,邵武方言古疑微日影云以六母今读情况较为复

杂，邵武三角戏则较为简单，其古微母影母云母以母五母皆读零声母，疑母今读 ŋ、n 及零声母，日母今读 l、n、z̩。

与汉语各方言一样，邵武方言古疑微日影云以六母今都有读为零声母，这是常见现象，不讨论，我们主要讨论今读的其他情况。微母部分读同明母，这是轻唇读如重唇现象，前文已有论述，此不赘述。日母开口三等部分今读 n，与泥母合流，这是古音的遗留，闽语（福州、建瓯）、客家话（梅县）、湘语（长沙）等均有此现象，较为少见的是日母合口三等部分今读唇齿擦音 v，据项梦冰调查，客家话有古日母今读 v 现象，但字不多，其音变是由 u 引发的唇齿化①。古云母合口今读 v 在北方甚为普遍，北方官话及晋语都有此现象，南方也有此类语音现象，主要集中在桂北平话及客家话。邵武方言古疑母今读类型也较为复杂，除今读零声母外，还存在今读 n、ŋ、v 等情况。疑母开口呼、合口呼今读 ŋ、∅，齐齿呼、撮口呼今读 n、v。邵武方言今读 v 的包括古疑、日、云等母，这种现象在汉语方言中并非常见。

三角戏不同于邵武方言，其古微影云以皆读零声母，疑母大多读为零声母，结合汉语各方言零声母分布情况，其明显是受官话影响。

需要引起注意的是，三角戏少数疑母开口呼字今读 ŋ、n，如：鹅开一ŋo³³| 额开二ŋə³³| 饿开一ŋo³⁵| 藕开一ŋəu⁵¹| 牛开三niəu³³| 验开三nien³⁵| 孽开三nie³⁵，这与邵武方言一致：鹅开一ŋo³³| 额开二nia⁵³白/ŋə⁵³文| 饿开一ŋo³⁵| 藕开一ŋau³³| 牛开三ny³³| 验开三nien³⁵| 孽开三nie⁵³。三角戏疑母合口呼、齐齿呼、撮口呼已与影母合流为零声母，大多数开口呼字也读为零声母，如：眼开二ien⁵¹| 硬开二in³⁵| 牙开二ia³³| 岸开一an³⁵。从历史发展来看，北方方言区疑、影二母中古以后就开始合流为零声母了，而南方方言区疑、影二母大都不相混。由此我们可看到三角戏少数开口呼疑母字读为 ŋ、n，是邵武方言影响的结果。

三角戏日母字多数读为 n、l，如：如 lu³³| 任 len³⁵| 人 len³³| 让 lan³⁵| 软 nuan⁵¹| 弱 nio³⁵，明显区别于官话，这当是三角戏在地化的体现，同于邵武方言部分日母读为 n、l 的语音事实。

---

① 项梦冰：《客家话古日母字的今读——兼论切韵日母的音值及北方方言日母的音变历程》，《广西师范学院学报》2006 年第 1 期。

八、小 结

通过比较，我们认为三角戏声母系统与邵武方言声母系统有较大差异，其声母系统主要受官话影响，呈现明显官话特点，但其中也受邵武方言的影响。

其一，晓匣母合口一二等今读唇齿擦音 f，与非组混同。

其二，少数疑母开口字读为 ŋ、n。

其三，日母大多读为 n、l。

表 12-7　邵武方言与邵武三角戏声母系统比较

中古声母		邵武方言今读	邵武三角戏今读
帮组	帮	p	p
	滂	pʰ	pʰ
	并	pʰ	p、pʰ
	明	m	m
非组	非	f、p	f
	敷	f、pʰ	f
	奉	f、pʰ	f
	微	∅、m	∅
端组	端	t	t
	透	tʰ、h	tʰ
	定	tʰ、h	t、tʰ
	泥	n	n
精组	精	ts、tʰ	ts、tɕ
	清	tsʰ、tʰ	tsʰ、tɕʰ
	从	s、tʰ	ts、tsʰ、tɕʰ
精组	心	s	s、ɕ
	邪	s、tʰ	s、ɕ
知组	知	ts、t	ts
	彻	tʰ、h	tsʰ
	澄	tʰ、h	ts、tsʰ

续表

中古声母		邵武方言今读	邵武三角戏今读
庄组	庄	ts、t	ts
	初	tsʰ、tʰ	tsʰ
	崇	s、tʰ	s、ts、tsʰ
	生	s	s
章组	章	tɕ	ts
	昌	tɕʰ、tʰ	tsʰ
	船	ɕ、∅	s、tsʰ
	书	ɕ	s
	禅	ɕ、s	tsʰ、s
见组	见	k	k、tɕ
	溪	kʰ	kʰ、tɕʰ
	群	kʰ	k、kʰ、tɕ、tɕʰ
	疑	ŋ、v、n、∅	ŋ、n、∅
其他声母	影	∅	∅
	晓	f、h、∅、kʰ	f、ɕ、x
	匣	f、v、h、∅	f、ɕ
	云	v、∅	∅
	以	∅	∅
	日	n、v、∅	n、l、r

第二节　韵母系统比较研究

本节讨论邵武三角戏与邵武方言在韵母方面的异同。

一、果　摄

邵武方言果摄字今音主要有两类：一是主要元音为 o 类；一是主要元

音为 a 类。包括 o、io、uo、ai、əi、ia 六种读法,其中 ai、əi 为白读音。从闽语果摄的历史层次看,主要元音读为 a 属闽语上古音层次,邵武方言的果摄主要元音 a 类与闽语是相同的,主要元音为 o 类则是较晚出现的,为近代语音。《中原音韵》歌戈部的韵母就为 o、io、uo。邵武方言今读 ia 只有"靴 fia²¹"。

邵武三角戏果摄字今音有 o、uo、ye、io、a 五种读法,今读 a 韵只有"大 ta³⁵",今读 ye 韵只有"靴 ɕye⁵⁵",这显然是官话影响的结果。

三角戏今读 uo 韵收字较少,只有"过、课"两字:过 kuo³⁵ | 课 kʰuo³⁵,"课"字读音与邵武方言相同,邵武方言"课"读为 kʰuo³⁵。果摄读为 uo 是邵武方言中比较显著的层次,三角戏与邵武方言果摄这一层次在各地的次方言中对应比较整齐,同属邵将区的光泽读为 uɔ,闽北建瓯读为 ua,建阳、政和、顺昌、武夷山读为 o,永安读为 uɔ,莆仙话读为 ua。

三角戏果摄今读 o 韵收字最多,如:河 xo³³ | 螺 lo³³ | 果 ko⁵¹ | 坐 tso³⁵ | 躲 to⁵¹ | 多 to⁵⁵ | 歌 ko⁵⁵ | 鹅 ŋo³³ | 拖 tʰo⁵⁵ | 锣 lo³³ | 货 fo³⁵ | 火 fo⁵¹,此音类与邵武方言相同:河 ho³³ | 螺文 lo³³ | 坐 tʰo³⁵ | 躲 to⁵⁵ | 多文 to²¹ | 歌 ko²¹ | 鹅 ŋo³³ | 拖 tʰo²¹ | 锣 lo³³ | 货 fo²¹³ | 火文 fo⁵⁵,这应是三角戏汲取邵武方言的结果,此类音读在闽语中普遍存在,闽南话、莆仙话、福州话等都读为 o,据刘晓南考证,早在宋代就已存在[①]。

值得注意的是,三角戏与邵武方言果摄都有 io 韵,都只有一个"茄"字:三角戏 tɕio³³ | 邵武方言 kʰio³³,这显然是三角戏在地化的结果。果摄"茄"字今读 io 是明显的闽语特征,闽北各地读音大致相同,如:建瓯 kio³³ | 政和 kio³³ | 武夷山 jyo²² | 松溪 kio⁴⁴ | 建阳 kio⁴⁵ | 光泽 kʰyo²² | 顺昌 kʰio¹¹ | 莆仙 kieu³⁵ | 宁德蕉城 ky¹¹ | 同安 kio²⁴。

综上所述,果摄邵武方言与三角戏的比较见表 12-8。

表 12-8　三角戏与邵武方言果摄今读情况

	邵武方言	邵武三角戏
果摄	o、io、uo、ai、əi、ia	o、uo、yɛ、io、a

---

① 刘晓南:《南宋崇安二刘诗文用韵与闽北方言》,《中国语文》1998 年第 3 期。

二、假　摄

邵武方言假摄字今读主要为主要元音 a 类，包括 a、ua、ia，除此还有 i、io、ai，基本为白读层，如：蛇 i³³ 白｜夜 io³⁵ 白｜沙 sai²¹ 白。邵武方言假摄开口二三等有别，三等有 i 介音，如：假开二 ka⁵⁵｜嫁开二 ha²¹³｜写开三 sia｜谢开三 tʰia³⁵。

邵武三角戏假摄字今读主要有两类：（1）主要元音为 a 类，a 类音读主要为假摄二等字，包括 a、ia、ua，这同于邵武方言；（2）主要元音为 e 类，e 类音读为假摄三等字，今读 ie，如：写 ɕie⁵¹｜谢 ɕie³⁵，这异于邵武方言，显然是受官话的影响。此外少数字今读 ə，如：车 tɕʰə⁵⁵｜蛇 sə³³。

三角戏假摄合口晓匣母今读 a，如：华 fa³⁵｜花 fa⁵⁵｜化 fa³⁵，同于邵武方言，如：华 fa³³｜花 fa²¹｜化 fa³⁵，这显然是邵武方言影响的结果。受邵武方言影响，三角戏假摄合口因声母而发生唇化，介音 u 消失。此类唇化现象是邵武方言重要的语音特征，相同的语音现象在蟹摄中也有体现，三角戏蟹摄合口二三等个别今读 a，如：话 fa³⁵｜画 fa³⁵。

综上所述，假摄邵武方言与三角戏的比较见表 12-9。

表 12-9　三角戏与邵武方言假摄今读情况

	邵武方言	邵武三角戏
假摄	a、ua、ia、i、io、ai	a、ia、ua、ie、ə

三、遇　摄

遇摄包括鱼、虞、模三韵，皆为合口。邵武方言模韵字今音有四种读法：u、o、io、ŋ，以今读 u 为主，管字最多。今读 io，就目前调查来看，只有一个"布 pio²¹³ 白"，模韵此类音读还见于将乐、光泽，如：布 pyo³²⁴ 将乐｜布 pyo³⁵ 光泽，以及邻近的闽北方言，如：建瓯布 pio³³ 白。模韵今读自成音节 ŋ，如：吴 ŋ³³｜五 ŋ⁵⁵｜鱼 ŋ³³，当是赣语的特征。

鱼、虞两韵，邵武方言里基本上是相混的，今读主要为 y 音类，是邵武方言里较大的层。此外，鱼、虞两韵非组字今读 u，与模韵相混，这应该是后起的读音，可能受普通话的影响而产生。虞韵中个别字读音特殊，"去"其白读为 k^ho^{213}，这当是受闽北方言的影响，建瓯话"去"今读 $k^hɔ^{33}$。"柱"白读为 hou^{55}，此类读音很是特殊，与此相对应的闽语其他点也有相同情况，如福清话该音类读为 eu，莆仙话、永安话、泉州话读为 iau，都是极个别的音类。

邵武三角戏模韵今读主要为 u 韵：布 pu^{35}| 赌 tu^{51}| 土 t^hu^{51}。较为特殊的是三角戏今读 o 韵：做 tso^{35}| 错 ts^ho^{35}，邵武方言模韵字也有少数今读 o，如：做 tso^{213}| 错 t^ho^{213}，莆仙话及闽南话中也有此情况，戴黎刚认为莆仙话及闽南话"做"今读 o，是铎韵的"做"字而非模韵的"做"字[①]。三角戏此音类与邵武方言一致，是邵武方言特征的表现。

邵武三角戏鱼虞两韵今读有 u、y 两个音类，各音类出现的条件以声母为依据，知组、庄组、章组、精组、非组、帮组等之后，多今读 u，见组及其他声母之后，多今读 y，这是官话语音特点。

综上所述，遇摄邵武方言与三角戏的比较见表 12-10。

表 12-10　三角戏与邵武方言果、假、遇三摄今读情况

	邵武方言	邵武三角戏
遇摄	u、o、io、ŋ（模韵） u、y、o、ou（鱼虞）	u、o（模韵） u、y（鱼虞）

四、蟹　摄

中古蟹摄分韵较为复杂，邵武方言蟹摄字音类：i、ie、e、ə、ai、uai、uei、ua、oi、ei、əi 十一个。

邵武方言蟹摄开口一二等字今读 i 的字很少，只发现"来"的白读音今读 i，邻近地区，如光泽、将乐、顺昌等地"来"的白读音皆读 i。闽语中蟹摄开口一二等今读 i 音类的很少，莆仙话只有"来""戴"两字，泉州话只有"戴"一个字，福州话也只有"来""戴"两字。客家话蟹摄开口一二等今读也有读 i 音类的，连城客家话"来""戴"二字今读 i 音类。但据李如龙《客赣方言调查报告》，客家话其他点没有类似现象。戴黎刚指出，邵

---

① 戴黎刚：《闽语的历史层次及其演变》，中国社会科学出版社 2012 年版，第 28 页。

武方言蟹摄开口今读 i 与闽语其他诸地的现象一样，都是受到闽语影响的结果 ①。

蟹摄开口一二等今读 e 的只发现"矮"一个字。蟹摄开口一二等今读 ə 的只有"菜"一个字，其白读为 tʰə²¹³。开口一二等今读 ai、oi、ie 音类的管字较多。

蟹摄开口三四等，邵武方言的音类为 i、ie、əi（主要为白读音）。

邵武方言蟹摄合口字今读：ei、ai、i、əi、oi、uai、uei、ua、a。邵武方言蟹摄合口发展到今天，介音 u 在一二等，尤其是一等韵字已经和普通话一样消失了，杯 pei²¹| 配 pʰei²¹³| 妹 mei²¹³| 对 toi白| 腿 tʰei⁵⁵| 会 fei³⁵| 罪 tʰei³⁵| 怀 fai³³| 坏 fai³⁵ 字在邵武方言中就已经没有介音 u。邵武方言蟹摄合口三等废韵今读 i 韵，目前只有"肺"这个字，白读 fi²¹³。今读 oi 音，只有"对"这个字，白读 toi²¹³。蟹摄合口今读 ua 音类的很少，只有"话（白读）、挂"等少数几个字。蟹摄合口今读 a，如：话 fa³⁵| 画 fa³⁵，当是晓匣母唇化的结果。蟹摄合口今读 uai、uei 则相对较多，如"外怪快歪"等今读 uai，"桂卫"等今读 uei。

邵武三角戏蟹摄字较于邵武方言有所不同，其音类包括：ai、ei、ie、i、ʅ、a、ua、uei、uai 九个。蟹摄开口一二等今读 ai、ie，开口三四等今读 i、ʅ。

蟹摄合口今读 ei、ua、uei、uai。邵武三角戏蟹摄合口今大多有介音 u，读为 ua、uei、uai 韵。例外的是，一等合口帮组及晓匣来母字今介音 u 消失，读如开口 ei：杯 pei⁵⁵| 配 pʰei³³| 妹 mei³⁵| 灰 fei⁵⁵| 回 fei³³| 雷 lei³³，一等合口其他声母字则保留 u 介音，如：罪 tsuei³⁵| 碎 suei³⁵。

蟹摄少数合口二三等晓匣母字今读 a，如：话 fa³⁵| 画 fa³⁵，此现象同于前文假摄合口晓匣母今读 a 韵现象，都是邵武方言特征的体现，不再讨论。

综上所述，蟹摄字邵武方言与三角戏对应如表 12-11。

表 12-11　三角戏与邵武方言蟹摄今读情况

韵摄	蟹摄开口一二等					蟹摄开口三四等		
邵武方言	i	e/ə	ai	ie	oi	i	ie	əi
三角戏	ai	ai	ai	ai/ie	ai	i/ʅ	i	i

---

① 戴黎刚：《闽语的历史层次及其演变》，中国社会科学出版社 2012 年版，第 41 页。

续表

韵摄	蟹摄合口一二等							蟹摄合口三四等		
邵武方言	əi	oi	ei	ai	ua	a	uai	i	uei	ei
三角戏	ei	uei	ei/uei	uai	ua	ua/a	uai	ei	uei	ei/uei

五、止 摄

中古止摄的成分极其复杂，时贤多有讨论。

止摄开口包括之、支、脂、微四韵，止摄开口字邵武方言共 i、ʅ、ə、ei、oi 五个韵类。ʅ 韵母在邵武方言所管之字非常少，止摄中只有"渍、鲫、丝、撕"等几个字。从产生时间看，ʅ 应是近代才有的音类。从字数分布来看，邵武方言止摄以今读 i、ə 的字数为多，尤以今读 i 的占绝大多数，闽语其他地区，诸如莆仙话、泉州话、建瓯话、永安话该音类也都是读 i，收字也很多。ei 韵母在邵武方言收字很少，主要为支韵开口三等唇音字，个别字与 i 音类形成白文读关系，如，皮：pei⁵³_白/pʰi³³_文，oi 韵母在邵武方言收字很少，就目前调查来看，只有一个字"地"，其白读音为 oi，hoi³⁵_白/tʰi³⁵_文。

止摄合口包括支、脂、微三韵，止摄合口字邵武方言包括 ei、i、uei 三个韵类。邵武方言止摄合口今读 uei 音类的有"规亏跪危龟柜位味龟贵围胃"等字。止摄合口今读 i 收字很少，只有"季肥_白"等少数字。ei 韵母在邵武方言收字较多。

邵武三角戏止摄开口共有 i、ʅ、ei、ə 四个韵类，知组、庄组、精组、章组声母之后读为 ʅ，其他声母之后读为 i，ei 韵主要出现在帮组，如：被 pei³⁵|碑 pei⁵⁵。ə 韵只有"二儿"二字。

邵武三角戏止摄合口共有 ei、uei、i 三个韵类。止摄合口今读 i 收字很少，只有一个"季"字，ei 韵主要出在在非敷奉及来母字中，如：飞 fei⁵⁵|肥 fei³³|类 lei³⁵，uei 韵收字较多。

综上所述，止摄字邵武方言与三角戏对应见表 12-12。

表 12-12　三角戏与邵武方言止摄今读情况

韵摄	止摄开口				止摄合口		
邵武方言	i/oi	ʅ	ei	ə	i	uei	ei
三角戏	i/ʅ/ə	ʅ	ei/i	ʅ	i/ei	uei	ei/uei

六、效、流两摄

与其他阴声韵相比，邵武方言的效、流两摄的音类较为简单。

（一）效　摄

邵武方言效摄有两个音类：效摄一等豪韵二等肴韵字今读 au；效摄三等宵韵四等萧韵字今读 iau。与多数闽语不同，邵武方言歌豪不同韵，歌韵今读 o，豪韵今读 au，如：哥 ko²¹ ≠ 糕 kau²¹，螺 lo³³ ≠ 劳 lau³³。邵武方言效摄字今读当是受客赣方言及共同语影响的结果。

邵武三角戏效摄字今读与邵武方言同，效摄一等豪韵二等肴韵今读 au，效摄三等宵韵四等萧韵字今读 iau。

（二）流　摄

中古流摄包括尤、侯、幽三韵，尤、幽为开口三等，侯为开口一等。侯韵邵武方言有 əu、u 两个音类，绝大多数今读 əu 韵，只有少数特例今读 u，如：母 mu⁵⁵｜走_白_ tsu⁵⁵。

尤、幽韵邵武方言包括 u、y、əu、ou、iou 五个音类。流摄开口三等今读 u，如：富、副、妇_白_，闽语其他方言，如福州话、建瓯话、莆仙话、泉州话也有相同音类。尤韵今读 u 应该是上古音的遗留。流摄三等今读 y 为白读层，如：舅 kʰy⁵⁵_白_/kʰou³⁵_文_｜旧 kʰy³⁵_白_/kʰou³⁵_文_｜牛 ny³³_白_/ŋou³³_文_。闽语多数方言中，尤韵部分字读同一等侯韵字，邵武方言尤侯不同音，如：狗_侯_ kəu⁵⁵ ≠ 九_尤_ kou⁵⁵。

邵武三角戏流摄音类较为简单，一等侯韵今绝大多数读 əu 韵，个别读 u 韵，如，母 mu⁵¹。

邵武三角戏三等尤韵、幽韵包括 u、əu、iəu 三个音类。"妇富副浮"等字今读 u 韵，开口三等尤韵知章组字读同一等侯韵 əu，如：州 tsəu⁵⁵｜手 səu⁵¹，iəu 音类收字较多。

综上所述，效、流两摄字邵武方言与三角戏对应见表 12-13。

表 12-13　三角戏与邵武方言效、流两摄今读情况

韵摄	效摄		流摄				
邵武方言	au	iau	əu	u	y	iou	ou
三角戏	au	iau	əu	əu/u	əu	iɔu	əu

七、咸、深两摄

邵武方言咸、深两摄保留韵尾的方式相同，这里一并讨论。

（一）咸　摄

中古咸摄较为复杂，包括覃、谈、盐、添、咸、衔、严、凡八韵，其中"覃谈盐添咸衔严"七韵为开口韵，合口韵只有"凡"韵。从邵武方言今读的情况来看，咸摄大致可分为两个部分：一二等字与三四等字。在讨论各等韵字今读情况之前，有必要先理清邵武方言阳声韵韵尾的情况。

汉语各方言保留鼻音韵尾和塞音韵尾的方式不同。邵武方言今存 n、ŋ 两类鼻音韵尾[①]，古咸、深两摄非入声字今收 n 尾。较为特殊的是咸、深两摄入声今大多数收 n 尾。如：搭 tan⁵³｜杂 tʰon³⁵｜盒 hon³⁵｜十 ɕin³⁵｜急 kən³⁵，这是邵武、光泽一带特殊的语音现象，六十年代初，熊正辉已注意到了这种特殊语音现象："古咸深两摄的入声字，光泽话用 m 收尾，邵武话用 n 收尾。"[②]之后陆续有学者注意到此种语音现象，陈章太、李如龙认为这类现象属赣方言的语音特征，龙安隆则认为此类语音现象："不属于赣语特征，它是受周边方言咸深摄与山摄合并时的余波影响而形成的，成了邵将区方言一个显著的语音特征。"[③]臻山两摄阳声韵今收 n 尾，这是历史音变的结果，无需讨论。宕摄、通摄、江摄阳声韵今收 ŋ 尾，符合语音发展规律，亦无需多加论述。区别于其他汉语方言，较为特殊的是曾、梗两摄阳声韵大多收 n 尾。

---

① 龙安隆：《福建邵将区方言语音研究》，福建师范大学博士学位论文 2007 年，第 87 页。本章邵武方言主要以使用人口为大多数，通用范围较广的邵武城关话为代表，所以收 m 尾情况不在讨论范围之内。

② 熊正辉：《光泽、邵武话里的入声字》，《中国语文》1960 年第 10 期。

③ 龙安隆：《福建邵将区方言语音研究》，福建师范大学博士学位论文 2007 年，第 89 页。

邵武三角戏同于邵武方言，今咸、深两摄阳声韵读为 n 韵尾，臻摄、山摄阳声韵读为 n 韵尾，宕摄、江摄阳声韵今读 n、ŋ 韵尾，曾摄、梗摄阳声韵今读 n 韵尾，通摄阳声韵读为 ŋ 韵尾。《切韵》音系阳声韵尾 m、n、ŋ 在邵武方言中相混，这是邵武方言非常显著的语音特征，显然三角戏在这方面深受邵武方言的影响。邵武方言阳声韵尾 m、n、ŋ 相混的现象，据刘晓南考证，在宋代邵武文士的用韵中有鲜明的体现，其中臻梗深三摄之间通押共九例，咸山两摄通押一例。[①] 下面看看邵武方言与三角戏阳声韵尾情况。

表 12-14　邵武方言与三角戏阳声韵尾情况

	三角戏	邵武方言	官话
咸摄	n	n	n
深摄	n	n	n
山摄	n	n	n
臻摄	n	n	n
宕摄	n、ŋ	ŋ	ŋ
江摄	n、ŋ	ŋ	ŋ
曾摄	n	n	ŋ
梗摄	n	n	ŋ
通摄	ŋ	ŋ	ŋ

了解了邵武方言与三角戏阳声韵韵尾情况后，再来分析邵武方言与邵武三角戏咸摄今读情况。

邵武方言咸摄一二等有覃、谈、咸、衔四韵，非入声字及大多数入声字皆收 n 尾，包括 an、on、en、ən、a、o 六个音类。邵武方言咸摄开口一二等今读 an、on 的音类收字较多，包括非入声字及入声字，此外，少数咸摄开口一二等入声字今读开尾韵，但主要元音与阳声韵一致，如：鸽 ko[53]｜闸 tsa[53]。en、ən 两音类收字较少，读同臻摄，如：含 hən[33]｜咸 hen[33]。

邵武方言咸摄三四等有盐严添凡四韵，其中盐、严添为开口韵，凡为合口韵，邵武方言包括 ien、ie、an 三个音类，开口三四等今读 ien，收字较

---

① 刘晓南：《从宋代邵武文士用韵看历史上邵武方言的特点及其归属》，《中国语文》2002 年第 3 期。

多，这是闽语咸、山两摄相混的历史层次的体现。今读 ie 收字很少，为咸摄入声字。合口三等今读 an，读同咸摄开口三等，如：犯 fan^{35}｜范 fan^{35}，这可能是条件性音变，因为帮、非两组声母易丢失 u 介音。

三角戏咸摄阳声韵与邵武方言一样，都收 n 尾，不同的是三角戏入声韵今皆舒化，无鼻音韵尾及塞音韵尾，为开尾韵。

从邵武三角戏今读情况看，咸摄开口一二等阳声韵字今读 an、ien 韵，入声韵字今读 a、ia 韵，这显然是受官话的影响。

值得注意的是，三角戏咸摄开口一等合韵读为 o 韵，如：盒 xo^{35}｜鸽 ko^{51}，邵武方言"鸽"读为 ko^{53}，与三角戏音类相同，这当是三角戏受邵武方言影响的结果，此音类属白读音层次。咸摄开口一等合韵读为 o 韵，这一层次在闽北地区的次方言中对应是很整齐的，下文列举各地"鸽"字读音具体分析：

邵将区方言：光泽 kɔ^{41}｜顺昌 ko^{11}

闽北方言：建瓯 kɔ^{24}｜政和 ko^{24}｜松溪 ko^{223}｜武夷山 ko^{35}｜建阳 kɔ^{35}

邻近闽北的闽中方言这一层次也读为 ɔ，据戴黎刚调查，莆仙话这一层次读为 ɒ 音类。[①]从历史层次来看，咸摄开口一等合韵读为 o 韵应属白读层，三角戏这一音类无疑来自邵武方言，是邵武方言特征的体现。

三角戏咸摄开口三四等阳声韵字主要读为 ien 韵，少数字今读 an 韵：占 tsan^{35}｜染 lan^{51}，开口三四等入声韵字今读 ie 韵。

三角戏咸摄合口三等收字较少，阳声韵读为 an 韵，与之相应的入声韵读为 a 韵。

综合来看，三角戏咸摄今读呈现出明显的官话语音特点，受邵武方言影响较少。

（二）深 摄

中古深摄邵武方言今读较为简单，一共有 ən 和 in 两个音类。同咸摄一样，其非入声字及入声字皆收鼻音韵尾 n。

邵武三角戏深摄同于邵武方言，其阳声韵字今读 ən、in，但入声韵则

① 戴黎刚：《闽语的历史层次及其演变》，中国社会科学出版社 2012 年版，第 81 页。

有明显差异，入声韵字今多读 i、ɿ，个别读 u，如：入 lu^{35}。

综上所述，咸、深两摄字邵武方言与三角戏对应见表 12-15。

表 12-15　三角戏与邵武方言咸、深摄今读情况

韵摄	咸摄									深摄	
	一二等						三四等				
邵武方言	an	on	ən	en	a	o	ien	ie	an	ən	in
三角戏	an/a	an/o	an	an/ien	a	o	ien/ie	ie	a/an	in/i	ən/ɤ/in/u

八、山　摄

中古山摄分韵十分复杂，包括寒、桓、删、山、先、仙六韵，开口有一二三四等，合口也有一二三四等，邵武方言该摄所涉及的韵类很多，包括 an、on、ien、in、uon、ən、uan、uən、yen、ai、oi、ie、ei、əi、ua、ye、uei、uɛi、uai、o、ə 二十一个韵类。邵武方言山摄入声韵字不同于咸、深两摄，其入声无鼻音韵尾，为开尾韵，下面就山摄各等进行分析。

中古山摄一二等邵武方言包括阳声韵字的 an、on、uon、uan、ien 五个音类及入声韵字的 ai、oi、o、ie、əi、ei、uei、ye、uai 九个音类。邵武方言山摄开口一等寒韵，其舌齿音字读同开口二等韵，例如：伞$_{寒开一}$san^{55}＝产$_{山开二}$san^{55}，合口韵字仅就"闩"与"酸"一组同韵：闩$_{删合二}$son^{21}＝酸$_{桓合一}$son^{21}，其他合口韵字不同韵，例如：官$_{桓合一}$kuon^{21}≠关$_{删合二}$kuan^{21}。邵武方言一二等今读 ien 音类的收字很少，只有少数几个字，例如：间 kien^{21}｜完 vien^{33}。邵武方言山摄开口一等寒韵今读有特殊之处，其开口一等寒韵因声母不同而分韵，即开口一等寒韵唇齿舌音字今读 an，开口一等寒韵牙喉音字今读 on，例如：单$_{端}$tan^{21}｜弹$_{透}$tʰan^{33}｜肝$_{见}$hon^{21}｜汉$_{晓}$hon^{213}，这不同于闽语其他方言，建瓯、福州、厦门等地开口一等寒韵不因声母不同而分韵，一韵之内韵母相同，邵武方言显然不同于闽语，应该是受到客赣方言的影响。

邵武方言山摄一二等入声韵字音类复杂，ai、oi、əi 音类收字较多，今读 o 的很少，如：渴 kʰo^{55}｜夺 to^{53}；今读 ie 只有八 pie^{53}；今读撮口 ye 只有刮 kye^{53}$_{白}$。山摄一二等合口入声韵字今读 uai、uei 收字很少，如：刮 kuai^{53}｜滑 uei^{35}。

261

邵武方言中古山摄三四等韵包括阳声韵字的 ien、in、yen、uən、uan、ən、en、an 八个音类及入声韵字 ie、ə、oi、ai、əi、ye 六个音类。三四等合口的介音有 i、y、u 三个，其分布规律较为特殊，与《切韵》开合四等在现代汉语中的演变规律不同。ien 多为开口三四等韵字，但部分合口三四等韵字今亦读 ien，例如：原 vien³³｜远 fien⁵⁵｜园 fien⁵³｜县 vien³⁵｜转 tɕien⁵⁵｜砖 tɕien²¹｜船 ɕien³³｜软 vien⁵⁵。合口三四等主要为 yen 韵，如：劝 kʰyen²¹³｜卷 kyen⁵⁵｜圈 kʰyen²¹｜权 kʰyen³³，这类音收字不多。合口三四等介音 u 主要有 uən、uan 两韵，这两类韵收字不多，例如：圆 uən³³｜晚 uan⁵⁵｜万 uan³⁵。in 音类主要为白读音，出现在山摄开口三四等韵中，例如：年 nin⁵³｜前 tʰin⁵³｜见 kin²¹³｜钱 tʰin³³，ən、an 两韵出现在合口三等韵中，只有个别字，例如：饭：pʰən³⁵白｜fan³⁵文。en 音也很少见，仅个别字中有此读音，例如：牵 kʰen²¹。

邵武方言山摄三四等入声韵字包括 ie、ə、oi、ai、əi、ye 六个音类，ie 音收字较多，其他五类收字较少，ə、oi、ye 主要出现在四等屑韵，如：节白 tsə⁵³｜切 tʰoi⁵³｜决 kye⁵³｜缺 kʰye⁵³，ai、əi 主要出现在三等薛韵，如：发 fai⁵³｜罚 fai³⁵｜袜 məi⁵³。

中古山摄字在邵武三角戏的今读相对邵武方言更简单些，包括 an、ien、uan、yen、a、ə、ie、o、ua、ye 十个音类。

邵武三角戏山摄一二等包括阳声韵字 an、uan、ien 三个音类及入声韵字 a、o、ua 三个音类。开口一等寒韵韵内不因声母而分韵，读同一个韵 an，如"单弹南肝看岸汉汗"皆读 an。山摄一二等韵读同一个韵，如：闩删合二 suan⁵⁵ = 酸桓合一 suan⁵⁵，官桓合一 kuan⁵⁵ = 关删合二 kuan⁵⁵。一二等今读 ien 音类的收字很少，只有少数几个字，如"间眼限"。山摄开口曷黠韵字今读 a 韵：达 ta³⁵｜辣 la³⁵｜八 pa⁵¹。

值得注意的是，三角戏山摄开口一等曷韵今读 o 韵，如：渴 kʰo⁵¹｜割 ko⁵⁵，同于邵武方言：渴 kʰo⁵⁵。山摄合口一等末韵读为 o 韵，如：脱 tʰo⁵⁵｜夺 to⁵¹｜阔 kʰo⁵⁵｜活 fo³⁵，此音类层次在邵武方言中有对应，如：夺 to⁵¹。显然，三角戏山摄开口一等曷韵、合口一等末韵今读 o 音类是邵武方言特征的体现，异于官话。三角戏该层次与咸摄合口一等合韵相混，是受邵武方言影响的白读音层次。山摄合口二等鎋韵今读 ua 韵。

邵武三角戏山摄三四等包括阳声韵字 ien、an、yen、uan 四个音类及入声韵字 ie、ə、ye、a、ua 五个音类。三四等合口的介音也有 i、y、u 三个。开口三四等韵字今多读 ien 音类，少数合口三四等韵今亦读 ien 音类。部分合口三等唇音字今读开口呼 an，这当是唇音声母容易丢失 u 介音的结果。与阳声韵相对应的入声韵其合口的介音也有 i、y、u 三个，其中 ie、ye 两音类收字较多，ua 收字较少。开口三等入声韵字今读 ə，收字不多，如"撒热设舌"。合口三等入声韵字今读 a，收字不多，如"发罚"。

综上所述，山摄字邵武方言与三角戏对应见表 12-16。

表 12-16　三角戏与邵武方言山摄今读情况

韵摄	山摄一二等												
	阳声韵					入声韵							
邵武方言	an	on	uon	uan	ien	ai	oi	o	ie	əi	ei	uei	uai	ye
三角戏	an/ien	an	uan	uan	ien	a	o/a	o	a	o	ua	o	ua	ua

韵摄	山摄三四等											
	阳声韵							入声韵				
邵武方言	ien	in	yen	uən	uan	ən	en	an	ie	ə	oi	ai	əi	ye
三角戏	ien	in	yen	yen	uan	an	ien	an	ie/ye	ie/ə	ie	a	ua	ye

九、臻、曾、梗三摄

邵武方言深、臻、曾、梗四摄阳声韵合流，一部分字同读 in 音类，一部分字同读 en 音类，这是邵武方言特殊的语音现象。基于臻、曾、梗三摄之间的共同点，我们将三摄一起讨论。

（一）臻 摄

中古臻摄包括真、谆、臻、文、欣、元、魂、痕八韵，韵目较多，邵武方言共有 on、ən、in、en、yen、uən、yn、ə、i、ei、uei、y、əi 十三个音类。我们根据开合口的不同进行分析。

邵武方言中古臻摄开口包括 on、ən、in、en、yen、ə、i、ei 八个音类，in 音类收字较多，例如：民 min³³ ｜ 贫 pʰin³³ ｜ 邻 lin³³ ｜ 镇 tin²¹³ ｜ 神 çin³³ ｜ 人 nin³³ ｜ 认 nin³⁵ ｜ 紧 kin⁵⁵ ｜ 银 nin³³，其相对应的入声今读 i 或 ə。

其他音类收字较少，on 为个别字的白读音，例如：沉 hon^{21}_白/t^{h}ən^{21}_文，撮口 yen 韵也只出现在个别字的白读音中，例如：筋 kyen^{21}_白/tsin^{21}_文。

邵武方言中古臻摄合口包括 ən、uən、yn、in、ei、uei、y、əi 八个音类。开合等第不同却读同一个韵，读同 in 音，例如：神_{臻开二}çin^{33} = 唇_{谆合三}çin^{33}，读同 ən 音，例如：亲_{臻开三}t^{h}ən^{21} = 村_{魂合一}t^{h}ən^{21}。yn 多见于合口三等韵牙喉音中，如：军 kyn^{21}｜裙 k^{h}yn^{33}｜熏 k^{h}yn^{21}。入声韵字今读 y、ei、uei 收字较多，əi 只有少数几个字，如：佛 fəi^{35}。

邵武三角戏中古臻摄包括 en、in、uen、yn、i、ɻ、u、y 八个音类，其开合截然分立，不同韵（合口唇音除外，当是受声母影响而使 uen 介音 u 脱落，成为 ən）。山摄开口今读 en、in，相对应的入声今读 i、ɻ。山摄合口今读 uen、yn，相对应的入声今读 u、y、o。

综上所述，臻摄字邵武方言与三角戏对应见表 12-17。

表 12-17　三角戏与邵武方言臻摄字今读情况

韵摄	臻摄														
	开口								合口						
邵武方言	on	ən	in	en	yen	ə	i	ei	ən	uən	yn	in	ei	y	əi	uei
三角戏	en	in	en/in	en	in	i/ɻ	i/ɻ	i	en/uen	uen	yn	uen/yn	u	y	o	u

（二）曾 摄

中古曾摄较为简单，只有蒸登二韵。三角戏曾摄阳声韵读鼻尾韵，鼻音韵尾只有一个 n，这与邵武方言相同。

邵武方言此摄包括 en、in、ə、i、uə、ie 六个音类。en 多为登韵开口一等字，如：朋 p^{h}en^{33}｜灯 ten^{21}｜能 nen^{33}｜层 t^{h}en^{33}，少数蒸韵字也读 en，如：冰 pen^{21}。中古蒸韵字今多读 in，如：证 tçin^{213}｜蝇 in^{33}｜兴 hin^{213}｜升 çin^{21}。曾摄入声韵字今多读 ə、i、uə，ie 音类收字很少，多为白读音，如：得 tie^{53}_白/tə^{53}_文｜食 çie^{35}_白/çi^{35}_文。

邵武三角戏中古曾摄共有 en、in、ə、i、ɻ、uo 六个音类。其音类分属总体上与邵武方言相同，较为不同的是邵武三角戏开口三等职韵知章组字读为 ɻ，邵武方言没有这个音类，此音类反映的显然是官话语音的特点。

值得一提的是，三角戏曾摄开口一等德韵今读 ə 韵，如：黑 xə^{51}｜贼 tsə^{51}，邵武方言该韵亦读为 ə，如：北 pə^{53}｜墨 mə^{35}｜得 tə^{53}｜特 t^{h}ə^{53}｜贼

tʰə⁵³ │ 刻 kʰə⁵³ │ 黑 hə⁵³，三角戏该音类异于官话而同于邵武方言，明显是受邵武方言影响的结果，同属邵将区的光泽也有该音类层次，不过其读为 ε，闽北建瓯、政和等地该音类层次也读为 ε。

综上所述，曾摄字邵武方言与三角戏对应见表 12-18。

表 12-18　三角戏与邵武方言曾摄今读情况

韵摄	曾摄					
邵武方言	en	in	ə	i	uə	ie
三角戏	en/in	en/in	ə/i/ŋ/uo	i/ŋ	uo	ə/i

（三）梗 摄

中古梗摄较为复杂，包括庚、耕、清、青四韵，三角戏与邵武方言鼻音韵尾有 n、ŋ 两类，同时梗摄部分与臻、曾合流，读同 en、in。

中古梗摄开口含二三四等，邵武方言共有 en、in、aŋ、uaŋ、ioŋ、iaŋ、oŋ、a、ə、i、io、y、ia 十三个音类。en、in 两音类与臻、曾同，此不赘述。iaŋ 韵主要出现在开口三四等韵中，很大一部分为白读音，如：姓 siaŋ³⁵白/sin³⁵文 │ 饼 piaŋ⁵³白/pin⁵⁵文 │ 名 miaŋ⁵³白/min³³文 │ 领 liaŋ⁵⁵白/lin⁵⁵文 │ 赢 viaŋ³³白/in³³文。uaŋ 音类只有一个字：梗 kuaŋ⁵⁵，oŋ 音类也只在少数几个字中出现，如：棚 poŋ⁵³，ioŋ 音类收字很少，存在于个别字的白读音中，如：影 ioŋ⁵³白/in⁵⁵文。梗摄开口二三四等韵今皆有读 aŋ 音类的，四等青韵读洪音较为特殊，字不多，如：青 tʰaŋ²¹白，与四等青韵洪音相对应的入声也读洪音，如：笛 hə³⁵ │ 踢 tʰə⁵³。梗摄开口今读 aŋ、iaŋ，普遍存在于闽方言中，建瓯、福州等地皆有此类音读，不是客赣方言独有的。梗摄开口入声韵今读 a、ə、io 音类收字较多，今读 io 音类主要为开口三等昔韵，多为白读音，如：席 çio⁵³白/si³⁵文 │ 石 çio³⁵白/çi³⁵文。y 音类目前就只有一个字：剧 ky²¹³，这应是新文读。ia 音类收字不多，主要为开口二等韵字的今读，如：摘 tia⁵³ │ 拆 tʰia⁵³ │ 额 nia⁵³白。

中古梗摄合口韵原本字数就少，邵武方言音类较为简单，包括 en、aŋ、iaŋ、ioŋ、iuŋ、in、a 七个音类。aŋ、iaŋ 多为白读音，如：横 faŋ⁵³白/hen³³文 │ 兄 fiaŋ²¹白/hiuŋ²¹文。今读 in 只有个别字，如：永 vin⁵⁵。入声韵就目前调查来看，今读 a，如：划 fa³⁵。

邵武三角戏中古梗摄今读较邵武方言简单些，该摄鼻音韵尾同于邵武方言，有 n、ŋ 两个鼻音韵尾。中古梗摄邵武三角戏共有 en、in、iuŋ、uŋ、i、ŋ̩、ai、a、y、ə 十个音类。en、in 两音类与邵武方言一样，与臻、曾两摄合流，具体如下：

梗摄：兵 pin⁵⁵ ｜ 平 pʰin³³ ｜ 镜 tɕin³⁵ ｜ 影 in⁵¹
　　　冷 len⁵¹ ｜ 生 sen⁵⁵ ｜ 争 tsen⁵⁵ ｜ 坑 kʰen⁵⁵

臻摄：贫 pʰin³³ ｜ 民 min³³ ｜ 邻 lin³³ ｜ 进 tɕin³⁵
　　　根 ken⁵⁵ ｜ 镇 tsen³⁵ ｜ 人 len³³ ｜ 神 sen³³

曾摄：冰 pin⁵⁵ ｜ 兴 ɕin³⁵ ｜ 蝇 in³³
　　　灯 ten⁵⁵ ｜ 等 ten⁵¹ ｜ 能 nen³³ ｜ 层 tsʰen³³

中古梗摄开口韵包含 en、in、i、ŋ̩、ai、y、ə、a 八个音类，没有 aŋ、uaŋ、ioŋ、iaŋ、oŋ 这类收鼻音韵尾 ŋ 的音类。较为特殊的是，梗摄开口二等陌韵帮母字"百"读为"pə⁵¹"，开口二等陌韵见母字"格"读为"ko³⁵"。

三角戏中古梗摄合口包含 en、iuŋ、uŋ、in、a 五个音类，同邵武方言一样，有 n、ŋ 两个鼻音韵尾的音类。

综上所述，梗摄字邵武方言与三角戏对应见表 12-19。

表 12-19　三角戏与邵武方言梗摄字今读情况

韵摄	梗摄												
邵武方言	en	in	aŋ	uaŋ	iaŋ	iuŋ	ioŋ	oŋ	a	ə	i	io	y	ia
三角戏	en/in	in/en	en/in	en	en/in	iuŋ/uŋ	in	in	ai/ə	ə/i	i/ŋ̩	i	y	ei/ə

十、宕、江两摄

汉语各方言宕、江两摄呈合流趋势，邵武方言也是如此。邵武方言宕、江两摄今读合流，多数字今读同一个音类 oŋ，基于宕、江两摄合流的情况，我们将两摄一起讨论。

（一）宕　摄

中古宕摄包括阳、唐两韵，邵武方言宕摄阳声韵字今读 ŋ 韵尾，入声韵字今读开尾韵。宕摄开口三等阳声韵今读有 oŋ、ioŋ、io、ia 四个音类，其中庄组字阳声韵音类是 oŋ，其他声母阳声韵音类是 ioŋ，与阳声韵音类相对应的入声韵音类为 io，如：药 io³⁵｜脚 kio⁵³，ia 音类为白读音，如：削 sia⁵³白。宕摄开口一等唐韵今读 oŋ，相对应的入声韵今读 o。

邵武方言宕摄合口三等阳声韵今读 oŋ、uoŋ，两音类依声母不同而存在差异，唇音声母字今读 oŋ，其他声母字今读 uoŋ，这是受邵武方言 f 声母的影响而发生的介音 u 失落现象。合口三等药韵今读 u，如：缚 pu³⁵。宕摄合口一等唐韵今读情况与合口三等阳韵相同，唇音声母字今读 oŋ，其他声母字今读 uoŋ，铎韵今读 o、uo，如：霍 fo⁵³｜郭 kuo⁵³。

邵武三角戏宕、江两摄呈合流趋势，与邵武方言不同的是，三角戏宕摄阳声韵字今读 n、ŋ 韵，包含三个音类：iaŋ、uan、an。入声韵字同于邵武方言，读为开尾韵。

邵武三角戏宕摄开口三等阳韵今读 an、iaŋ、uan，an 韵主要为知章组及日母字，uan 韵主要为庄组字，iaŋ 韵主要为端组见组精组及晓母、以母字，如：

an 韵：章 tsan⁵⁵｜厂 ts^han⁵¹｜伤 san⁵⁵｜让 lan³⁵

uan 韵：庄 tsuan⁵⁵｜双 suan⁵⁵｜床 ts^huan³³

iaŋ 韵：姜 tɕiaŋ⁵⁵｜响 ɕiaŋ⁵¹｜样 iaŋ³⁵

值得注意的是，三角戏宕摄开口三等药韵今读 io，如：雀 tɕ^hio⁵¹｜削 ɕio⁵⁵｜弱 nio³⁵｜脚 tɕio⁵¹｜约 io⁵⁵｜药 io³⁵，邵武方言该韵也读为 io 韵，如：雀 tɕ^hio⁵³｜削 ɕio⁵³｜弱 nio³⁵｜脚 kio⁵³｜约 io⁵³｜药 io³⁵。这显然是三角戏为融入邵武语言环境而实现的在地化。该音类层次在闽北各地方言中都有整齐的对应，其中政和方言、政和四平戏、顺昌方言该音类与三角戏、邵武方言相同，都读为 io：

政和：雀 ts^hio²⁴｜削 sio⁴²｜弱 io²⁴｜脚 kio²⁴｜药 io⁴²

四平戏：药 io²⁴ | 弱 nio²⁴

顺昌：脚 kio¹¹ | 约 io¹¹ | 雀 kʰio¹¹

建瓯该层次读为 iɔ，武夷山读为 yo。

三角戏宕摄开口一等唐韵今读 an 韵，铎韵今读 o 韵，开口一等铎韵今读 o 韵，同于邵武方言，该音类是受邵武方言影响的结果，如表 12-20。

表 12-20　三角戏与邵武方言宕摄开口一等铎韵今读例字

	薄	托	作	索	各	鹤	恶
三角戏	po³⁵	tʰo⁵¹	tso³⁵	so⁵¹	ko³⁵	xo³⁵	o⁵¹
邵武方言	pʰo³⁵	tʰo⁵³	tso⁵³	so⁵³	ko⁵³	ho³⁵	o⁵³

三角戏宕摄合口一等唐韵，合口三等阳韵今读 an、uan，an 音类主要为非敷奉及晓匣母字，uan 韵为其他声母字。

三角戏宕摄合口一等铎韵只有一个字"霍"，读为 ho⁵¹，同于邵武方言"霍 fo⁵³"。

综上所述，宕摄字邵武方言与三角戏今读对应见表 12-21。

表 12-21　三角戏与邵武方言宕摄今读情况

韵摄	宕摄							
	开口					合口		
邵武方言	oŋ	ioŋ	io	o	ia	oŋ	uoŋ	u、uo
三角戏	aŋ/uaŋ	iaŋ/an	io	o	io	an/uan	uŋ	u

（二）江　摄

中古江摄今读大多汉语方言都表现出与宕摄合流的趋势，邵武方言也如此。邵武方言江摄阳声韵今读 oŋ，入声觉韵今读 o，此外，入声觉韵还有 u 音类，此音类主要为白读音，如：剥 pu⁵³白/po⁵³文，这与闽北建瓯方言相同，建瓯话：剥 u²⁴白/po⁵⁴文。

邵武三角戏不同于邵武方言，其江摄阳声韵今读 n、ŋ 韵，包含 an、uan、iaŋ 三个音类，帮组声母字今读 an，知庄组声母字今读 uan，见组、精组及晓匣母今读 iaŋ。

需要注意的是三角戏中古二等觉韵今读 o、io：

o 韵：桌 tso^{35} | 镯 tso^{35} | 壳 k^{h}o^{51} | 剥 po^{51}

io 韵：学 ɕio^{35} | 角 tɕio^{51}

这区别于官话而同于邵武方言，我们来看看邵武方言二等觉韵这两个音类的例字：

o 韵：桌 tso^{53} | 镯 t^{h}o^{35} | 壳 k^{h}o^{51} | 角$_白$ ko^{53} | 学 ho^{35} | 剥$_白$ po^{53}

io 韵：角$_文$ kio^{53}

显然三角戏中古二等觉韵读为 o、io 是邵武方言影响的结果。

综上所述，江摄字邵武方言与三角戏今读对应见表 12-22。

表 12-22 三角戏与邵武方言江摄今读情况

韵摄	宕摄		
邵武方言	oŋ	o	u
三角戏	aŋ/uaŋ/iaŋ	o/io	o

十一、通 摄

邵武方言通摄阳声韵字今读 ŋ 韵，入声韵字今读开尾韵。通摄今读较为简单，一三等区别较为明显，如：公$_{合一}$kuŋ^{21} ≠ 恭$_{合三}$kiuŋ^{21}| 龙$_{合一}$luŋ^{33} ≠ 笼$_{合三}$liuŋ^{33}。具体来说，通摄一等今读 uŋ、u 两音类，一等阳声韵没有 i 介音，相对应的入声韵今读 u。通摄三等今读 iuŋ、uŋ、u、y，以今读 iuŋ 音类为主，部分三等韵字没有 i 介音，主要为知组、章组及非组字，如：虫$_澄$t^{h}uŋ^{53} | 终$_章$tsuŋ^{21} | 丰$_敷$fuŋ^{21} | 凤$_奉$fuŋ^{35}。一三等区别较为明显，这不同于闽语，也不同于赣语。通摄三等入声韵字今读 u，如：福 fu^{53} | 服 fu^{35} | 目 mu^{53} | 六 su^{53}，这与一等入声韵今读相同。通摄三等入声字今读 y 收字较多，"绿足局玉烛属赎浴竹粥叔肉菊育"等今皆读 y。

邵武三角戏通摄阳声韵字今读 ŋ 韵，入声韵字今读开尾韵。三角戏通摄今读一三等界限不甚分明，阳声韵今读以 uŋ 音类为多数，iuŋ 音类收字较少，主要为影晓以母字，如"用荣容"等字。入声韵字以 u 音类为多数，y

音类收字不多，如"绿局圡浴"等。入声韵个别字今读 əu，如：粥 tsəu³⁵ ｜
熟 səu³⁵。

综上所述，通摄字邵武方言与三角戏今读对应见表 12-23。

表 12-23　三角戏与邵武方言通摄字今读情况

韵摄	通摄			
邵武方言	uŋ	iuŋ	u	y
三角戏	uŋ	uŋ/iuŋ	u/əu	u/y

十二、小　结

综上所述，三角戏各韵摄表现出明显的官话语音特点，但同时吸收邵
武方言的语音特征。

其一，三角戏阳声韵读鼻韵尾，鼻音韵尾有两个 n、ŋ，尤其是江、宕、
梗、曾、深、咸等摄，同于邵武方言，表现出明显的邵武方言特征，具体
如表 12-24。

表 12-24　三角戏与邵武方言阳韵声韵尾情况

	通	江	宕	梗	曾	臻	山	深	咸
三角戏	ŋ	n、ŋ	n、ŋ	n	n	n	n	n	n
邵武方言	ŋ	n、ŋ	n、ŋ	n	n	n	n	n	n

其二，多数果摄字今读 o 韵，是闽语旧文读层的特点，表现出明显的
邵武方言特征。果摄"茄"读 io 韵，是三角戏在地化的表现。

其三，假摄合口晓匣母今读 a。

其四，遇摄模韵部分字今读 o 韵。

其五，蟹摄合口今读 a 韵。

其六，咸摄开口一等合韵读为 o 韵。

其七，山摄开口一等曷韵今读 o 韵，山摄合口一等末韵读为 o 韵。

其八，曾摄开口一等德韵今读 ə 韵。

其九，宕摄开口三等药韵今读 io 韵。

其十，江摄觉韵今读 o、io 韵。

第三节 声调系统比较研究

本节从调类、调值、中古来源等方面探讨邵武三角戏与邵武方言在声调上的异同。

一、调类和调值

从调类和调值来看，邵武方言的声调数为六个，分别为：

阴平 21　　　上声 55　　　阴去 213　　　入声 53

阳平 33　　　阳去 35

平分阴阳，去分阴阳，上声和去声不分阴阳。阴平调的调值起始点低于阳平，阴去的起始点低于阳去，上声为高平调，入声为降幅不大的降调。

三角戏的声调数为四个，分别为：

阴平 55　　　阳平 33　　　上声 51　　　去声 35

平分阴阳，上声和去声不分阴阳，无入声调。阴平调的起始点高于阳平调，上声为高降调，去声为中升调。

二、声调的中古来源

1.阴平调

邵武方言与三角戏阴平调均主要来源于中古清声母平声。

表 12-25　三角戏与邵武方言阴平今读例字

	东	多	天	春
三角戏	tuŋ^{55}	to^{55}	t^{h}ien^{55}	ts^{h}uen^{55}
邵武方言	tuŋ^{21}	to^{21}	t^{h}ien^{21}	tɕ^{h}in^{21}

三角戏一部分阴平调来源于中古清声母入声，如：割见 ko^{55}| 接精 tɕie^{55}| 拍滂 p^{h}ai^{55}。

271

2. 阳平调

邵武方言与三角戏阳平调均主要来源于中古浊声母平声。

表 12-26　三角戏与邵武方言阳平今读例字

	门	龙	牛	皮
三角戏	men^{33}	luŋ^{33}	niəu^{33}	p^{h}i^{33}
邵武方言	mən^{33}	liuŋ^{33}	ny^{33} 白	p^{h}i^{33}

三角戏一部分阳平调来源于中古入声，如：国见 kuo^{33}| 菊见 tɕ^{h}y^{33}| 额疑 ŋə^{33}。

3. 上声调

邵武方言与三角戏上声调均主要来源于中古清声母上声及中古次浊声母上声。

表 12-27　三角戏与邵武方言上声今读例字

	古	九	老	有
三角戏	ku^{51}	tɕiəu^{51}	lau^{51}	iəu^{51}
邵武方言	ku^{55}	kou^{55}	lau^{55}	iou^{55}

三角戏一部分上声调来源于中古入声，如：法非 fa^{51}| 劈滂 p^{h}i^{51}| 切清 tɕ^{h}ie^{51}| 贼从 tsə^{51}| 择澄 tsə^{51}| 灭明 mie^{51}。

邵武方言一部分上声来源于中古全浊声母上声，主要为白读音，如：近 k^{h}ye^{55} 白/k^{h}in^{35} 文｜动 t^{h}uŋ^{55} 白/t^{h}uŋ^{35} 文。

4. 去声调（阴去、阳去）

邵武方言去声分阴阳，阴去调主要来源于中古清声母去声，如：冻 tuŋ^{213}| 怪 kuai^{213}| 痛 t^{h}uŋ^{213}| 快 k^{h}uai^{213}。阳去调主要来源于中古浊声母去声、中古全浊声母上声、中古浊声母入声，如：

卖 mie^{35} 白｜乱 lon^{35}| 洞 t^{h}uŋ^{35}| 饭 p^{h}ən^{35} 白

罪 t^{h}ei^{35}| 后 həu^{35}

月 vie^{35}| 麦 ma^{35} 白｜盒 hon^{35}| 罚 fai^{35}

三角戏不同于邵武方言，去声不分阴阳，去声调主要来源于中古去声：冻 tuŋ^{35}| 痛 t^{h}uŋ^{35}| 路 lu^{35}| 洞 tuŋ^{35}。此外，还有一部分去声来自中古入声，如：

吉_见tɕi³⁵|塔_透tʰa³⁵|格_见ko³⁵

白_並pai³⁵|杂_从tsa³⁵|碟_定tie³⁵|服_奉fu³⁵

蜡_来la³⁵|密_明mi³⁵|物_疑u³⁵|热_日lə³⁵

5. 入声调

邵武方言入声调较特殊，从邵武方言今读情况来看，其入声调除主要来自古清声母入声外，入声调类还存在不少的舒声字，其他调类混入入声。具体表现在：古平声清声母字个别读入声，如：猫 mau⁵³｜巾 kin⁵³；古平声次浊、全浊声母字今邵武少数读入声，如：皮 pʰei⁵³｜床 tʰoŋ⁵³｜年 nin⁵³｜蚕 tʰon⁵³；古上声清声母和次浊声母字今个别读入声，如：饼 piaŋ⁵³｜李 sə⁵³；古去声次浊、全浊声母字今个别读入声，如"曝 pʰu⁵³"；古入声清声母字今邵武读入声；古入声次浊、全浊声母字今邵武一般读阳去，个别读入声，如：肉 ny⁵³｜闸 tsa⁵³｜贼 tʰə⁵³。

邵武三角戏声调明显异于邵武方言，无入声，其入声派入其他三声，前文声调音韵特征已论述，此不赘述。

邵武三角戏词汇特征

戏曲舞台的表演，一方面展现语言音韵面貌，另一方面揭明剧本的词汇特征。邵武三角戏语言颇具特色，这点可以从词汇方面反映出来。

一、官话性

戏曲语言在流播过程中，一方面为适应、迎合地方观众的语言习惯，实现"在地化"，另一方面，作为艺术语言和社会语言，其又高于日常生活方言，往往要求实现接受的最大化。在汉语各方言中，官话是最具权威性的，也是接受度最广的。随着地方戏活动地域的扩大，乃至走向全国，在语言以官话或书面语为基础，或是尽量地向官话或书面语靠拢，是其发展的必然趋势。现代各大剧种的语言都或多或少地向官话或书面语靠拢。邵武三角戏虽源于地方采茶戏，但在发展过程中舞台语言坚持以官话为基础，在词语表达上体现得尤为直接。

（一）代 词

主要从人称代词和指示代词两方面分析。

1.人称代词

汉语方言有丰富的代词系统，复杂多样。邵武方言的代词系统尤显特殊，其人称代词单数形式为：伉$_{我}$haŋ^{35}｜儇$_{你}$hien^{35}｜伆$_{他}$hu^{35}，复数表示法则是在单数人称代词后加词尾"多"表示：伉多$_{（我们）}$、儇多$_{（你们）}$、伆多$_{（他们）}$，这在汉语方言中是非常罕见的。邵武三角戏舞台语言不采用邵武方言特殊的人称代词表示法，而以官话人称代词系统"你、我、他（她）"。

　　旦（唱）：客官，你请进。
　　丑（唱）：担子放下肩，忙把礼来见。叫声大姐姐，照看我生意。
（《卖花线》）

丑（白）：哎呀，我帮她说话，她一下就掉转了把尾巴向我。（《卖花线》）

在官话人称代词系统之外，邵武三角戏还沿用古代诗词曲等一些其他的人称代词系统，如用以表女性自谦的"奴""奴奴""奴家"，略举例如下：

妹（唱）：哎呀，奴干哥，肚中饥饿就何人知。（《下南京》）
妹（唱）：哎呀，奴的哥，三餐茶饭正当时。（《下南京》）
旦（唱）：客官就好高价吧，奴奴就不带花呀。（《卖花线》）
旦（白）：客官我晓得咧。（唱）大姐生了子呀，二姐生了女，奴家那个年小呀子一子呀，还没有许配人呀。（《卖花线》）

2. 指示代词
三角戏指示代词系统与现代汉语一致，近指用"这"，远指用"那"，如：

妹：干哥哎你怎么坐到那上面哪？
哥：干妹子这是什么茶？（《下南京》）

邵武方言指示代词的近指和远指则分别用"酌"与"那"，近指：酌蜀个这个tɕio⁵³ɕi³³kəi⁰｜酌儿这里tɕio⁵³ə⁰｜酌样这样tɕio⁵³ɕioŋ⁰；远指：那儿那里o⁵³ə⁰｜那蜀个那个｜o⁵³ɕi³³kəi⁰｜那样那样o⁵³ɕioŋ⁰。

（二）否定词

三角戏否定词包括"不""没有""莫"，"不""没有"出现频率很高，用法与现代汉语一致，不再讨论。比较特殊的是"莫"，"莫"为古代汉语否定词，现代汉语已很少使用，我们以《卖花线》《下南京》为例，统计"莫"作为否定词出现的次数，发现其出现频率很高，"莫"在《卖花线》出现了七次，《下南京》中出现了八次，略举例如下：

妹：六劝郎就莫打牌，赌博场上就切莫来，四边哪坐的是真朋友，个个都是杀人心，哎呀奴干哥，输了铜钱就费精神。七劝郎就莫贪花，贪花就误了后生家，绫罗帐内就摆刀枪，鸳鸯枕上有毒药，哎呀奴的哥，当条狗命就见爹娘。八劝郎就劝干哥，句句言话劝得多，讨妻要讨红花女，莫讨人家浪子妻，哎呀奴的哥，老来无子就苦凄凄。(《下南京》)

旦(唱)：就把笼箱拉吧，客官就你莫慌呀，就在哪个我家呀，我家做卖买(买卖)呀。

丑(白)：你莫拉，我要走。(《卖花线》)

（三）常用词

三角戏词汇系统的官话性还体现在常用词上。三角戏演绎百姓日常生活，在词语的使用方面特别注重口语化，这些日常口语词部分是邵武方言词，有些则与现代汉语相同，下面略举数例，以对比邵武方言，如表13-1。

表13-1　三角戏、邵武方言词汇比较（部分）

三角戏	现代汉语	邵武方言	三角戏	现代汉语	邵武方言
1.清早	清早	天光	2.今日（天）	今天	今朝
3.吃	吃	食	4.路	路	墿
5.儿	儿	囝	6.田	田	塍
7.晚天色晚	晚	暗	8.睡	睡	瞌眠
9.爹叙称	爹	爷佬	10.娘叙称	娘	娘佬

二、地方性

戏曲艺术在发展过程中，往往通过"在地化"这种方式实现艺术的完善及流播、扩张。从这个意义上来说，"地域性"无疑是中国戏剧最重要的特点之一。"地域性"是戏曲生存的基本要求，在舞台语言上则体现为以某一地域方言为基础或吸收融入某一地域方言，以适应当地观众对舞台语言的要求。

邵武三角戏是邵武当地的特色戏曲，其舞台语言虽非纯粹的邵武方言，但一直以来以其语言的"乡土气息"为当地群众所喜欢，牢牢植根于邵武。

邵武三角戏常有典型的邵武方言词汇，下面以三角戏《卖花线》《下南京》为例，分析舞台语言中的邵武方言词汇。

1. 滚

现代汉语，形容温度高，一般用"热"，如"热水""热菜"。邵武方言形容"热的，温度高的"，用"滚"，如"滚水""滚茶"，普遍存在于赣语、客家话中。三角戏同于邵武方言，如：

> 丑（白）：好了，大姐姐，古话说人家里就要女客，来到就有滚水滚茶吃。
> 旦（白）：哎！滚茶滚水吃。
> 丑（白）：不错，滚茶滚水吃，大姐姐，你人也生得清楚，茶泡的也清楚。我一喝一嗦看见卵底。（《卖花线》）

2. 猪 嫲

"猪嫲"，邵武方言词，指母猪。三角戏同于邵武方言，如：

> 旦（白）：我不晓得。
> 丑（白）：不晓得呀！今年一个明年一个，就好像猪嫲生子一样生了七八个。（《卖花线》）

"嫲"一般表示雌性的动物，如牛嫲、狗嫲、羊嫲、鸡嫲、鸭嫲，有时也可加在植物名称上，以"公""嫲"形成对立，如称荸长的荸荠为"蔴荠公"，称荸短的荸荠为"蔴荠嫲"。

3. 老斗床

"老斗床"，邵武方言，指以前老式的木头架子床。三角戏同于邵武方言，如：

> 丑（白）：嫁了人没嫁人也不晓得，你嫁人就睡新床新席，没嫁人就跟你娘困老斗床。
> 旦（白）：客官，我晓得咧。（《卖花线》）

4. 老妈壳

"老妈壳"，邵武方言词，指年老的女性，贬称。三角戏同于邵武方言，如：

> 丑（白）：我要问一下她个娘到哪里去了。大姐姐，我往日看见一
> 个老妈壳是你什么人？
> 旦（白）：是我的娘。（《卖花线》）

5. 后 生

"后生"，邵武方言词，与"老"相对，意为"年轻的"。三角戏同于邵
武方言，如：

> 丑（白）：她大姐姐嫁把我大哥，二姐嫁把我二哥，三姐嫁把我
> 三哥。好啰！我就没有分啰。我要问问她个娘老还是后生，若是后生，
> 就借把我个爹生两女，我也不会打单身。（《卖花线》）

6. 讨

"讨"邵武方言意为"娶亲、群娶妻"，如：讨母娘_{娶妻}：$t^hau^{55}ma^{55}nioŋ^{33}$。
三角戏同于邵武方言，如：

> 旦（白）：客官我晓得咧。（唱）大姐生了子呀，二姐生了女，奴
> 家那个年小（呀子一子呀），还没有许配人呀。
> 丑（白）：哎吧大姐姐吧，你也没嫁人，我也没讨，你嫁把我就刚
> 刚好。（《卖花线》）
> 妹（唱）：劝郎归家要讨妻，自己挣钱讨一个，做得饭来洗得衣。
> （《下南京》）
> 妹（唱）：讨妻要讨红花女，莫讨人家浪子妻。（《下南京》）

7. 几 多

"几多"，邵武方言词，疑问代词，表"多少"之义，用以询问数量。
"几多岁"即为"多少岁"。三角戏同于邵武方言，如：

> 丑（唱）：爹娘生我（呀子伊字呀）生我有五兄弟呀。
> 旦（白）：你兄弟有几多岁？（《卖花线》）
> 丑（白）：你三姐妹有几多岁？（《卖花线》）

"几多"作为疑问代词，对于它的结构方式，吕叔湘认为"大概是糅合几跟多少而成"①，主要分布在闽语、粤语、赣语、客家话南方的几个方言区，如邵武方言词"几多"除作为疑问代词，以询问数量外，还可作程度副词，表"多么，很"等义，如"溪里有几多小鱼"即为"溪里有很多小鱼"。

8. 归

"归去"，邵武方言词，"进去"之意。邵武方言方位名词表"从外到里"之义用"归"字，如"归去进去""归来回来"，这是邵武方言词汇存古的表现。三角戏同于邵武方言，如：

　　丑（白）：生死衙门哪呀，好得我没钻归去，钻归去就不当搞咧。好像苦山人夹老鼠一样，里面一坨，外面一坨。（《卖花线》）
　　丑（白）：大姐姐几早就归房间去了。

9. 黄 鳅

"黄鳅"，邵武方言词，邵武方言称"泥鳅"为"黄鳅"。三角戏同于邵武方言，如：

　　丑（白）：哎呀，就有你这个人哪，我帮你说话，你就好像黄鳅一样，溜了进去。（《卖花线》）

10. 花 边

"花边"，邵武方言词，银元的俗称，多见于客赣方言。三角戏同于邵武方言，如：

　　妹（唱）：送郎送到床铺边，郎要起床妹要眠。送郎送到窗户边，打开窗户看青天。初三初四峨眉月，十四十五月圆圆。送郎送到钱柜边，打开钱柜拿花边。（《下南京》）

---

① 吕叔湘：《近代汉语指代词》，学林出版社1985年版，第361页。

11. 豆 屎

豆屎，邵武方言词，即豆豉。三角戏同于邵武方言，如：

哥（白）：不会想，我就来讲了。大包小包豆屎，胡椒，大店的
花布，小店的百货，长个唢呐，短个喇叭，上的上，下的下。（《下
南京》）

12. 打

在邵武方言中，"打"是十分活跃的动词或动词性语素，其在日常生活
中使用频率高、搭配范围广、涵盖意义宽，如：打鼾儿、打哈欠、打目睏、
打腹泻、打吊针、打扑克、打喷嚏、打架。三角戏同于邵武方言，如：

妹（白）：我不会哭。

哥（白）：不会哭，前年被你哭了一下，害得我打了三年摆子，四
年皮寒，还是今年上半年才好。（《下南京》）

丑（白）：她大姐姐嫁把我大哥，二姐嫁把我二哥，三姐嫁把我三
哥。好啰！我就没有分啰。我要问问她个娘老还是后生，，若是后生，
就借把我个爹生两女，我也不会打单身。（《卖花线》）

丑（白）：她有三姐妹，我来打打划算。（《卖花线》）

哥（白）：干妹子，我是打反生的，你要打反报，我就记得到。

妹（白）：干哥哥，哎，我就打反报。（《下南京》）

"打摆子"，即患疟疾；"打单身"，即没结婚，单身；"打反生"，即反
着生；"打反报"，即反着报。"打打划算"，即打算。

13. 屎 窟

"屎窟"，邵武方言词，意为屁股。三角戏同于邵武方言，如：

哥（白）：四带胭脂点屎窟。

妹（白）：点口唇。五带咧？（《下南京》）

14. 伎

"伎" nie⁵⁵，邵武方言词，指女孩子。多见于赣语，江西临川"伎" nie⁴⁵，义为女孩子。三角戏同于邵武方言，如：

丑（唱）：大哥生了子呀，二哥生了伎呀。（《卖花线》）

丑（白）：大姐姐你问我我也来问你啰，你的娘生了几个伎？（《卖花线》）

妹（白）：前年我是小伎泼，今年是大伎泼，不会哭。（《下南京》）

15. 结构助词"个"

"个"，邵武方言的结构助词，三角戏同于邵武方言，如：

丑（白）：她大姐姐嫁把我大哥，二姐嫁把我二哥，三姐嫁把我三哥。好啰！我就没有分啰。我要问问她个娘老还是后生，，若是后生，就借把我个爹生两女，我也不会打单身。（《卖花线》）

丑（白）：我要问问她个娘到哪里去了？（《卖花线》）

丑（白）：冬瓜大个子，茄哩大个娘。（《卖花线》）

"个"在邵武方言中有多种用法，既可以作近指代词，如：酌蜀个 $_{这个}$ tɕio⁵³ɕi³³kəi⁰| 那蜀个 $_{那个}$ o⁵³ɕi³³kəi⁰| 哪蜀个 $_{哪个}$ no³³ɕi³³kəi⁰；也可以作量词：个本 $_{一本}$、两个；还可以作结构助词。

根据邵武方言"个"的格式在句法结构中充当句法成分的能力，其可以作为状语标记，如：

（1）今朝侃特别个高兴 $_{今天我特别地高兴。}$
（2）老实个话，小明比小张好 $_{老实说，小明比小张好。}$

"个"作为状态标记有两种情况，一是在单音节形容词重叠后加"个"，表"略微"，如：黄黄个、酸酸个、凉凉个、薄薄个；二是在双音节形容词重叠后加"个"，表示"很"，程度深而不是"略微"，如：伶伶俐俐个、肥肥瘦瘦个、好好坏坏个、冷冷清清个。

"个"在邵武方言中最常用作定语标记，如：

（1）前头过来蜀个肥肥个囝子_{前面走来了一个胖胖的小男孩。}

（2）小明尝下伬做个点心_{小明尝下我做的点心。}

（3）伬多是在车站买个票_{我们是在车站买的票。}

16. 坐坐岩岩（做做捱捱）

"做做捱捱"，邵武方言词，指做事拖拉，不利索。三角戏同于邵武方言，如：

　　旦（白）：哎呀，客官你不要去咧，古话讲的好，会做生意就做三家，不会做生意就走三家，坐坐岩岩（做做捱捱）^①生意边做边来，坐坐岩岩（做做捱捱）生意越做越多。（《卖花线》）

17. 猪 栏

"猪栏"，邵武方言词，指猪圈。三角戏同于邵武方言，如：

　　丑（白）：不错，卖花线。

　　丑（唱）：五弟那个那个年小，关在猪栏里呀嘿。（《卖花线》）

18. 清 楚

"清楚"，邵武方言词，义为"好看端正、好"。三角戏同于邵武方言，如：

　　丑（白）：不错，凉茶凉水吃。大姐姐你人也生的清楚，泡的茶也清楚。（《卖花线》）

这句话夸赞大姐姐人长得漂亮端正，茶也泡得很好。同属邵将方言区的将乐方言夸赞人"好看端正、好"时也常用"清楚"一词。

19. 生

"生"，邵武方言词，义为"长"，在这指大姐姐长得好看端正。邵将区方言表示"生长、成长"之义大都用"生"，如：生痔疮_{长痔疮}、生得高_{长得高}、

---

　　①　三角戏手抄本中，有很多由音近、音同或抄写者自身文化水平的问题而造成的错字别字，为了更好地理解戏曲文本，将正确的字词在（）以斜体注出。下同，不一一说明。具体的三角戏手抄本整理详见附录。

生得清水_{长得漂亮}、菜生出来了_{菜长出来了}。三角戏同于邵武方言，如：

> 丑（白）：不错，凉茶凉水吃。大姐姐你人也生的清楚，泡的茶也清楚。（《卖花线》）

三、杂糅性

地方戏曲往往在某一地形成，之后在发展中会走向不同的地区，或是邻近的，发展好的话，会走向更远的地区，在这过程中语言的接触不可避免。为了适应戏曲发展中的不同的流布地区观众的需要，有选择性地融入不同地区的方言成分。此外，在不同戏曲交互发展的过程中，彼此的交流、融合是很正常的。邵武三角戏自江西传入，在其发展中曾将花鼓戏、黄梅戏、采茶戏及邵武民歌等融会其中，与此同时，不同流布地区的方言也杂糅其中，既有官话、邵武方言，也有不少客家方言、赣方言词汇，略举三例如下：

1.各 硬

"硬"表示"坚决、一定、执拗"等义，赣语。此说法见于三角戏，不见于邵武方言。

> 丑（唱）：这朵那个排花呀呀子伊呀，各硬个八百文哪。（《卖花线》）
> 丑（白）：五弟今年呀子伊子呀，各硬是一打一。（《卖花线》）

"各硬个八百文"意为"每个排花坚决要八百文"。"各硬是一打一"意为"年龄是实打实的十一岁"，这类表达法不见于邵武方言，多见于赣语。

2.抙（搭）①

"搭"，表"拿、抓、捉、给"，多见于赣语、客话，此说法见于三角戏，不见于邵武方言。

> 丑（白）：不错，看见碗底。大姐姐，抙（搭）得卵去。
> 旦（白）：哎，拿的碗去。（《卖花线》）

---

① "抙"，手抄本《卖花线》用同音字替代，三角戏表"用手的虎口紧紧按住"之意，读为 k^ha^{55}，本字应为"搭"，多见于赣语、客话。

哥（白）：慢点行，我打缺（决），乌蛇白蛇一起抧（搭）尾巴。

哥（白）：吃茶呀，我又讲是抧（搭）蛇，干妹子这是什么茶。
（《下南京》）

邵武方言表"拿、抓、捉、给"用"拿、得"。属邵将区方言的将乐方言表"拿、抓、捉、给"之义也用"搭"，读为 k^ha^{55}，如：

妈妈搭门锁啰妈妈把锁了。

你搭碗去洗下你把碗去洗下。

搭去拿去。

搭住抓住。

3. 查查色（渣渣涩）

"查查色（渣渣涩）"，指果子没熟吃起来很涩。此说法见于三角戏，不见于邵武方言。

哥（唱）：哥把手来装，梨子查查色（渣渣涩），叫哥怎吃得？
（《下南京》）

"查查色（渣渣涩）"这类形容词为 AAB 式形容词结构，用来表示事物的性状，性状各异，有长度、硬度、亮度、色度、深度、高度、甜度……以此来表示程度的加强，凸显状态的生动性，李宇明《论词语重叠的意义》，谢自立、刘丹青《苏州方言变形形容词研究》等对此类词语的重叠式有所讨论。

AAB 式形容词的重叠式多见于南方方言，客家话、赣语数量较多，此类形容词重叠式不见于邵武方言，邻近邵武，同属邵将区的将乐方言有此说法，如：

直：笔笔直	白：雪雪白	圆：顶顶圆
烂：糜糜烂	香：喷喷香	亮：精精光
轻：飘飘轻	大：茫茫大	冷：冰冰清
红：$k^hun^{31}k^hun^{31}$ 红	瘦：$tsy^{21}tsy^{21}$ 瘦肉瘦	老：$tʃe^{21}tʃe^{21}$ 老
乌：$tsyø^{55}tsyø^{55}$ 乌	空：$lo^{55}lo^{55}$ 空	高：$lɔŋ^{55}lɔŋ^{55}$ 高

这些重叠式形容词通常表现为说话人的主观态度，让人对 A 事物的属性产生联想，从而达到极强的修辞效果。

4.乌

乌，即"黑"，说"黑"为"乌"多见于赣语、闽语及吴语，此说法见于三角戏，不见于邵武方言，邵武方言表示颜色黑就用"黑 hə⁵³"。

> 哥（白）：慢点行，我打缺（决），乌蛇白蛇一起拼（搭）尾巴。（《下南京》）

四、自由性

三角戏内容皆为日常生活之事，因此，其演出过程中舞台语言没有严格的规则与讲究，以贴近生活为主，较其他戏曲自由些。在调查采访邵武三角戏传承人虞东生时，他指出邵武三角戏的舞台语言是很自由的，尤其是丑角的舞台语言，可随着演出地点的不同而进行替换，比如到光泽去演出，则穿插光泽话，到江西演出，则讲江西话。丑角演出时未必完全按照剧本台词来表演，其语言的选择十分灵活，同一个词有多种说法，下面略举两例：

"吃茶"，也可以说"喝茶"，如：

> 旦（唱）：泡杯香茶客官请喝。
> 丑（白）：不错，拿得碗去，我吃了他的茶没有什么多谢，有两句言话。（《卖花线》）

"猪母"和"猪嬷"同用，如：

> 丑（白）：又不是猪母生子，一下生了七八个。
> 丑（白）：不晓得呀！今年一个明年一个，就好像猪嬷生子一样生了七八个。（《卖花线》）

此外，"没有"既可以用普通话的"没"来表达，也可以用邵武方言的"冇"来表达；对年轻人称呼，既有官话的"年轻人"，也有邵武方言的

"后生人"；表"行走"之义，"走"和"行"皆可；结构助词既用"的"，也用颇具邵武方言特点的"个"。邵武三角戏舞台语言的这种灵活，自由促进了戏曲的广泛传播，激发演员的表演热情。

五、通俗、幽默性

戏曲语言属口语艺术，书面语虽在口语的基础上形成，但二者各具特点，"口语与书面语在语法、用词及其他方面又有所区别。俚语只能出现在口语中，口语中出现的不符合语法的句子是可以接受的，但在书面语中确实错误的。在随便的场合里如果对话这用正式的书面语体讲话就显得很可笑"[1]。既是口语艺术，其作用于人的"听"更甚"看"，这就要求戏曲语言要在限定的时间内以最易于被观众接受的形式呈现，而非书面文字的细嚼慢咽。同时，戏曲语言的受众群体为广大民众，文化水平参差不一，为了能最大程度的吸引观众，语言必须通俗，正如凌濛初《谭曲杂札》所说的："盖传奇除时本自教仿供应，此外只有上台勾栏，故曲白皆不为深奥……自成一家，谓之本色。使上而御前，下而愚民，取其一听而无不了然快意。""取其一听而无不了然快意"，是戏曲语言通俗化的直接体现。李渔也有同样的看法："传奇不必比文章，文章做与读书人看，故不怪其深；戏文做与读书人与不读书人同看，又与不读书之妇人小儿同看，故贵浅不贵深。"[2]

一直以来，邵武三角戏秉持演绎百姓身边生活的理念，其内容多为家庭纠葛、生活琐事、人情悲欢，剧中人物也多为身边常见之人，农民、小商小贩、家庭妇女、地主土财，深受当地百姓的欢迎，"没有皇帝没有官，越看越心宽"。邵武三角戏的内容及人物，要求其舞台语言走进生活、贴近人物身份，决定了其语言的通俗性。

《卖花线》是邵武当地常演的一出三角戏，讲述小商人在经商途中终成眷属的爱情故事，剧中人物之间的对话极贴生活，浅显、通俗，如：在表现小商贩（丑）与卖茶女（旦）二人互许婚姻时的一段对白：

---

① 牛毓梅：《试论口语与书面语的关系》，《山东大学学报》（哲学社会科学版），1995年第4期。

② （清）李渔著，汪巨荣、卢寿荣校注：《闲情偶寄》，上海古籍出版社2000年版，第39～40页。

　　旦（白）：客官我晓得咧。（唱）大姐生了子呀，二姐生了女，奴家那个年小（呀子一子呀），还没有许配人呀。

　　丑（白）：哎吔，大姐姐吔，你也没嫁人，我也没讨，你嫁把我就刚刚好。

　　旦（白）：哎吔，客官你也听到咧。（唱）今年许配你呀，明年就过门哪，抓把那个粉香，粉香就谢神明呀。

"嫁""讨（娶）"之间，话语直白，无文绉雅词，直抒胸臆。

再如，邵武三角戏《下南京》讲述的是一个小商贩离乡到南京做生意，出门前与干妹妹话别的故事，剧中"干妹妹"对"干哥哥"的"十劝"言辞通俗浅白：

　　妹（白）：干哥哥我劝起来咧。（唱）：一劝郎要小心，莫把小妹挂在心，心中莫把小妹想，想来想去病上身，哎呀奴的哥以后得病倚（靠）自身。二劝郎燕飞祥（翔），百搬（般）道路百搬（般）难，世上几多风流子，今日东来就明日西，哎呀，奴干哥，肚中饥饿就何人知。三劝郎笑嘻嘻，劝郎归家就要讨妻，自己将钱讨一个，做得饭来洗得衣，哎呀奴的哥，三餐茶饭正当时。四劝郎就四方方，劝郎归家扦（插）禾秧，自己将禾扦（插）下田，多下肥料就多打粮，哎呀奴的哥，兄弟分家见短长。五劝郎就劝得高，这山望见就那山高，世上只有耕田好，半年辛苦就半年闲，哎呀奴的哥，五谷丰登就进财宝。六劝郎就莫打牌，赌博场上就切莫来，四边哪坐的是真朋友，个个都是杀人心，哎呀奴干哥，输了铜钱就弗（费）精神。七劝郎就莫贪花，贪花就误了后生家，绫罗帐内就摆刀枪，鸳鸯枕上有毒药，哎呀奴的哥，当条狗命就见爹娘。八劝郎就劝干哥，句句言话劝得多，讨妻要讨红花女，莫讨人家浪子妻，哎呀奴的哥，老来无子就苦凄凄。九劝郎就是重阳，南山来了一姑娘，今日有钱就对哥好，明日无钱就打反照，哎呀奴干哥，将郎抛在九肖（霄）外。十劝郎就要紧记，句句言话记心里，年纪到了卅九，肩又不能挑，手又不能提，哎呀奴的哥，再不收心等几时。

干妹妹对干哥哥的善意劝说，浅显易懂，朴实、句句恳切在理，直面生活实，"十劝"中包含妹妹对哥哥的无限关心与担忧，词浅情深。

戏谚说"无丑不成戏"，邵武三角戏以丑行见长，丑角往往担负着逗乐观众的任务，因此语言往往插科打诨，通俗且幽默滑稽，"语言幽默是戏曲中普遍存在的特征，不论戏曲本身的主题是严肃的还是轻松的，是悲的还是喜的，剧中往往会有一些滑稽的语言来逗乐观众"①。戏曲中打诨以夸张的形式呈现，常能达到"逗乐"之效，如：

旦（白）：我不晓得。

丑（白）：不晓得呀！今年一个明年一个，就好像猪嫲生子一样生了七八个。（《卖花线》）

"像猪嫲生子一样生了七八个"，剧作以夸张的修辞表现出剧中人物的母亲的孩子之多，生产之频繁，凸显早期农村家庭生育现象。

再如《下南京》中干哥哥与干妹妹互道送别的一段对话：

妹（白）：干哥哥，我要送。

哥（白）：你莫要送，送起来你又会哭。

妹（白）：我不会哭。

哥（白）：不会哭，前年被你哭了一下，害得我打了三年摆子，四年皮寒，还是今年上半年才好。（《下南京》）

"打了三年摆子，四年皮寒"，以极其夸张的手法表现出干妹妹对哥哥的恋恋不舍，哭得厉害，以夸张幽默来冲淡离别悲伤之情。

邵武三角戏的通俗性还体现为杂以邵武方言粗俗话来逗乐观众，粗俗话，指那些难登大雅之堂的词汇，如屎、屁、男女生殖器官，这些粗俗之话，原不宜在公共领域传播，但三角戏却将其堂而皇之运用在舞台语言中，虽显鄙陋粗俗，但若巧妙运用，也能产生一定的喜剧效果。邵武三角戏的粗俗之语往往通过"曲解"这种方式来表现。所谓的曲解指"表达中利用同音异字、一词多义对上文或交谈着话语中的某词语作背离原义的解释"②：

① 朱恒夫主编：《中国戏曲美学》，南京大学出版社 2008 年版，第 139 页。
② 吴礼权：《现代汉语修辞学》，复旦大学出版社 2012 年版，第 216 页。

　　丑（白）：不错，滚茶滚水吃，大姐姐你人也生得清楚，泡的茶也清楚，我一喝一嗦看见卵底。

　　旦（白）：看见碗底。

　　丑（白）：不错，看见碗底。（《卖花线》）

　　卖花小商贩（丑）插科打诨，杂以邵武方言，将"碗底"故意曲解为粗俗的"卵底"，显得滑稽可笑。

　　再如，《卖花线》中丑角通过故意说错话的方式，将"卖花线"说成"卖近欠"，"书房"说成"猪栏"，来达到戏曲插科打诨的效果，以促进戏曲表演的丰富性及幽默性。

　　丑（唱）：四郎就是我呀，我是个卖近欠。

　　旦（白）：卖花线。

　　丑（白）：不错，卖花线。

　　丑（唱）：五弟那个年小，关在猪栏里呀嗨！

　　旦（白）：书房里哦！

　　丑（白）：不错，书房里。（《卖花线》）

　　三角戏《下南京》中也有类似的一些唱段，如：

　　妹（白）：叫声干哥请上座。

　　哥（唱）：只见干妹笑嘻嘻，包裹雨伞交与你。

　　妹（唱）：将身转到厨房内，泡杯香茶干哥喝。（白）哎呀，干哥你怎么坐到那上面哪。

　　哥（白）：古话讲得好，行得人家先，坐得人家上，我坐上面做祖宗呀。

　　妹（白）：哎呀，干哥哎，下面坐咧。

　　哥（白）：好，下面坐就下面坐。

　　妹（白）：干哥你怎么坐地上。

　　哥（白）：你又叫我下面坐。

　　妹（白）：我叫你坐中间板凳上坐。

　　哥（白）：登上坐就凳上坐，什么上面坐下面坐，害得我爬上爬下。（《下南京》）

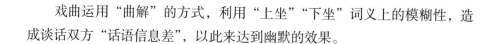

戏曲运用"曲解"的方式，利用"上坐""下坐"词义上的模糊性，造成谈话双方"话语信息差"，以此来达到幽默的效果。

六、音乐性

在戏曲舞台的表演中，音乐贯穿始终，正所谓"无声不歌，无动不舞"[①]。戏曲强烈的音乐性，要求戏曲剧本语言的音乐性，地方剧种的声腔往往从舞台语言的韵律中生发而出。剧本语言的音乐性是戏曲唱腔音乐性的基础，只有将剧本语言的音乐性基础打好，才能更好地展现戏曲唱腔的音乐美。一个剧种需将舞台语言韵律与音乐性相结合并将其充分发挥，才能鲜明地体现自己独特的声腔特点，邵武三角戏也是如此。邵武三角戏非常注重以字行腔，在戏曲表演的过程中，通过押韵合辙、句式、节奏等方式，巧妙地融合语言、内容、唱腔，使三角戏的唱词节奏与音乐的节奏紧密相连，形成统一的整体，如《卖花线》中的这段唱词：

> 一要鸳鸯枕哪，二要绉巾哪，三要水粉呀子伊子呀，水粉就涂白脸哪，四要胭脂粉哪，五要五色线哪，六要香包挂在妹胸前，七要七姑草，八要烟荷包，九要那个飘带，十要绣花针。（《卖花线》）

采用颇具音乐节奏的唱词的三角戏，具有很强的语言张力，生动传神地展现了富有地方意蕴的戏曲艺术，使得整个戏曲表演更显灵动与趣味，深得当地百姓的欢迎。

戏曲语言既要通俗易懂，同时往往要求合辙押韵，唱词上要求选用符合音律的语词。邵武三角戏虽为民间地方小戏，但其语言顺口、易唱，语言程式上以五言或七言为主，句式整齐，句型多为"二三"或"二二三"，讲究合辙押韵：

> （1）清早爬起来呀，
> 　　把门两扇开呀，
> 　　只见鲜花呀子伊子呀，鲜花就满地开。（《卖花线》）

---

① 齐如山：《国剧艺术汇考》，辽宁教育出版社 2009 年版，第 108 页。

290

（2）担子转过弯，来到糯米山。（《卖花线》）

（3）担子放下肩，忙把礼来见。（《卖花线》）

（4）担子四副绳，离了自家门。（《卖花线》）

（5）扁担就两头翘，来到洛阳桥。洛阳那个桥，桥下水漂漂。（《下南京》）

（6）我在家中心中想，思想生意挂心旁。

　　　生意不兴旺，要到南京走一趟。（《下南京》）

（7）送郎送到床铺边，郎要起床妹要眠。

　　　送郎送到窗户边，打开窗户看青天。

　　　送郎送到钱柜边，打开钱柜拿花边。（《下南京》）

（8）送郎送到洋墩中，出门碰到三叔公。

　　　叫声叔公莫做声，做双花鞋好过冬。（《下南京》）

例（1）唱词采用怀来韵，例（2）（3）（6）（7）唱词采用言前韵，例（4）唱词采用人丁韵，例（5）采用遥条韵，例（8）采用中东韵。以上这些唱词且不论内容含义，单演唱起来朗朗上口，和谐悦耳，颇具音乐性。这些和谐流畅的唱词，不仅符合戏曲曲律的规律，也体现戏曲唱作者发音的巧用，易于识记，观众也易于接受。

唱词句子形式的选择对戏曲唱腔的形成具有重要意义，于会泳指出："由于在民族民间音乐的创腔实践中，唱腔句式的处理，对于整个音乐结构的处理具有重要的基础意义。"①邵武三角戏常采用传统戏曲中的非处置式"把"字句，唱来既通俗易懂，又和谐整齐，易于传唱，如：

（1）清早爬起来呀，把门两扇开呀。（《卖花线》）

（2）到了渴凉亭，就把凉亭进，凉亭冷静静。（《卖花线》）

（3）担子放下肩，忙把礼来见。（《卖花线》）

（4）一步就把家门出，转身带关两扇门。（《下南京》）

（5）不觉到了渴凉亭，将身就把凉亭进。（《下南京》）

---

① 于会泳：《腔词关系研究》，中央音乐学院出版社2008年版，第199页。

291

邵武三角戏语言的发展之路

地方戏曲诞生之初，语言相对纯净，随着时间的推移，演出活动的扩张，市场发展的需求，戏曲语言慢慢发生或明显或细微的差异，长此以往，差异会越来越大，导致戏曲语言的混乱。因此，对于戏曲语言的发展，应引起重视。

一、邵武三角戏舞台语言性质

三角戏源于江西采茶戏，原本只流行于相对小的范围，之后随着演出规模的扩大，演出范围渐趋扩散至邻近甚至更远的地区。三角戏自江西传入邻近的邵武后，在邵武扎根。一直以来，对邵武三角戏舞台语言的认识为"土官话"，即以共同语（官话）为基础，错以乡语的"官话地方化"。从目前三角戏的语音、词汇等来看，邵武三角戏表现出鲜明的"官话"特征。邵武三角戏虽活跃于邵武及其周边一带，但其舞台语言与邵武方言有相当的差异：在语音系统上，轻重唇截然分明；古全浊声母完全清化，平声送气，仄声不送气；四个声调，无入声，入派三声等。在词汇系统上，更多地使用官话词汇，如人称代词系统采用"你、我、他"，而非邵武方言"㑇 (我) han^{35}| 偐 (你) hien^{35}| 伊 (他) hu^{35}"，称父亲、母亲为"爹、娘"，而非邵武方言的"爷佬、娘佬"。

从语言角度来看，地方戏曲的地方性体现为戏曲语言的"在地化"，即使用方言。邵武三角戏虽以官话为基础，但在发展过程中"土味"十足，如古山、臻、曾、梗等摄合流，收 n 尾，部分日母今读 l、n 等。戏曲词汇则直接体现邵武方言的特点，如：老妈壳、几多、归去、黄鳅、豆屎、猪嫲、打摆子、屎窟。一直以来，邵武三角戏因其语言"土味"而深受邻近同方言区或方言相似地区人民的欢迎，活跃于邵武、光泽及邻近的江西等地。

综合来看，邵武三角戏舞台语言属于有邵武方言特色的官话。

二、邵武三角戏舞台语言的形成

戏曲舞台语言的形成较为复杂，一般来说，与戏曲源生地语言、流播地语言、剧种、舞台演员的文化水平等诸因素相。邵武三角戏源于采茶戏，但其语言发展与采茶戏有较大差异，江西各地采茶戏往往以方言为基础，朝"官话化"或"书面语化"方向演变，邵武三角戏则以官话为基础，错以邵武方言。

戏曲语言不同于诗词等文学语言，更注重舞台呈现，贵口语，其中就包含对方言的运用。邵武三角戏为"家庭戏"，内容紧贴日常生活，要求语言生活化，方言无疑是日常生活最直接的体现。邵武三角戏通俗易懂，深受当地百姓欢迎，这与舞台语言的"方言性"有密切关系，词浅且发于天然，这正如黄周星所说的："曲之体无他，不过八字尽之，曰'少引圣籍，多发天然'，而已。制曲之决无他，不过四字尽之，曰：'雅俗共赏'而已。论曲之妙无他，不过三字尽之，曰'能感人'而已。"①

三、关于三角戏舞台语言未来发展的思考

作为闽北地方戏曲，邵武三角戏至今仍在活态传承，2006 年，邵武三角戏申遗成功，为福建省非物质文化遗产，这无疑极大裨益三角戏的保护与传承。政府、民间团体、专家学者等关注邵武三角戏的发展。非遗后，面对城市化进程及文化多元的发展，邵武三角戏的发展仍面临诸多危机与挑战，这其中不得不思考的当属戏曲语言的传承与发展。

邵武三角戏虽以官话为基础，但和普通话还有很大差异，和大多数地方戏曲一样，为了突破发展瓶颈，更好地吸引听众，迎合听众的语言接受及审美需求，邵武三角戏在发展中存在语言"普通话"化、表演歌舞化等问题。邵武三角戏剧团目前有两类形式：一是官方剧团——邵武市三角戏（傩舞）民俗文化研究中心；一是民间剧团——邵武市三角戏姐妹华艺剧团。官方剧团三角戏演出多为普通话，且演出频次极少，大多以歌舞表演

---

① （清）黄周星：《制曲枝语》，陈多、叶长海主编：《中国历代剧论选注》，上海古籍出版社 2010 年版，第 323 页。

为主。民间剧团演出时虽使用的是土官话，但随着演出市场的缩小，现也已不常演三角戏，无疑，长此下去，三角戏戏曲语言的传承将面临极大的挑战，三角戏的传承将难以延续。语言是戏曲的重要组成部分，是该剧种区别其他剧种的显著特征，若舍本而逐末，因市场而变戏曲语言，其结果必然是趋同，也就无所谓地方戏曲的个性了。

邵武三角戏的传承一直都以口传心授的方式进行，老一辈传承人对戏曲的记忆大多依心口而非剧本，老一辈将剧本传给下一代时往往用手抄记录的方式，这就是现在看到的三角戏手抄本，这种方式在一定程度上保存了三角戏，但有诸多缺点，限于三角戏演员的知识文化水平以及口传心授过程中的个人因素，很多手抄本存在错记、漏记等情况 ①，如邵武三角戏《下南京》，虞东生的手抄本就有错记的情况，将"玛瑙"写成"马恼"，《卖花线》中"翘"写成"趐"，"生意"写成"生忌"等，这些错字或因音相近而产生的误写，加之邵武三角戏词汇一直不记音，显然是不利于三角戏语言的传承。今后三角戏的剧本保存应更规范化，对剧本进行电子规范整理、校对，辅之以国际音标记音，更好地保护三角戏的戏曲语言。

---

① 手抄本错记、误记等情况具体见附录二，关于《卖花线》《下南京》手抄本的整理。

附 录

一 闽北政和、邵武方言词汇

　　本书选取邵武、政和的词语条目各一千两百条，以普通话词语确立条目，为了使词义明确，部分词条在后以小号字加注，如：父亲_{叙称}、装_{~病}。一个词条在方言中有多种说法的，本录选取其中一个常用的词语。词语读音以国际音标标记声母、韵母，声调采用数码表示调值的方法。词语字的使用大多使用本字，部分未能确定本字的使用同音字加下波浪线表示，如：二_(东西) ni^{55}，有的无法找到同音字表示的，则用"□"表示待考的用字，如：拧_{~毛巾}：□ lu^{21}。

　　为了更清晰地看到政和、邵武两地的方言词汇情况，本录采用《中国语言资源调查手册·汉语方言》中的词汇调查条目，并以此进行词条的分类。本录将一千两百个词条分为十四大类，具体如下：

1. 天文地理（0001—0066）

2. 时间方位（0067—0141）

3. 植物（0142—0220）

4. 动物（0221—0295）

5. 房舍器具（0296—0362）

6. 服饰饮食（0363—0448）

7. 身体医疗（0449—0527）

8. 婚丧信仰（0528—0573）

9. 人品称谓（0574—0663）

10. 农工商文（0664—0753）

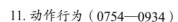

11. 动作行为（0754—0934）

12. 性质状态（0935—1061）

13. 数量（1062—1128）

14. 代副介连词（1129—1200）

一、政和方言词汇

一千两百个词条，分为十四大类。

（一）天文地理

序号	词目	方言词	序号	词目	方言词
0001	太阳	日头 niŋ⁴²tʰɛ³³	0002	月亮	月奶 ŋyɛ⁴²nai²¹³
0003	星星	天星 tʰiŋ⁵³saiŋ⁵³	0004	云	云 xœyŋ²¹
0005	风	风 xoŋ⁵³	0006	台风	台风 tai²¹xoŋ⁵³
0007	闪电	焰刀嫲 iaŋ⁵⁵to⁵³ma³³	0008	雷	雷 suɛ³³
0009	雨	雨 xy⁵⁵	0010	下雨	落雨 lo⁴²xy⁵⁵
0011	淋	淋 leiŋ³³	0012	晒	曝 pʰu⁵⁵
0013	雪	雪 syɛ²¹³	0014	冰	冰 paiŋ⁵³
0015	冰雹	龙雹 œyŋ³³pu⁵⁵	0016	霜	霜 sauŋ⁵³
0017	雾	雾 mu⁵⁵	0018	露	露 su⁵⁵
0019	虹	虹 xœyŋ²¹	0020	日食	天狗镆日 tʰiŋ⁵³xu²¹³iɛ⁴²ni⁴²
0021	月食	天狗镆月 tʰiŋ⁵³xu²¹³iɛ⁴²nyɛ⁴²	0022	天气	天气 tʰiŋ⁵³kʰi⁴²
0023	晴	晴 tsaŋ³³	0024	阴	阴 eiŋ⁵³
0025	旱	旱 ueiŋ⁴²	0026	涝	做大水 tsa⁴²tuɛ⁵⁵sui²¹³
0027	天亮	天光 tʰiŋ⁵³koŋ⁵³	0028	水田	水塍 sui²¹³tsʰaiŋ³³
0029	旱地	旱地 ueiŋ⁴²tiɛ⁵⁵	0030	田埂	塍埂 tsʰaiŋ³³kaŋ²¹³
0031	路	墿 tio²¹	0032	山	山 sueiŋ⁵³
0033	山谷	山坑 sueiŋ⁵³kʰaŋ⁵³	0034	江	江 kauŋ⁵³

序号	词目	方言词	序号	词目	方言词
0035	溪	溪 kʰai⁵³	0036	水沟儿	水沟 sui²¹³kɛ⁵³
0037	湖	湖 u²¹	0038	池塘	塘 tauŋ²¹
0039	水坑儿	水窟 sui²¹³kʰuɛ²⁴	0040	洪水	大水 tuɛ⁵⁵sui²¹³
0041	淹	壅 œyŋ⁴²	0042	河岸	溪边 kʰai⁵³piŋ⁵³
0043	坝	坝 pa⁴²	0044	地震	鳌鱼反肩 ŋau²¹ŋy³³po²⁴kaiŋ⁵³
0045	窟窿	川 tsʰyiŋ⁵³	0046	缝儿	缝 pʰoŋ⁵⁵
0047	石头	岩头 ŋaŋ³³tʰɛ³³	0048	土	泥 nai³³
0049	泥	泥 nai³³	0050	水泥	洋灰 ioŋ³³xuɛ⁵³
0051	沙子	沙 suɛ⁵³	0052	砖	砖 tsyiŋ⁵³
0053	瓦	瓦 ua⁴²	0054	煤	煤 muɛ³³
0055	煤油	洋油 ioŋ³³iu³³	0056	炭	炭 tʰueiŋ⁴²
0057	灰烧成的	灰 xuɛ⁵³	0058	灰尘桌上的	灰尘 xuɛ⁵³teiŋ³³
0059	火	火 xuɛ²¹³	0060	烟	烟 iŋ⁵³
0061	失火	火烧厝 xuɛ²¹³tsʰio⁵³tsʰio⁴²	0062	水	水 sui²¹³
0063	凉水	清水 tsʰeiŋ⁵³sui²¹³	0064	热水	烧水 tsʰio⁵³sui²¹³
0065	开水	开水 kʰyɛ⁵³sui²¹³	0066	磁铁	吸石 xi²⁴tsio⁵⁵

（二）时间方位

序号	词目	方言词	序号	词目	方言词
0067	时候	时候 si³³xu⁵⁵	0068	什么时候	什么时候 sɛ⁴²me²¹si³³xu⁵⁵
0069	现在	迦 tsia³³	0070	以前十年~	以前 i²¹³tsʰiŋ³³
0071	以后十年~	以后 i²¹³xu⁵⁵	0072	一辈子	蜀世 tsi⁴²siɛ⁴²
0073	今年	今年 kiŋ⁵³niŋ³³	0074	明年	明年 maŋ³³niŋ³³
0075	后年	后年 xu⁵⁵niŋ³³	0076	去年	去年 kʰo⁴²niŋ³³

续表

序号	词目	方言词	序号	词目	方言词
0077	前年	前年 $ts^hin^{33}nin^{33}$	0078	往年	往年 $uein^{213}nin^{33}$
0079	年初	年头 $nin^{33}t^h\varepsilon^{33}$	0080	年底	年底 $nin^{33}tai^{213}$
0081	今天	者冥 $tsian^{33}man^{33}$	0082	明天	明娘 $main^{33}nion^{33}$
0083	后天	后日 $xu^{55}ni^{42}$	0084	大后天	大后日 $tue^{55}xu^{55}ni^{42}$
0085	昨天	昨冥 $ts^han^{42}man^{33}$	0086	前天	前日 $ts^hin^{33}ni^{42}$
0087	大前天	大前日 $tue^{55}ts^hin^{33}ni^{42}$	0088	整天	整工 $tsein^{213}kon^{53}$
0089	每天	每工 $mue^{213}kon^{53}$	0090	早晨	清早 $ts^hin^{53}tso^{213}$
0091	上午	昼前 $tu^{42}ts^hin^{33}$	0092	中午	昼时 $tu^{42}sy^{55}$
0093	下午	昼了 $tu^{42}lau^{42}$	0094	傍晚	暗冥边 $aun^{42}man^{33}pin^{53}$
0095	白天	半日 $puein^{42}ni^{42}$	0096	夜晚	暗冥 $aun^{42}man^{33}$
0097	半夜	半冥 $puein^{42}man^{33}$	0098	正月	正月 $tsian^{53}nye^{42}$
0099	大年初一	正月初一 $tsian^{53}nye^{42}ts^hu^{53}i^{24}$	0100	元宵节	正月十五 $tsian^{53}nye^{42}tsi^{42}nu^{42}$
0101	清明	清明 $ts^hein^{53}mein^{33}$	0102	端午	过节 $ko^{42}tsai^{24}$
0103	七月十五	七月半 $ts^hi^{24}nye^{42}puein^{42}$	0104	中秋	中秋 $tœyn^{53}ts^hiu^{53}$
0105	冬至	冬节 $ton^{53}tsai^{24}$	0106	腊月	十二月 $tsi^{42}ni^{55}nye^{42}$
0107	除夕	三日冥 $san^{53}ni^{42}man^{33}$	0108	历书	通书 $t^hon^{53}sy^{53}$
0109	阴历	农历 $non^{21}lia^{42}$	0110	阳历	阳历 $ion^{33}lia^{42}$
0111	星期天	礼拜天 $li^{213}pai^{42}t^hin^{53}$	0112	地方	地方 $tie^{55}xuan^{53}$
0113	什么地方	什么地方 $s\varepsilon^{42}m\varepsilon^{21}tie^{55}xuan^{53}$	0114	家里	厝底 $ts^hio^{42}ti^{213}$
0115	城里	城底 $sein^{42}ti^{213}$	0116	乡下	乡下 $sion^{53}xa^{42}$
0117	上面	上边 $tsion^{55}pin^{53}$	0118	下面	下边 $xa^{42}pin^{53}$
0119	左边	左界 $tso^{213}kai^{42}$	0120	右边	右界 $iu^{55}kai^{42}$
0121	中间	当心 $taun^{33}sein^{53}$	0122	前面	前界 $ts^hin^{33}kai^{42}$
0123	后面	后界 $xu^{55}kai^{42}$	0124	末尾	尾巴 $mue^{213}pa^{53}$
0125	对面	对界 $tue^{42}kai^{42}$	0126	面前	面前 $min^{55}ts^hin^{33}$

续表

序号	词目	方言词	序号	词目	方言词
0127	背后	背后 pu²¹xu⁵⁵	0128	里面	底界 ti²¹³kai⁴²
0129	外面	外界 ŋyɛ⁵⁵kai⁴²	0130	旁边	边墭 piŋ⁵³xaiŋ³³
0131	上	上 tsioŋ⁵⁵	0132	下	下 xa⁴²
0133	边儿	边 piŋ⁵³	0134	角儿	角 ku²⁴
0135	上去	上去 ioŋ⁴²kʰo⁴²	0136	下来	下来 xa⁴²lɛ³³
0137	进去	底去 ti²¹³kʰo⁴²	0138	出来	出来 tsʰy²⁴lɛ³³
0139	出去	出去 tsʰy²⁴kʰo⁴²	0140	回来	停来 teiŋ²¹lɛ³³
0141	起来天冷~了	起来 kʰɛ²¹³lɛ³³			

（三）植　物

序号	词目	方言词	序号	词目	方言词
0142	树	树 tsʰiu⁵⁵	0143	木头	樵 tsʰau³³
0144	松树	松树 tsœyŋ²¹tsʰiu⁵⁵	0145	柏树	柏树 pa²⁴tsʰiu⁵⁵
0146	杉树	杉树 saŋ⁵³tsʰiu⁵⁵	0147	柳树	柳树 liu²¹³tsʰiu⁵⁵
0148	竹子	竹仔 ty²⁴tsiɛ⁰	0149	笋	笋 sœyŋ²¹³
0150	叶子	箬 nio⁴²	0151	花	花 xua⁵³
0152	花蕾	花蕾 xua⁵³luɛ²¹³	0153	梅花	梅花 muɛ³³xua⁵³
0154	牡丹	牡丹 mɛ²¹³tueiŋ⁵³	0155	荷花	莲子花 laiŋ³³tsiɛ²¹³xua⁵³
0156	草	草 tsʰo²¹³	0157	藤	藤 taiŋ³³
0158	刺	刺 tsʰi²⁴	0159	水果	水果 sui²¹³ko²⁴
0160	苹果	苹果 peiŋ²¹ko²¹³	0161	桃子	桃仔 tʰo³³tsiɛ⁰
0162	梨	梨 li³³	0163	李子	李仔 sɛ⁵⁵tsiɛ⁰
0164	杏	杏 xaiŋ⁵⁵	0165	橘子	橘仔 xi²⁴tsiɛ⁰
0166	柚子	柚 iu⁵⁵	0167	柿子	柿 kʰi⁵⁵
0168	石榴	石榴 tsio⁵⁵liu²¹	0169	枣	枣 tso²¹³

续表

序号	词目	方言词	序号	词目	方言词
0170	栗子	臻 tsain^{53}	0171	核桃	核桃 xue^{33}to^{21}
0172	银杏	鸭脚 a^{24}kio^{24}	0173	甘蔗	蔗 tsia^{42}
0174	木耳	木耳菇 mein^{42}nein^{42}xu^{42}	0175	蘑菇	菇 xu^{42}
0176	香菇	香菇 sion^{53}xu^{42}	0177	稻子植物	早 tso^{213}
0178	稻谷	粟 sy^{24}	0179	稻草	稃 kuein^{213}
0180	大麦植物	麦仔 ma^{42}tsiɛ^{0}	0181	小麦植物	麦仔 ma^{42}tsiɛ^{0}
0182	麦秸	稃 kuein^{213}	0183	谷子植物	（无）
0184	高粱植物	荚 y^{21}	0185	玉米植物	芭萝 po^{33}lo^{33}
0186	棉花植物	棉花 min^{33}xua^{53}	0187	油菜	油菜 iu^{33}tsʰɛ^{42}
0188	芝麻	油麻仔 iu^{33}muɛ^{33}tsiɛ^{0}	0189	向日葵植物	日头花 nin^{42}tʰɛ^{33}xua^{53}
0190	蚕豆	扁豆 pin^{21}tɛ^{55}	0191	豌豆	麦豆 ma^{42}tɛ^{55}
0192	花生	花生 xua^{33}sein^{53}	0193	黄豆	黄豆 on^{33}tɛ^{55}
0194	绿豆	绿豆 ly^{42}tɛ^{55}	0195	豇豆	绵豆 min^{33}tɛ^{55}
0196	大白菜	大白菜 tuɛ^{55}pa^{55}tsʰɛ^{42}	0197	包心菜	洋白 ion^{33}pa^{55}
0198	菠菜	菠薐 po^{53}lain^{33}	0199	芹菜	圣贤菜 sin^{42}in^{21}tsʰɛ^{42}
0200	莴笋	矮位笋 ai^{21}ui^{55}sœyn^{213}	0201	韭菜	韭仔 siu^{213}tsiɛ^{0}
0202	香菜	香菜 sion^{53}tsiɛ^{42}	0203	葱	葱 tsʰon^{53}
0204	蒜	蒜 saun^{42}	0205	姜	姜 kion^{53}
0206	洋葱	洋葱 ion^{33}tsʰon^{53}	0207	辣椒	番椒 xuein^{53}tsio^{53}
0208	茄子	茄 kio^{33}	0209	西红柿	西红柿 sai^{53}xon^{21}kʰi^{55}
0210	萝卜	萝卜 lo^{33}pe^{55}	0211	胡萝卜	红萝卜 xon^{21}lo^{33}pe^{55}
0212	黄瓜	黄瓜 on^{33}kua^{53}	0213	丝瓜	甜萝 tain^{21}lo^{33}
0214	南瓜	金瓜 kin^{53}kua^{53}	0215	荸荠	门荠 mon^{33}tsi^{33}
0216	红薯	番薯 xuein^{53}tsy^{33}	0217	马铃薯	洋芋仔 ion^{33}y^{55}tsiɛ^{0}
0218	芋头	芋头 y^{55}tʰɛ^{33}	0219	山药	薯 tsy^{33}
0220	藕	莲仔根 lain^{33}tsiɛ^{213}kyin^{53}			

（四）动 物

序号	词目	方言词	序号	词目	方言词
0221	老虎	老虎 lau^{55}k^{h}u^{213}	0222	猴子	猴仔 ke^{21}tsie^0
0223	蛇	蛇 yɛ^{33}	0224	老鼠	老鼠 lau^{55}ts^{h}y^{213}
0225	蝙蝠	鬷老鼠 iŋ^{42}lau^{55}ts^{h}y^{213}	0226	鸟儿	只仔 tsie^{24}tsie^0
0227	麻雀	只只仔 tsia^{53}tsie^{24}tsie^0	0228	喜鹊	老鹊 lo^{42}sia^{24}
0229	乌鸦	老鸦 lo^{213}a^{53}	0230	鸽子	鹁鸽 pa^{53}ko^{24}
0231	翅膀	翼膀 sia^{55}p^{h}auŋ^{213}	0232	爪子	爪 tsau^{213}
0233	尾巴	尾巴 mue^{213}pa^{53}	0234	窝	巢 ts^{h}ɛ^{33}
0235	虫子	虫 t^{h}oŋ^{33}	0236	蝴蝶	蝴蝶 u^{21}tie^{42}
0237	蜻蜓	蝴狸仔 u^{21}li^{21}tsie^0	0238	蜜蜂	蜂 p^{h}auŋ^{53}
0239	蜂蜜	蜂糖 p^{h}auŋ^{53}t^{h}aŋ^{33}	0240	知了	喃喃噫 naŋ^{33}naŋ^{33}i^{42}
0241	蚂蚁	针蚁仔 tseiŋ^{53}ŋyɛ^{42}tsie^0	0242	蚯蚓	外蚓 ŋyɛ^{55}xuauŋ^{33}
0243	蚕	蚕 ts^{h}aiŋ^{33}	0244	蜘蛛	叮蛛 taiŋ^{53}ty^{53}
0245	蚊子	蠓仔 moŋ^{33}tsie^0	0246	苍蝇	蝇 siŋ^{33}
0247	跳蚤	蛇蚤 kɛ^{24}tsɛ^{213}	0248	虱子	虱嬷 sɛ^{24}ma^{33}
0249	鱼	鱼 ŋy^{33}	0250	鲤鱼	鲤鱼 li^{213}ŋy^{33}
0251	鳙鱼	花鲢鱼 xua^{53}laiŋ^{33}ŋy^{33}	0252	鲫鱼	鲫仔 tsɛ^{24}tsie^0
0253	甲鱼	鼋鱼 iŋ^{42}ŋy^{33}	0254	鳞	鳞 saiŋ^{33}
0255	虾	虾 xa^{33}	0256	螃蟹	蟹 xai^{55}
0257	青蛙	蛤蟆 xa^{42}ma^{33}	0258	癞蛤蟆	屎某 si^{213}mɛ^{24}
0259	马	马 ma^{213}	0260	驴	驴 ly^{33}
0261	骡	骡仔 lo^{33}tsie^0	0262	牛	牛 niu^{33}
0263	公牛	牛牯 niu^{33}ku^{21}	0264	母牛	牛嬷 niu^{33}ma^{33}
0265	放牛	映牛 iaŋ^{42}niu^{33}	0266	羊	羊 ioŋ^{33}
0267	猪	豨 k^{h}ui^{213}	0268	种猪 _{配种用的公猪}	豨桥 k^{h}ui^{213}kio^{33}

续表

序号	词目	方言词	序号	词目	方言词
0269	公猪巳阉	豨猴 kʰui²¹³ka⁵³	0270	母猪未阉	豨嫲 kʰui²¹³ma³³
0271	猪崽	豨仔 kʰui²¹³tsiɛ⁰	0272	猪圈	豨栏 kʰui²¹³lueiŋ³³
0273	养猪	饲豨 si⁵⁵kʰui²¹³	0274	猫	猫 me³³
0275	公猫	猫牯 me³³ku²¹	0276	母猫	猫嫲 me³³ma³³
0277	狗	狗 xu²¹³	0278	公狗	狗猴 xu²¹³ka⁵³
0279	母狗	狗嫲 xu²¹³ma³³	0280	叫	吼 ɛ²¹³
0281	兔子	石鼠 tsio⁵⁵tsʰy²¹³	0282	鸡	鸡 kai⁵³
0283	公鸡	鸡角 kai⁵³ku²⁴	0284	母鸡	鸡嫲 kai⁵³ma³³
0285	叫	吼 ɛ²¹³	0286	下鸡~蛋	生 saŋ⁵³
0287	孵	孵 iu⁴²	0288	鸭	鸭仔 o²⁴tsiɛ⁰
0289	鹅	鹅 ŋyɛ³³	0290	阉~公猪	阉 iŋ⁵³
0291	阉~母猪	阉 iŋ⁵³	0292	阉~鸡	阉 iŋ⁵³
0293	喂	饲 si⁵⁵	0294	杀猪	刣豨 tʰi⁵⁵kʰui²¹³
0295	杀~鱼	刣 tʰi⁵⁵			

（五）房舍器具

序号	词目	方言词	序号	词目	方言词
0296	村庄	村 tsʰœyŋ⁵³	0297	胡同	弄仔 loŋ⁵⁵tsiɛ⁰
0298	街道	街墕 kai⁵³tio²¹	0299	盖房子	开厝 kʰyɛ⁵³tsʰio⁴²
0300	房子	厝 tsʰio⁴²	0301	屋子	厝间 tsʰio⁴²kaiŋ⁵³
0302	卧室	房间 poŋ²¹kaiŋ⁵³	0303	茅屋	草房 tsʰo²¹³poŋ²¹
0304	厨房	鼎间 tiaŋ²¹³kaiŋ⁵³	0305	灶	鼎头 tiaŋ²¹³tʰɛ³³
0306	锅	鼎 tiaŋ²¹³	0307	饭锅	饭鼎 poŋ⁵⁵tiaŋ²¹³
0308	菜锅	菜鼎 tsʰɛ⁴²tiaŋ²¹³	0309	厕所旧式	盘栏 puein³³lueiŋ³³
0310	檩	桁条 xuaŋ³³tio³³	0311	柱子	柱 tʰiu⁵⁵

序号	词目	方言词	序号	词目	方言词
0312	大门	大门 tuɛ⁵⁵moŋ³³	0313	门槛	门隑 moŋ³³tyiŋ²¹
0314	窗	窗门 tsʰoŋ⁵³moŋ³³	0315	梯子	梯仔 tʰuɛ⁵³tsiɛ⁰
0316	扫帚	筅把 tʰiŋ²¹³pa²⁴	0317	扫地	扫屑 sɛ⁴²tsʰio⁴²
0318	垃圾	屑仔 suɛ²⁴tsiɛ⁰	0319	家具	家具 ka⁵³ky⁴²
0320	东西	二 ni⁵⁵	0321	炕	（无）
0322	床	床 tsʰauŋ³³	0323	枕头	枕头 tsɛiŋ²¹³tʰɛ³³
0324	被子	被 pʰuɛ⁵⁵	0325	棉絮	棉被 miŋ³³pʰuɛ⁵⁵
0326	床单	被单 pʰuɛ⁵⁵tueiŋ²¹	0327	褥子	垫被 taiŋ⁵⁵pʰuɛ⁵⁵
0328	席子	席 sio⁵⁵	0329	蚊帐	蠓帐 moŋ³³tioŋ⁴²
0330	桌子	桌仔 to²⁴tsiɛ⁰	0331	柜子	橱 ty³³
0332	抽屉	桌橱空 to²⁴ty³³kʰoŋ⁵³	0333	案子	长桌 tauŋ²¹to²⁴
0334	椅子	椅仔 iɛ²¹³tsiɛ⁰	0335	凳子	凳仔 taiŋ⁴²tsiɛ⁰
0336	马桶	尿桶 nio⁵⁵tʰoŋ²¹³	0337	菜刀	菜刀 tʰɛ⁴²to⁵³
0338	瓢	水管 sui²¹³kauŋ²⁴	0339	缸	缸 kauŋ⁵³
0340	坛子	瓮仔 oŋ⁵³tsiɛ⁰	0341	瓶子	瓶仔 paiŋ²¹tsiɛ⁰
0342	盖子	盖仔 kuɛ²¹³tsiɛ⁰	0343	碗	碗 ueiŋ²¹³
0344	筷子	箸 ty⁵⁵	0345	汤匙	调羹 to²¹kaŋ⁵³
0346	柴火	樵 tsʰau³³	0347	火柴	自来火 tsu⁴²lai³³xuɛ²¹³
0348	锁	锁 so²¹³	0349	钥匙	锁匙 so²¹³tsiɛ⁵⁵
0350	暖水瓶	热水壶 iɛ²¹sui²¹³u²¹	0351	脸盆	面盆 miŋ⁵⁵pauŋ²¹
0352	洗脸水	洗面水 sai²¹³miŋ⁵⁵sui²¹³	0353	毛巾	面巾 miŋ⁵⁵kœyŋ⁵³
0354	手绢	手帕 siu²¹³pʰa⁴²	0355	肥皂	胰仔 i²¹tsiɛ⁰
0356	梳子	头梳 tʰɛ³³su⁵³	0357	缝衣针	针 tseiŋ⁵³
0358	剪子	剪锥 taiŋ²¹³tsui⁵³	0359	蜡烛	蜡烛 la⁴²tsy²⁴
0360	手电筒	手电 siu²¹³tiŋ⁴²	0361	雨伞	伞 sueiŋ²¹³
0362	自行车	骹踏车 kʰau⁵³ta⁵⁵tsʰia⁵³			

（六）服饰饮食

序号	词目	方言词	序号	词目	方言词
0363	衣服	衣裳 iŋ^{33}tsioŋ^{33}	0364	穿	穿 tsœyŋ^{55}
0365	脱	褪 tʰoŋ^{42}	0366	系	系 kai^{42}
0367	衬衫	衬 tʰiaŋ^{53}	0368	背心	裚仔 kua^{42}tsiɛ^{0}
0369	毛衣	羊毛衣 ioŋ^{33}mo^{33}i^{53}	0370	棉衣	棉袄 miŋ^{33}o^{24}
0371	袖子	袖椀 siu^{213}yiŋ^{24}	0372	口袋	腹袋 pu^{24}tuɛ^{55}
0373	裤子	裤 kʰu^{42}	0374	短裤	裤筒 kʰu^{42}toŋ^{55}
0375	裤腿	裤骹 kʰu^{42}kʰau^{53}	0376	帽子	帽仔 mo^{55}tsiɛ^{0}
0377	鞋子	鞋 xai^{21}	0378	袜子	袜仔 muɛ^{42}tsiɛ^{0}
0379	围巾	围巾 ui^{33}kœyŋ^{53}	0380	围裙	罗裙 lo^{33}kœyŋ^{33}
0381	尿布	尿布 nio^{55}po^{42}	0382	扣子	纽仔 niu^{213}tsiɛ^{0}
0383	扣	纽 niu^{213}	0384	戒指	戒指仔 ka^{42}i^{213}tsiɛ^{0}
0385	手镯	镯 so^{55}	0386	理发	剃头 tʰiɛ^{42}tʰɛ^{33}
0387	梳头	梳头 su^{53}tʰɛ^{33}	0388	米饭	饭 poŋ^{55}
0389	稀饭	粥 tsy^{24}	0390	面粉	面灰 miŋ^{55}xuɛ^{53}
0391	面条	面 miŋ^{55}	0392	面儿	末 muɛ^{42}
0393	馒头	馍馍 mo^{53}mo^{53}	0394	包子	包仔 pau^{53}tsiɛ^{0}
0395	饺子	水饺 sui^{213}kio^{213}	0396	馄饨	扁食 peiŋ^{213}tsʰi^{55}
0397	馅儿	瓤 nauŋ^{33}	0398	油条旧称	油炸粿 iu^{33}la^{42}kua^{42}
0399	豆浆	豆浆 tɛ^{55}tsioŋ^{53}	0400	豆腐脑	豆腐娘 tɛ^{55}xu^{55}nioŋ^{33}
0401	元宵	圆仔 yiŋ^{33}tsiɛ^{0}	0402	粽子	粽 tsoŋ^{42}
0403	年糕	糕 ko^{53}	0404	点心	点心 taiŋ^{55}seiŋ^{53}
0405	菜	菜 tsʰɛ^{42}	0406	干菜	菜干 tsʰɛ^{42}kueiŋ^{53}
0407	豆腐	豆腐 tɛ^{55}xu^{55}	0408	猪血当菜的	稀血 kʰui^{213}xuɛ^{24}
0409	猪蹄当菜的	稀蹄 kʰui^{213}tai^{33}	0410	猪舌头当菜的	稀舌 kʰui^{213}lyɛ^{42}

续表

序号	词目	方言词	序号	词目	方言词
0411	猪肝_{当菜的}	豨肝 kʰui²¹³xueiŋ⁵³	0412	下水	下水 xa⁴²sui²¹³
0413	鸡蛋	鸡卵 kai⁵³sauŋ⁵⁵	0414	松花蛋	皮卵 pʰuɛ³³sauŋ⁵⁵
0415	猪油	膏油 ko⁵³iu³³	0416	香油	麻油 mue³³iu³³
0417	酱油	酱油 tsioŋ⁴²iu³³	0418	盐	盐 iŋ³³
0419	醋	醋 tsʰu⁴²	0420	香烟	烟酒 iŋ⁵³tsiu²¹³
0421	旱烟	烟丝 iŋ⁵³si⁵³	0422	白酒	白酒 pa⁵⁵tsiu²¹³
0423	黄酒	红酒 xoŋ²¹tsiu²¹³	0424	江米酒	酒娘 tsiu²¹³nioŋ³³
0425	茶叶	茶箬 ta³³nio⁴²	0426	沏	泡 pʰau⁴²
0427	冰棍儿	冰 paiŋ⁵³	0428	做饭	做饭 tsa⁴²poŋ⁵⁵
0429	炒菜	煮菜 tsy²¹³tsʰɛ⁴²	0430	煮	煮 tsy²¹³
0431	煎	煎 tsiŋ⁵³	0432	炸	炸 tsa⁴²
0433	蒸	蒸 tseiŋ⁵³	0434	揉	揉 no³³
0435	擀	擀 kauŋ⁴²	0436	吃早饭	锰饭 iɛ⁴²poŋ⁵⁵
0437	吃午饭	锰昼 iɛ⁴²tu⁴²	0438	吃晚饭	锰冥 iɛ⁴²maŋ³³
0439	吃_{~饭}	锰 iɛ⁴²	0440	喝_{~酒}	锰 iɛ⁴²
0441	喝_{~茶}	锰 iɛ⁴²	0442	抽_{~烟}	锰 iɛ⁴²
0443	盛_{~饭}	贮 tu²⁴	0444	夹	镊 nia²⁴
0445	斟	倒 to⁴²	0446	渴	焦 tio⁵³
0447	饿	饥 kyɛ⁴²	0448	噎	哽 kaŋ²¹

（七）身体医疗

序号	词目	方言词	序号	词目	方言词
0449	头	头 tʰɛ³³	0450	头发	头毛 tʰɛ³³mo³³
0451	辫子	笄仔 nia⁴²tsiɛ⁰	0452	旋	晕 yiŋ⁵⁵

续表

序号	词目	方言词	序号	词目	方言词
0453	额头	额头 nia⁴²tʰɛ³³	0454	相貌	面貌 miŋ⁵⁵mau⁵⁵
0455	脸	面 miŋ⁵⁵	0456	眼睛	目珠 mi⁴²tsiu⁵³
0457	眼珠	目珠仁 mi⁴²tsiu⁵³neiŋ³³	0458	眼泪	目泽 mu⁴²tse⁴²
0459	眉毛	眉毛 me³³mo³³	0460	耳朵	耳朵 niŋ⁴²to²¹³
0461	鼻子	鼻 pʰi⁵⁵	0462	鼻涕	鼻 pʰi⁵⁵
0463	擤	擤 saiŋ⁴²	0464	嘴巴	喙 tsʰui⁴²
0465	嘴唇	喙皮 tsʰui⁴²pʰue³³	0466	口水	嚹 lueiŋ⁴²
0467	舌头	舌 lyɛ⁴²	0468	牙齿	牙齿 ŋa³³tsʰi²¹³
0469	下巴	下巴 xa⁴²pa²¹	0470	胡子	喙须 tʰɛ⁴²tsʰiu⁵³
0471	脖子	胿咙 tu⁴²lauŋ³³	0472	喉咙	胡咙 u⁴²liaŋ³³
0473	肩膀	肩门头 kauŋ⁵³moŋ³³tʰɛ³³	0474	胳膊	手膀 siu²¹³pauŋ³³
0475	手	手 siu²¹³	0476	左手	左手 tsai²¹³siu²⁴
0477	右手	右手 iu⁵⁵siu²¹³	0478	拳头	拳头 kyiŋ³³tʰɛ³³
0479	手指	手仔 siu²¹³tsiɛ⁰	0480	大拇指	手嫲头 siu²¹³ma³³tʰɛ³³
0481	食指	二指 ni⁵⁵tsi²¹³	0482	中指	中指 tœyŋ⁵³tsi²¹³
0483	无名指	无名指 u³³miaŋ³³tsi²¹³	0484	小拇指	小伎仔 sio²¹³ki⁵⁵tsiɛ⁰
0485	指甲	手甲 siu²¹³ka²⁴	0486	腿	腿 tʰue²¹³
0487	脚(包括大腿和小腿)	骹 kʰau⁵³	0488	膝盖	骹腹头 kʰau⁵³pu²⁴tʰɛ³³
0489	背	背 pue⁴²	0490	肚子	腹 pu²⁴
0491	肚脐	腹里脐 pu²⁴lɛ²¹tsʰɛ³³	0492	乳房	奶汁 naiŋ³³tsi⁵⁵
0493	屁股	屎窟 si²¹³kʰue³³	0494	肛门	屎窟川 si²¹³kʰue³³tsʰyiŋ⁵³
0495	阴茎	㞗 nuɛ²¹	0496	女阴	屄 pi³³
0497	龛	做屄 tsa⁴²pi³³	0498	精液	精仔 tseiŋ⁵³tsiɛ⁰
0499	来月经	来红 lɛ³³xoŋ²¹	0500	拉屎	唉屎 na³³i³³
0501	撒尿	唉尿 na³³nio⁵⁵	0502	放屁	放屁 poŋ⁴²pʰui⁴²

序号	词目	方言词	序号	词目	方言词
0503	相当于"他妈的"的口头禅	嬉你母 xi^{53}ni^{213}mɛ^{33}	0504	病了	病了 paŋ^{55}lo^{33}
0505	着凉	凓了 tsʰeiŋ^{33}lo^{33}	0506	咳嗽	嗽 su^{42}
0507	发烧	发烧 xuɛ^{24}tsʰio^{53}	0508	发抖	抽 tʰiu^{53}
0509	肚子疼	腹里疾 pu^{24}lɛ^{21}tsi^{55}	0510	拉肚子	泄腹 sia^{42}pu^{24}
0511	患疟疾	掴灼寒 ma^{53}tsʰio^{24}kueiŋ^{21}	0512	中暑	城痧 iaŋ^{21}sa^{53}
0513	肿	肿 tsœyŋ^{213}	0514	化脓	汇脓 xuɛ^{55}nœyŋ^{33}
0515	疤	疤 pa^{53}	0516	癣	铜钱晕 toŋ^{21}tsiŋ^{33}yiŋ^{55}
0517	痣	痣 tsi^{42}	0518	疙瘩	包 pau^{53}
0519	狐臭	臭橘 tsʰɛ^{42}xi^{24}	0520	看病	觑病 tsʰu^{55}paŋ^{55}
0521	诊脉	拿脉 na^{42}mɛ^{42}	0522	针灸	针灸 tseiŋ^{53}kiu^{213}
0523	打针	掴针 ma^{42}tseiŋ^{53}	0524	打吊针	掴吊瓶 ma^{42}tio^{42}paiŋ^{21}
0525	吃药	馐药 iɛ^{42}io^{42}	0526	汤药	茶仔 ta^{33}tsiɛ^{0}
0527	病轻了	病轻咪仔 paŋ^{55}kʰaiŋ^{53}mi^{55}tsiɛ^{0}			

（八）婚丧信仰

序号	词目	方言词	序号	词目	方言词
0528	说媒	做媒 tsa^{42}muɛ^{33}	0529	媒人	媒人婆 muɛ^{33}neiŋ^{33}po^{21}
0530	相亲	相亲 sioŋ^{53}tsʰeiŋ^{53}	0531	订婚	插纪 tsʰa^{24}ki^{42}
0532	嫁妆	嫁妆 ka^{42}tsauŋ^{53}	0533	结婚	结婚 kiɛ^{24}xauŋ^{53}
0534	娶妻子	讨老妈 tʰo^{213}sɛ^{55}ma^{21}	0535	出嫁	出门 tsʰui^{24}moŋ^{33}
0536	拜堂	拜堂 pai^{42}toŋ^{21}	0537	新郎	新郎 seiŋ^{53}lauŋ^{33}
0538	新娘子	新娘 seiŋ^{53}nioŋ^{33}	0539	孕妇	胜身人 kuɛ^{213}seiŋ^{53}neiŋ^{33}
0540	怀孕	胜身 kuɛ^{213}seiŋ^{53}	0541	害喜	病困 paŋ^{55}kyiŋ^{213}

续表

序号	词目	方言词	序号	词目	方言词
0542	分娩	洗囝 sai^{213}kyiŋ^{213}	0543	流产	遏娠 toŋ^{21}sein^{53}
0544	双胞胎	双生仔 soŋ^{53}saŋ^{53}tsie^{0}	0545	坐月子	做月底 tsa^{42}ŋye^{42}ti^{213}
0546	吃奶	馑奶 ie^{42}nain^{42}	0547	断奶	断奶 toŋ^{55}nain^{42}
0548	满月	满月 muein^{213}ŋye^{43}	0549	生日	生日 saŋ^{53}ni^{42}
0550	做寿	做寿 tsa^{42}siu^{55}	0551	死_{统称}	死 si^{213}
0552	死_{婉称}	归寿 kui^{53}siu^{55}	0553	自杀	自杀 tsu^{42}sue^{24}
0554	咽气	断气 toŋ^{55}kʰi^{213}	0555	入殓	入葬 nein^{42}tsaun^{42}
0556	棺材	棺材 kuein^{53}tsue^{21}	0557	出殡	出葬 tsʰui^{24}tsaun^{42}
0558	灵位	灵牌 lian^{33}pai^{33}	0559	坟墓	冢 tœyŋ^{213}
0560	上坟	醮冢 tsio^{53}tœyŋ^{213}	0561	纸钱	纸钱 tsye^{24}tsin^{33}
0562	老天爷	老天爷 lo^{33}tʰin^{53}ie^{21}	0563	菩萨	佛 xue^{55}
0564	观音	观音 kuein^{53}ein^{53}	0565	灶神	鼎翁 tian^{213}œyŋ^{53}
0566	寺庙	庙 mio^{55}	0567	祠堂	祠堂 tsu^{42}toŋ^{21}
0568	和尚	和尚 o^{21}sion^{55}	0569	尼姑	尼姑 ni^{21}ku^{53}
0570	道士	道人 tau^{42}nein^{33}	0571	算命	算命 suein^{42}mian^{55}
0572	运气	运气 œyŋ^{55}kʰi^{213}	0573	保佑	保佑 po^{213}iu^{55}

（九）人品称谓

序号	词目	方言词	序号	词目	方言词
0574	人	人 nein^{33}	0575	男人	男人 naŋ^{33}nein^{33}
0576	女人	阿娘人 an^{42}nion^{33}nein^{33}	0577	单身汉	单身汉 tuein^{21}sein^{53}xuein^{42}
0578	老姑娘	老阿娘 se^{55}an^{42}nion^{33}	0579	婴儿	嫩咪仔 naun^{55}mi^{55}tsie^{0}
0580	小孩	囝仔人 kyin^{213}tsie^{213}nein^{33}	0581	男孩	丈目囝 tion^{42}mu^{42}kyin^{213}
0582	女孩	阿娘囝 an^{42}nion^{33}kyin^{213}	0583	老人	老人 se^{55}nein^{33}

续表

序号	词目	方言词	序号	词目	方言词
0584	亲戚	亲戚 tsʰeiŋ⁵³tsʰi²¹	0585	朋友	朋友 paiŋ²¹iu²¹³
0586	邻居	隔壁邻居 ka²⁴pia²⁴leiŋ²¹ky⁵³	0587	客人	客人 kʰa²⁴neiŋ³³
0588	农民	打粗人 ta²¹³tsʰu⁵³neiŋ³³	0589	商人	生意人 seiŋ⁵³i⁴²neiŋ³³
0590	手艺人	手艺人 siu²¹³ŋi⁵⁵neiŋ³³	0591	泥水匠	水泥工 sui²¹³nai³³koŋ⁵³
0592	木匠	木工 mu⁴²koŋ⁵³	0593	裁缝	做衣裳个 tsa⁴²iŋ³³tsioŋ⁵⁵kiɛ²¹
0594	理发师	剃头师傅 tʰiɛ⁴²tʰɛ³³su⁵³xu⁵⁵	0595	厨师	厨官 ty³³kueiŋ⁵³
0596	师傅	师傅 su⁵³xu⁵⁵	0597	徒弟	徒弟 tu²¹ti⁴²
0598	乞丐	化馐 xuɛ⁴²iɛ⁴²	0599	妓女	妓嫲 ki⁵⁵ma³³
0600	流氓	赤肢仔 tsʰia²⁴ki⁵⁵tsiɛ²¹³	0601	贼	贼 tsʰɛ⁵⁵
0602	瞎子_{统称}	瞎矛 xai²⁴mau²¹	0603	聋子_{统称}	聋仔 sauŋ³³tsiɛ⁰
0604	哑巴_{统称}	巴哑 pa⁵⁵a²¹³	0605	驼子_{统称}	驼背 to²¹puɛ⁴²
0606	瘸子_{统称}	拐骹 kuai²¹³kʰau⁵³	0607	疯子_{统称}	发癫人 puɛ²¹tiŋ⁵³neiŋ³³
0608	傻子_{统称}	癫仔 tiŋ⁵³tsiɛ⁰	0609	笨蛋_{统称}	笨锤 pauŋ⁵⁵tʰui³³
0610	爷爷_{呼称}	阿翁 aŋ⁵³œyŋ⁵³	0611	奶奶_{呼称}	阿老 aŋ⁵³sɛ⁵⁵
0612	外祖父_{叙称}	婆翁 po²¹œyŋ⁵³	0613	外祖母_{统称}	婆奶 po²¹nai²¹³
0614	父母_{合称}	爹奶 ta⁵³nai²¹³	0615	父亲_{叙称}	爹 ta⁵³
0616	母亲_{叙称}	奶 nai²¹³	0617	爸爸_{呼称}	爸 pa⁵⁵
0618	妈妈_{呼称}	嫲 ma³³	0619	继父_{叙称}	领爹 liaŋ⁴²ta⁵³
0620	继母_{叙称}	领奶 liaŋ⁴²nai²¹³	0621	岳父_{叙称}	丈人 tioŋ⁵⁵neiŋ³³
0622	岳母_{叙称}	丈母 tioŋ⁵⁵mu²¹³	0623	公公_{叙称}	翁仔 œyŋ⁵³tsiɛ⁰
0624	婆婆_{叙称}	妈佬 ma²¹sɛ⁵⁵	0625	伯父_{呼称}	伯 pɛ²⁴
0626	伯母_{呼称}	伯奶 pɛ²⁴nai²¹³	0627	叔父_{呼称}	叔 sy²⁴
0628	排行最小的叔父_{呼称}	小叔 sio²¹³sy²⁴	0629	叔母_{呼称}	婶 seiŋ²¹³

309

续表

序号	词目	方言词	序号	词目	方言词
0630	姑呼称	姑 ku⁵³	0631	姑父呼称	姑丈 ku⁵³tioŋ⁵⁵
0632	舅舅呼称	舅 kiu⁵⁵	0633	舅妈呼称	妗奶 ki⁵⁵nai²¹³
0634	姨呼称	姨嫲 i²¹ma³³	0635	姨父呼称	姨丈 i²¹tioŋ⁵⁵
0636	弟兄合称	兄弟 siaŋ⁵³tie⁵⁵	0637	姊妹合称	姊妹 tsi²¹³mue⁵⁵
0638	哥哥呼称	哥仔 ko⁵³tsiɛ⁰	0639	嫂子呼称	嫂仔 so²¹³tsiɛ⁰
0640	弟弟叙称	弟仔 tie⁵⁵tsiɛ⁰	0641	弟媳叙称	弟新妇 tie⁵⁵seiŋ⁵³pu⁴²
0642	姐姐呼称	姊仔 tsi²⁴tsiɛ⁰	0643	姐夫呼称	姊丈 tsi²⁴tioŋ⁵⁵
0644	妹妹叙称	妹仔 mue⁵⁵tsiɛ⁰	0645	妹夫叙称	妹郎 mue⁵⁵sauŋ³³
0646	堂兄弟叙称	叔伯兄弟 sy²⁴pa²⁴siaŋ⁵³tie⁵⁵	0647	表兄弟叙称	表兄弟 pio²¹³siaŋ⁵³tie⁵⁵
0648	妯娌合称	叔伯姆 sy²⁴pa²⁴mu²¹³	0649	连襟叙称	姨丈 i²¹tioŋ⁵⁵
0650	儿子叙称	囝 kyiŋ²¹³	0651	儿媳妇	新妇 seiŋ⁵³pu⁴²
0652	女儿叙称	阿娘囝 aŋ⁴²nioŋ³³kyiŋ²¹³	0653	女婿叙称	郎 sauŋ³³
0654	孙子	孙仔 sauŋ⁵³tsiɛ⁰	0655	重孙子	曾孙 tsai⁵³sauŋ⁵³
0656	侄子	孙仔 sauŋ⁵³tsiɛ⁰	0657	外甥	外甥 ŋyɛ⁵⁵saŋ⁵³
0658	外孙	外甥 ŋyɛ⁵⁵saŋ⁵³	0659	夫妻合称	公母 ku⁵³mo³³
0660	丈夫叙称	老翁 sɛ⁵⁵œyŋ⁵³	0661	妻子叙称	老妈 sɛ⁵⁵ma²¹
0662	名字	名字 miaŋ³³tsi²¹³	0663	绰号	外号 ŋyɛ⁵⁵xo⁵⁵

（十）农工商文

序号	词目	方言词	序号	词目	方言词
0664	干活儿	做事 tsa⁴²ti⁵⁵	0665	事情	事 ti⁵⁵
0666	插秧	莳膝 tsʰi⁵⁵tsʰaiŋ³³	0667	割稻	截禾 tsai⁵⁵uɛ⁴²
0668	种菜	栽菜 tse⁵³tsʰɛ⁴²	0669	犁	犁 lai³³
0670	锄头	锄头 kuɛ²⁴tʰɛ³³	0671	镰刀	截仔 tsai⁵⁵tsiɛ⁰

序号	词目	方言词	序号	词目	方言词
0672	把儿	柄 paŋ⁴²	0673	扁担	担仔 taŋ⁵³tsiɛ⁰
0674	箩筐	注 tsy⁴²	0675	筛子	筛 sai⁵³
0676	簸箕	粪箕 pueiŋ²¹³xi⁵³	0677	簸箕	粟捲 sy²⁴kyɛ²¹
0678	独轮车	独轮车 tu⁵⁵lœyŋ³³tsʰia⁵³	0679	轮子	轮仔 lœyŋ³³tsiɛ⁰
0680	碓	碓 tuɛ⁴²	0681	臼	臼 kʰiu⁵⁵
0682	磨	磨 mo⁵⁵	0683	年成	年成 niŋ³³iŋ²¹
0684	走江湖	行江湖 kiaŋ²¹kauŋ⁵³u²¹	0685	打工	拍工 ma⁴²koŋ⁵³
0686	斧子	斧头 pu²¹³tʰɛ³³	0687	钳子	钳仔 kʰiŋ³³tsiɛ⁰
0688	螺丝刀	螺丝刀 lo³³si⁵³to⁵³	0689	锤子	锤仔 tʰui³³tsiɛ⁰
0690	钉子	钉仔 taiŋ⁵³tsiɛ⁰	0691	绳子	索仔 so²⁴tsiɛ⁰
0692	棍子	棍仔 kauŋ⁴²tsiɛ⁰	0693	做买卖	做生意 tsa⁴²saiŋ⁵³i⁴²
0694	商店	店铺 taiŋ⁴²pʰu²⁴	0695	饭馆	饭店 poŋ⁵⁵taiŋ⁴²
0696	旅馆	旅社 ly²¹³sia⁵⁵	0697	贵	贵 kui⁴²
0698	便宜	便宜 peiŋ²¹i²¹	0699	合算	合算 xo⁵⁵sueiŋ⁴²
0700	折扣	拍折 ma⁴²tsɛ²⁴	0701	亏本	贴本 tʰai²⁴pauŋ²¹³
0702	钱	钱 tsiŋ³³	0703	零钱	零钱 laiŋ³³tsiŋ³³
0704	硬币	硬币 naiŋ⁵⁵pi⁵⁵	0705	本钱	本钱 pauŋ²¹³tsiŋ³³
0706	工钱	工钱 koŋ⁵³tsiŋ³³	0707	路费	路费 lu⁵⁵xy⁴²
0708	花	使 sɛ²¹³	0709	赚	趁 tʰeiŋ⁴²
0710	挣	趁 tʰeiŋ⁴²	0711	欠	欠 kʰiŋ⁴²
0712	算盘	算盘 sueiŋ⁴²pueiŋ³³	0713	秤	秤 tsʰeiŋ⁴²
0714	称	称 tsʰeiŋ⁴²	0715	赶集	赶墟 kaŋ²¹³xy⁵³
0716	集市	墟期 xy⁵³ki²¹	0717	庙会	庙会 mio⁵⁵xuɛ⁵⁵
0718	学校	学堂 xa²⁴tauŋ²¹	0719	教室	教室 kau⁴²si²⁴
0720	上学	去学堂 kʰo⁴²xa²⁴tauŋ²¹	0721	放学	放学 poŋ⁴²xuɛ⁵⁵

续表

序号	词目	方言词	序号	词目	方言词
0722	考试	考书 k^{h}au^{213}sy^{53}	0723	书包	书包 sy^{53}pau^{53}
0724	本子	簿仔 pu^{42}tsie^0	0725	铅笔	铅笔 yin^{33}pi^{24}
0726	钢笔	钢笔 kauŋ^{53}pi^{24}	0727	圆珠笔	原珠笔 yin^{33}tsy^{53}pi^{24}
0728	毛笔	毛笔 mo^{33}pi^{24}	0729	墨	墨 me^{42}
0730	砚台	墨盘 me^{42}pueiŋ^{33}	0731	信	信 seiŋ^{42}
0732	连环画	小人书 sio^{213}neiŋ^{33}sy^{53}	0733	捉迷藏	储老鼠仔 ty^{213}lau^{55}tsh^{h}y^{213}tsie^0
0734	跳绳	跳索 t^{h}io^{55}so^{33}	0735	毽子	毛毡 mo^{33}kiu^{21}
0736	风筝	纸鹞 tsye^{213}io^{55}	0737	舞狮	舞狮子 u^{213}su^{53}tsu^{213}
0738	鞭炮	炮仗 p^{h}a^{53}t^{h}ioŋ^{55}	0739	唱歌	唱歌 ts^{h}ioŋ^{42}ko^{53}
0740	演戏	做戏 tsa^{42}xi^{42}	0741	锣鼓	锣鼓 lo^{33}ku^{213}
0742	二胡	二胡 ni^{55}u^{21}	0743	笛子	笛仔 ti^{24}tsie^0
0744	划拳	对枚 tue^{42}mue^{33}	0745	下棋	下棋 xa^{55}ki^{21}
0746	打扑克	掊扑克 ma^{42}p^{h}o^{55}k^{h}ɛ^{24}	0747	打麻将	掊雀牌 ma^{42}ts^{h}io^{24}pai^{21}
0748	变魔术	变把戏 piŋ^{42}pa^{213}xi^{42}	0749	讲故事	讲故事 kauŋ^{213}ku^{42}si^{33}
0750	猜谜语	估对仔 ku^{24}tue^{42}tsie^0	0751	玩儿	嬉 xi^{53}
0752	串门儿	去嬉 k^{h}o^{42}xi^{53}	0753	走亲戚	行亲戚 kiaŋ^{21}ts^{h}eiŋ^{53}tsi^{24}

（十一）动作行为

序号	词目	方言词	序号	词目	方言词
0754	看~电视	觑 ts^{h}u^{55}	0755	听耳朵~	听 t^{h}iaŋ^{53}
0756	闻鼻子~	鼻 pi^{21}	0757	吸~气	吸 xi^{24}
0758	睁~眼	□ naŋ^{42}	0759	闭~眼	瞇 ts^{h}i^{24}
0760	眨~眼	镊 nia^{42}	0761	张~嘴	擘 pa^{24}
0762	闭~嘴	抿 meiŋ^{42}	0763	咬狗~人	咬 kau^{42}

序号	词目	方言词	序号	词目	方言词
0764	嚼~碎	哺 po^{55}	0765	咽~下去	吞 tʰoŋ^{53}
0766	舔舌头~	猫 lai^{24}	0767	含~着	含 kaiŋ^{21}
0768	亲嘴	蜜嘴 mi^{24}tsui^{21}	0769	吮吸	嗍 so^{24}
0770	吐上声	吐 tʰu^{42}	0771	吐去声	吐 tʰu^{42}
0772	打喷嚏	拍叱 ma^{42}tsʰɛ^{42}	0773	拿~过来	擎 kʰeiŋ^{33}
0774	给~我	给 kʰai^{24}	0775	摸~头	摸 mo^{53}
0776	伸~手	伸 seiŋ^{53}	0777	挠~痒痒	爬 pa^{33}
0778	掐~皮肉	扭 niu^{55}	0779	拧~螺丝	车 tsʰia^{53}
0780	拧~毛巾	□ lu^{21}	0781	捻~碎	攘 nauŋ^{213}
0782	掰~开	頁 iɛ^{24}	0783	剥~花生	剥 pu^{24}
0784	撕~纸	撕 si^{53}	0785	折~断	拗 au^{213}
0786	拔~萝卜	扳 paiŋ^{213}	0787	摘~花	讨 tʰo^{213}
0788	站~起来	徛 kyɛ^{42}	0789	倚~在墙上	倚 uɛ^{213}
0790	蹲~下	跍 tu^{53}	0791	坐~下	坐 tsuɛ^{55}
0792	跳~起来	跳 tʰio^{55}	0793	迈~过去	□ paŋ^{53}
0794	踩~住	踏 nɛ^{42}	0795	翘~腿	翘 kʰio^{42}
0796	弯~腰	弯 ueiŋ^{53}	0797	挺~胸	挺 tʰeiŋ^{213}
0798	趴~着睡	覆 pʰu^{24}	0799	爬地上~	爬啦 pa^{33}la^{33}
0800	走慢慢~	行 kiaŋ^{21}	0801	跑别~	走 tsu^{213}
0802	逃~走了	走 tsu^{213}	0803	追~小偷	鞑 ta^{24}
0804	抓~小偷	拿 na^{42}	0805	抱~住	抱 pʰau^{55}
0806	背~孩子	叶 tsia^{55}	0807	搀~老人	牵 kʰaiŋ^{53}
0808	推~汽车	操 soŋ^{213}	0809	摔~倒	读 tu^{24}
0810	撞~到	碰 pʰoŋ^{42}	0811	挡~住	抵 tai^{213}
0812	躲~着	储 ty^{213}	0813	藏~着	囥 kʰauŋ^{42}

续表

序号	词目	方言词	序号	词目	方言词
0814	放~着	架 ka⁵⁵	0815	摞~起来	叠 tʰai⁵⁵
0816	埋~着	庇 pu⁵⁵	0817	盖~上	含零 kaiŋ⁴²laiŋ⁴²
0818	压~住	搭 kʰo²⁴	0819	摁~图钉	摁 aiŋ⁵⁵
0820	捅~鸟窝	捅 tʰoŋ²¹³	0821	插~到	插 tsʰa²⁴
0822	戳~个洞	□ i⁵⁵	0823	砍~树	剁 tu²¹
0824	剁~碎	剁 tu²¹	0825	削~苹果	削 sia²⁴
0826	裂~开了	裂 liɛ⁴²	0827	皱皮~了	皱 tsɛ⁴²
0828	腐烂鱼~	烂 lueiŋ⁵⁵	0829	擦~手	擦 tsʰɛ⁵³
0830	倒饭~掉	倒 to⁴²	0831	扔~了它	概 kʰai⁴²
0832	扔~得远	概 kʰai⁴²	0833	掉~下	□ pʰa⁵⁵
0834	滴~水	滴 tiɛ⁴²	0835	丢~了	□ pʰa⁵⁵
0836	找~到	捞 lo⁵⁵	0837	捡~到	拾 sio²⁴
0838	提~起来	擎 kyiŋ⁵³	0839	挑~担	担 taŋ⁵³
0840	扛~起来	驮 to²¹	0841	抬~起来	扛 kauŋ⁵³
0842	举~旗子	举 ky²¹³	0843	撑~伞	擎 kiaŋ⁵⁵
0844	撬~开	挢 kiau⁵⁵	0845	挑~选	挑 tʰio⁵³
0846	收拾	清 tsʰeiŋ⁵³	0847	挽~袖子	扎 tsa²⁴
0848	涮~一下	荡 tauŋ⁵⁵	0849	洗~衣服	洗 sai²¹³
0850	捞~鱼	捞 lio⁴²	0851	拴~牛	系 kai⁵³
0852	捆~起来	系 kai⁵³	0853	解~绳子	解 kai²¹³
0854	挪~桌子	绝 tsyɛ³³	0855	端~碗	驮 to²¹
0856	摔~碎了	概 kʰai⁴²	0857	掺~水	掺 tsʰaŋ⁵³
0858	烧~柴	烧 tsʰio⁵³	0859	拆~房子	拆 tʰia²⁴
0860	转~圈儿	转 tyiŋ⁵⁵	0861	捶~打	敲 kʰuɛ⁵⁵
0862	打~人	挷 ma⁴²	0863	打架	挷架 ma⁴²ka⁴²

序号	词目	方言词	序号	词目	方言词
0864	休息	歇 xyɛ²⁴	0865	打哈欠	挏呍 ma⁴²tsʰɛ⁴²
0866	打瞌睡	讨寐瞡 tʰo²¹³mi⁴²tsʰi²⁴	0867	睡	寐瞡 mi⁴²tsʰi²⁴
0868	打呼噜	挏鼾 ma⁴²xuein³³	0869	做梦	发眠梦 puɛ²¹muein³³moŋ⁵⁵
0870	起床	起床 kʰi²¹³tsʰauŋ³³	0871	刷牙	洗牙齿 sai²¹³ŋa³³tsʰi²¹³
0872	洗澡	洗浴 sai²¹³xy⁴²	0873	想	想 sioŋ²¹³
0874	想	想 sioŋ²¹³	0875	打算	打算 ta²¹³sueiŋ⁴²
0876	记得	记得 ki⁴²tɛ²⁴	0877	忘记	捞暴 lo⁵⁵pau²¹
0878	怕	惊 kiaŋ⁵³	0879	相信	相信 sioŋ⁵³sein⁴²
0880	发愁	烦恼 uain²¹nau²¹³	0881	小心	小心 sio²¹³sein⁵³
0882	喜欢	兴 xein⁵⁵	0883	讨厌	恼 nau²¹³
0884	舒服	安落 uein⁵³lo⁴²	0885	难受_{生理}	嬒安落 mai⁴²uein⁵³lo⁴²
0886	难过_{心理}	嬒安落 mai⁴²uein⁵³lo⁴²	0887	高兴	高兴 kau⁵³xein⁵⁵
0888	生气	生气 sein⁵³kʰi⁴²	0889	责怪	怪 kuɛ⁴²
0890	后悔	后悔 xu⁵⁵xuɛ²¹³	0891	忌妒	妒忌 tu⁴²ki⁵⁵
0892	害羞	嬒好意思 mai⁴²xo²¹³i⁴²su⁵³	0893	丢脸	跌鼓 tie²⁴ku²¹³
0894	欺负	欺负 kʰi²⁴xu⁵⁵	0895	装_{~病}	假 ka²¹³
0896	疼_{~人}	惜 tsʰio²⁴	0897	要_{~这个}	让 nioŋ⁵⁵
0898	有_{~一个}	有 iu²¹³	0899	没有_{~人}	无 mo³³
0900	是_{我~老师}	是 si⁵⁵	0901	不是_{我~老师}	怀是 ein⁵⁵si⁵⁵
0902	在_{他~家}	到底 to⁴²ti²¹³	0903	不_{在他~家}	怀能到底 ein⁵⁵nain²¹tau³³ti²¹³
0904	知道	晓得 xo²¹³tɛ²⁴	0905	不知道	嬒晓得 mai⁴²xo²¹³tɛ²⁴
0906	懂	晓得 xo²¹³tɛ²⁴	0907	不懂	嬒晓得 mai⁴²xo²¹³tɛ²⁴
0908	会	□ o²⁴	0909	不会	嬒 mai⁴²
0910	认识	认识 nein⁵⁵si²⁴	0911	不认识	嬒认识 mai⁴²nein⁵⁵si²⁴

续表

序号	词目	方言词	序号	词目	方言词
0912	行	使得 se²¹³te²⁴	0913	不行	繪使得 mai⁴²se²¹³te²⁴
0914	肯	肯 kʰaiŋ²¹³	0915	应该	应该 eiŋ⁴²kai⁵³
0916	可以	可以 kʰo²¹³i²⁴	0917	说	话 ua⁵⁵
0918	话	事 ti⁵⁵	0919	聊天儿	膨咚 pʰauŋ⁴²toŋ³³
0920	叫	讴 ɛ²¹³	0921	吆喝	闹 nau⁵⁵
0922	哭	啼 tʰie³³	0923	骂	骂 ma⁵⁵
0924	吵架	吵架 tsʰau²¹³ka⁴²	0925	骗	骗 pʰiŋ⁴²
0926	哄	哄 xoŋ²¹³	0927	撒谎	讲假事 kauŋ²¹³ka²¹³ti⁵⁵
0928	吹牛	吹牛皮 tsʰyɛ⁵³niu³³pʰuɛ³³	0929	拍马屁	拍马屁 pʰo²⁴ma²¹³pʰui⁴²
0930	开玩笑	开玩笑 kʰy⁵³ueiŋ²¹sio⁴²	0931	告诉	乞渠话 kʰɛ⁴²ky⁴²ua⁵⁵
0932	谢谢	谢谢 sia⁵⁵sia⁵⁵	0933	对不起	繪对住 mai⁴²tuɛ⁴²tiu⁵⁵
0934	再见	再会 tsuɛ⁴²xuɛ⁵⁵			

（十二）性质状态

序号	词目	方言词	序号	词目	方言词
0935	大苹果~	大 tuɛ⁵⁵	0936	小苹果~	小 sio²¹³
0937	粗绳子~	粗 tsʰu⁵³	0938	细绳子~	细 sai⁴²
0941	长时间~	长 tauŋ²¹	0942	短时间~	短 tuɛ²¹³
0943	宽路~	阔 kʰuɛ²⁴	0944	宽敞房子~	阔 kʰuɛ²⁴
0945	窄路~	琶 pa²¹	0946	高飞得~	高 xo⁵³
0947	低飞得~	矮 ai²¹³	0948	高比我~	高 xo⁵³
0949	矮比我~	矮 ai²¹³	0950	远路~	跳 to⁴²
0951	近路~	近 kyiŋ⁵⁵	0952	深水~	深 tsʰeiŋ⁵³
0953	浅水~	浅 tsʰiŋ²¹³	0954	清水~	清 tsʰeiŋ⁵³
0955	浑水~	浑 xauŋ²¹	0956	圆	圈圈 kauŋ²¹lauŋ²¹

续表

序号	词目	方言词	序号	词目	方言词
0957	扁	扁 piŋ²¹	0958	方	四角 si⁴²ku²⁴
0959	尖	尖 tsiŋ⁴²	0960	平	平 piaŋ³³
0961	肥~肉	肥 pui³³	0962	瘦~肉	瘦 sɛ⁴²
0963	肥形容猪等动物	肥 pui³³	0964	胖形容人	肥 pui³³
0965	瘦形容人	瘪 suɛ⁴²	0966	黑	乌 u⁵³
0967	白	白 pa⁵⁵	0968	红	红 xoŋ²¹
0969	黄	黄 oŋ³³	0970	蓝	蓝 laŋ³³
0971	绿	绿 ly⁴²	0972	紫	紫 tsu²¹³
0973	灰	灰 xuɛ⁵³	0974	多东西~	侪 tsai²¹
0975	少东西~	浅 tsʰiŋ²¹³	0976	重把子~	重 toŋ⁵⁵
0977	轻把子~	轻 kʰiaŋ⁵³	0978	直线~	直 tɛ⁵⁵
0979	陡坡~	业 ŋiɛ⁴²	0980	弯~的	弯 ueiŋ⁵³
0981	歪~的	□ ŋɛ³³	0982	厚木板~	厚 kɛ⁴²
0983	薄木板~	薄 po⁴²	0984	稠稀饭~	浓 nœyŋ³³
0985	稀稀饭~	清 tsaiŋ⁵³	0986	密种得~	密 me⁴²
0987	稀种得~	疏 su⁵³	0988	亮指光线	光 koŋ⁵³
0989	黑指光线	暗 auŋ⁴²	0990	热天气	热 iɛ⁴²
0991	暖和天气	暖 nueiŋ²¹³	0992	凉天气	濑 tsʰeiŋ⁴²
0993	冷天气	寒 kueiŋ²¹	0994	热天气	烧 tsʰio⁵³
0995	凉天气	濑 tsʰeiŋ⁴²	0996	干晒~了	焦 tio⁵³
0997	湿淋~了	湿 shiɛ²⁴	0998	干净衣服~	俫俐 lai³³li⁵⁵
0999	脏	污□ y⁵³xy²¹	1000	快刀子~	利 li⁵⁵
1001	钝刀子~	獪利 mai⁴²li⁵⁵	1002	快坐车~	快 kʰyɛ⁴²
1003	慢走路~	慢 maiŋ⁵⁵	1004	早来得~	早 tso²¹³
1005	晚来~了	慢 maiŋ⁵⁵	1006	晚天色~	暗 auŋ⁴²

317

续表

序号	词目	方言词	序号	词目	方言词
1007	松捆得~	松 soŋ⁵³	1008	紧捆得~	紧 keiŋ²¹³
1009	容易题~	简单 kaiŋ²¹³tueiŋ⁵³	1010	难题~	难 nueiŋ³³
1011	新衣服~	新 seiŋ⁵³	1012	旧衣服~	旧 kiu⁵⁵
1013	老人~	老 sɛ⁵⁵	1014	年轻人~	年轻 niŋ³³kʰiaŋ⁵³
1015	软糖~	软 nyiŋ²¹³	1016	硬糖~	硬 ŋaiŋ⁵⁵
1017	烂煮得~	烂 lueiŋ⁵⁵	1018	糊烧~了	焦 tsʰio⁵³
1019	结实家具~	实落 i⁴²lo⁴²	1020	破衣服~	破 pʰuɛ⁴²
1021	富很~	富 xu⁴²	1022	穷很~	穷 kœyŋ³³
1023	忙很~	忙 mauŋ²¹	1024	闲很~	闲 xaiŋ²¹
1025	累很~	累 lui⁵⁵	1026	疼很~	疾 tsi⁵⁵
1027	痒皮肤~	咬 kau⁴²	1028	热闹很~	闹热 nau⁵⁵iɛ²¹
1029	熟悉很~	熟 sy⁵⁵	1030	陌生很~	生分 saŋ⁵³xuaŋ⁵⁵
1031	味道这~	味道 mi⁵⁵tau⁴²	1032	气味闻~	气色 kʰi⁴²sɛ²⁴
1033	咸菜~	咸 keiŋ²¹	1034	淡菜~	暫 tsiaŋ²¹
1035	酸	酸 sauŋ⁵³	1036	甜	甜 taiŋ²¹
1037	苦	苦 kʰu²¹³	1038	辣	辣 la²⁴
1039	鲜鱼汤~	甜 taiŋ²¹	1040	香	香 sioŋ⁵³
1041	臭	臭 tsʰɛ⁴²	1042	馊饭~	臭馊 tʰɛ⁴²tʰiu⁵³
1043	腥鱼~	臊 tsʰo⁵³	1044	好	好 xo²¹³
1045	坏	坏 xuɛ⁵⁵	1046	差	差 tsʰa⁵³
1047	对	对 tuɛ⁴²	1048	错	错 tsʰo⁴²
1049	漂亮	身正 saŋ⁵³tsiaŋ⁵³	1050	丑	惊人 kiaŋ⁵³neiŋ³³
1051	勤快	切 tsʰai²⁴	1052	懒	懒 tueiŋ⁴²
1053	乖	恶 o²⁴	1054	顽皮	调皮 tʰio⁵⁵pʰuɛ³³
1055	老实	老实 lo²¹³si²⁴	1056	傻痛呆	神 seiŋ²¹

序号	词目	方言词	序号	词目	方言词
1057	笨蠢	笨 poŋ⁵⁵	1058	大方不吝啬	大量 tuɛ⁵⁵lioŋ⁵⁵
1059	小气吝啬	嗇鄙 sɛ²⁴pʰi²¹	1060	直爽性格~	直 tɛ⁵⁵
1061	犟脾气~	牛 niu³³			

（十三）数　量

序号	词目	方言词	序号	词目	方言词
1062	一	一 i²⁴	1063	二	二 ni⁵⁵
1064	三	三 saŋ⁵³	1065	四	四 si⁴²
1066	五	五 ŋu⁴²	1067	六	六 su⁵⁵
1068	七	七 tsʰi²⁴	1069	八	八 pai²⁴
1070	九	九 kiu²¹³	1071	十	十 tsi⁵⁵
1072	二十	二十 ni⁵⁵si⁵⁵	1073	三十	三十 saŋ⁵³si⁵⁵
1074	一百	蜀百 tsi⁴²pa²⁴	1075	一千	蜀千 tsi⁴²tsʰaiŋ⁵³
1076	一万	蜀万 tsi⁴²uaiŋ⁴²	1077	一百零五	蜀百零五 tsi⁴²pa²⁴laiŋ³³ŋu⁴²
1078	一百五十	百五 pa²⁴ŋu⁴²	1079	第一	第一 ti⁴²i²⁴
1080	二两	两两 sauŋ⁵⁵lioŋ²¹³	1081	几个	几只 ki²⁴tsia²⁴
1082	俩	两只 sauŋ⁵⁵tsia²⁴	1083	仨	三只 saŋ⁵³tsia²⁴
1084	个把	只把 tsia²⁴pa²⁴	1085	个一~人	只 tsia²⁴
1086	匹一~马	头 tʰɛ³³	1087	头一~马	头 tʰɛ³³
1088	头一~猪	头 tʰɛ³³	1089	只一~狗	头 tʰɛ³³
1090	只一~鸡	头 tʰɛ³³	1091	只一~蚊子	只 tsia²⁴
1092	条一~鱼	头 tʰɛ³³	1093	条一~蛇	程 tiaŋ²¹
1094	张一~嘴	张 tioŋ⁵³	1095	张一~桌	张 tioŋ⁵³
1096	床一~被子	床 tsʰoŋ³³	1097	领一~席子	床 tsʰoŋ³³

续表

序号	词目	方言词	序号	词目	方言词
1098	双__~鞋	双 sauŋ⁵³	1099	把__~刀	把 pa²⁴
1100	把__~锁	把 pa²⁴	1101	根__~绳	程 tiaŋ²¹
1102	支__~笔	支 tsiɛ⁵³	1103	副__~眼镜	副 xu⁴²
1104	面__~镜子	面 miŋ⁵⁵	1105	块__~香皂	截 suɛ²⁴
1106	辆__~车	辆 lioŋ³³	1107	座__~房子	栋 tauŋ⁴²
1108	座__~桥	程 tiaŋ²¹	1109	条__~河	程 tiaŋ²¹
1110	条__~路	程 tiaŋ²¹	1111	棵__~树	丛 tsoŋ³³
1112	朵__~花	头 tʰɛ³³	1113	颗__~珠子	只 tsia²⁴
1114	粒__~米	只 tsia²⁴	1115	顿__~饭	顿 tauŋ⁴²
1116	剂__~药	帖 tʰai²⁴	1117	股__~香味	阵 teiŋ⁵⁵
1118	行__~字	行 xauŋ²¹	1119	块__~钱	块 tʰiɛ⁵⁵
1120	毛__~钱	角 ku²⁴	1121	件__~事	样 ioŋ⁵⁵
1122	点儿__~东西	咪毛仔 mi⁵⁵mo³³tsiɛ⁰	1123	些__~东西	咪仔 mi⁵⁵tsiɛ⁰
1124	下打~~	下 xa⁵⁵	1125	会儿坐了~~	刻仔 kʰɛ²⁴tsiɛ⁰
1126	顿打~~	顿 tauŋ⁴²	1127	阵下~~雨	阵 teiŋ⁵⁵
1128	趟去了~~	盘 pueiŋ³³			

（十四）代副介连词

序号	词目	方言词	序号	词目	方言词
1129	我	我 uɛ⁴²	1130	你	你 ni⁴²
1131	您	你 ni⁴²	1132	他	渠 ky⁴²
1133	我们不包括听话人	我人 uɛ⁴²neiŋ³³	1134	咱们包括听话人	俺人 aŋ⁵³neiŋ³³
1135	你们	你人 ni⁴²neiŋ³³	1136	他们	渠人 ky⁴²neiŋ³³
1137	大家	大家 tuɛ⁵⁵ka⁵³	1138	自己	自己 tsi²¹tsi⁵⁵

序号	词目	方言词	序号	词目	方言词
1139	别人	别人 $pie^{55}nein^{33}$	1140	我爸	我爹 $ue^{42}ta^{53}$
1141	你爸	你爹 $ni^{42}ta^{53}$	1142	他爸	渠爹 $ky^{42}ta^{53}$
1143	这个	□只 $ia^{24}tsia^{24}$	1144	那个	兀只 $ua^{24}tsia^{24}$
1145	哪个	呢只 $ni^{53}tsia^{24}$	1146	谁	甚人 $sein^{42}nein^{33}$
1147	这里	□底 $ia^{24}ti^{0}$	1148	那里	兀底 $ua^{24}ti^{0}$
1149	哪里	呢底 $ni^{53}ti^{0}$	1150	这样	□□ $kie^{53}kie^{0}$
1151	那样	□□ $kye^{53}kye^{0}$	1152	怎样	甚么样 $sein^{42}mue^{42}ion^{55}$
1153	这么	□ kie^{53}	1154	怎么	怎人 $tein^{42}nein^{33}$
1155	什么	孰么 $se^{42}me^{42}$	1156	什么	甚呢 $sein^{42}ni^{55}$
1157	为什么	为甚呢 $ui^{55}sein^{42}ni^{55}$	1158	干什么	做甚呢 $tsa^{42}sein^{42}ni^{55}$
1159	多少	几多 $ki^{213}tue^{53}$	1160	很_{今天～热}	很 $xain^{213}$
1161	非常_{比上条程度深}	尽 $tsein^{55}$	1162	更_{今天比昨天～热}	更 $kain^{42}$
1163	太_{这个东西～贵}	世 sie^{42}	1164	最_{他～高}	最 $tsui^{42}$
1165	都	都 tu^{53}	1166	一共	共拢总 $kon^{55}lon^{42}tson^{213}$
1167	一起	齐帮 $tsai^{21}paun^{53}$	1168	只_{我～去过一趟}	总 $tson^{213}$
1169	刚_{这双鞋我穿着～好}	顷顷 $k^hain^{42}k^hain^{42}$	1170	刚_{我～到}	顷 k^hain^{42}
1171	才_{你怎么～来啊?}	顷 k^hain^{42}	1172	就_{我吃了饭～去}	就 $tsiu^{55}$
1173	经常_{我～去}	时时 $se^{33}se^{33}$	1174	又_{他～来了}	已 i^{21}
1175	还_{他～没回家}	固 ku^{42}	1176	再_{你明天～来}	再 $tsue^{42}$
1177	也_{我～去}	也 ia^{42}	1178	反正_{～还来得及}	反正 $xuain^{213}tsian^{42}$
1179	没有_{昨天我～去}	怀噌 $ein^{55}nain^{21}$	1180	不_{明天我～去}	怀 ein^{55}
1181	别_{你～去}	勿 mi^{33}	1182	甭_{你～客气}	勿 mi^{33}
1183	快_{天～亮了}	易 ie^{55}	1184	差点儿_{～摔倒了}	差咪仔 $ts^ha^{53}mi^{55}tsie^{0}$
1185	宁可_{～买贵的}	宁愿 $nein^{21}ŋyin^{55}$	1186	故意_{～打破的}	故意 $ku^{42}i^{42}$
1187	随便_{～弄一下}	随便 $sui^{21}pin^{55}$/ 周 $mɔn^{21}$	1188	白_{～跑一趟}	白 pa^{55}

续表

序号	词目	方言词	序号	词目	方言词
1189	肯定~是他干的	肯定 kʰaiŋ²¹³teiŋ⁴²	1190	可能~是他干的	可能 kʰo²⁴naiŋ²¹
1191	一边~走，~说	蜀边 tsi⁴²piŋ⁵³	1192	和我~他都姓王	□ kʰɛ⁵³
1193	和我~他去城里	□ kʰɛ⁵³	1194	对他~我很好	对 uɛ⁴²
1195	往~东走	逮 tai⁵⁵	1196	向~他借一本书	□ kʰɛ⁵³
1197	按~他的要求做	照 tsio⁴²	1198	替~他写信	替 tʰai⁴²
1199	如果~忙你就别来了	来是 lɛ³³si⁵⁵	1200	不管~怎么劝他都不听	怀管 eiŋ⁵⁵kueiŋ²¹³

二、邵武方言词汇

一千两百个词条，分为十四大类。

（一）天文地理

序号	词目	方言词	序号	词目	方言词
0001	太阳	热头 nie³⁵həu⁵³	0002	月亮	月光 vie³⁵kuaŋ⁵³
0003	星星	星儿 sen²¹nə⁰	0004	云	云 vin³³
0005	风	风 piuŋ²¹	0006	台风	台风 tʰai³³piuŋ²¹
0007	闪电	焰刀 viaŋ⁵⁵tau²¹	0008	雷	雷 lei³³
0009	雨	雨 hy⁵⁵	0010	下雨	落雨 lo³⁵hy⁵⁵
0011	淋	涿 tʰy⁵⁵	0012	晒	曝 pʰu⁵³
0013	雪	雪 sie⁵³	0014	冰	冰 pen²¹
0015	冰雹	雹 pʰo⁵³	0016	霜	霜 son²¹
0017	雾	濛 muŋ⁵⁵	0018	露	露 so²¹³
0019	虹	龙 liuŋ⁵⁵	0020	日食	日食 ni³⁵çi³⁵
0021	月食	天狗食月 tʰien²¹kəu³³çie³⁵vie³⁵	0022	天气	天气 tʰien²¹kʰi²¹

续表

序号	词目	方言词	序号	词目	方言词
0023	晴	晴 $t^haŋ^{33}$	0024	阴	阴 $ən^{21}$
0025	旱	旱 hon^{35}	0026	涝	涨大水 $tioŋ^{55}hai^{35}sei^{55}$
0027	天亮	天光 $hien^{21}kuoŋ^{21}$	0028	水田	水塍 $sei^{55}t^hen^{53}$
0029	旱地	干地 $kon^{21}t^hi^{35}$	0030	田埂	塍埂 $t^hen^{53}kaŋ^{55}$
0031	路	墿 hio^{35}	0032	山	山 son^{21}
0033	山谷	谷儿里 $k^hu^{21}ə^0ti^0$	0034	江	江 $kaŋ^{21}$
0035	溪	溪 $k^həi^{21}$	0036	水沟儿	圳坑 $tɕin^{21}k^haŋ^{53}$
0037	湖	湖 fu^{33}	0038	池塘	鱼塘 $ŋ^{33}hoŋ^{33}$
0039	水坑儿	水洼儿 $sei^{55}u^{35}ə^0$	0040	洪水	大水 $hai^{35}sei^{55}$
0041	淹	浸 $tsən^{213}$	0042	河岸	溪边上 $k^həi^{21}pien^{21}ɕioŋ^0$
0043	坝	坝 pa^{213}	0044	地震	地震 $t^hi^{35}tɕin^{55}$
0045	窟窿	窟窿 $k^huei^{53}luŋ^{33}$	0046	缝儿	缝 $p^hiuŋ^{35}$
0047	石头	石 $ɕio^{35}$	0048	土	泥 nie^{33}
0049	泥	泥 nie^{33}	0050	水泥	洋灰 $ioŋ^{33}fəi^{21}$
0051	沙子	沙 sai^{21}	0052	砖	砖 $tɕien^{21}$
0053	瓦	瓦 ua^{55}	0054	煤	煤 $məi^{33}$
0055	煤油	洋油 $ioŋ^{33}iou^{33}$	0056	炭	炭 t^han^{213}
0057	灰_{烧成的}	灰 $fəi^{21}$	0058	灰尘_{桌上的}	灰 $fəi^{21}$
0059	火	火 $fəi^{55}$	0060	烟	烟 ien^{21}
0061	失火	起火 $k^hi^{55}fəi^{55}$	0062	水	水 sei^{55}
0063	凉水	清水 $t^hən^{21}sei^{33}$	0064	热水	滚水 $kuən^{55}sei^{33}$
0065	开水	开水 $k^həi^{21}sei^{33}$	0066	磁铁	吸石 $hən^{53}ɕio^{35}$

（二）时间方位

序号	词目	方言词	序号	词目	方言词
0067	时候	时间 çi³³kan²¹	0068	什么时候	啥个时间 çia⁵³kəi⁰çi³³kan²¹
0069	现在	今家 tçio⁵³ka²¹	0070	以前 十年~	过去 kuo³⁵kʰy³⁵
0071	以后 十年~	以后 i⁵⁵həu³⁵	0072	一辈子	个世 kəi²¹çi³⁵
0073	今年	今年 kən²¹nin⁵³	0074	明年	明年 maŋ³³nin⁵³
0075	后年	□年 hin⁵³nin⁵³	0076	去年	去年 kʰo²¹nin⁵³
0077	前年	前年 tʰin⁵³nin⁵³	0078	往年	往年 uoŋ⁵⁵nin⁵³
0079	年初	年头 nin⁵³həu⁵³	0080	年底	年尾 nin⁵³mei⁵⁵
0081	今天	今朝 kən²¹tçiau²¹	0082	明天	明朝 maŋ³³tçiau²¹
0083	后天	还朝 hin⁵³tçiau²¹	0084	大后天	晚晚还朝 uan³³uan³³hin⁵³tçiau²¹
0085	昨天	昨冥 tʰo³⁵maŋ⁰	0086	前天	前日冥 tʰin⁵³ni⁰maŋ⁰
0087	大前天	算前日冥 suon³⁵tʰin⁵³ni⁰maŋ⁰	0088	整天	整工 tçin⁵⁵kuŋ²¹
0089	每天	日日 ni³⁵ni⁰	0090	早晨	天光 hien²¹kuoŋ²¹
0091	上午	上昼 çioŋ³⁵tu⁰	0092	中午	昼头 tu²¹həu⁰
0093	下午	下昼 ha⁵⁵tu⁰	0094	傍晚	黑边子 hə⁵³pien²¹tsə⁰
0095	白天	日昼 ni³⁵tu⁰	0096	夜晚	暗头 on²¹həu⁵³
0097	半夜	半夜 pon²¹io³⁵	0098	正月	正月 tçiaŋ²¹vie³⁵
0099	大年初一	大月初一 hai³⁵vie³⁵tʰu²¹i⁵³	0100	元宵节	元宵 vie³³siau²¹
0103	七月十五	月半 vie³⁵pon⁰	0104	中秋	中秋 tiuŋ²¹tʰəu²¹
0105	冬至	冬至 tuŋ²¹tçi³⁵	0106	腊月	十二月 çin³⁵ni³⁵vie³⁵
0107	除夕	三十冥日 san²¹çi³³maŋ³³ni⁵³	0108	历书	通书 tʰuŋ²¹çy²¹
0109	阴历	阴历 ən²¹li⁰	0110	阳历	阳历 ioŋ³³li⁰
0111	星期天	礼拜日 li⁵⁵pai²¹ni⁰	0112	地方	地方 tʰi³⁵foŋ⁰
0113	什么地方	啥个地方 çia⁵³kəi⁰tʰi³⁵foŋ⁰	0114	家里	厝底 tçʰio²¹ti⁰

序号	词目	方言词	序号	词目	方言词
0115	城里	城底 $\varepsilon in^{33}ti^0$	0116	乡下	乡下 $hio\eta^{21}ha^{33}$
0117	上面	上头 $\varepsilon io\eta^{35}h\partial u^0$	0118	下面	下底 $ha^{55}ti^0$
0119	左边	背手边 $p^h\partial i^{35}\varepsilon iou^{55}pien^{21}$	0120	右边	正手边 $t\varepsilon ia\eta^{21}\varepsilon iou^{55}pien^{21}$
0121	中间	当郎 $to^{21}lo\eta^{33}$	0122	前面	前头 $t^hin^{53}h\partial u^0$
0123	后面	背□ $pei^{21}hi^{53}$	0124	末尾	尾上 $mei^{55}\varepsilon io\eta^0$
0125	对面	对门 $tei^{35}m\partial n^{33}$	0126	面前	面前 $min^{21}t^hin^{53}$
0127	背后	背□ $pei^{21}hi^{53}$	0128	里面	底头 $ti^{55}h\partial u^0$
0129	外面	外头 $uai^{35}h\partial u^0$	0130	旁边	旁边 $po\eta^{21}pien^{21}$
0131	上	上 $\varepsilon io\eta^{35}$	0132	下	下 ha^{55}
0133	边儿	边 $pien^{21}$	0134	角儿	角 ko^{53}
0135	上去	上去 $\varepsilon io\eta^{55}k^ho^0$	0136	下来	下来 $ha^{55}li^0$
0137	进去	归去 $kuei^{21}k^ho^0$	0138	出来	出来 $t^hei^{53}li^0$
0139	出去	出去 $t^hei^{53}k^ho^0$	0140	回来	归来 $kuei^{21}li^0$
0141	起来_{天冷~了}	起来 $k^hi^{55}li^0$			

（三）植 物

序号	词目	方言词	序号	词目	方言词
0142	树	树 $t\varepsilon^hy^{35}$	0143	木头	树 $t\varepsilon^hy^{35}$
0144	松树	松树 $t^hiu\eta^{21}t\varepsilon^hy^{35}$	0145	柏树	柏树 $p\partial^{53}t\varepsilon^hy^{35}$
0146	杉树	杉树 $san^{21}t\varepsilon^hy^{35}$	0147	柳树	柳树 $lou^{55}t\varepsilon^hy^{35}$
0148	竹子	竹儿 $ty^{53}\partial^0$	0149	笋	笋 sin^{55}
0150	叶子	箬 nio^{53}	0151	花	花 fa^{21}
0152	花蕾	花盏 $fa^{21}tson^{53}$	0153	梅花	梅花 $m\partial i^{33}fa^{21}$
0154	牡丹	牡丹 $m\partial u^{55}tan^{21}$	0155	荷花	荷花 $ho^{33}fa^{21}$

续表

序号	词目	方言词	序号	词目	方言词
0156	草	草 tʰau⁵⁵	0157	藤	藤 hen³³
0158	刺	势 sə⁵³	0159	水果	水果 sei⁵⁵kuo³³
0160	苹果	苹果 pʰin³³kuo³³	0161	桃子	桃儿 tʰau⁵³ə⁰
0162	梨	梨儿 li³³ə⁰	0163	李子	李儿 sə⁵³ə⁰
0164	杏	杏 hen³⁵	0165	橘子	柑儿 kon²¹nə⁰
0166	柚子	大柑儿 hai³⁵kon²¹nə⁰	0167	柿子	柿花 sə³⁵fa²¹
0168	石榴	石榴 ɕi³⁵lou⁰	0169	枣	枣儿 tsau⁵³ə⁰
0170	栗子	栗儿 li³⁵ə⁰	0171	核桃	核桃 hoi⁵³tʰau⁰
0172	银杏	白果 pʰa³³kuo⁵⁵	0173	甘蔗	蔗 tɕia²¹³
0174	木耳	木耳 mu³⁵ə⁵⁵	0175	蘑菇	菇儿 u⁵⁵ə⁰
0176	香菇	香菇 hioŋ²¹ku²¹	0177	稻子_植物_	禾 vəi³³
0178	稻谷	粟 ɕy⁵³	0179	稻草	秆 kon⁵⁵
0180	大麦_植物_	麦子 ma³⁵tsə⁰	0181	小麦_植物_	麦子 ma³⁵tsə⁰
0182	麦秸	麦秆 ma³⁵kuaŋ⁵⁵	0183	谷子_植物_	狗尾巴 kəu⁵⁵mei⁵⁵pa²¹
0184	高粱_植物_	高粱 kau²¹lioŋ³³	0185	玉米_植物_	芭黍 pau²¹sy⁰
0186	棉花_植物_	棉花 mien³³fa²¹	0187	油菜	油菜 iou³³tʰə²¹
0188	芝麻	麻儿 mai⁵³ə⁰	0189	向日葵_植物_	葵花 kʰuei³³fa²¹
0190	蚕豆	嘎嘎豆 ka³⁵kaᵘhəu³⁵	0191	豌豆	雪花豆 sie⁵³fa²¹həu³⁵
0192	花生	花生 fa²¹sen²¹	0193	黄豆	黄豆 uoŋ³³həu³⁵
0194	绿豆	绿豆 ly³⁵həu³⁵	0195	豇豆	豆角 həu³⁵ko⁵³
0196	大白菜	大白菜 hai³⁵pʰa³⁵tʰə²¹	0197	包心菜	包菜 pau²¹tʰə²¹
0198	菠菜	菠薐菜 po²¹lin³³tʰə²¹	0199	芹菜	芹菜 kʰən³³tʰə²¹
0200	莴笋	莴苣笋 uo²¹ky²¹sin⁵⁵	0201	韭菜	韭菜 kou⁵⁵tʰə²¹
0202	香菜	香菜 hioŋ²¹tʰə²¹	0203	葱	葱 tʰuŋ²¹
0204	蒜	蒜 son²¹³	0205	姜	姜 kioŋ²¹

序号	词目	方言词	序号	词目	方言词
0206	洋葱	洋葱 ioŋ³³tʰuŋ²¹	0207	辣椒	番椒 pan²¹tsiau²¹
0208	茄子	茄儿 kʰio³³ə⁰	0209	西红柿	番茄 fan²¹kʰio³³
0210	萝卜	萝卜 lo³³pʰə²¹	0211	胡萝卜	赤萝卜 tɕʰia⁵³lo³³pʰə²¹
0212	黄瓜	劈瓜 sə⁵³kua²¹	0213	丝瓜	天萝 tʰien²¹lo³³
0214	南瓜	金瓜 kən²¹kua²¹	0215	荸荠	马荠 ma⁵⁵tʰi⁰
0216	红薯	番薯 fan²¹ɕy²¹	0217	马铃薯	马铃薯 ma⁵⁵lin³³ɕy²¹
0218	芋头	芋头 y³³həu⁵³	0219	山药	药薯 io³⁵ɕy²¹
0220	藕	藕 ŋəu⁵⁵			

（四）动　物

序号	词目	方言词	序号	词目	方言词
0221	老虎	老虎 lau⁵⁵kʰu⁰	0222	猴子	猴儿 həu³³ə⁰
0223	蛇	蛇 ɕi³³	0224	老鼠	老鼠 lau⁵⁵tɕʰy⁰
0225	蝙蝠	密婆老鼠 pʰi³³pʰa³³lau⁵⁵tɕʰy⁰	0226	鸟儿	鸟儿 tsou⁵³ə⁰
0227	麻雀	麻鸟儿 mai⁵³tsou⁰ə⁰	0228	喜鹊	喜鹊 hi⁵⁵tsio⁵³
0229	乌鸦	老鸦 lau⁵⁵a²¹	0230	鸽子	鸽儿 ko⁵³ə⁰
0231	翅膀	翅 kʰie⁵³	0232	爪子	爪 tsau⁵⁵
0233	尾巴	尾巴 mei⁵⁵pa²¹	0234	窝	宿 səu⁵⁵
0235	虫子	虫儿 tʰuŋ⁵³ŋə⁰	0236	蝴蝶	蝴蝶 fu³³tʰie³³
0237	蜻蜓	岗岗鸡 koŋ²¹koŋ²¹kəi²¹	0238	蜜蜂	蜜蜂 mi³⁵pʰiuŋ²¹
0239	蜂蜜	蜜糖 mi³⁵hoŋ⁵³	0240	知了	□□苏 si⁵⁵ia³³su²¹
0241	蚂蚁	□□蚂 nie²¹nie⁵⁵ma²¹	0242	蚯蚓	黄蟺 uaŋ³³fien³³
0243	蚕	蚕 tʰon⁵³	0244	蜘蛛	茄骚 kʰio³³sau²¹
0245	蚊子	蠓儿 mən⁵³nə⁰	0246	苍蝇	乌米 u²¹mi²¹

续表

序号	词目	方言词	序号	词目	方言词
0247	跳蚤	跳蚤 tʰiau²¹tsəu⁵⁵	0248	虱子	虱嫲 sə⁵³ma³³
0249	鱼	鱼儿 ŋ³³ŋə⁰	0250	鲫鱼	黄生 uaŋ³³sen²¹
0251	鳙鱼	花鲢 fa²¹lien³³	0252	鲫鱼	鲫儿 tsɿ⁵³ə⁰
0253	甲鱼	水鸡 sei⁵⁵kəi²¹	0254	鳞	鳞 sen⁵³
0255	虾	虾公 ha⁵³kuŋ²¹	0256	螃蟹	螃蟹 pʰoŋ³³hai³³
0257	青蛙	蛤蟆 ha³³ma³³	0258	癞蛤蟆	癞皮蛤蟆 lai³⁵pʰei⁵³ha³³ma³³
0259	马	马 ma⁵⁵	0260	驴	驴子 ly³³tsə⁰
0261	骡	骡子 lo³³tsə⁰	0262	牛	牛 ny³³
0263	公牛	牛公 ny³³kuŋ²¹	0264	母牛	牛嫲 ny³³ma³³
0265	放牛	睰牛 niaŋ³⁵ny³³	0266	羊	羊 ioŋ³³
0267	猪	猪 ty²¹	0268	种猪配种用的公猪	骚猪公 sau²¹ty²¹kuŋ²¹
0269	公猪已阉	菜猪 tʰə²¹ty²¹	0270	母猪未阉	猪嫲 ty²¹ma³³
0271	猪崽	猪子 ty²¹tsə⁰	0272	猪圈	猪栏 ty²¹lan³³
0273	养猪	供猪 kiuŋ²¹ty²¹	0274	猫	猫儿 mau⁵³ə⁰
0275	公猫	猫公 mau⁵³kuŋ²¹	0276	母猫	猫嫲 mau⁵³ma³³
0277	狗	狗 kəu⁵⁵	0278	公狗	狗公 kəu⁵⁵kuŋ²¹
0279	母狗	狗嫲 kəu⁵⁵ma³³	0280	叫	吠 pʰei³⁵
0281	兔子	兔儿 tʰu²¹ə⁰	0282	鸡	鸡 kəi²¹
0283	公鸡	骚鸡角 sau²¹kəi²¹ku⁵³	0284	母鸡	鸡嫲 kəi²¹ma³³
0285	叫	叫 kiau²¹³	0286	下鸡~蛋	生 saŋ²¹
0287	孵	菢 pʰau³⁵	0288	鸭	鸭儿 an⁵³nə⁰
0289	鹅	鹅 ŋo³³	0290	阉~公猪	阉 ien²¹
0291	阉~母猪	阉 ien²¹	0292	阉~鸡	阉 ien²¹
0293	喂	供 kiuŋ²¹	0294	杀猪	杀猪 sio⁵³ty²¹

序号	词目	方言词	序号	词目	方言词
0295	杀~鱼	破 pʰai²¹³			

（五）房舍器具

序号	词目	方言词	序号	词目	方言词
0296	村庄	乡村 hioŋ²¹tʰən²¹	0297	胡同	弄儿里 luŋ³³ŋə⁰ti⁰
0298	街道	街 kie²¹	0299	盖房子	起厝 kʰi⁵⁵tɕʰio²¹
0300	房子	厝 tɕʰio²¹³	0301	屋子	房间 foŋ³³kien²¹
0302	卧室	房间 foŋ³³kien²¹	0303	茅屋	茅寮 mau³³liau³³
0304	厨房	灶客 tsu²¹kʰa⁵³	0305	灶	灶 tsu²¹³
0306	锅	鼎 tiaŋ⁵⁵	0307	饭锅	鼎 tiaŋ⁵⁵
0308	菜锅	鼎 tiaŋ⁵⁵	0309	厕所旧式	肥瓮间 pʰi³³ɕiuŋ³³kien²¹
0310	檩	桁条 haŋ³³tʰiau³³	0311	柱子	柱 hou⁵⁵
0312	大门	大门 hai³⁵mən³³	0313	门槛	户隊 fu⁵⁵tən²¹
0314	窗	坎门 kʰien⁵³mən³³	0315	梯子	楼桷 ləu³³ko⁵³
0316	扫帚	扫帚 sau²¹tɕy⁵³	0317	扫地	扫地 sau²¹hoi³⁵
0318	垃圾	垃圾 lon³⁵son⁵³	0319	家具	家具 ka²¹ky³⁵
0320	东西	东西 tuŋ²¹si²¹	0321	炕	（无）
0322	床	床 tʰoŋ⁵³	0323	枕头	枕头 tɕin⁵⁵həu⁵³
0324	被子	被 pʰei⁵⁵	0325	棉絮	棉被 mien³³pʰei³³
0326	床单	床单 tʰoŋ⁵³tan²¹	0327	褥子	垫被 tʰien³⁵pʰei⁵⁵
0328	席子	席 ɕio⁵³	0329	蚊帐	帐 tioŋ²¹³
0330	桌子	槃 pʰon³³	0331	柜子	橱 hy³³
0332	抽屉	槃橱 pʰon³³hy³³	0333	案子	案 on²¹³
0334	椅子	凳 ten²¹³	0335	凳子	凳 ten²¹³

续表

序号	词目	方言词	序号	词目	方言词
0336	马桶	尿桶 niau³⁵tʰuŋ⁵⁵	0337	菜刀	菜刀 tʰə²¹tau²¹
0338	瓢	赤儿 tɕʰia⁵³ə⁰	0339	缸	瓮 ɕiuŋ²¹³
0340	坛子	坛 hon³³	0341	瓶子	罐儿 kuon²¹nə⁰
0342	盖子	摁儿 en²¹nə⁰	0343	碗	碗 uon⁵⁵
0344	筷子	箸只 hy³⁵tɕia⁵³	0345	汤匙	调羹 tʰiau³³ken²¹
0346	柴火	樵 tʰau⁵³	0347	火柴	洋火 ioŋ³³fiə³³
0348	锁	锁 so⁵⁵	0349	钥匙	锁匙 so⁵⁵ɕi³³
0350	暖水瓶	热水壶 nie³⁵sei⁵⁵fu³³	0351	脸盆	面盆 min²¹pʰən³³
0352	洗脸水	洗面水 sien⁵⁵min²¹sei⁵⁵	0353	毛巾	面巾 min²¹kin⁵³
0354	手绢	手巾 ɕiou⁵⁵kin²¹	0355	肥皂	鬼子碱 kuei⁵⁵tsə⁰kan⁵⁵
0356	梳子	梳儿 su²¹ə⁰	0357	缝衣针	针 tɕin²¹
0358	剪子	剪儿 tsien⁵³nə⁰	0359	蜡烛	蜡烛 lan³⁵tɕy⁵³
0360	手电筒	手电 ɕiou⁵⁵tʰien⁰	0361	雨伞	伞 san⁵⁵
0362	自行车	脚踏车 kio⁵³tʰai²¹tɕʰia²¹			

（六）服饰饮食

序号	词目	方言词	序号	词目	方言词
0363	衣服	衣裳 i²¹ɕioŋ²¹	0364	穿	穿 ɕioŋ³⁵
0365	脱	脱 hoi⁵³	0366	系	缚 pʰu³⁵
0367	衬衫	衬衫 tʰən²¹san⁵³	0368	背心	背心 pei²¹sən⁵³
0369	毛衣	绒索衣 iuŋ³⁵so⁵³i²¹	0370	棉衣	棉裘 mien³³niou⁰
0371	袖子	衫袖 san²¹tʰou⁰	0372	口袋	荷包 ho³³pau⁰
0373	裤子	裤儿 kʰu²¹ə⁰	0374	短裤	短裤 tuon⁵⁵kʰu²¹
0375	裤腿	裤骹 kʰu²¹kʰau²¹	0376	帽子	帽儿 mau³⁵ə⁰

续表

序号	词目	方言词	序号	词目	方言词
0377	鞋子	鞋儿 hie³³ə⁰	0378	袜子	袜儿 məi⁵³ə⁰
0379	围巾	围领 uei³³lian³³	0380	围裙	围裙 uei³³kʰyn³³
0381	尿布	尿布 niau³⁵pio⁰	0382	扣子	纽儿 nəu⁵⁵ə⁰
0383	扣	扣 kʰəu²¹³	0384	戒指	戒指 kai²¹tɕi⁵³
0385	手镯	镯儿 tʰo³⁵ə⁰	0386	理发	剃头 tʰie²¹həu⁵³
0387	梳头	梳头 su²¹həu⁵³	0388	米饭	饭 pʰən³⁵
0389	稀饭	粥 tɕy⁵³	0390	面粉	面灰 mien³⁵fəi⁵³
0391	面条	面 mien³⁵	0392	面儿	末儿 mei³⁵ə⁰
0393	馒头	馍馍 mo³³mo⁰	0394	包子	包子 pau²¹tsə⁰
0395	饺子	饺儿 kiau⁵³ə⁰	0396	馄饨	馄饨 uən³³tʰən³³
0397	馅儿	瓢 noŋ⁵³	0398	油条_{旧称}	油条 iou³³tʰiau³³
0399	豆浆	豆浆 həu³⁵tsioŋ²¹	0400	豆腐脑	豆心花 həu³⁵sən⁵³fa²¹
0401	元宵	圆儿 uən³³nə⁰	0402	粽子	粽儿 tsuŋ²¹ŋə⁰
0403	年糕	糕 kau²¹	0404	点心	点心 tien⁵⁵sən²¹
0405	菜	菜 tʰə²¹³	0406	干菜	干菜 kuon²¹tʰə²¹
0407	豆腐	豆心 həu³⁵sən⁵³	0408	猪血_{当菜的}	猪血 ty²¹fie⁵³
0409	猪蹄_{当菜的}	猪脚 ty²¹kʰau²¹	0410	猪舌头_{当菜的}	猪舌贴 ty²¹ɕie³⁵tʰien⁵³
0411	猪肝_{当菜的}	猪肝 ty²¹hon²¹	0412	下水	下水 ha⁵⁵sei³³
0413	鸡蛋	鸡卵 kəi²¹suon⁵⁵	0414	松花蛋	皮卵 pʰi³³suon⁵⁵
0415	猪油	膏 hau⁵⁵	0416	香油	麻油 mai⁵³iou³³
0417	酱油	酱油 tsioŋ³⁵iou³³	0418	盐	盐 ien³³
0419	醋	老酒 lau⁵⁵tsou³³	0420	香烟	烟 ien²¹
0421	旱烟	黄烟 uoŋ³³ien²¹	0422	白酒	烧酒 ɕiau²¹tsou³³
0423	黄酒	红酒 fuŋ³³tsou³³	0424	江米酒	酒娘 tsou⁵⁵nioŋ³³
0425	茶叶	茶箬 tʰa³³nio⁵³	0426	沏	泡 pʰau³⁵

续表

序号	词目	方言词	序号	词目	方言词
0427	冰棍儿	冰棒 pen²¹poŋ³⁵	0428	做饭	做饭 tso²¹pʰən³⁵
0429	炒菜	炒菜 tʰau⁵⁵tʰɔ²¹	0430	煮	煮 tɕy⁵⁵
0431	煎	煎 tsien²¹	0432	炸	炸 tsa⁵³
0433	蒸	蒸 tɕin²¹	0434	揉	揉 no³³
0435	擀	擀 kan⁵⁵	0436	吃早饭	食天光 ɕie³⁵hien²¹kuoŋ²¹
0437	吃午饭	食昼 ɕie³⁵tu³⁵	0438	吃晚饭	食暗 ɕie³⁵on³⁵
0439	吃~饭	食 ɕie³⁵	0440	喝~酒	食 ɕie³⁵
0441	喝~茶	食 ɕie³⁵	0442	抽~烟	食 ɕie³⁵
0443	盛~饭	装 toŋ²¹	0444	夹	钳 kʰien³³
0445	斟	筛 sai²¹	0446	渴	干 kuon²¹
0447	饿	腹糟 py⁵³tsau²¹	0448	噎	哽 kʰaŋ⁵⁵

（七）身体医疗

序号	词目	方言词	序号	词目	方言词
0449	头	头 həu⁵³	0450	头发	头发 həu⁵³pei⁰
0451	辫子	辫子 pien²¹tsə⁰	0452	旋	旋 tʰien³⁵
0453	额头	额 nia⁵³	0454	相貌	相貌 sioŋ²¹mau³⁵
0455	脸	面 min²¹³	0456	眼睛	目珠 mu⁵³tɕy²¹
0457	眼珠	目珠仁 mu⁵³tɕy²¹nin³³	0458	眼泪	目珠水 mu⁵³tɕy²¹sei⁵⁵
0459	眉毛	眉毛 mi³³mau³³	0460	耳朵	聆窟 nin⁵⁵kʰuei⁰
0461	鼻子	鼻窟 pʰi³³kʰuei⁰	0462	鼻涕	鼻 pʰi²¹³
0463	擤	擤 sən³⁵	0464	嘴巴	嘴 tsei⁵⁵
0465	嘴唇	嘴堍 tsei⁵⁵ɕien³³	0466	口水	㖞 lan⁵⁵
0467	舌头	舌贴 ɕie³⁵tʰien⁵³	0468	牙齿	牙齿 ŋa³³tɕʰi⁰

序号	词目	方言词	序号	词目	方言词
0469	下巴	下巴 ha^{55}pa^0	0470	胡子	胡须 u^{33}t^{h}ou^{21}
0471	脖子	颈子 kiaŋ^{55}tsə^0	0472	喉咙	胡咙 u^{33}liaŋ^{33}
0473	肩膀	肩头 kien^{21}həu^0	0474	胳膊	胳膊 kə^{53}po^{33}
0475	手	手 ɕiou^{55}	0476	左手	背手 p^{h}əi^{35}ɕiou^{55}
0477	右手	正手 tɕiaŋ^{21}ɕiou^{55}	0478	拳头	拳头 k^{h}yn^{33}həu^{53}
0479	手指	手食子 ɕiou^{55}ɕi^{0}tsə^0	0480	大拇指	手食嫲 ɕiou^{55}ɕi^{0}ma^{33}
0481	食指	食指 ɕi^{35}tɕi^{55}	0482	中指	当郎手食子 to^{21}loŋ^{33}ɕiou^{55}ɕi^{0}tsə^0
0483	无名指	无名指 u^{33}min^{55}tɕi^{55}	0484	小拇指	小手食子 siau^{55}ɕiou^{55}ɕi^{0}tsə^0
0487	脚（包括大腿和小腿）	骹 k^{h}au^{21}	0488	膝盖	膝头 sə^{53}həu^0
0489	背	背脊 pei^{21}tɕia^{53}	0490	肚子	腹书 py^{53}ɕy^{21}
0491	肚脐	腹书脐 py^{53}ɕy^{21}t^{h}i^{33}	0492	乳房	汁汁 tsei^{53}tsei^0
0493	屁股	屎窟 ɕi^{55}k^{h}uei^{21}	0494	肛门	屎窟门 ɕi^{55}k^{h}uei^{21}mən^{33}
0495	阴茎	脧子 tsoi^{21}tsə^0	0496	女阴	屄屄 pie^{21}pie^0
0497	俞	俞 t^{h}o^{53}	0498	精液	精子 tsin^{21}tsə^0
0499	来月经	来身上 li^{33}ɕin^{21}ɕioŋ^0	0500	拉屎	拉屎 lai^{33}ɕi^{55}
0501	撒尿	拉尿 lai^{33}niau^{35}	0502	放屁	放屁 puŋ^{35}p^{h}i^{35}
0503	相当于"他妈的"的口头禅	伊娘佬个 hu^{35}nioŋ^{33}lau^{0}kəi^0	0504	病了	溃儿 k^{h}uei^{35}ə^0
0505	着凉	受凉 ɕiou^{35}lioŋ^{33}	0506	咳嗽	咳嗽 k^{h}ə^{53}sou^{35}
0507	发烧	有滚 iou^{55}kuən^{55}	0508	发抖	碰碰震 k^{h}oŋ^{35}k^{h}oŋ^{0}tɕien^{35}
0509	肚子疼	腹书疾 py^{53}ɕy^{21}t^{h}y^{35}	0510	拉肚子	打泻腹 ta^{55}sia^{21}py^{53}
0511	患疟疾	打摆子 ta^{55}pai^{55}tsə^0	0512	中暑	痹痧 pi^{35}sa^{21}
0513	肿	肥 p^{h}i^{33}	0514	化脓	病脓 p^{h}aŋ^{35}nuŋ^{53}
0515	疤	疤 pa^{21}	0516	癣	癣 t^{h}ien^{55}
0517	痣	痣 tɕi^{213}	0518	疙瘩	包 pau^{21}

续表

序号	词目	方言词	序号	词目	方言词
0519	狐臭	狐臭 fu^{33}tɕ^{h}iou^{35}	0520	看病	�震病 niaŋ^{35}p^{h}in^{35}
0521	诊脉	摸脉 mo^{21}mə^{35}	0522	针灸	针灸 tɕin^{21}kou^{55}
0523	打针	打针 ta^{55}tɕin^{21}	0524	打吊针	打吊针 ta^{55}tiau^{35}tɕin^{21}
0525	吃药	食药 ɕie^{35}io^{35}	0526	汤药	中药 tiuŋ^{21}io^{35}
0527	病轻了	病轻了 p^{h}in^{35}k^{h}ən^{21}lə^{0}			

（八）婚丧信仰

序号	词目	方言词	序号	词目	方言词
0528	说媒	做媒 tso^{21}məi^{33}	0529	媒人	媒人 məi^{33}nin^{33}
0530	相亲	见面 kin^{35}min^{33}	0531	订婚	过定 huo^{35}hen^{35}
0532	嫁妆	嫁妆 ha^{21}tsoŋ^{53}	0533	结婚	结婚 kie^{53}fən^{21}
0534	娶妻子	讨母娘 t^{h}au^{55}ma^{55}nioŋ^{33}	0535	出嫁	做新人 tso^{35}sən^{21}nin^{33}
0536	拜堂	拜堂 pai^{35}t^{h}oŋ^{33}	0537	新郎	新郎 sən^{21}loŋ^{33}
0538	新娘子	新人 sən^{21}nin^{33}	0539	孕妇	围大腹 uei^{33}hai^{35}py^{53}
0540	怀孕	围大腹 uei^{33}hai^{35}py^{53}	0541	害喜	病喜 p^{h}aŋ^{35}hi^{55}
0542	分娩	养儿 ioŋ^{55}ŋə^{0}	0543	流产	损了 sən^{55}liau^{0}
0544	双胞胎	双胞胎 soŋ^{21}pau^{21}t^{h}ai^{33}	0545	坐月子	落月 lo^{35}vie^{35}
0546	吃奶	食汁汁 ɕie^{35}tsei^{53}tsei^{0}	0547	断奶	断汁汁 huon^{55}tsei^{53}tsei^{0}
0548	满月	满月 mon^{55}vie^{35}	0549	生日	生日 saŋ^{21}ni^{0}
0550	做寿	做寿 tso^{21}ɕiou^{35}	0551	死$_{统称}$	死 si^{55}
0552	死$_{婉称}$	老了 lau^{55}liau^{0}	0553	自杀	自杀 t^{h}ə^{35}soi^{53}
0554	咽气	断气 huon^{55}k^{h}i^{35}	0555	入殓	殡殓 pin^{21}nien^{35}
0556	棺材	寿树 ɕiou^{35}tɕ^{h}y^{35}	0557	出殡	出丧 t^{h}ei^{53}soŋ^{21}
0558	灵位	灵槃 liaŋ^{33}p^{h}on^{33}	0559	坟墓	墓 mio^{35}

续表

序号	词目	方言词	序号	词目	方言词
0560	上坟	醮墓 $tɕiau^{35}mio^{35}$	0561	纸钱	纸 $tɕi^{55}$
0562	老天爷	天哪 $t^hien^{21}na^0$	0563	菩萨	菩萨 $p^hu^{33}sai^0$
0564	观音	观音娘娘 $kuon^{21}in^{21}nioŋ^{33}nioŋ^0$	0565	灶神	灶君爹爹 $tsu^{21}kyn^{53}ta^{21}ta^0$
0566	寺庙	庙 $miau^{35}$	0567	祠堂	祠堂 $sə^{33}hoŋ^{33}$
0568	和尚	和尚 $vei^{33}ɕioŋ^0$	0569	尼姑	尼姑 $ni^{33}ku^{21}$
0570	道士	道士 $t^hau^{35}sə^{35}$	0571	算命	算命 $suon^{21}miaŋ^{35}$
0572	运气	运气 $vin^{35}k^hi^0$	0573	保佑	保佑 $pau^{55}iou^0$

（九）人品称谓

序号	词目	方言词	序号	词目	方言词
0574	人	人 nin^{33}	0575	男人	倄人 $sa^{21}nin^{33}$
0576	女人	阿娘 $a^{21}nioŋ^{33}$	0577	单身汉	打单身 $ta^{55}tan^{21}ɕin^{21}$
0578	老姑娘	老阿娘 $lau^{55}a^{21}nioŋ^{33}$	0579	婴儿	毛毛子 $mo^{53}mo^{53}tsə^0$
0580	小孩	小团子 $siau^{55}kin^{53}tsə^0$	0581	女孩	阿娘团子 $a^{21}nioŋ^{33}kin^{53}tsə^0$
0582	男孩	团子 $kin^{53}tsə^0$	0583	老人	老倄 $lau^{55}sa^0$
0584	亲戚	亲情 $t^hən^{21}t^hiaŋ^{33}$	0585	朋友	朋友 $p^hen^{33}iou^{33}$
0586	邻居	厝下人 $tɕ^hio^{21}ha^{55}nin^{33}$	0587	客人	人客 $nin^{33}k^ha^{53}$
0588	农民	农民 $nuŋ^{33}min^{33}$	0589	商人	做生意个 $tso^{21}sen^{21}i^0kəi^0$
0590	手艺人	做手艺个 $tso^{21}ɕiou^{55}ni^0kəi^0$	0591	泥水匠	泥匠 $nie^{33}sioŋ^{33}$
0592	木匠	木匠 $mu^{53}sioŋ^{33}$	0593	裁缝	裁缝 $t^hai^{33}fuŋ^{33}$
0594	理发师	剃头师傅 $t^hie^{21}t^hou^{53}sə^{21}fu^0$	0595	厨师	厨官 $t^hy^{33}kuon^{21}$
0596	师傅	师傅 $sə^{21}fu^0$	0597	徒弟	徒弟 $t^hu^{33}t^hi^0$
0598	乞丐	乞食 $k^həi^{53}ɕi^0$	0599	妓女	婊子 $piau^{55}tsə^0$
0600	流氓	流氓 $lou^{33}moŋ^{33}$	0601	贼	贼 $t^hə^{53}$

续表

序号	词目	方言词	序号	词目	方言词
0602	瞎子_{统称}	瞎子 hie⁵³tsə⁰	0603	聋子_{统称}	聋子 suŋ⁵³tsə⁰
0604	哑巴_{统称}	哑子 a⁵⁵tsə⁰	0605	驼子_{统称}	□子 ko³⁵tsə⁰
0606	瘸子_{统称}	拐子 kuai⁵⁵tsə⁰	0607	疯子_{统称}	癫子 tien²¹tsə⁰
0608	傻子_{统称}	傻瓜 sa²¹kua²¹	0609	笨蛋_{统称}	蠢 tɕʰin⁵⁵
0610	爷爷_{呼称}	爹爹 ta²¹ta⁰	0611	奶奶_{呼称}	妈妈 ma²¹ma⁰
0612	外祖父_{叙称}	公儿 kuŋ²¹ŋə⁰	0613	外祖母_{统称}	婆婆 pʰo³³pʰo⁰
0614	父母_{合称}	爷娘 ia³³nioŋ³³	0615	父亲_{叙称}	爷佬 ia³³lau⁰
0616	母亲_{叙称}	娘佬 nioŋ³³lau⁰	0617	爸爸_{呼称}	爸爸 pa⁵³pa⁰
0618	妈妈_{呼称}	姆儿 ɯ³³ə⁰	0619	继父_{叙称}	后爷佬 hy⁵⁵ia³³lau⁰
0620	继母_{叙称}	后娘佬 hy⁵⁵nioŋ³³lau⁰	0621	岳父_{叙称}	丈人公 hioŋ⁵⁵nin³³kuŋ²¹
0622	岳母_{叙称}	丈人婆 hioŋ⁵⁵nin³³pʰo³³	0623	公公_{叙称}	爹爹 ta²¹ta⁰
0624	婆婆_{叙称}	妈妈 ma⁵³ma⁰	0625	伯父_{呼称}	伯伯 pa²¹pa⁰
0626	伯母_{呼称}	姐姐 tsia²¹tsia⁰	0627	叔父_{呼称}	叔叔 ɕy²¹ɕy⁰
0628	排行最小的叔父_{呼称}	小叔叔 siau⁵⁵ɕy²¹ɕy⁰	0629	叔母_{呼称}	婶婶 ɕin²¹ɕin⁰
0630	姑_{呼称}	姑姑 ku²¹ku⁰	0631	姑父_{呼称}	姑父 ku²¹fu⁰
0632	舅舅_{呼称}	舅儿 kʰy⁵⁵ə⁰	0633	舅妈_{呼称}	妗儿 kʰən⁵⁵nə⁰
0634	姨_{呼称}	姨儿 i³³ə⁰	0635	姨父_{呼称}	姨父 i³³fu⁰
0636	弟兄_{合称}	兄弟 fiaŋ²¹tʰi²¹	0637	姊妹_{合称}	姊妹 tsi⁵⁵mei²¹
0638	哥哥_{呼称}	哥哥 ko²¹ko⁰	0639	嫂子_{呼称}	嫂嫂 sau³³sau⁰
0640	弟弟_{叙称}	弟儿 tʰi⁵⁵ə⁰	0641	弟媳_{叙称}	弟新妇 tʰi⁵⁵sən²¹pʰy³³
0642	姐姐_{呼称}	姐姐 tsei³³tsei⁰	0643	姐夫_{呼称}	姐夫 tsia⁵⁵fu⁰
0644	妹妹_{叙称}	妹儿 mei²¹ə⁰	0645	妹夫_{叙称}	妹夫 mei²¹fu⁰
0646	堂兄弟_{叙称}	叔伯兄弟 ɕy⁵³pa²¹fiaŋ²¹tʰi²¹	0647	表兄弟_{叙称}	表兄弟 piau⁵⁵fiaŋ²¹tʰi²¹
0648	妯娌_{合称}	妯娌娘 hy³⁵li⁵⁵nioŋ³³	0649	连襟_{叙称}	姨夫老官 i³³fu²¹lau³³kuon²¹

336

序号	词目	方言词	序号	词目	方言词
0650	儿子_{叙称}	囝儿 kin⁵³nə⁰	0651	儿媳妇_{叙称}	新妇 sən²¹pʰy³³
0652	女儿_{叙称}	阿娘囝儿 a²¹nioŋ³³kin⁵³nə⁰	0653	女婿_{叙称}	女婿 ny⁵⁵si⁰
0654	孙子	孙儿 sən²¹nə⁰	0655	重孙子	曾孙儿 tʰen³³sən²¹nə⁰
0656	侄子	孙儿 sən²¹nə⁰	0657	外甥	外甥 uai³⁵saŋ⁵³
0658	外孙	外甥 uai³⁵saŋ⁵³	0659	夫妻_{合称}	夫妻 fu²¹tʰi²¹
0660	丈夫_{叙称}	老子 lau⁵³tsə⁰	0661	妻子_{叙称}	妈娘 ma⁵⁵nioŋ³³
0662	名字	名 miaŋ⁵³	0663	绰号	外号 uai³⁵hau³⁵

（十）农工商文

序号	词目	方言词	序号	词目	方言词
0664	干活儿	做事 tso²¹sə³⁵	0665	事情	事 sə³⁵
0666	插秧	栽禾 tsə²¹vəi³³	0667	割稻	癞禾 lai⁵³vəi³³
0668	种菜	栽菜 tsə²¹tʰə²¹	0669	犁	犁 lie³³
0670	锄头	锄头 kio⁵³həu⁰	0671	镰刀	截镰 sa²¹lien³³
0672	把儿	柄 paŋ³⁵	0673	扁担	扁担 pien⁵⁵tan²¹
0674	箩筐	箩子 sai⁵³tsə⁰	0675	筛子	箶儿 tʰoi⁵³ə⁰
0676	簸箕	粪筐 pin²¹kʰioŋ⁵³	0677	簸箕	米箶儿 mi⁵⁵tʰoi³³ə⁰
0678	独轮车	独胶轮 tʰu³⁵kʰau²¹lən³³	0679	轮子	轮儿 lən³³nə⁰
0680	碓	碓 tei²¹³	0681	臼	臼窟 kʰy⁵⁵kʰuei²¹
0682	磨	磨 mo³⁵	0683	年成	收成 ɕiou²¹ɕin³³
0684	走江湖	走江湖 tsəu⁵⁵kaŋ⁵⁵fu³³	0685	打工	打工 ta⁵⁵kuŋ²¹
0686	斧子	斧头 pʰy⁵⁵həu⁰	0687	钳子	钳儿 kʰien³³nə⁰
0688	螺丝刀	螺丝刀 lo³³sʅ²¹tau²¹	0689	锤子	锤儿 tʰei⁵³ə⁰
0690	钉子	钉儿 ten²¹nə⁰	0691	绳子	索子 so⁵³tsə⁰

续表

序号	词目	方言词	序号	词目	方言词
0692	棍子	棍儿 kuən²¹nə⁰	0693	做买卖	做买卖 tso²¹mie⁵⁵mie³⁵
0694	商店	商店 ɕioŋ²¹tien³⁵	0695	饭馆	饭店 pʰɔn³⁵tien³⁵
0696	旅馆	旅舍 ly⁵⁵ɕia⁰	0697	贵	贵 kuei²¹³
0698	便宜	便宜 pʰien³³ni⁰	0699	合算	划算 fa³³suon⁰
0700	折扣	折扣 tɕie⁵³kʰəu²¹	0701	亏本	亏本 kʰuei²¹pən⁵⁵
0702	钱	票儿 pʰiau²¹ə⁰	0703	零钱	零票 len³³pʰiau²¹
0704	硬币	花边子 fa²¹pien²¹tsə⁰	0705	本钱	本钱 pən⁵⁵tʰin³³
0706	工钱	工钱 kuŋ²¹tʰin³³	0707	路费	路费 lu³⁵fei²¹
0708	花	花 fa²¹	0709	赚	趁 tʰan³⁵
0710	挣	趁 tʰan³⁵	0711	欠	欠 kʰien³⁵
0712	算盘	算盘 suon²¹pʰon⁰	0713	秤	秤 tɕʰin³⁵
0714	称	则 tsə⁵³	0715	赶集	赶墟 kuon⁵⁵hy²¹
0716	集市	墟 hy²¹	0717	庙会	庙会 miau³⁵fei³⁵
0718	学校	学堂 ho³⁵tʰoŋ⁰	0719	教室	教室 kau²¹ɕi⁵³
0720	上学	上学 ɕioŋ⁵⁵ho³⁵	0721	放学	放学 poŋ²¹ho³⁵
0722	考试	考书 kʰau⁵⁵ɕy²¹	0723	书包	书包 ɕy²¹pau²¹
0724	本子	本儿 pən⁵³nə⁰	0725	铅笔	圆笔 vien³³pi⁵³
0726	钢笔	钢笔 koŋ²¹pi⁵³	0727	圆珠笔	圆子笔 vien³³tsə⁵⁵pi⁵³
0728	毛笔	毛笔 mau³³pi⁵³	0729	墨	墨 mə³⁵
0730	砚台	砚瓦 nien³⁵ua⁵⁵	0731	信	信 sin³⁵
0732	连环画	小人书 siau⁵⁵nin³³ɕy²¹	0733	捉迷藏	蒙目目珠 maŋ²¹mu²¹mu⁰tɕy²¹
0734	跳绳	跳索 tʰiau²¹so⁵³	0735	毽子	陈球 tʰin³³kʰou⁵⁵
0736	风筝	鹞儿 iau³⁵ə⁰	0737	舞狮	舞狮 u⁵⁵sə²¹
0738	鞭炮	炮 pʰau²¹³	0739	唱歌	唱歌 tɕʰioŋ³⁵ko²¹

序号	词目	方言词	序号	词目	方言词
0740	演戏	做戏 tso²¹hi²¹	0741	锣鼓	锣鼓 lo³³ku³³
0742	二胡	二胡 ni³⁵fu⁰	0743	笛子	笛儿 hə³⁵ə⁰
0744	划拳	划拳 fa³³kʰyen³³	0745	下棋	下棋 ha⁵⁵kʰi³³
0746	打扑克	打扑克 ta⁵⁵pʰu⁵⁵kʰə⁰	0747	打麻将	打麻将 ta⁵⁵ma³³tsioŋ⁰
0748	变魔术	变把戏 pien²¹pa⁵⁵hi²¹	0749	讲故事	讲古 koŋ⁵⁵ku⁵⁵
0750	猜谜语	猜谜儿 tʰai²¹mi³⁵ə⁰	0751	玩儿	搞 kau⁵⁵
0752	串门儿	去搞 kʰo²¹kau⁵⁵	0753	走亲戚	行亲情 haŋ³³tʰən²¹tʰiaŋ³³

（十一）作行为

序号	词目	方言词	序号	词目	方言词
0754	看~电视	瞙 niaŋ³⁵	0755	听耳朵~	听 tʰiaŋ²¹
0756	闻鼻子~	嗅 hou²¹³	0757	吸~气	吸 hən⁵³
0758	睁~眼	睁 tʰaŋ³³	0759	闭~眼	眯 mi²¹
0760	眨~眼	眨 tɕien³⁵	0761	张~嘴	擘 pa⁵³
0762	闭~嘴	抿 min⁵³	0763	咬狗~人	啮 kʰen⁵⁵
0764	嚼~碎	嚼 tsiau³⁵	0765	咽~下去	吞 huon²¹
0766	舔舌头~	猛 lan⁵³	0767	含~着	含 hən³³
0768	亲嘴	亲嘴 tʰən²¹tsei⁵⁵	0769	吮吸	嗍 su³⁵
0770	吐上声	吐 tʰu⁵⁵	0771	吐去声	吐 tʰu²¹³
0772	打喷嚏	打阿吙 ta⁵⁵a²¹tsʰei⁵³	0773	拿~过来	拿 na²¹
0774	给~我	得 tie⁵³	0775	摸	摸 mo²¹
0776	伸~手	伸 ɕien²¹	0777	挠~痒痒	挠 nau⁵⁵
0778	掐~皮肉	掐 kʰan⁵³	0779	拧~螺丝	旋 sien³⁵
0780	拧~毛巾	挤 tsi⁵⁵	0781	捻~碎	捻 nien⁵⁵

续表

序号	词目	方言词	序号	词目	方言词
0782	掰~开	剥 pu⁵³	0783	剥~花生	剥 pu⁵³
0784	撕~纸	撕 sʐ²¹	0785	折~断	拗 au⁵⁵
0786	拔~萝卜	□ tsaŋ²¹³	0787	摘~花	摘 tia⁵³
0788	站~起来	徛 kʰi⁵⁵	0789	倚~在墙上	靠 kʰau²¹³
0790	蹲~下	跍 kʰu³⁵	0791	坐~下	坐 tʰoi⁵⁵
0792	跳~起来	跳 tʰiau²¹³	0793	迈~过去	跨 kʰia³⁵
0794	踩~住	踏 no⁵³	0795	翘~腿	翘 kʰiau³⁵
0796	弯~腰	弯 uan²¹	0797	挺~胸	挺 tʰin⁵⁵
0798	趴~着睡	覆 pʰa³³	0799	爬 地上~	爬 pʰa³³
0800	走 慢慢~	行 haŋ³³	0801	跑 别~	走 tsu⁵⁵
0802	逃~走了	走 tsu⁵⁵	0803	追~小偷	追 tsei²¹
0804	抓~小偷	掠 na³⁵	0805	抱~住	抱 pʰau⁵⁵
0806	背~孩子	背 pei²¹³	0807	搀~老人	扶 pʰy³³
0808	推~汽车	搡 suŋ⁵⁵	0809	摔~倒	遢倒 taŋ⁵⁵tau⁰
0810	撞~到	撞 tɕʰiuŋ²¹	0811	挡~住	挡 toŋ⁵⁵
0812	躲~着	躲 to⁵⁵	0813	藏~着	囥 kʰoŋ²¹³
0814	放~着	放 puŋ³⁵	0815	摞~起来	层 tʰen³³
0816	埋~着	窖 kau²¹³	0817	盖~上	盖 koi²¹³
0818	压~住	遣 kʰien⁵⁵	0819	摁~图钉	摁 en²¹³
0820	捅~鸟窝	捅 tʰuŋ⁵⁵	0821	插~到	插 tʰan⁵³
0822	戳~个洞	毁 tu³⁵	0823	砍~树	砍 kʰien²¹³
0824	剁~碎	剥 to³⁵	0825	削~苹果	削 sia⁵³
0826	裂~开了	裂 lie³⁵	0827	皱 皮~了	皱 tsəu²¹³
0828	腐烂 鱼~	霉烂 məi³³lan³⁵	0829	擦~手	擦 tʰai⁵³
0830	倒 饭~掉	倒 tau²¹³	0831	扔~了它	丢 tou²¹

340

序号	词目	方言词	序号	词目	方言词
0832	扔~得远	□ɕiaŋ²¹	0833	掉~下	落lo³⁵
0834	滴~水	滴ti⁵³	0835	丢~了	落lo³⁵
0836	找~到	捞sau²¹³	0837	捡~到	拾ɕio⁵³
0838	提~起来	叼tiau²¹	0839	挑~担	抬hai⁵⁵
0840	扛~起来	荷ho³³	0841	抬~起来	扛koŋ²¹
0842	举~旗子	擎kʰiaŋ³³	0843	撑~伞	擎kʰiaŋ³³
0844	撬~开	撬kʰiau⁵⁵	0845	挑~选	挑tʰiau⁵⁵
0846	收拾	收拾ɕiou²¹ɕi³³	0847	挽~袖子	挽uan⁵⁵
0848	涮~一下	荡hoŋ⁵⁵	0849	洗~衣服	洗sie⁵⁵
0850	捞~鱼	捞lau²¹	0851	拴~牛	缚pʰu³⁵
0852	捆~起来	缚pʰu³⁵	0853	解~绳子	解kie⁵⁵
0854	挪~桌子	挪no³³	0855	端~碗	捧puŋ⁵⁵
0856	摔~碎了	掸tan⁵⁵	0857	掺~水	掺tʰan²¹
0858	烧~柴	烧tʰu²¹	0859	拆~房子	拆tʰia⁵³
0860	转~圈儿	转tɕien⁵⁵	0861	捶~打	等ten⁵⁵
0862	打~人	打ta⁵⁵	0863	打架	相打sioŋ²¹ta⁵⁵
0864	休息	歇hie⁵³	0865	打哈欠	打哈欠ta⁵⁵ho²¹ien²¹
0866	打瞌睡	打目睏ta⁵⁵mu⁵³kʰuən²¹	0867	睡	瞌眠kʰa⁵³men⁰
0868	打呼噜	打鼾儿ta⁵⁵hon⁵³nə⁰	0869	做梦	做梦tso²¹men³⁵
0870	起床	起来kʰi⁵⁵li⁰	0871	刷牙	洗牙齿sie⁵⁵ŋa³³tɕʰi⁵⁵
0872	洗澡	做洗tso²¹sie⁵⁵	0873	想	想sioŋ⁵⁵
0874	想	想sioŋ⁵⁵	0875	打算	打算ta⁵⁵suon⁰
0876	记得	记得ki²¹tie⁵³	0877	忘记	□培了la³³pʰei³³liau⁰
0878	怕	畏vi²¹³	0879	相信	相信sioŋ²¹sin³⁵
0880	发愁	愁səu³³	0881	小心	小心siau⁵⁵sən²¹
0882	喜欢	喜欢hi⁵⁵fon⁰	0883	讨厌	讨厌tʰau⁵⁵ien²¹

续表

序号	词目	方言词	序号	词目	方言词
0884	舒服	舒服 çy²¹fu⁰	0885	难受_{生理}	难受 nan³³çiou³⁵
0886	难过_{心理}	难过 nan³³huo³⁵	0887	高兴	快活 kʰuai²¹uai⁵⁵
0888	生气	生气 sen²¹kʰi²¹	0889	责怪	怪 kuai²¹³
0890	后悔	后悔 həu³⁵fei⁵⁵	0891	忌妒	妒忌 tu²¹ki⁵⁵
0892	害羞	畏丑 vi²¹tɕʰiou⁵⁵	0893	丢脸	丢脸 tou²¹lien⁵⁵
0894	欺负	欺负 kʰi²¹fu⁰	0895	装~病	装 tsoŋ²¹
0896	疼~人	疼所 toŋ²¹su⁵⁵	0897	要~这个	让 nuŋ³⁵
0898	有~一个	有 iou⁵⁵	0899	没有~人	冇有 mau³⁵iou⁵⁵
0900	是_{我~老师}	是 çi⁵⁵	0901	不是_{我~老师}	冇是 mau³⁵çi⁵⁵
0902	在_{他~家}	在 tʰei⁵⁵	0903	不在_{他~家}	冇在 mau³⁵tʰei⁵⁵
0904	知道	识得 çi⁵³tie⁰	0905	不知道	怀识得 ŋ⁵⁵çi⁵³tie⁰
0906	懂	识得 çi⁵³tie⁰	0907	不懂	怀识得 ŋ⁵⁵çi⁵³tie⁰
0908	会	解 hie⁵⁵	0909	不会	怀解 ŋ⁵⁵hie⁵⁵
0910	认识	认识 nin³⁵çi⁵³	0911	不认识	怀认识 ŋ⁵⁵nin³⁵çi⁵³
0912	行	行 çin³³	0913	不行	不行 pei⁵³çin³³
0914	肯	肯 kʰen⁵⁵	0915	应该	应该 in³⁵koi²¹
0916	可以	可以 kʰo⁵⁵i⁵⁵	0917	说	话 ua³⁵
0918	话	事 sə³⁵	0919	聊天儿	聊天 liau³³tʰien²¹
0920	叫	叫 kiau³⁵	0921	吆喝	讴讴叫 uo⁵⁵uo⁰kiau³⁵
0922	哭	啼 hi⁵³	0923	骂	骂 ma³⁵
0924	吵架	相骂 sioŋ²¹ma³⁵	0925	骗	尺 tɕʰio⁵³
0926	哄	恢 fo³⁵	0927	撒谎	话假事 ua³⁵ka⁵⁵sə⁰
0928	吹牛	吹牛皮 tʰei²¹ŋou³³pʰi³³	0929	拍马屁	托卵脬 ho⁵³lon⁵⁵pʰau²¹
0930	开玩笑	开玩笑 kʰəi²¹uan⁵⁵siau²¹	0931	告诉	帮话 poŋ²¹ua³⁵
0932	谢谢	多谢 to²¹tʰia³⁵	0933	对不起	对怀住 tei²¹ŋ⁵⁵hy³⁵
0934	再见	再见 tsai³⁵kien³⁵			

（十二）性质状态

序号	词目	方言词	序号	词目	方言词
0935	大苹果~	大 hai^{35}	0936	小苹果~	小 siau^{55}
0937	粗绳子~	粗 t^{h}u^{21}	0938	细绳子~	嫩 nən^{35}
0939	长线~	长 hoŋ^{33}	0940	短线~	短 ton^{55}
0941	长时间~	长 hoŋ^{33}	0942	短时间~	短 ton^{55}
0943	宽路~	阔 k^{h}uɛi^{53}	0944	宽敞房子~	宽阔 k^{h}uoŋ^{21}k^{h}uɛi^{53}
0945	窄路~	窄 tsə^{53}	0946	高飞得~	高 kau^{21}
0947	低飞得~	矮 e^{55}	0948	高比我~	高 kau^{21}
0949	矮比我~	矮 e^{55}	0950	远路~	远 fien^{55}
0951	近路~	近 k^{h}yen^{55}	0952	深水~	深 tɕ^{h}in^{21}
0953	浅水~	浅 t^{h}ien^{55}	0954	清水~	清 t^{h}in^{21}
0955	浑水~	浑 uən^{33}	0956	圆	圆 uən^{33}
0957	扁	扁 p^{h}ien^{55}	0958	方	方 foŋ^{21}
0959	尖	尖 tsien^{21}	0960	平	平 p^{h}iaŋ^{33}
0961	肥~肉	肥 p^{h}i^{33}	0962	瘦~肉	瘦 səu^{35}
0963	肥形容猪等动物	肥 p^{h}i^{33}	0964	胖形容人	肥 p^{h}i^{33}
0965	瘦形容人	瘪 sei^{21}	0966	黑	黑 hə^{53}
0967	白	白 p^{h}a^{35}	0968	红	赤 tɕ^{h}ia^{53}
0969	黄	黄 uoŋ^{33}	0970	蓝	蓝 lan^{33}
0971	绿	青 t^{h}aŋ^{21}	0972	紫	紫 tsə^{55}
0973	灰	灰 fəi^{21}	0974	多东西~	夥 uai^{55}
0975	少东西~	少 ɕiau^{55}	0976	重担子~	重 t^{h}uŋ^{55}
0977	轻担子~	轻 k^{h}ən^{21}	0978	直线~	直 hə^{33}
0979	陡坡~	崎 k^{h}i^{55}	0980	弯~的	弯 uan^{21}
0981	歪~的	歪 uai^{21}	0982	厚木板~	厚 həu^{55}

续表

序号	词目	方言词	序号	词目	方言词
0983	薄木板~	薄 pʰo³⁵	0984	稠稀饭~	浓 niuŋ³³
0985	稀稀饭~	清 tʰən⁵⁵	0986	密种得~	密 mə³⁵
0987	稀种得~	松 siuŋ²¹	0988	亮指光线	光 kuoŋ²¹
0989	黑指光线	暗 on²¹³	0990	热天气	热 nie³⁵
0991	暖和天气	暖 non⁵⁵	0992	凉天气	凉 lioŋ³³
0993	冷天气	濑 tʰən³⁵	0994	热天气	滚 kuən⁵⁵
0995	凉天气	濑 tʰən³⁵	0996	干晒~了	干 kon²¹
0997	湿淋~了	湿 tɕien⁵³	0998	干净衣服~	伶俐 len³³li⁰
0999	脏	鏖糟 o²¹tsau²¹	1000	快刀子~	利 li³⁵
1001	钝刀子~	钝 hon³⁵	1002	快坐车~	快 kʰuai²¹³
1003	慢走路~	慢 man³⁵	1004	早来得~	早 tʰau⁵⁵
1005	晚来~了	迟 hi³³	1006	晚天色~	暗 on³⁵
1007	松捆得~	松 siuŋ²¹	1008	紧捆得~	紧 kin⁵⁵
1009	容易题~	容易 iuŋ³³·i³⁵	1010	难题~	难 nan³³
1011	新衣服~	新 sən²¹	1012	旧衣服~	旧 kʰy³⁵
1013	老人~	老 lau⁵⁵	1014	年轻人~	后生 hou³⁵saŋ⁵³
1015	软糖~	软 vien⁵⁵	1016	硬糖~	强 kʰioŋ⁵⁵
1017	烂煮得~	烂 lan³⁵	1018	糊烧~了	烧 tʰu²¹
1019	结实	牢固 lau³³ku⁰	1020	破衣服~	破 pʰai²¹³
1021	富很~	富 fu³⁵	1022	穷很~	穷 kʰiuŋ³³
1023	忙很~	忙 moŋ³³	1024	闲	闲 hien³³
1025	累很~	累 loi³⁵	1026	疼很~	疾 tʰy³⁵
1027	痒皮肤~	痒 tʰioŋ⁵⁵	1028	热闹很~	漾 ioŋ³⁵
1029	熟悉很~	熟当 ɕy³⁵toŋ⁰	1030	陌生很~	生当 saŋ²¹toŋ⁰
1031	味道尝~	味道 uei³⁵tʰau⁰	1032	气味闻~	气色 kʰi²¹sə⁵³

序号	词目	方言词	序号	词目	方言词
1033	咸菜~	咸 hən^{33}	1034	淡菜~	鰲 t^{h}ien^{55}
1035	酸	酸 son^{21}	1036	甜	甜 hien^{33}
1037	苦	苦 k^{h}u^{55}	1038	辣	辣 lai^{35}
1039	鲜鱼汤~	甜 hien^{33}	1040	香	香 hioŋ^{21}
1041	臭	臭 tɕ^{h}iou^{35}	1042	馊饭~	馊 t^{h}əu^{21}
1043	腥鱼~	腥 sen^{213}	1044	好	好 hau^{55}
1045	坏	坏 fai^{35}	1046	差	差 t^{h}a^{21}
1047	对	对 tei^{35}	1048	错	错 t^{h}o^{35}
1049	漂亮	清水 t^{h}in^{21}sei^{55}	1050	丑	丑 tɕ^{h}iou^{55}
1051	勤快	勤事 k^{h}in^{33}sə^0	1052	懒	懒 lan^{55}
1053	乖	乖 kuai^{21}	1054	顽皮	□皮 lə^{33}p^{h}i^0
1055	老实	老实 lau^{55}ɕi^{33}	1056	傻瓜呆	□ lə^{33}
1057	笨蠢	蠢 tɕ^{h}in^{55}	1058	大方不吝啬	大量 hai^{35}lioŋ^{35}
1059	小气吝啬	小气 siau^{55}k^{h}i^{21}	1060	直爽性格~	直 hə^{33}
1061	犟脾气~	犟 kioŋ^{213}			

（十三）数 量

序号	词目	方言词	序号	词目	方言词
1062	一	一 i^{53}	1063	二	二 ni^{35}
1064	三	三 san^{21}	1065	四	四 si^{213}
1066	五	五 ŋ^{55}	1067	六	六 su^{53}
1068	七	七 t^{h}i^{53}	1069	八	八 pie^{53}
1070	九	九 kou^{55}	1071	十	十 ɕin^{35}
1072	二十	二十 ni^{35}ɕi^0	1073	三十	三十 san^{21}ɕi^0
1074	一百	个百 kəi^{21}pa^{53}	1075	一千	个千 kəi^{21}t^{h}ien^{21}

续表

序号	词目	方言词	序号	词目	方言词
1076	一万	个万 kəi²¹uan³⁵	1077	一百零五	个百零五 kəi²¹pa⁵³len³³ŋ⁵⁵
1078	一百五十	个百五 kəi²¹pa⁵³ŋ⁵⁵	1079	第一	第一 tʰi³⁵i⁵³
1080	二两	二两 ni³⁵lioŋ⁵⁵	1081	几个	几个 ki⁵⁵kəi²¹
1082	俩	两个 lioŋ⁵⁵kəi²¹	1083	仨	三个 san²¹kəi²¹
1084	个把	个把 kəi²¹pa⁵³	1085	个_~人	个 kəi²¹³
1086	匹_~马	只 tɕia⁵³	1087	头_~马	只 tɕia⁵³
1088	头_~猪	只 tɕia⁵³	1089	只_~狗	只 tɕia⁵³
1090	只_~鸡	只 tɕia⁵³	1091	只_~蚊子	只 tɕia⁵³
1092	条_~鱼	只 tɕia⁵³	1093	条_~蛇	行 haŋ³³
1094	张_~嘴	张 tioŋ²¹	1095	张_~桌	行 haŋ³³
1096	床_~被子	床 tʰoŋ⁵³	1097	领_~席子	铺 pʰu²¹
1098	双_~鞋	双 soŋ²¹	1099	把_~刀	把 pa⁵⁵
1100	把_~锁	把 pa⁵⁵	1101	根_~绳	行 haŋ³³
1102	支_~笔	行 haŋ³³	1103	副_~眼镜	副 fu²¹³
1104	面_~镜子	个 kəi²¹³	1105	块_~香皂	截 tsei²¹³
1106	辆_~车	架 ka²¹³	1107	座_~房子	栋 tuŋ⁵⁵
1108	座_~桥	行 haŋ³³	1109	条_~河	行 haŋ³³
1110	条_~路	行 haŋ³³	1111	棵_~树	丛 tʰuŋ³³
1112	朵_~花	蕊 tson⁵⁵	1113	颗_~珠子	个 kəi²¹³
1114	粒_~米	个 kəi²¹³	1115	顿_~饭	餐 tʰan²¹
1116	剂_~药	副 fu²¹³	1117	股_~香味	阵 hin³⁵
1118	行_~字	行 hoŋ³³	1119	块_~钱	块 kʰuai⁵⁵
1120	毛_~钱	角 ko⁵³	1121	件_~事	样 ioŋ³⁵
1122	点儿_~东西	比儿 pi³⁵ə⁰	1123	些_~东西	多 tai²¹
1124	下打一~	下 ha³⁵	1125	会儿坐了一~	下 ha³⁵

续表

序号	词目	方言词	序号	词目	方言词
1126	顿_{打一~}	餐 tʰan²¹	1127	阵_{下一~雨}	阵 hin³⁵ 又
1128	趟_{去了一~}	趟 tʰoŋ³⁵			

（十四）代副介连词

序号	词目	方言词	序号	词目	方言词
1129	我	伉 haŋ³⁵	1130	你	偠 hien³⁵
1131	您	偠 hien³⁵	1132	他	伊 hu³⁵
1133	我们_{不包括听话人}	伉多 haŋ³⁵tai⁰	1134	咱们_{包括听话人}	俺多 ien²¹tai⁰
1135	你们	偠多 hien³⁵tai⁰	1136	他们	伊多 hu³⁵tai⁰
1137	大家	大家 hai³⁵ka⁵³	1138	自己	自家 tʰi³⁵ka⁵³
1139	别人	别俉 pʰie³⁵sa⁰	1140	我爸	伉爷佬 haŋ³⁵ia³³lau⁰
1141	你爸	偠爷佬 hien³⁵ia³³lau⁰	1142	他爸	伊爷佬 hu³⁵ia³³lau⁰
1143	这个	酌蜀个 tɕio⁵³ɕi³³kəi⁰	1144	那个	兀蜀个 o⁵³ɕi³³kəi⁰
1145	哪个	哪蜀个 no³³ɕi³³kəi⁰	1146	谁	哪蜀 no³³ɕi³³
1147	这里	酌儿 tɕio⁵³ə⁰	1148	那里	那儿 o⁵³ə⁰
1149	哪里	哪儿 no³³ə⁰	1150	这样	酌样 tɕio⁵³ɕioŋ⁰
1151	那样	兀样 o⁵³ɕioŋ⁰	1152	怎样	呢地 ni⁵³tʰi⁰
1153	这么	者 tɕio⁵³	1154	怎么	呢地 ni⁵³tʰi⁰
1155	什么	啥个 ɕia⁵³kəi⁰	1156	什么	啥 ɕia⁵³
1157	为什么	做啥 tso²¹ɕia⁵³	1158	干什么	做啥 tso²¹ɕia⁵³
1159	多少	几多 ki⁵⁵tai²¹	1160	很_{今天~热}	很 hen⁵⁵
1161	非常_{比上条程度深}	顶 tin⁵⁵	1162	更_{今天比昨天~热}	更 ken²¹³
1163	太_{这个东西~贵}	太 tʰai³⁵	1164	最_{他~高}	最 tsei³⁵
1165	都	概 ka³⁵	1166	一共	共总 kʰiuŋ³⁵tsuŋ⁵⁵

续表

序号	词目	方言词	序号	词目	方言词
1167	一起	搭伙 $ta^{21}fo^{55}$	1168	只(我~去过一趟)	二 ni^{35}
1169	刚(这双鞋我买着~好)	恰恰 $k^hə^{35}k^hə^0$	1170	刚(我~到)	正 $tɕiaŋ^{55}$
1171	才(你怎么~来啊?)	正 $tɕiaŋ^{55}$	1172	就(我吃了饭~去)	就 $tɕiou^{35}$
1173	经常(我~去)	经常 $kin^{21}ɕioŋ^{33}$	1174	又(他~来了)	又 iou^{35}
1175	还(他~没回家)	还 ai^{213}	1176	再(你明天~来)	再 $tsai^{35}$
1177	也(我~去)	也 ia^{55}	1178	反正(~还来得及)	反正 $fan^{55}tɕin^{35}$
1179	没有(昨天我~去)	有有 $mau^{35}iou^{55}$	1180	不(明天我~去)	怀 $ŋ^{55}$
1181	别(你~去)	𣍐 $məi^{33}$	1182	甭(你~客气)	𣍐 $məi^{33}$
1183	快(天~亮了)	快 k^huai^{35}	1184	差点儿(~摔倒了)	差比儿 $t^ha^{21}pi^{35}ə^0$
1185	宁可(~买贵的)	情愿 $t^hin^{33}vien^{35}$	1186	故意(~打破的)	故意 $ku^{21}i^0$
1187	随便(~弄一下)	随便 $sei^{33}p^hien^{35}$	1188	白(~跑一趟)	白 p^ha^{35}
1189	肯定(~是他干的)	肯定 $k^hən^{55}t^hin^{35}$	1190	可能(~是他干的)	可能 $k^ho^{55}nen^{33}$
1191	一边(~走,~说)	边 $pien^{21}$	1192	和我(~他都姓王)	帮 $poŋ^{21}$
1193	和(我~他去城里)	帮 $poŋ^{21}$	1194	对他(~我很好)	对 tei^{213}
1195	往(~东走)	向 $hioŋ^{35}$	1196	向(~他借一本书)	向 $hioŋ^{35}$
1197	按(~他的要求做)	照 $tɕiau^{35}$	1198	替(~他写信)	帮 $poŋ^{21}$
1199	如果(~忙你就别来了)	假使 $ka^{55}sə^0$	1200	不管(~怎么劝他都不听)	怀管 $ŋ^{55}kuon^{55}$

二 闽北地方戏剧团及相关剧本简介、整理

一、邵武三角戏剧团

邵武三角戏现有三角戏傩舞民俗文化中心及三角戏姐妹华艺剧团两个剧团。

邵武市三角戏傩舞民俗文化研究中心为邵武三角戏官方剧团,属邵武市事业单位,其前身为建立与 1953 年的邵武艺术团。2012 年 8 月,经政府批准更名为邵武市三角戏傩舞民俗文化研究中心。2002 年参加福建省第二十二届戏剧汇演现代三角小戏《双溪临门》获剧目、舞美、编剧、导演、作曲、演员六项奖项;2015 年参加第二十六届戏剧汇演三角戏《六斤四》获得一金、四银、二铜的成绩。

邵武市三角戏华艺姐妹剧团团长为吴玉珍,副团长赵友华,师从虞东生,华艺姐妹剧团是邵武市现存较为有规模的民间剧团,其成员多为农民、家庭妇女,副团长赵友华现兼邵武八一小学三角戏兴趣班辅导老师,着力培养三角戏的接班人。

邵武三角戏民间剧团在早期由虞东生担任团长,注册剧团名称为"邵武市民间职业三角戏剧团",剧团形式为自筹资金,自负盈亏,该团于 1985 年组建,演员共十三人,其中男演员六人,女演员七人。在 1987 年 6 月 19 日第一次颁发演出许可证,1991 年 4 月 22 日换发新证。[①] 虞东生,1944 年出生,邵武人,师从罗雪官,2008 年获福建省首批非物质文化遗产传承人名誉,主要作品有《雇长工》《沿山公路》《小巷人家》。以下是虞东生师傅提供的《卖花线》《下南京》手抄本整理。

二、三角戏《卖花线》《下南京》手抄本整理

整理手抄本的过程中,发现很多由音近、音同或抄写者自身文化水平

---

① 剧团相关资料由虞东生师傅提供,在此深表感谢。

的问题而造成的错字别字，这些由于音近、音同而错用的字或抄写者自身文化水平写错的字，一一注出，正确的字词在括号（）内以斜体标示出。

卖花线

丑（唱）：清早爬起来呀，把门两搨（*扇*）开呀，只见鲜花呀子伊子呀，鲜花就满地开呀。芙蓉採（*采*）一朵呀，牡丹摘一双，放在笼箱呀子伊子呀，笼箱就走四方，就把家门出，带关两搨（*扇*）门。往日往东，今日往西行，担子四鼓绳，离了自家门，不觉那个到了，到了渴凉亭，就把凉亭进。凉亭冷净净，只见凉亭，两边掛（*挂*）古人，就把凉亭出，要把路来行，要到大街，大街卖花线。担子转过弯，来到糯米山，糯米山上我吃早饭。担子转过身，来到五里溪，五里溪内老姜炖子鸡，越吃越有味。搨（*扇*）担就两头趐（*翘*），来到落阳桥，落阳桥那个桥下，桥下水漂漂。担子转过身，来到大乡村，站在村坊叫声卖花线。（白）：哎，来到大乡村，也不晓得有人买花线么，待我拿得拨郎（*浪*）鼓出来摇上两摇啊荷，往日摇起来都是拨郎（*浪*）波郎（*浪*），今日怎么是错卵错卵。管他，我来叫起来，对对对，有人买花线么。

旦（内白）：有个咧。（唱）：狗子个叫汪汪，外面叫卖花线。连行几步，几步上高堂，用手把门开，客官闯死来。

丑（白）：到此来啊。

旦（唱）：叫声客官，客官你请进。

丑（唱）：担子放下肩，忙把礼来见。叫声大姐，照看我生意。

旦（唱）：橙子往上端，客官你请坐。

丑（白）：好嗬。

旦（唱）：泡杯香茶客官你请喝。（白）：客观请用茶。

丑（白）：好了大姐姐，古话说人家里就要女客，来到就有凉茶凉屎吃。

旦（白）：哎，凉茶凉水吃。

丑（白）：不错，凉茶凉水吃。大姐姐你人也生的清楚，泡的茶也清楚，我一喝一晛看见卵底。

旦（白）：看见碗底。

丑（白）：不错，看见碗底。大姐姐，抔（搭）^①得卵去。

旦（白）：哎，拿的碗去。

丑（白）：不错，拿的碗去。我吃了他的茶，没有什么多谢，有两句言话。

旦（白）：哎，不要咧。

丑（白）：要个咧。（唱）：多谢大姐茶咧，难为大姐茶。有朝有日生呀娃娃哎嗨哟，叫我做干爷。（重句）

旦（唱）：说什么多谢茶，说什么难为茶呀，有朝有日生呀娃娃哎嗨哟，叫你做干哥。

丑（白）：慢点，我出门之人也不晓得是干哥更大还是干爷更大，待我问过大姐姐，大姐姐我说叫你个子喊我做干爷，你又说喊我做干哥，我也不晓得是干哥更大还是干爷更大。

旦（白）：客官呀，比如说你们出门做生意的人走路走到三叉路口，田里有做事的人，你就开口叫，哎，老哥哎，从光泽到邵武往哪一条路走，哥字就带的出口，爷字就带不出口。

丑（白）：哎，也不错，开口问路总是叫老哥，我去邵武往哪里走呀，总没有人叫老爹，是是，还是干哥更大。哎大姐姐，那我叫你做什么？

旦（白）：你就跟我的儿子叫，叫我做娘。

丑（白）：啊，我叫你是娘呀，当真是冬瓜大个子，茹伩（茹哩）大个娘。好，我就做这个五斤四两莫厝（错），我钻归去，帮（绷 pan55）死你去。

旦（白）：哎吔，客官哎，你好的没有钻进来，若是钻进来呀，我这里是生死衙门，有进无出。

丑（白）：生死衙门哪呸呲，好得我没钻归去，钻归去就不当搞咧，好像苦山人夹老鼠一样，里面一抝外面一抝，哎呀大姐姐，闲话莫讲，开始卖花线个咧。（唱）：大姐就捱（碰）笼来吔，忙把笼箱开呀，问声大姐：要什么你来选哪。（重句）

---

① "抔"，手抄本《卖花线》用同音字替代，三角戏表"用手的虎口紧紧按住"之意，读为 k^{h}a^{55}，本字应为"搭"，多见于赣语、客话。

旦（唱）：一要鸳鸯枕哪，二要绉纱巾哪，三要水粉呀子伊子呀，水粉就涂白脸，四要胭脂粉哪，五要五色线，六要香带掛（挂）在妹胸前，七要七（漆）姑草，八要烟荷包，九要那个漂带，十要桂支边。

丑（唱）：一要鸳鸯枕哪，二要绉纱巾哪，三要水粉呀子伊子呀，水粉就涂白脸哪，四要胭脂粉哪，五要五色线，六要香带掛（挂）在妹胸前，七要七（漆）姑草，八要烟荷包，九要那个漂带，十要桂支边。

旦（唱）：就把客官问哪，娘说儿来听，这朵那个排花呀子伊子呀，要卖几文钱哪。（重句）

丑（唱）：就把大姐叫呀，爷说奴来听，这朵那个排花呀呀子伊子呀，各硬个八百文哪。（重句）

旦（唱）：客官就好高价吔，奴奴就不带花呀，头得哪个两文哪呀子伊子呀，买得个金花带哟哎。（重句）

丑（白）：大姐姐哎，该朵花不会贵哟，买得去好嘀

内（白）：客官哎，你同嗨个人讲话呀？

丑（白）：我同大姐姐说话，你莫打叉（岔）。

内（白）：大姐姐几早就归房间去了。

丑（白）：哎吔，就有你这个人哪，我邦（帮）你说话你就好像黄鳅一样流（溜）了进去呀，我来点你两句。（唱）：你今不买花吔，不该叫爷来吔，旦觉（耽搁）生意吔呀子伊子呀，生意就往别家呀。

旦（唱）：就把笼箱拉吔，客官就你莫慌呀，就在哪个我家呀，我家做卖买（买卖）呀。

丑（白）：你莫拉，我要走。

旦（白）：哎吔，客官你不要去咧，古话讲的好，会做生意就坐（做）三家，不会做生意就走三家，坐坐岩岩（做做捱捱）①生意边做边来，岩岩坐坐（捱捱做做）生意越做越多。

丑（白）：哎吔是的，大姐姐说的有理哟，会做生意就坐三家，不会做生意就走三家，坐坐岩岩（做做捱捱）生意边做边来，岩岩坐坐（捱捱做做）生意就越做越多。

---

① 做做捱捱，邵武方言指做事拖拉，不利索。

旦（白）：客官哎请坐。

丑（白）：好，平坐平坐

旦（白）：客官哎，你几个兄?

丑（白）：哎吔，我坐下来大姐姐就说我会槽（遭）凶，恐怕她会看相。我更要问问大姐姐我是上半年槽凶还是下半年槽（遭）凶，若是下半年槽（遭）凶，还可以把这担货买了去，若是上半年槽（遭）凶那就莫玩，我就赶快归去，莫死在外面。大姐姐你会看相?

旦（白）：不会。

丑（白）：那就会算命?

旦（白）：也不会。

丑（白）：不会算命那就会查八字?

旦（白）：更不会。

丑（白）：更不会呀，你一不会看相二不会算命，又不会查八字，你又怎么晓得我会槽（遭）凶咧?

旦（白）：我问你有几个兄弟?

丑（白）：阿，几个兄弟呀，哎吔几个兄就几个兄，什么槽（遭）凶槽（遭）凶? 你问我几个兄，不晓得。

旦（白）：几个兄也不晓得，你母亲今年生一个明年生一个，生下五六七八个。

丑（白）：哎又不是猪嫲生子，一下子生了七八个呀。

旦（白）：那你说不晓得。

丑（白）：大姐姐你就困到个咧。

旦（白）：听到啊。

丑（唱）：大姐就揶（碰）笼来吔，爷说就伙来听哪。爹娘生我呀子伊子呀，生我有五兄弟呀嗨。

旦（白）：你兄弟有几多岁?

丑（白）：啊几多谷? 邵武人讲百百担谷。

旦（白）：哎几多岁?

丑（白）：阿几多岁你就听到咧，（唱）：大哥三十一呀，二哥二十七呀，三哥今年今年就二十一呀，四郎就是我，今年就一十七，五弟今年呀子伊子呀，各硬是一打一。

旦（白）：一十一。

丑（白）：是啊一十一。

旦（白）：你几个兄弟做什么生意呀？

丑（唱）：大哥走乡下呀，二哥，跑湖广，三哥在家呀子伊子呀，在家就种田莊呀哎，四郎就是我呀，我是个卖近欠。

旦（白）：卖花线。

丑（白）：不错，卖花线。（唱）：五弟那个年小关在猪栏里呀嗨。

旦（白）：书房里哟。

丑（白）：不错书房里。

旦（白）：客官哎，你几个兄弟都有老婆吗？

丑（白）：大姐姐你听到咧。（唱）：大哥生了子呀，二哥生了伇呀，三哥去年呀子伊子呀，八月就过了门哪。四郎就是我呀，还是打单身哪，五弟年小不懂得何事情哪嗨。（白）：哎咃，我邦（帮）她说话，她一下就掉转了，把尾巴向我，哎大姐姐你问我我也来问你啰，你的娘生了几个伇？

旦（白）：我不晓得。

丑（白）：不晓得呀，今年一个，明年一个，就好像猪嫲生子一样生了七八个。

旦（白）：哎我晓得个咧，（唱）：客官你且听，娘来说分明。爹娘生我呀子伊子呀，我有三姐妹呀。

丑（白）：她有三姐妹，我来打打华（划）算，她大姐姐嫁把我大哥，二姐嫁把我二哥，三姐嫁把我三哥好啰，我就没有份啰。我要问问她个娘老还是后生，若是后生，就借把我个爹生俩女，我也不会打单身。

旦（白）：你不要想死啊！

丑（白）：你三姐妹有几多岁呀？

旦（白）：我不晓得。

丑（白）：不晓得，娘生你下来，今年就一岁，明年就两岁。

旦（白）：客官我晓得咧。（唱）：大姐，二十七咧，二姐廿一呀，三姐奴家今年一十七呀。

　　丑（白）：哎吔你也一十七，我也一十七，我们两个人就合合试，你嫁把我啦。

　　旦（白）：你不要想死啊。

　　丑（白）：你三姐妹没有几多岁呀？

　　旦（白）：我不晓得。

　　丑（白）：不晓得。娘生你下来，今年就一岁，明年就两岁

　　旦（白）：客官我晓得咧。（唱）：大姐二十七咧，二姐廿一呀，三姐奴家今年一十七呀。

　　丑（白）：哎吔，你也一十七，我也一十七，我们两个人就合合试。你嫁把我啦。

　　旦（白）：你不要想死。

　　丑（白）：你姐妹都嫁了人莫？

　　旦（白）：我不晓得。

　　丑（白）：嫁了人没嫁人也不晓得，你嫁人就睡新床新席，没嫁人就跟你娘困老斗床。

　　旦（白）：客官我晓得咧。（唱）：大姐生了子呀，二姐生了伢，奴家那个年小（呀子一子呀），还没有许配人呀。

　　丑（白）：哎吔，大姐姐吔你也没嫁人，我也没讨，你嫁把我就刚刚好。

　　旦（白）：哎吔客官你也听到咧。（唱）：今年许配你呀，明年就过门哪，抓把那个粉香，粉香就谢神明呀，有何为把凭（凭）呀？

　　丑（唱）：今年就许配我呀，明年就过门哪，抓把粉香呀子伊子呀粉香谢神明，送货为把凭（凭）呀（十送货）一送鸳鸯枕哪，二送绉纱巾哪，三送水粉呀子伊子呀，水粉就涂白脸呀，四送胭脂粉哪，五送五色线哪，六要香带呀子伊子呀挂在妹胸前呀，七送七（漆）姑草呀，八送烟荷包呀，九送那个漂带呀子伊子呀，十送就桂支边呀，送得就脱卵八（屄）光。

　　旦（白）：客官哎，还有么？

　　丑（白）：还有呀我连棺财（材）都送把你去了。

旦（白）：哎笼箱都送了，没有呀，客官哎，那你就打直滚打横滚，滚了出去。

丑（白）：哎吔，我就吃了你娘的乌灰心啰，我送了一担货，就不留我住一夜，叫我打直滚打横滚，滚了出去呀，我要问一下她个娘到哪里去了？大姐姐哎，我往日看见一个老妈壳是你什么人？

旦（白）：是我的娘。

丑（白）：是你的娘啊，哎她到哪里去了？

旦（白）：到我外婆家去了。

丑（白）：那她今天回来不回来？

旦（白）：我母亲讲，早就不回来，迟就回来。

丑（白）：更会讲绝了啰，什么早到不回来迟到回来？她到底回来不回来？

旦（白）：她忽而上回来，忽而上不回来。

丑（白）：她又不是鬼呀，什么忽而上回来忽而上不回来，我是讲你是年轻人，我又是后生人，你母亲回来我就在你家住一晚，你母亲不回来我就走。

旦（白）：哎呀客官，我母亲不回来咧。

丑（白）：不回来呀，好啦，我们关起门来下去睡觉呀

旦（白）：哎呀做不得的。（下介）

丑（白）：做的来哩哩，生意就慢慢做。我得到一个好老婆。（下介）

下南京

干哥（唱）：我在家中心中想，思想生意掛（挂）心傍，家乡生意不兴旺，要到南京走一尚（趟），将身转到厢房内，打打扮扮好动身，身背包裹（裹）箱房出，转到大堂来辞行，一步就把家门出，转身带关两搧（扇）门，洒（撒）开大步往前行，要到妹家走一程，一步行程未得快，不觉到了渴凉亭，将身就把凉亭进，只见古画掛（挂）两边，东边挂的韩相（湘）子，西边掛的吕洞宾，吹哨歌唱韩相（湘）子，好酒贪花吕洞宾，出得凉亭用目看，青山绿水好爱人，心中有事

未得快，行来到了妹家门。站在门外高声叫，叫声干妹快开门。（白）：行来走去来到干妹门口，待我叫她开门，干妹子开门啰。

妹（内白）：来了。（唱）：我在上房听得清，有听门外叫高声，将身就把大堂上，要到外面看分明。十指尖尖把门开，只见干哥到来临，手带干哥家门进，叫声干哥请上坐。

干哥（唱）：只见干妹笑嘻嘻，包襄（裹）雨伞交与你。

妹（唱）：将身转到厨房内，泡杯香茶干哥喝。（白）：哎吒，干哥哎你怎么坐到那上面哪？

哥（白）：古话讲的好，行得人家先坐得人家上，我坐在上面做祖宗呀。

妹（白）：哎呀干哥哎，下面坐咧。

哥（白）：好。下面坐就下面坐。

妹（白）：干哥你怎么坐在地上？

哥（白）：你又叫我下面坐。

妹（白）：我叫你中间板凳上坐。

哥（白）：橙上去就櫈上坐。什么上面坐下面坐，害得我爬上爬下。

妹（白）：干哥哥哎，吃茶了。

哥（白）：慢点行，我打缺（*决，指口诀*），乌蛇白蛇一起拚（*搭*）尾巴。

妹（白）：干哥哥哎，是吃茶。

哥（白）：吃茶呀，我又讲是拚（*搭*）蛇，干妹子这是什么茶。

妹（白）：乌尾花茶。

哥（白）：乌龟吃茶呀。

妹（白）：哎乌尾茶。

哥（白）：乌屁茶，我又讲是乌龟吃茶啰，这个老鼠屎。

妹（白）：那是茶叶，好吃的。

哥（白）：是茶叶好吃的，那不要可惜了，待我捡起来。

妹（白）：哎呀干哥哥哎，那是黄鸡屎，吃不得的。

哥（白）：黄鸡屎呀，哎呀呸呸呸哎吒，我干妹子人也生的清楚，

357

泡的茶叶也清楚，我一喝一嗍看见卵底。

妹（白）：看见碗底。

哥（白）：不错，看见碗底，干妹子抴（搭）的卵去。

妹（白）：拿的碗去。

哥（白）：不错，拿的碗去。

妹（白）：干哥哥哎，坐到来。

哥（白）：好，坐到来。

妹（白）：干哥哥，你今天打打扮扮喜气洋洋，到哪里去？

哥（白）：今天啦啦别别的干哥要下南京。

妹（白）：下南京。

哥（白）：是哟，下南京。

妹（白）：哎吒，干哥哥，南京有好多的货？

哥（白）：是哟，南京有好多的货。

妹（白）：你报给我听一下。

哥（白）：哎，报货就不如讲货，讲货不如想货，我报给你听是可以，你不要想哆。

妹（白）：我不会想的。

哥（白）：你不会想呀。

妹（白）：不会想。

哥（白）：不会想我就来讲了，大包小包豆屎胡椒，大店的花布，小店的百货，长街唢呐，短街拉扒（喇叭），上的上下的下。

妹（白）：哎吒干哥哥哎，我要我要。

哥（白）：我讲了不讲，讲了你就会想。好好好，你要什么货？我同你带得来。

妹（白）：带起来个咧。（唱）：一带珍珠并马恼（玛瑙），二带一匹绉纱巾，三带杭州凉水粉，四带胭脂点口唇，五带上身洋兰（蓝）袄，六带丝线锁鞋口，七带苏州明镜子，八带罗裙遮绣鞋，九带一个金戒指，十带一包绣花针。（白）：干哥哥你记下了么？

哥（白）：干妹子我是打反生的，你要打反报，我就记得到。

妹（白）：干哥哥哎，我就打反报。

哥（白）：好，你就报起来个咧。

妹（白）：十带一包绣花针，九带一个金戒指，叫声我的哥哎。

哥（唱）：叫哥做什么？

妹（唱）：同妹带个货哎。

哥（唱）：带的什么货。

妹（唱）：九带一个金戒指啰哎。

哥（唱）：一是见见礼哟哎。

妹（唱）：二里郎噹嗦哎。

哥（唱）：猜来猜去猜到是百花呀。

妹（唱）：百花几时开呀。

哥（唱）：百花十三开呀。

妹（唱）：哥哎。

哥（唱）：妹吔。

妹（唱）：同妹带得来。

哥（唱）：带是晓得得带呀哎，本钱从何来。

妹（唱）：带是只管带哟哎，本钱妹妹给吔。

哥（唱）：手提算盘算哪算哪算算我的我的好干妹。

妹（唱）：哥哥记在心呀。

哥（唱）：妹妹记下怀呀。

合（唱）：啰呀何海同妹带得来，南京起货就相送干妹啰嗨。

妹（唱）：八带罗裙遮绣鞋，七带苏州明镜子，叫声奴的哥哎。

哥（唱）：叫哥又如何哎？

妹（唱）：同妹带个货哎。

哥（唱）：带的什么货哎？

妹（唱）：七带苏州明镜子啰哎。

哥（唱）：一是见见礼哟哎。

妹（唱）：二里郎噹嗦哎。

哥（唱）：猜来猜去猜到是百花哎。

妹（唱）：百花几时开呀？

哥（唱）：百花十三开呀。

妹（唱）：哥哎。

哥（唱）：妹吔。

妹（唱）：同妹带得来吔。

哥（唱）：带是晓得得带啰哎，本钱从何来呀？

妹（唱）：带是只管带哟哎，本钱妹妹给呀。

哥（唱）：手提算盘个算哪算哪算哪算我的哟，我的好干妹吔。

妹（唱）：哥哥记在心呀。

哥（唱）：妹妹记在怀呀。

合（唱）：啰呀哈嗨同妹带得来，南京起货就相送干哪妹呀嗨。

妹（唱）：六带丝线锁鞋口，五带上身洋兰（蓝）袄，叫声我的哥哎。

哥（唱）：叫哥哥做什么哎？

妹（唱）：同妹带个货哎。

哥（唱）：带的什么货呀？

妹（唱）：五带上身洋兰（蓝）袄啰哎。

哥（唱）：一是见见礼哟哎。

妹（唱）：二里郎噹嗦哎。

哥（唱）：猜来猜去猜到是百花哎。

妹（唱）：百花几时开吔？

哥（唱）：百花成双开吔。

妹（唱）：哥哎。

哥（唱）：妹吔。

妹（唱）：同妹带得来吔。

哥（唱）：带是晓得得带呀嗨，本钱从何来吔。

妹（唱）：带是只管带啰嗨，本钱妹妹给吔。

哥（唱）：手提个算盘个算哪算，算算哪算我的啰我的好干妹吔。

妹（唱）：哥哥记在心哪。

哥（唱）：妹妹记在怀呀。

合（唱）：啰哈嗨同妹带得来，南京起货就相送啊干妹啰嗨。

妹（唱）：四带胭脂点口唇啰哎，三带杭州凉水粉哎，叫声我的哥哎。

哥（唱）：叫哥做什么哎？

妹（唱）：同妹带个货哎。

哥（唱）：带的什么货呀？

妹（唱）：三带杭州凉水粉哎。

哥（唱）：一是见见礼哟哎。

妹（唱）：二里郎噹嗦哎。

哥（唱）：猜来猜去猜到是百花哎。

妹（唱）：百花几时开呀？

哥（唱）：百花十三开呀。

妹（唱）：哥哎。

哥（唱）：妹吔

妹（唱）：同妹带得来呀。

哥（唱）：带是晓得得带呀嗨，本钱从何来呀？

妹（唱）：带是只管带呀哎，本钱妹妹给呀。

哥（唱）：手提算盘个算哪算算呀，我的哟我的好干妹吔。

妹（唱）：哥哥记在心哪。

哥（唱）：妹妹记在怀呀。

合（唱）：啰呀哈嗨同妹带得来，南京起货就相送干妹啰嗨。

妹（唱）：二带一匹绉纱巾啰哎，一带珍珠并马恼（玛瑙），叫声
奴干哥哎。

哥（唱）：叫哥又如何哎？

妹（唱）：同妹带个货哎

哥（唱）：带的什么货哎？

妹（唱）：一带珍珠并马恼（玛瑙）啰哎。

哥（唱）：一是见见礼哟哎。

妹（唱）：二里郎噹嗦哎。

哥（唱）：猜来猜去猜到是百花哎。

妹（唱）：百花几时开呀？

哥（唱）：百花成双开吔。

妹（唱）：哥哎。

哥（唱）：妹吔。

妹（唱）：同妹带得来呀。

哥（唱）：带是晓得得带哟哎，本钱从何来呀？

妹（唱）：带是只管带哟哎，本钱妹妹给呀。

哥（唱）：手提算盘个算哪算算哪算，我的哟我的好干妹吔。

妹（唱）：哥哥记在心哪。

哥（唱）：妹妹记在怀呀。

合（唱）：啰哈嗨同妹带得来，南京起货就相送啊干妹哟嗨。

妹（白）：干哥哥哎，你记下没有？

妹（白）：那就报给我听听。

哥（白）：好，我来报。一带公公害死妈妈。

妹（白）：哎珍珠并马恼（玛瑙）。

哥（白）：珍珠并马恼（玛瑙）哇。

妹（白）：二带咧？

哥（白）：二带一匹缚卯巾。

妹（白）：哎绉纱巾。

哥（白）：不错绉纱巾。

妹（白）：三带？

哥（白）：三带杭州石灰粉。

妹（白）：凉水粉。

哥（白）：凉水粉啊，我又讲是石灰粉。

妹（白）：四带咧？

哥（白）：四带胭脂点屎窟。

妹（白）：点口唇，五带咧？

哥（白）：五带上身装死袄。

妹（白）：洋兰（蓝）袄。六带咧？

哥（白）：六带丝线锁罗口。

妹（白）：锁鞋口。

哥（白）：哦，锁鞋口啊，我又说是锁罗口。

妹（白）：七带咧？

哥（白）：七带呜，干妹子，我不敢讲，讲出来我就会笑。

妹（白）：哎会哭。

哥（白）：七带干妹子要来死。

妹（白）：哎明镜子。

哥（白）：是啊，明镜子。

妹（白）：八带咧？

哥（白）：八带罗裙遮棺材。

妹（白）：哎是罗裙遮绣鞋。九带咧？

哥（白）：九带我晓得啦，南京路上的干狗屎。

妹（白）：哎金戒指。

哥（白）：金戒指呀。

妹（白）：十带咧？

哥（白）：十带一包衰衣针。

妹（白）：哎绣花针咧。

哥（白）：哦，是绣花针啊我又讲是衰衣针。干妹子我要走啰。

妹（白）：干哥哥你要走呀，我就要劝。

哥（白）：不要劝，劝得我会伤心，伤了心不想走路的。

妹（白）：我要劝我要劝。

哥（白）：好好好，你要劝就劝吧。

妹（白）：干哥哥我劝起来咧。（唱）：一劝郎要小心，莫把小妹挂在心，心中莫把小妹想，想来想去病上身，哎呀奴的哥以后得病佶（靠）自身。二劝郎燕飞祥（翔），百搬（般）道路百搬（般）难，世上几多风流子，今日东来就明日西，哎呀，奴干哥，肚中饥饿就何人知。三劝郎笑嘻嘻，劝郎归家就要讨妻，自己将钱讨一个，做得饭来洗得衣，哎呀奴的哥，三餐茶饭正当时。四劝郎就四方方，劝郎归家扦（插）禾秧，自己将禾扦（插）下田，多下肥料就多打粮，哎呀奴的哥，兄弟分家见短长。五劝郎就劝得高，这山望见就那山高，世上只有耕田好，半年辛苦就半年闲，哎呀奴的哥，五谷丰登就进财宝。六劝郎就莫打牌，赌博场上就切莫来，四边哪坐的是真朋友，个个都是杀人心，哎呀奴干哥，输了铜钱就弗（费）精神。七劝郎就莫贪花，贪花就误了后生家，绫罗帐内就摆刀枪，鸳鸯枕上有毒药，哎呀奴的哥，当条狗命就见爹娘。八劝郎就劝干哥，句句言话劝得多，讨妻要讨红花女，莫讨人家浪子妻，哎呀奴的哥，老来无子就苦凄凄。九劝郎就是重阳，南山来了一姑娘，今日有钱就对哥好，明日无钱就打反照，哎呀奴干哥，将郎抛在九肖（霄）外。十劝郎就要紧记，句句言话记心里，年纪到了卅九，肩又不能挑，手又不能提，哎呀奴的哥，再不收心等几时。

哥（白）：劝啰。

妹（白）：劝完了。

哥（白）：就劝完了？当真劝得好，劝得我钻心钻肺，干妹哎，劝完了我就要走啰。

妹（白）：干哥哥我要送。

哥（白）：你莫送，送起来你又会哭。

妹（白）：我不会哭。

哥（白）：不会哭？前年被你哭了一下，害得我打了三年摆子四年皮寒，还是今年上半年才好了。

妹（白）：前年我是小伙泼，今年是大伙泼，不会哭。

哥（白）：哦，你前年是小狗泼，今年是大狗泼。

妹（白）：哎大女泼不会哭。

哥（白）：大女泼不会哭，好，你要送就送啦。

妹（白）：好，待我起来咧（唱）：送郎送到床补（铺）边，郎要起床妹要眠，郎要起身做买卖，妹要贪花赶少年，送郎到窗户边，打开窗户看青天，初三初四俄（峨）眉月，十四十五月圆圆，送郎送到钱柜边，打开钱柜是拿花边，先拿铜钱做盘弗（费），后拿花边做本钱，送郎送到衣橱边，打开衣橱拿衣穿，先拿短衫郎换洗，后拿长衫要脸面。送郎送到房门边，打开房门连天响，爹娘我什么响，金钗落地响连天。送郎送到大门边，只见门神笑哈哈，他今笑我无别事，笑我今日送干哥。送郎送到屋檐边，出门捡到一分钱，哥一半来妹一半，留到后来好团圆。送郎送到垟脚中，出门拼（碰）到三叔公，叫声叔公莫做声，做双花鞋好过冬。送郎送到街坊上，只见屠夫杀猪羊，猪心猪肺三勾挂（挂），郎心挂（挂）在妹心上。

哥（唱）：你挂（挂）着哪一个？

妹（唱）：挂（挂）着好干哥哎。

哥（唱）：哥也挂（挂）着妹吧。

妹（唱）：妹也挂（挂）着哥吧。

合（唱）：兄妹相交难舍难分难离我的好干哥哎哟，好干妹呀，呀哈哎哎呀好干哥呀嗨。

妹（唱）：送郎送到菜园边，上连九（韭）菜下连葱，割了九（韭）菜年年有，割下葱叶两头空。送郎送到狐狸巢窠，只见狐狸拖鸡母，拖了鸡母如上可，害得我郎没老婆。送郎送到梨子窠，只见梨子生的多，妹妹用手摘一个。

哥（唱）：哥把手来装，梨子查查色（渣渣涩）①，叫哥怎吃得？

妹（唱）：梨子吃不得，何不抛了它？

哥（唱）：抛它就抛它，叫哥怎舍得？

妹（唱）：舍不得哪一个？

哥（唱）：舍不得好干妹呀。

妹（唱）：妹也难舍哥哇。

合（唱）：兄妹相交难舍难分难离，我的好干哥好干妹，哎呀好干哥妹呀。

妹（唱）：送郎送到桃子窠，只见桃子生的多，妹妹用手摘一个。

哥（唱）：哥把手来装哎，桃子没有悉（熟），叫哥怎吃得？

妹（唱）：桃子吃不得，何不抛了它？

哥（唱）：抛它就抛它，叫哥怎舍得？

妹（唱）：舍不得哪一个？

哥（唱）：舍不得好干妹。

合（唱）：兄妹相交难舍难分离难，我的好干哥妹，啊哈哎。

妹（唱）：哎呀（快四出）送郎送到天河边，只见艄公在眼前，叫声艄公慢开船，一渡还你两渡钱，今日干哥下南京，我与干哥两分离。

---

① 渣渣涩，即没熟吃起来很涩的感觉。

哥（唱）：哎呀，叫声艄公快开船，我一渡还你两渡钱，观看天色将要晚，要下南京赶路程。（白）：干妹子，天色将晚我要走。

妹（白）：干哥你不要走。

哥（白）：我要走哎呀这如何是好，不错，我不免做个自买自卖便了，干妹你醒来干哥不去了。

妹（白）：干哥呀。

哥（白）：告辞了。（下介）

妹（白）：干哥啊～（唱，快）只见干哥扬扬去，倒把干妹痛在心，自己跌倒自爬起，好似霸王别娇妻，哭哭啼啼回家转，不知干哥几时回。

（白）：哎，干哥呀。（下介）

三、政和四平戏

政和县目前拥有杨源四平戏和禾洋四平戏两个农民业余剧团。杨源四平戏剧团的张孝友和禾洋四平戏剧团的李式青于2008年被推为国家级非物质文化遗产项目政和四平戏代表性传承人。

1. 杨源四平戏剧团简介

明末清初，四平戏传入政和杨源，称"泳霓轩"，在一次演出中因火灾而惨遭困境。在第五代传承人张子英、第七代传承人张香国的努力下，四平戏得以振兴。"文革"期间四平戏遭到禁止，十一届三中全会后恢复演出。目前杨源四平戏业余剧团由第十三代传承人、团长张孝友主持剧团日常工作。

2. 四平戏剧本简介

（1）《刘文昔》剧情简介。秀才刘文昔上京赶考，途径华山，在一庙宇内烧香时，见神龛上供奉的三仙娘娘（三圣母）十分美貌，以红帘提诗，求配姻缘。三仙娘回殿，看了刘文昔题诗动了下凡之心，并算出与他有七日姻缘。乃与之结为夫妻。二郎神知其妹三仙娘私自下凡，并与刘文昔结亲，有违仙规，乃将三仙娘娘打入华山黑风洞。三仙娘娘在黑风洞里受尽百般折磨。在洞内生下儿子沉香，三仙娘娘写下血书，放在沉香身上，一起交给刘文昔。十六年后，沉香长大成人，为救母亲，沉香拜紫薇真人为师，学习武艺。在华山，沉香与二郎神大战，连破七重门，最后救出母亲，刘文昔也高中状元，夫妻母子合家团聚。

（2）《九龙阁》剧情简介。宋真宗年间，西辽侵犯中原，萧太后命萧天佐挂帅，请吕洞宾在南江摆下天门一百零八阵，其阵变化无穷，阵阵有高人把守。真宗下旨，封杨延昭为元帅，平复辽邦，为破其阵，杨宗保到山东穆柯寨取降龙木，被穆桂英所擒，并在山寨与穆桂英成亲。杨延昭闻听杨宗保与穆桂英招亲消息后，大怒，为严肃军纪，不徇私情，将杨宗保捆绑辕门外处斩，引起佘太君、八贤王、穆桂英前来搭救。

（3）折子戏《辕门斩子》剧情简介。杨延昭闻听杨宗保与穆桂英招亲消息后，大怒，为严肃军纪，不徇私情，将杨宗保捆绑辕门外处斩，引起佘太君、八贤王、穆桂英前来搭救。

参考文献

一、著 作

[1] 鲍厚星：《湘方言概要》，湖南师范大学出版社 2006 年版。

[2] 鲍厚星：《长沙方言研究》，湖南教育出版社 1999 年版。

[3] 包拟古：《原始汉语与汉藏语》（潘悟云、冯蒸译），中华书局 1995 年版。

[4] 陈章太、李如龙：《闽语研究》，语文出版社 1991 年版。

[5] 陈雷、刘湘如、陈瑞武：《福建地方戏剧》，福建人民出版社 1997 年版。

[6] 陈志勇：《广东汉剧研究》，中山大学出版社 2009 年版。

[7] 陈晖：《湘方言语音研究》，湖南师范大学出版社 2006 年版。

[8] 陈保亚：《论语言接触与语言联盟——汉越（侗台）语源关系的解释》，语文出版社 1996 年版。

[9] 陈泽平：《福州方言研究》，福建人民出版社 1998 年版。

[10] 陈泽平：《闽语新探索》，上海远东出版社 2003 年版。

[11] 郑张尚芳：《浙西南方言的 tɕ 声母脱落现象》，见丁邦新、张双庆编：《吴语和闽语的比较研究》，上海教育出版社 1995 年版。

[12] 戴黎刚：《闽语的历史层次及其演变》，中国社会科学出版社 2012 年版。

[13] 福建省地方志编纂委员会编：《福建省志·戏曲志》，方志出版社 2000 年版。

[14] 黄周星：《制曲枝语》，陈多、叶长海编：《中国历代剧论选注》，上海古籍出版社 2010 年版。

[15] 黄典诚、李如龙：《福建省志·方言志》，方志出版社 1998 年版。

[16] 黄金文：《方言接触与闽北方言演变》，台大出版中心 2001 年版。

[17] 鲁国尧：《宋代福建词人用韵考》，吕叔湘等著《语言文字学术论文集》，知识出版社 1989 年版。

[18] 刘纶鑫：《客赣方言比较研究》，中国社会科学出版社 1999 年版。

[19] 刘泽民：《客赣方言历史层次研究》，甘肃民族出版社 2005 年版。

[20] 李如龙、潘渭水编纂：《建瓯方言词典》，江苏教育出版社 1998 年版。

[21] 李如龙、张双庆：《客赣方言调查报告》，厦门大学出版社 1992 年版。

[22] 李如龙：《方言学应用研究文集》，湖南师范大学出版社 1998 年版。

[23] 李如龙：《闽语研究》，语文出版社 1992 年版。

[24] 李如龙：《福建方言》，福建人民出版社 1997 年版。

[25] 李如龙：《汉语方言的比较研究》，商务印书馆 2001 年版。

[26] 李如龙、张双庆：《代词》，暨南大学出版社 1999 年版。

[27] 李新魁：《广东的方言》，广东人民出版社 1994 年版。

[28] 李思敬：《音韵》，商务印书馆 2002 年版。

[29] 罗常培，王均：《普通语音学纲要》，商务印书馆 2002 年版。

[30] 罗常培：《临川音系》，北京科学出版社 1958 年版。

[31] 罗长培：《罗长培文集》，山东教育出版社 1999 年版。

[32] 罗常培：《厦门音系》，北京科学出版社 1956 年版。

[33] 林天福：《政和县志》，中华书局 1994 年版。

[34] 林连通：《泉州市方言志》，社会科学文献出版社 1993 年版。

[35] 罗小成主编：《政和四平戏》，中国文史出版社 2016 年版。

[36] 罗美珍、邓晓华：《客家方言》，福建教育出版社 1995 年版。

[37] 刘湘如：《闽北四平戏》，中国戏曲剧种大辞典编委会《中国戏曲剧种大辞典》，上海辞书出版社 1995 年版。

[38] 刘晓南：《宋代闽音考》，岳麓书社 1999 年版。

[39] 鲁国尧：《鲁国尧自选集》，河南教育出版社 1994 年版。

[40] 戴黎刚：《闽语的历史层次及其演变》，中国社会科学出版社 2012 年版。

[41] 马重奇：《明清闽北方言韵书手抄本音系研究》，商务印书馆 2014 年版。

[42] 潘渭水：《闽北方言研究》，福建教育出版社 2007 年版。

[43] 齐如山：《国剧艺术汇考》，辽宁教育出版社 2009 年版。

[44] 沈若云：《宜章土话研究》，湖南教育出版社 1999 年版。

[45] 万波:《赣语声母的历史层次研究》,商务印书馆 2009 年版。

[46] 吴礼权:《现代汉语修辞学》,复旦大学出版社 2012 年版。

[47] 温昌衍:《客家方言特征词研究》,商务印书馆 2012 年版。

[48] 王力:《汉语语音史》,商务印书馆 1985 年版。

[49] 王洪君:《历史语言学方法论与汉语方言音韵史个案研究》,商务印书馆 2014 年版。

[50] 王福堂:《汉语方言语音的演变和历史层次》,语文出版社 1999 年版。

[51] 许宝华、宫田一郎主编:《汉语方言大词典》,中华书局 1999 年版。

[52] 谢留文:《客家方言语音研究》,中国社会科学出版社 2003 年版。

[53] 项梦冰:《连城客家话语法研究》,语文出版社 1997 年版。

[54] 熊燕:《客赣方言语音系统的历史层次》,世界图书传公司 2014 年版。

[55] 叶晓峰:《汉语方言中的 f、h 相混现象》,《东方语言学》(第四辑),上海教育出版社 2008 年版。

[56] 叶明生:《从政和四平戏谈四平腔》,《中国四平腔学术研讨会论文汇编》,福建省艺术研究所 2006 年印。

[57] 于会泳:《腔词关系研究》,中央音乐学院出版社 2008 年版。

[58] 游汝杰主编:《地方戏曲音韵研究》,商务印书馆 2006 年版。

[59] 游汝杰:《汉语方言学导论》,上海教育出版社 2000 年版。

[60] 游汝杰:《西洋传教士汉语方言学著作书目考述》,商务印书馆 2014 年版。

[61] 杨伯峻、何乐士:《古汉语语法及其发展》,语文出版社 2001 年版。

[62] 杨蓉:《文献考证与历史真实的相互统一——闽北四平戏的文献来源及调查札记》,《中国四平腔学术研讨会论文汇编》,福建省艺术研究所 2006 年印。

[63] 袁家骅:《汉语方言概要》,语文出版社 2001 年版。

[64] 朱恒夫主编:《中国戏曲美学》,南京大学出版社 2008 年版。

[65] 朱维幹:《福建史稿》,福建教育出版社 1986 年版。

[66] 中国戏曲志福建卷辑委员会:《中国戏曲志·福建卷》,文化艺术出版社 1993 年版。

[67] 周振鹤、游汝杰:《方言与中国文化》,上海人民出版社 1986 年版。

[68] 周长楫、林宝卿：《永安方言》，厦门大学出版社 1990 年版。

[69] 周长楫、欧阳忆耘：《厦门方言研究》，福建人民出版社 1998 年版。

[70] 政和县地方志编纂委员会编：《政和县志》，中华书局出版社 1994 年版。

[71] 郑张尚芳：《上古音系》，上海教育出版社 2003 年版。

[72] 郑西村：《昆曲音乐与填词》，学海出版社 2000 年版。

[73] 钟敬文：《方言文学试论》，钟敬文：《钟敬文文集·诗学及文艺理论卷》，安徽教育出版社，2002 年。

[74] 钟敬文：《民俗学概论》，上海文艺出版 1998 年版。

[75] 张光宇：《闽客方言史稿》，南天书局 1996 年版。

[76] 张光宇：《切韵与方言》，台湾商务出版社 1990 年版。

[77] 张庚：《戏曲艺术论》，中国戏剧出版社 1980 年版。

[78] 张庚、郭汉城：《中国戏曲通史》，中国戏剧出版社 1981 年版。

[79] 张四维主编：《邵武文史资料选辑（第 18 辑）》，政协邵武市学习和文史委员会，1996 年印。

[80] 张琨：《汉语方言》，台湾学生书局 1993 年版。

[81] 张惠英：《汉语方言代词研究》，语文出版社 2000 年版。

[82] 曾晓萍：《闽台民间艺术传统文化遗产资源调查》，厦门大学出版社 2014 年版。

二、期　刊

[1] 陈章太：《邵武方言的入声》，《中国语文》1983 年第 4 期。

[2] 陈章太：《邵武方言的语音系统》，《语言研究》1984 年第 6 期。

[3] 陈志勇：《论方言与地方剧种"种类"的多样性》，《文化遗产》2012 年第 1 期。

[4] 陈立中：《论扬雄方言中南楚与楚方言的关系》，《湘潭大学社会科学学报》2001 年第 5 期。

[5] 陈春花：《邵武三角戏》，《福建日报》2004 年 12 月 15 日。

[6] 陈忠敏：《吴语及邻近方言鱼虞韵的读音层次》，《语言学论丛》2003 年第 27 辑。

[7] 陈忠敏：《重论文白异读与语音层次》，《语言研究》2003 年第 3 期。

[8] 陈泽平：《十九世纪的福州音系》，《中国语文》2002 年第 5 期。

[9] 丁启阵：《论闽西北方言来母 S 声现象的起源》，《语言研究》2002 年第 3 期。

[10] 戴黎刚：《历史层次分析法——理论、方法及其存在的问题》，《当代语言学》2007 年第 1 期。

[11] 戴黎刚：《再论汉语声调的借贷原则》，《语言科学》2009 年第 1 期。

[12] 黄玉熊：《从"朽"的声母类型看粤语晓母字的历史层次》，《语言研究》2016 年第 3 期。

[13] 黄静宇：《邵武三角戏的音乐特征及其发展》，《艺苑》2009 第 6 期。

[14] 胡安顺：《汉语辅音韵尾对韵腹的稳定作用》，《方言》2002 年第 1 期。

[15] 韩哲夫：《闽北方言的调值与"弱化声母"的拟测》，《方言》2004 年第 1 期。

[16] 江蓝生：《被动关系词"吃"的来源初探》，《中国语文》1989 年第 5 期。

[17] 金理新：《与晓母相关的一些谐声关系和晓母读音》，《温州师范学院学报》2004 年第 3 期。

[18] 刘晓南：《南宋崇安二刘诗文用韵与闽北方言》，《中国语文》1998 年第 3 期。

[19] 刘晓南：《从历史文献的记述看早期闽语》，《语言研究》2003 年第 1 期。

[20] 刘晓南：《从宋代邵武文士用韵看历史上邵武方言的特点及归属》，《中国语文》2002 年第 3 期。

[21] 刘晓南：《朱熹诗经楚辞叶音中的闽音声母》，《方言》2002 年第 4 期。

[22] 李如龙：《从闽语的"汝"和"你"说开去》，《方言》2004 年第 1 期。

[23] 李如龙：《建瓯话的声调》，《中国语文》1990 年第 2 期。

[24] 李如龙：《闽西北方言来母读 -s 的研究》，《中国语文》1983 年第 4 期。

[25] 李宇明：《疑问句标记的复用及标记功能的衰变》，《中国语文》1997 年第 2 期。

[26] 李国正：《生态语言学系统说略》，《语文导报》1987 第 10 期。

[27] 龙安隆：《福建邵武方言浊平入化的性质》，《方言》2010 年第 4 期。

[28] 龙安隆：《邵武方言小称变调质疑》，《语言科学》2011 年第 3 期。

[29] 罗昕如：《湖南土话中的古语词》，《古汉语研究》2004 年第 2 期。

[30][美]罗杰瑞：《闽北方言的第三套清塞音和清塞擦音》,《中国语文》1986 年第 1 期。

[31][美]罗杰瑞：《闽方言中来母字和早起汉语》,《民族语文》2005 年第 1 期。

[32][美]罗杰瑞：《闽语词汇的时代层次》,《方言》1979 年第 1 期。

[33][美]罗杰瑞：《福建政和话的支脂之三韵》,《中国语文》1988 年第 1 期。

[34][美]罗杰瑞、张惠英：《邵武方言的归属》,《方言》1987 年第 2 期。

[35]栗华益：《江西都昌方言溪群母零声母化现象》,《中国语文》2017 年第 4 期。

[36]栗华益：《试论邵武、光泽方言的入声鼻音韵尾》,《语言科学》2012 年第 5 期。

[37]黎新第：《近代以来北方方言中古知庄章组声母的历时变化》,《语言研究》(增刊) 1991 年。

[38]牛毓梅：《试论口语与书面语的关系》,《山东大学出版社 (哲学社会科学版)》, 1995 年第 4 期。

[39]潘悟云：《喉音考》,《民族语文》1997 年第 5 期。

[40]潘悟云：《汉语南方方言的特征及其人文背景》,《语言研究》2004 年第 4 期。

[41][日]平田昌司：《闽北方言"第九调"的性质》,《方言》1988 年第 1 期。

[42]覃远雄：《桂南平话古晓、匣、云、以母字音的读音》,《方言》2005 年第 3 期。

[43][日]秋谷裕幸：《福建南平王台方言归属》,《方言》2010 年第 4 期。

[44][日]秋谷裕幸：《福建石陂方言音系》,《方言》2004 年第 1 期。

[45]沈瑞清：《闽北石陂方言声调的音系表达——兼论其"清浊对立"的语音性质》,《方言》2004 年第 4 期。

[46]孙宜志：《江西赣方言见溪群母的今读研究》,《方言》2009 年第 2 期。

[47]邵慧君、甘于恩：《广东四邑方言语音特色》,《方言》1999 年第 2 期。

[48]伍巍：《广州话溪母字音研究》,《语文研究》1999 年第 4 期。

[49] 王力、钱淞生:《珠江三角洲方音总论》,《岭南学报》1950 年第 2 期。

[50] 王福堂:《方言本字考证说略》,《方言》2004 年第 2 期。

[51] 王福堂:《原始闽语中的清弱化声母和相关的"第九调"》,《中国语文》2004 年第 2 期。

[52] 王福堂:《关于客家话和赣方言的分合问题》,《方言》1998 年第 1 期。

[53] 王晓珊:《宗族演剧与农村女性的生存及文化现实——闽北四平戏田野调查札记》,《戏曲艺术》2007 年第 4 期。

[54] 王艺玲:《谈谈地方戏的语言研究》,《东岳论丛》2007 年第 6 期。

[55] 王士元:《语言变化的词汇透视》,《语言研究》1982 年第 2 期。

[56] 汪维辉:《论词的时代性和地域性》,《语言研究》2006 年第 2 期。

[57] 项梦冰:《客家话古日母字的今读——兼论切韵日母的音值及北方方言日母的音变历程》,《广西师范大学学报》2006 年第 1 期。

[58] 熊正辉:《光泽、邵武里的古入声字》,《中国语文》1960 年第 10 期。

[59] 夏俐萍:《"X 人"致使结构及其词汇化》,《语言科学》2016 年第 6 期。

[60] 夏俐萍:《论全浊声母的弱化音变》,《中国语文》2015 年第 2 期。

[61] 解江海:《汉语义位"吃"普方古比较研究》,《语言科学》2001 年第 3 期。

[62] 邹自振:《福建(政和)四平戏的历史与现状》,《福建广播电视大学学报》2009 年第 5 期。

[63] 邹自振:《政和县杨源乡四平戏的历史渊源与生存现状》,《闽台文化交流》2011 年第 3 期。

[64] 郑张尚芳:《浦城方言的南北分区》,《方言》1985 年第 1 期。

[65] 郑张尚芳:《汉语方言声韵调异常语音现象的历史解释》,《语言》2001 年第 2 卷。

[66] 张振兴:《闽语的分区》,《方言》1985 年第 3 期。

[67] 张振兴:《闽语及其周边方言》,《方言》2000 年第 1 期。

[68] 张振兴:《语言演变例外的社会调查》,《中国社会语言学》2003 年第 1 期。

[69] 张光宇:《汉语方言发展的不平衡性》,《中国语文》1991 年第 6 期。

[70] 张光宇:《闽方言:音韵篇》,《语言研究》2011 年第 1 期。

[71] 张光宇:《东南方言关系综论》,《方言》1999 年第 1 期。

[72] 张光宇:《论闽方言的形成》,《中国语文》1996 年第 1 期。

[73] 张光宇:《吴闽关系试论》,《中国语文》1993 年第 3 期。

[74] 张琨:《论比较闽方言》,《语言研究》1985 年第 1 期。

[75] 张晓明:《中国地方戏语言研究十年》,《山东理工大学学报》2017 年第 5 期。

[76] 赵学清、孙鸿亮:《社会语言学视角下的民俗语言研究方法——以陕北说书研究为例》,《陕西师范大学大学学报》2016 年第 2 期。

[77] 曾光平:《闽西北"来"母读 -s 的再研究》,《河南大学学报》(哲学社会科学版) 1987 年第 2 期。

[78] 曾晓渝:《论壮傣侗水语古汉语借词的调类对应——兼论侗台语汉语的接触及其语源关系》,《民族语文》2003 年第 1 期。

[79] 曾建生:《广东四邑方言古溪、透、滂母擦音化》,《语言科学》2014 年第 1 期。

三、硕博论文

[1] 邓享璋:《闽北、闽中方言语音研究》,厦门大学博士学位论文2007 年。

[2] 罗昕如:《湖南土话词汇研究》,湖南师范大学博士学位论文2003 年。

[3] 龙安隆:《福建邵将区方言语音研究》,福建师范大学博士学位论文2007 年。

[4] 王曦:《宋代福建音释研究》,湖南师范大学硕士学位论文2001 年。

[5] 曾献飞:《湘南官话语音研究》,湖南师范大学博士论文2004 年。